全国优秀博士学位论文作者专项资金资助项目第199910号

迈向21世纪的语言学

主　编　吴国华

副主编　王铭玉

语用学

Pragmatics

严辰松　高　航　编

上海外语教育出版社
外教社 SHANGHAI FOREIGN LANGUAGE EDUCATION PRESS

图书在版编目(CIP)数据

语用学/严辰松,高航编.—上海:上海外语教育出版社,2005
(迈向21世纪的语言学/吴国华主编)
ISBN 7-81095-508-X

Ⅰ.语… Ⅱ.①严… ②高… Ⅲ.语用学—文集
Ⅳ.H0-53

中国版本图书馆CIP数据核字(2004)第133998号

出版发行:上海外语教育出版社
（上海外国语大学内） 邮编:200083
电　　话:021-65425300（总机）
电子邮箱:bookinfo@sflep.com.cn
网　　址:http://www.sflep.com.cn　http://www.sflep.com
责任编辑:张逸岗

印　　刷:上海市印刷七厂
经　　销:新华书店上海发行所
开　　本:850×1168　1/32　印张17.25　字数443千字
版　　次:2005年6月第1版　2006年1月第2次印刷
印　　数:5 000册

书　　号:ISBN 7-81095-508-X / H・180
定　　价:24.00元

总 序

我在“对中国英语教育的若干思考”(《外语研究》2002 年第 3 期)一文的附注中曾有这么一段话:“感谢社会主义的市场经济,由于上外出版社和北外出版社的竞争,近两年它们分别引进出版了大批语言和文学原版书,受到广大导师和研究生的欢迎。”人们可以从不同视角去解读这两家权威出版社互动的深远意义,如这是中国改革开放在外语出版界的反映,这是中国参加 WTO 的必然结果,这是中国高等教育走向现代化、国际化、全球化的标志,不一而足。我们教师是讲实际的,有书看比没有书看好,有许多许多好书比一门课只念一本书好。但是,人们也清醒地认识到,事物总是两方面的:现代化、国际化、全球化不能光抓引进一面。无论是老师,还是学生,都想了解国内的情况,知已知彼,才能学得深入,学以致用。何况我们也应立足于培养高水平的人才,拿出自己的具有国际水平的科研成果。所幸解放军外国语学院的老师们早看到了这一点,近几年来立项研究国内语言学界的研究动向和成果,这套《迈向 21 世纪的语言学》系列丛书便是他们深邃远见所凝聚的心血。

语言学的领域广,分支多,要在短时间内摸透所有的学科,未免强人所难,不合实际。幸好本书的编者们不愧是有素养的军人,能集中兵力,围攻主要战略目标,这主要战略目标便是当代语言学的最具代表性的学科和具有时代意义的前沿学科。在本丛书八个分册中:《普通语言学》和《应用语言学》是有关语言学的基本理论和实践的当家学科,当在首列;语言作为人们交际的符号之一,而且是最主要的符号工具，说明《符号语言学》的重要性；语言是用来表达思想和做事的，《语义学》和《语用学》分别从语言本身和语境讨论意义的表述和理解；语言是人在所生活的社团中交际的工具，在这个意义上，《社会语言学》和《语言国情学》把我们引入探讨语言和使用者之间的关系，语言使用者和民族文化、习俗等关系，以及对语言使用的影响；最后，上世纪中叶启动的《计算语言学》必然在新世纪得到飞速的发展，它在多媒体教学、机器翻译、语料库建设、信息技术等领域的作用将关系到一个民族的存亡。

1987年，当我和一些老师合作编写《语言学教程》一书时，王宗炎先生和许国璋先生在“第一版序”中曾给过一针见血的但又是善意的批评和帮助。不妨转录如下：

1. 引进的理论，能用汉语说得清，讲得懂；能用汉语的例证加以测验。

2. 凡有可能，不妨采用现场工作法。我国社会语言学、心理语言学和测试学研究者已做出榜样，值得学习。

3. 凡在汉语诸范畴中验证外国某一理论，其有解释力者肯定之，其解释力太弱或不具解释力者指出之，其主观臆测者直言之，不以权威而护短，不以宗师而慑服。

4. 尊重我所不懂或不明白价值所在的理论，不以有用无用、正统邪说为取与舍的标准。对理论有矢志不渝的精神，理解深，教得熟，力求贯通、比较、自创。

5. 汉语研究者中的前辈已经做出的自创，外语系出身的研究者应该认真读，读懂，直至应用到自己的研究工作。

十五年过去了，上述情况是否有所改观呢？我认为是有的。本丛书所遴选的论文可以佐证。这些论文印下了同行们前进的足迹。有不少论文对国外的理论比过去说得更清楚，有不少论文注重现场调查，有不少论文选用汉语例证，有不少论文试图提出自创的理论，更令人高兴的是有许多论文出自汉语界研究者，为我们提供了学习的机会。如果考虑到本丛书作者群中有各个语种的研究者，也有计算机科学的研究者，在我们眼前顿时涌现了一支生机勃勃的来自四面八方的语言学大军，我国的语言学研究自当会有更蓬勃的发展！

还应指出，解放军外国语学院的老师们的工作不仅仅是遴选论文，而是为每一分册整理了该学科的概观、发展和趋势的引论，并对每篇文章进行客观分析与评论。这一编辑思想保证了论文集走上一个新的台阶，也是对解放军外国语学院师资力量和水平的检阅。愿他们今后取得更大成就。

胡壮麟

2002 年 11 月

北京大学蓝旗营

前　言

近几十年来，国外语言学研究的进展迅速，国内学者的研究成果更是汗牛充栋。挖掘学科成果，提炼学术思想，形成系列研究，巩固学科发展，弘扬民族精神，是编撰本丛书的主要目的。

本丛书以八大语言学前沿学科为线索，以我国具有代表性的研究成果为基础，对各学科在我国的发展进行系统的总结，对我国语言学家的重要思想观点进行评析，对21世纪语言学的发展做出展望。丛书共有八个分册，分别为《普通语言学》、《符号语言学》、《应用语言学》、《语义学》、《语用学》、《社会语言学》、《计算语言学》、《语言国情学》。各部分的主体结构如下：(1) 总序；(2) 引论(包括学科概观、学科在我国的发展、学科在21世纪的发展趋势等内容)；(3) 20世纪(主要是1978年以后)我国学者的代表性研究成果；(4) 评析(对每篇学术文章进行客观分析与评价)；(5) 主要文献索引。

应该说，中国的语言学研究成果并不算少，但各自为政、零散分布是主要问题。在进入21世纪之际，系统研究、合力共现，将对中国的语言学研究与发展具有重要的现实意义。

另外，我国高校的语言理论教学对国内外学术思想和科研成果的追踪和发展往往重视不够，重复性劳动普遍存在，造成严重的人才和资源上的浪费。本丛书将为展示前沿科研成果、促进语言理论的研究和教学提供较为完备的案头参考。

鉴于编者涉猎面有限，在遴选论文的过程中，难免会挂一漏万，"引论"中的一些观点和对每篇论文的"评析"也会有不够准确、客观之处；另外，本丛书所收录的论文基本上选自国内的一些学术期刊，为便于读者查阅原作，编者未对论文的体例作大的调整和统一，尽量保持原来的样式，敬请同行专家批评指正。

需要说明的是，编者在选定论文之后，向每篇论文作者发去了联系函，并得到了他们的积极响应和大力支持。在此，我代表课题组向各位专家、学者表示衷心感谢。遗憾的是，个别原作者由于地址变更等原因，至今未能联系上。在此，敬请有关论文作者或其亲朋好友见书后及时将有关信息通知我们或出版社，以便取得联系。

吴国华

2002 年 10 月

目　录

引 论

严辰松 高 航

1. 导言

对于语言使用的研究古来有之,传统上属于修辞学范围。19世纪和20世纪上半叶就有不少语言学家和哲学家从语言使用(语言系统外部)的角度研究语言系统本身(语言内部)。(Nerlich & Clarke 1994) Morris (1938)提出了作为符号学分支之一的语用学,认为它是研究符号与符号解释者之间的关系,研究符号系统在运作过程中的心理、生理和社会的现象。(转引自 Horn 1988:116)

然而在现代语言学中,由于 Saussure 和 Chomsky 结构主义语言学的影响,语言使用的研究一直不受重视。直到20世纪70年代,J. Austin、J. Searle 和 H. P. Grice 等哲学家的研究揭示了把语言看作一个封闭系统的狭隘性和危害性,使人们认识到研究活的、社会的语言对于了解人类语言和心智的重要性。此后,对语言使用的研究兴趣迅速增加。

一般认为,语用学作为语言学的独立分支从而得到国际学术界的承认有三个标志,一是1977年《语用学杂志》(*Journal of Pragmatics*)的创刊,二是1983年第一本语用学教科书《语用学》(*Pragmatics*)(Levinson 1983)的问世,三是1986年国际语用学会(International Pragmatics Association:IPrA)的成立。(沈家煊

1996: 1)

在中国,自从20世纪80年代引进国外语用学理论以后,语用学发展异常迅速,成为外语界和汉语界学者共同研究的热点。钱冠连(1990)、何自然(1994)和沈家煊(1996)对国内语用学的发展情况做过综述。本文在简单勾勒国外语用学发展情况的基础上,重点评述国内过去20年来的语用研究。

2. 国外语用学发展概况

国外语用学可分为宏观语用学和微观语用学两个方面。宏观语用学从语言使用者和社会角度研究语用,关注语言使用的社会语境或机构语境(institutional context,如警察局、保险机构、移民局等政府部门和其他各种机构),而微观语用学则探讨一些传统的语用课题,如指示语、会话含义和言语行为等。(Mey 1993)

2.1 宏观语用学

宏观语用学以欧洲大陆的一些学者为代表,如Mey(1993)和Verschueren(1985, 1999)。他们认为语用学不是语言学的一个组成部分,而是考察语言的一种功能性视角(functional perspective on language),是结合语言运作的认知、社会和文化方面的复杂因素的一种研究思路。这种视角从语用角度探索语言的功能,并考察人类交际所必需的社会背景信息。宏观语用学把语言研究和经济、社会、政治及文化状况联系起来,关心的是社会因素和意识形态对人类言语行为的限制,如处于强势地位的社会群体如何利用语言手段控制和操纵弱势群体。

宏观语用学对Grice的合作原则及其准则提出了批评,认为它们必须结合社会因素才能用于正确理解和分析人类交际。与此相关,近年来出现的批评性语篇分析正日益引起关注。

Sarangi & Slembrouck (1992)认为,研究者必须考察会话参与者的身份、地位、权力、利益、期望等与语言使用形式之间的关联。比如在机构(卫生、保险、社会团体)与个体的交际中,集体与个体有不同的目标，他们之间可能存在利益和意识形态冲突，因此他们的交际并不是 Grice 意义上的合作性的。如在新闻语篇中，无论读者怎样希望得到全面的报道，报纸作为提供信息的机构，所能传递的信息和读者的期盼之间总有差距，原因是报纸要从其他机构获取信息赖以生存。Harris (1995)在考察了法官—被告及警察—嫌疑犯之间对话的基础上指出，语用学必须接纳社会和政治的维度，因为所谓真实、适量、相关和清楚的说法，在脱离了言语行为特定的社会和政治背景时是没有意义的。在交际实践中，由于交际者相对于所述话题的社会地位和背景不同，Grice 准则的适用性也就不同。

2.2　微观语用学

与宏观语用学不同的是，微观语用学把语用学看作是语言学的一部分，和音系学、形态学、句法学和语义学平行，其范围局限于西方语言哲学传统领域内的语用研究，包括会话含义和言语行为、预设、指示以及会话结构等。(Verschueren 1985)

微观语用学的分析大都是脱离语境进行的，并不关心真实的话语及其交际效果。如 Levinson (1983)虽然讨论了一般会话含义和特定语境中的特殊会话含义，但更关注的是一般会话含义。Levinson 举了一个违反方式准则的例子：Walk up to the door, turn the door handle clockwise as far as it will go, and then pull gently toward you。他认为，这里的含义是指导听话人注意每一个操作步骤，殊不知这句话在有些情景中带有侮辱性，暗指听话人居然需要在那样简单的事情上接受详细的指导。这里的语用学，尽管声称考虑了语境，但实际上已脱离了真实的语言使用。(Dillion et al 1985)此外，Levinson《语用学》一书对预设的讨论过于艰深，并未涉及预设在实际交际中的情景。(Verschueren 1985) Brown & Levinson (1978, 1987)创建了礼貌理论，但此后未有后续的研究，而礼貌问题却成了宏观语用学研究的重要课题，DuFon et al. (1994)收集的有关礼貌研究的文献长达 52 页。

在过去20年中,微观语用学研究的范围趋于狭窄,主要的工作是对Grice会话准则和会话含义推导机制做出修正。

Horn (1984, 1989, 1992)把Grice的四个准则简化为两个根本对立的原则,即数量原则和关系原则。数量原则要求说话人在遵守关系原则的前提下,提供足够的话语,尽可能地多说,而关系原则则要求说话人在遵守数量原则的情况下提供必要的话语,话语不要超过必需的程度。这两个原则之间辩证的相互作用产生了整个格赖斯语用推理机制,可概括如下:在可以使用相应的无标记表达式(结构简单)的情况下使用有标记表达式(相对复杂、冗长),往往被理解为传递一个有标记的信息,而该信息是无标记表达式所无法传递的。

Levinson (1987, 1991)批评Horn未能区分制约话语表层形式和制约信息内容的语用原则,并提出用三个原则来取代Grice的四个准则,即数量原则、信息原则和方式原则。(一) 数量原则指导说话人以最大的信息量进行陈述,除非这样做违反信息原则,而听话人则认为说话人尽他所能说出了信息量最大的话语。(二) 信息原则要求说话人在遵守数量原则的前提下,遵守最简化准则,尽可能少说,即提供足以实现交际目的的最小量的语言信息,而听话人则据此遵守扩展规则,即通过找到确切的解释来扩展说话人话语的信息内容,直到自己认为已明白说话人的意图。具体来说:听话人(1)假定所指事物之间存在常规关系(stereotypical relations),除非,a. 该假定与常理不一致,b. 说话人违反最简化准则而使用了冗长的表达式;(2) 假定如不违常理,句子所论述的对象确实存在;(3) 避免存在多个所指实体的理解,具体来说,首先考虑代词或者零形式与上文所指实体是共指的。(三) 方式原则要求说话人不无故使用啰嗦、晦涩或有标记的表达式,而听话人则认为,如果说话人使用啰嗦或有标记的表达式,他的意思和使用无标记表达式时的意义有所不同,具体来说,他是在避免无标记表达式所能引起的常规关系的联想,以及据信息原则可推导出的含义。

对 Grice 语用推理机制的修正，影响最大的是 Sperber & Wilson (1986/1995)的关联理论。他们认为，人类认知存在适应最大限度关联的倾向，这种倾向是人类为了追求认知效率在进化过程中产生的。认知效率和其他效率一样，是寻求成本(cost)和收益(benefit)之间的最佳平衡。就认知而言，成本是形成对实际或拟达到事物或状态的表征、从记忆中读取信息以及进行推理所需的脑力(mental effort)。而收益就是认知效果，即完善、修改或重组现存的信念和计划，从而改善有机体成功应对未来行动的知识和能力。人类的认知效率表现在能够从环境和记忆中选择值得关注并进行处理的信息。这样的信息是具有关联性的信息。外界刺激(话语、行为)及内部表征(思想、记忆)给认知过程提供输入，它们具有关联性特征。一项输入在特定时间和某个个体的关联性，与该个体能从信息处理中得到的认知收益成正比，与取得收益所需付出的成本成反比。这是第一关联原则，或者叫认知关联原则(Cognitive Principle of Relevance)。在交际过程中，说话人试图让对方感到自己的明示刺激具有足够的关联性，能引起他的注意，因此，每个话语(或其他明示刺激)都被假定具有自身关联性(Presumption of Relevance)。这就是第二关联原则，即交际关联原则(Communicative Principle of Relevance)。这个原则是推理过程的关键。关联性假设可表述如下：说话人的话语在与其能力和倾向相一致的前提下最具关联性，其关联程度足以值得听话人注意。

听话人在理解过程中接受这一假设，在为获取信息的推理中，遵循最省力原则。具体是，在试图区分歧义、确认指称、推断含义时，遵循解释的可及性顺序(order of accessibility)，当关联性期待得到满足的时候，推理停止。(Sperber & Wilson 1986/1995: 266—278)

关联理论在语用学和其他领域产生极大影响，Sperber &

Wilson (1986/1995)的 *Relevance: Communication and Cognition* 被认为是过去十几年在语用学领域中最具影响力的一本书。(Jucker 1997)关联理论被应用到各个领域的研究中,如句子范畴和词类、语气、小品词和副词、时态和体、情态动词和助词、语篇和话语、修辞风格等,并被用于分析大众传媒、文学、翻译、幽默,甚至教育和政治语言等。(Yus 1998)

微观语用学对语法和语用接口问题的研究同样引人注目。会话准则、预设和言语行为等语用现象被认为是句法现象的动因或简化了的描述。这方面的研究热点是回指。

回指是指一个语言单位对前面出现过的另一个语言单位或意义的指称。广义的回指包括前指和后指。回指研究首先在生成语法中开始,近年来成为语用研究的一个热点。人们关注的是,听话人在处理各种回指表达式(如名词短语、代词和零形式等)时,是怎样正确判定其先行词的。生成语法用管辖与约束理论讨论回指,而语用学家们则用语用原则来描述和解释它,如 Levinson (1987, 1991)提出的新格赖斯语用照应机制。Levinson 指出,三个新格赖斯语用原则互相作用产生共指和非共指含义,结果如下:(一) 在本可以使用反身代词表示共指关系时,使用其他代词会因数量原则产生非共指含义;(二) 在不能使用反身代词的环境中使用最小信息量表达式(比如代词或零形式),会因信息原则产生共指的理解,这是优先的理解;但是,(三) 使用有标记形式——如在可使用无标记零形式共指的情况下使用代词,或在可使用简单的代词共指的情况下使用完整的名词短语——往往会产生非共指含义。黄衍(Huang 1991, 1994)结合汉语的回指现象,对 Levinson 的框架做了重要修正。Kempson (1988)则应用关联理论解释了英语的回指现象。

微观语用学从语用角度解释语法现象的另一个重大成果是短路含义(short-circuited implicature, SCI)。(Morgan 1978,转引自 Horn 1988: 138)我们来看下面的例子:

(1) Can you close the window?

(2) Are you able to close the window?

(3) Do you have the ability to close the window?

这三句话看起来是同义的表达，都询问有无能力做某事。然而例(1)在更多的时候被当作请求，它的言外之意等同于Close the window。在这种情况下，听话人无需经过从询问能力意义到请求意义的推理，不假思索就会把例(1)理解为请求。这种“短路含义”的形成，是因为交际双方熟悉相关的用法规约，这类Can you ...？句子的用法已“规约化”为请求。请求的形式特征是可添加please。例(1)同Close the window一样，可在适当的位置添加please，而例(2)和例(3)就不行。Morgan (1978)举了很多例子说明短路含义是从语用到意义、从隐喻到成语、从修辞到语法逐步规约化的中间站。比如，今天的Goodbye是由最初的God be with you演变而来的。

3. 语用学在中国的发展

语用学在中国的发展可分为外语界和汉语界两个方面。前者在引进和研究国外语用理论方面做了大量工作，后者应用语用理论研究汉语语法，取得了许多可喜的进展。

3.1　外语界的介绍和研究

外语界引进语用学理论的工作始于20世纪70年代末和80年代初。早在1979年，许国璋就选译了J. Austin的《论言有所为》(*How to Do Things with Words*)，收入《语言学译丛》(王宗炎1990)。胡壮麟(1980)最早向国内全面介绍了语用学的对象和方法、各个语言学派对语用学的评论、语用学和其他学科的关系，以及语用学规则等。倪波(1982)介绍了国外语用学发展的情况。沈家煊把Levinson的*Pragmatics* (1983)一书的各章先后译为汉语，内容涉及指示现象、会话含义、言语行为、预设和会话结构，发表在《国外语言学》1986年第1期至1987第2期上，并且把Horn

的 *Pragmatic Theory*(1988)一文译成汉语，发表在《国外语言学》1991年第2期和第3期上。何自然(1987)全面介绍了语用学的产生、研究对象和主要分支。钱冠连(1991, 2000)介绍了欧洲大陆宏观语用学代表人物Jef Verschueren的语言顺应和选择理论。钱冠连(1990)在回顾中国语用学的起步与发展时，论述了宏观语用学从功能性视角探讨语言的合理性，并指出英美传统上的微观语用学过于狭隘，发展前景不大。何兆熊(1989)明确指出，语用学应该是对语言的一种功能性视角；人们熟悉的、并且在语法学、修辞学中已得到广泛研究的众多语言现象，都可以从语用的角度重新审视；指示和修辞格便是这样的例子，对话语的连贯性、句首小品词的研究，也应归入语用学。

从整体来看，外语界对国外语用学理论的引介主要关注微观语用学，尤其是言语行为、会话含义和会话分析方面的理论，不过宏观语用学中的礼貌现象也吸引了不少注意。国内出版的一些语用学著作，如何自然(1987)和何兆熊(1989)的著作等，基本上还是以Levinson (1983)的框架为主，外加礼貌现象的研究。有关语用学学科地位及与其他学科分界的问题，除以上提到的何兆熊(1989)和钱冠连(1990)所做的研究以外，沈家煊(1990)还探讨了语用学与语义学的界限问题。

3.1.1 言语行为

段开诚(1988)和顾曰国(1994)介绍了Searle的言语行为理论，涉及言语行为的分类和形式化问题。顾曰国(1989)评述了Austin言语行为理论的来源和方法，着重指出了它对施事行为分类和分析取效行为时的缺陷。华劭(1989)从说话人与听话人的角度研究了言语行为。王庆新(1993)介绍了J. Thomas的复合施为性行为理论。

言语行为研究的重点之一是间接言语行为和各种言语行为实施的语用策略。何兆熊(1984,1988)讨论了间接言语行为，尤其是英语中的间接请求。张绍杰和王晓彤(1997)对比研究了英语和汉语中“请求”行为的实施策略。张新红(2000)调查了汉语法律言语行为在立法语篇中的实施情况以及各类言语行为的分类和分布。王爱华(2001)对比分析了英语和汉语中拒绝行为的表达模式。

3.1.2 会话含义

关于Grice会话含义学说的研究在国内占有主导地位。程雨民(1983)最早介绍了会话含义学说。随后,对Grice非自然意义理论、合作原则及其准则、新格赖斯会话含义推导机制的各种研究,在国内成为语用研究的主流,其深度和广度明显超过其他领域。徐盛桓(1994)和王传经(1995)介绍了Grice的非自然意义理论。徐盛桓(1993b, 1993c, 1994)介绍了古典格赖斯含义学说及新格赖斯推理机制,并提出了自己的含义推导机制。钱冠连(1987)提出了语言交际中存在的假信息的概念,认为这是合作原则无法解释的现象。熊学亮(1997a)评价了对含义的分类标准。此外,程雨民(1993)、钱冠连(1994, 1995)、张绍杰(1995)、熊学亮(1997b)和姜望琪(2001)等都对新格赖斯语用推理机制和照应理论进行了述评,并指出了其中存在的问题。

3.1.3 关联理论

关于语用推理影响更大的学说是关联理论。对它的介绍和研究是国内一大热点。沈家煊(1988)最早对Sperber & Wilson的*Relevance: Communication and Cognition*一书进行了评论。随后,张亚非(1992)介绍了关联理论的主要观点,曲卫国(1993)对张文某些观点提出质疑并指出,关联理论的主要依据是J. A. Fodor关于人脑具有模块性质的认知理论。何自然(1995)比较了Grice语用学说与关联理论的差异,认为关联原则可以取代合作原则。孙玉(1993)阐述了关联理论中的语用推理过程。刘绍忠(1997)介绍了关联理论的交际观。刘家荣(1997)介绍了话语相关性及认知语境的概念。何自然和冉永平(1998)把关联理论看作认知语用学的基础,全面介绍了关联理论的主要内容和新的发展。熊学亮(1996a, 1996b, 1999)以关联理论为基础,提出了从听话人角度出发单向推导语用含义的模式。

许多学者还应用会话含义和关联理论解释具体交际现象，如林书武(1995)评价了 Grice 学说对反语现象的分析，并在关联和语义场理论的基础上提出了反语现象的理解过程。黄国文(1997)论述了广告语篇中的会话含义。刘福长(1987)和吕光旦(1988)从语用角度研究了英语幽默。何自然和冉永平(1999)运用关联理论探讨了话语联系语对话语生成与理解的认知性解释，论证了话语生成与理解是一个互相制约的过程。

3.1.4 会话分析

黄衍(1987a)介绍了话轮替换系统的一些基本概念。黄衍(1987b)探讨了英语日常会话中“自谦”和“赞扬”毗邻应对的“优选结构”(preferred organization)与文化差异的关系，并分析了中国学生与此有关的语用失误。王得杏(1988)介绍了 20 世纪 70 年代以后十多年的会话研究的重要进展，包括社会学家在会话结构方面提出的一些基本概念和社会语言学家在会话策略方面所做的探索。左岩(1996)介绍了国外关于英语会话中沉默现象的研究。

20 世纪 90 年代以后出现了不少有关真实对话的实证性研究。刘虹(1992)以汉语语料为基础，提出了话轮、半话轮和非话轮的区分。刘虹(1993)指出了会话中非理想情况产生的原因及其矫正。李悦娥(1996)研究了会话中的阻碍修正结构。李悦娥(1998)分析了问答结构。何安平(1998a)以近 10 万字的英语会话语料为基础，研究了英语本族语者在日常对话、公开讨论和电话交谈三类会话中的听者反馈语，另外还分析了英语会话中的成功与非成功插话现象。何安平(1998b)和吴平(2001)通过录音收集的汉语对话，研究了反馈信号的形式与功能，发现反馈信号与性别和权势等变量之间并不存在相关性。此外还有学者研究外语课堂应答过程中的话轮替换现象，如吴宗杰(1994)。

3.1.5 指示

关于指示现象的研究较少。张权(1994)论述了指示语的先用现象。陈辉和陈国华(2001)在分析《红楼梦》语料的基础上,对人称指示视点的选择及其语用原则进行了研究。人称指示就是通过明示或隐含的人称代词,把话语中涉及的人或物与说话者、听话者或第三者联系起来,表明彼此之间的关系。不同人称代词代表不同视点,如甲和乙是夫妻,甲对乙说"你看看你儿子干的什么事",这里的"你"就代表了与"我们"不同的视点。根据说话者在听话者面前指称第三者时选择视点的情况,可发现这类选择受到亲疏原则和地位原则的支配。关系的亲疏决定视点的选择,说话者一般选择语境里与第三者关系最密切的人的视点。地位的高低也决定视点的选择,说话者在地位比听话者低时,一般选择第一人称视点,在地位比听话者高时,一般选择第二人称视点。

3.1.6 预设

预设或前提涉及的哲学背景十分复杂,虽然在西方语言学界论述较多,但大部分材料都已过时,参考价值不大,(何兆熊 1989)因此国内学者关注得并不多。杨性义(1988)讨论了语义前提和语用前提的区分问题。李锡胤(1990)讨论了预设和蕴涵(entailment)的区分问题。徐盛桓(1993a)把预设分为绝对预设和相对预设,并探讨了预设在言语交际中的作用。蓝纯(1999)分析了现代汉语中的预设引发项。

3.1.7 礼貌现象

礼貌现象的研究也是国内的一大热点。从整体来看,国外的礼貌研究大多以 Brown & Levinson (1978, 1987) 以面子概念为核心的礼貌理论为框架,而国内研究则大多以 Leech (1983) 的礼貌原则为框架。陈融(1986)最早向国内介绍了 Brown & Levinson 的礼貌理论。刘润清则讨论了 Leech (1983) 的礼貌原则,并提出礼貌原则比合作原则具有更高的约束力。

徐盛桓(1992)参照 Leech 的礼貌原则,提出了自己的理论框架:"注意自身、尊重对方、考虑第三者"。李瑞华(1994)也在 Leech 礼貌原则的基础上提出:语用的最高原则就是得体。束定芳和王虹(1993)讨论了言语交际中的扬升抑降与礼貌原则的关系。王建华(2001)认为,在话语层面上是否礼貌取决于话语是否切合交际双方的语用距离,而这一距离是在交际过程中推断和确定的,它随着交际因素的改变而改变,而交际者可凭借语言手段来维持或改变即时的语用距离。

顾曰国(1990, 1992)追溯了现代汉语中礼貌概念的历史渊源,总结出了一些制约汉语交际的礼貌原则,如贬己尊人准则、称呼准则、慷慨准则、文雅准则、求同准则和德、言、行准则,并指出了英汉礼貌现象在文化上的差异,同时还对Leech的礼貌原则中的策略准则和慷慨准则提出修订,在国内影响较大。

陈融(1993)以问卷调查方式研究了在恭维答语方面英汉礼貌策略的差异,发现说汉语的人更倾向于直接否定对方的恭维。陈融认为,Leech的礼貌原则中的谦虚准则在英汉两种文化背景下有不同的重要性,这可以解释英汉语在恭维答语方面运用礼貌策略的差异。李经伟(1996)比较了英汉书评中的礼貌策略。朱维芳(1998)调查了汉语书信语篇中的礼貌现象。

高航(1996)全面介绍了各国学者对于Brown & Levinson (1978, 1987)以面子概念为核心的礼貌理论及Leech (1983)的礼貌原则的评价,并认为那时的研究大多只关注对听话人所采取的礼貌策略,而忽略了交际中非常重要的说话人一方,此外礼貌概念的内涵过于狭窄,可以包括在面子策略内。高文提出礼貌研究应该注意交际双方如何对不同的面子需求做出调整。

3.1.8 语用法的规约化和语法化

近些年来,对于语用法的规约化或语法化的研究渐成热点。沈家煊(1994)综述了国外语法化研究的现状。曾衍桃(1997)讨论了短路会话含义的规约化问题。何刚(1997)介绍了语用方式的规约化。语用方式是受语境因素影响,交际者为完成交际、达到互动目的所采取的各种途径、方法和手段,这些手段为社会文化认可,成为交际者在大脑中的操作模型。沈家煊(1998)论述了语法化概念和语用法固化为语法的一些机制。徐盛桓(1998)探讨了英语疑问句询问功能消退和转移,疑问句句法结构不断蜕化,最终成为非疑问句的过程,并试图从语用法的语法化角度说明其规律。牛保义和徐盛桓(2000)提出了在英汉语比较研究中,应注意英汉语相同、相似或相关的语言现象的语法化过程、方式、程度和形态等。国内有关语法化的研究更多的是和汉语语法研究结合在一起的,这方面的情况将在下文论述。

除了对上述八类语用现象的研究以外,外语界学者还尤为关注语用学在外语教学中的应用。研究的重点是第二语言学习者对目的语中语用现象的理解和表达,如学习者对会话含义、言语行为和礼貌现象的理解,学习者使用目的语时所出现的母语影响及语用失误等。这些研究被归入语际语用学(interlanguage pragmatics)或跨文化语用学。何自然(1996)介绍了语际语用学的研究对象和方法。刘绍忠(1997)介绍了语际语用学发展历史和现状,并提出了我国语际语用学的发展策略。何自然还出版了专著《语用学与英语学习》(上海外语教育出版社,1997),专门探讨语用学的研究对英语学习的指导作用。

黄次栋(1984)列举了中国学生在使用英语中出现的语用失误问题。黄次栋(1986)探讨了产生预设的词项和句法结构,并谈到预设对正确理解英语语篇起着重要作用。何自然和阎庄(1986)、洪岗(1991)调查了中国学生在英语交际中的语用失误。高一虹(1992)比较了中国学生和拉美学生在英语字谜游戏中的交际策略,发现中国学生具有很大的交际潜能,并认为有关中国学生以语言形式准确性见长、交际能力欠缺的观点具有片面性,关键是如何正确发挥他们潜在的交际能力。谭智(1998)测试了中国英语学习者理解会话蕴涵的能力,发现他们对会话蕴涵基本上没有明确意识,识别和理解能力都很差,而且这一能力并不随语言能力的增长而增长;还发现文化背景知识对正确理解会话蕴涵起着重要作用。

3.2 汉语界的研究

与外语界学者相比，汉语界学者更多关注的是从语用角度研究语法现象，探讨与语法有关的语言外因素，但是他们对语用因素的理解要比外语界学者宽一些，除了传统微观语用学的内容外，还涵盖了话语分析、功能语法和认知语法等。

3.2.1　理论建树：三个平面学说

胡裕树和范晓(1985)最早提出了汉语语法研究三个平面(句法、语义和语用)的理论。这里的语用指的是跟句法有关的语用因素，主要有：主题和述题、重心和焦点、语气、口气、评议性成分和句型或句式变化。他们认为，三个平面各有其形式和意义。语用意义是指词语或句法结构在实际运用中所形成的语用价值或信息，这种信息往往体现说话人的主观意向。表示语用意义的形式称为语用形式，语用形式主要是语序的、虚词的，也有其他形式如语音、韵律等。句法和语义结构中的成分与语用成分之间的关系是，语用平面的信息最终是由某些句法或语义成分承载的。三个平面的观点正成为研究汉语语法的新模式，它对汉语语法学的影响超过了结构主义以后任何西方语法流派的影响。(刘丹青1995：10)

范开泰(1985：401)也提出了语法分析可在句法、语义和语用三个平面上进行。语用平面研究的是语言符号与使用者及使用环境之间的关系，大致包括以下几个方面：话语结构分析(说话人如何选择话题，如何围绕话题构成话语)、交际的心理结构分析(如何选择焦点，突出兴趣中心)、信息结构分析，以及语气情态分析(如何选用适当的语气、口气来表达态度、情感和言外之意)。

施关淦(1993)认为三个平面相结合进行汉语语法研究的前提是区分，区分的重点是语言与言语(话语)。由于不加区分，导致许多不正确的结论，比如汉语语序有人认为是固定的，也有人认为是灵活的。正确的认识应是，汉语语言系统中的语序是固定的，而话语中的语序是灵活的。施关淦(1994)讨论了省略和隐含现象的区分，认为省略是言语现象，而隐含是语言现象，在语法分析中加以区分是非常重要的。

陆丙甫(1998)指出,语义、语用和语法三个平面中,语义是基本的,主要反映结构内的意义关系;语用则主要反映结构内成分跟结构外因素(语境、说话者态度等)的联系;而语法是兼顾语义和语用的编码形式,是最复杂的。因此许多语法现象可以通过语义和语用的相互作用来加以解释。

刘丹青(1995)提出,汉语的句法独立性太弱,难以建立独立于语义、语用而相对自主的句法体系,汉语语法必须注重句法—语义关系和句法—语用关系,而语用在汉语中更为重要、更为根本,汉语语法是语用优先语法,句法—语用关系应该摆在首要位置。然而"语用优先观"的语用,不应该是垃圾桶,把修辞、知识背景、文化等都装入其中。语用主要指语法在使用者之间传递信息的传通功能(有别于认知功能),及表达传通意义的语法手段,应该是可以控制并做有限描述的规则性的东西,并且是涉及句子通不通而不是好不好的问题。语用优先的观点不是强调语用独立性,而是在宏观上(句子、话语)加强句法—语用关系的研究,以确定句子构造的语用因素;在微观上(短语、形态)加强语义—语用研究,以确立制约词语组合和形态使用的语用因素。

3.2.2 应用研究

除以上理论探讨外,汉语学者更多的是运用西方语用学的许多概念来分析句法、语义问题。

沈家煊(1987)应用蕴涵、含义和预设三个概念解释"差不多"和"差点儿"两个短语在意义和用法上的异同,认为这三个概念可以解释汉语中许多类似现象。崔希亮(1993)运用预设、推断(inference)和会话含义分析了汉语中的"连字句"。郭继懋(1997)运用会话含义概念提出了反问句使用的语用条件,认为反问句不只是加强语势,其实质是为了表达隐含意义,符合合作原则中的适量准则。

沈家煊(1989)运用会话分析理论探讨了汉语会话中的"对

答”，指出一个举动有应答和引发两重作用，因此“话题—说明”的区分是对篇章做局部静态分析的结果，对连续篇章做动态分析表明，话题和说明没有明确的分界，任何话题都是引发的反应或说明，任何说明都是实际或潜在的话题。

沈家煊(1994)运用 Brown & Levinson 的礼貌理论以及 Sperber & Wilson (1981)用于解释反语现象的“引述”理论，研究了汉语中“好不”的不对称用法，并指出“双音副词”的形成是一个语法化的过程。

陈平(1996)论证了句法描述无法充分解释汉语中话题结构和关系结构之间的相关性，应从所涉及的句法话题上寻求语用解释。具体来说，句法话题有三类语用理解：实例话题(instance topic)、框架话题(frame topic)和范围话题(range topic)。每类话题的特征与所涉及话题的主位性构造(thematic structuring)有关系。话题结构能否变成关系结构和名物化取决于这三类不同的语用理解。这表明，被定义为某个句法话题的结构并不具有统一的语法功能，应同语用因素有关联。

方霁(1999,2000)分析了现代汉语中的祈使句，认为说汉语的人使用祈使句受到三个方面的约束：说话人与听话人的关系、语气表现手段、祈使对象人称指示词。其中说话人与听话人的关系是最根本的。要得体使用，必须根据不同的交际场合(说话人与听话人的关系)，选用不同的语气表现手段(语调、重音、语气尾词、施为动词、施为助动词)和祈使对象人称指示词。

常敬宇(2000)认为语用对句子的生成和结构都有制约作用，语用对句式有选择作用，包括常式句和变式句。例如“我把钱装在钱包里”和“我把饺子吃在食堂里”、“我把开水打在食堂里”，后两个句子在语义上没有问题，但在语用上不通，因为“把字句”具有对宾语进行处置的语用意义，而后两个句子没有对宾语进行处置。

陆镜光(2000)认为句子成分后置可以部分地归结于话轮替换的机制，特别是句子后置成分在话轮交替相关处起到一种话轮延续作用。根据粤语口语语料库,句子后置成分作为话轮后续手段,有78%是处于或紧靠话轮交替相关处。这说明作为语法现象的词序和话轮交替结构之间存在极其密切的联系。

此外,王建华(1987)探讨了与语境因素有关的歧义现象。常玉钟(1992)分析了反问句的结构形式及规约化。沈家煊(1993)论述了汉语中的语用否定现象。张谊生(2001)阐释了汉语副词相关的虚化(语法化)机制。

对于焦点的研究是汉语语法研究的一个热点。徐杰和李英哲(1993)运用焦点(说话者所强调的重点)概念分析了疑问和否定现象,认为这两个句法范畴属于全句,没有独立的范围。否定中心和疑问中心都是句子的焦点,否定中心取决于焦点的选择,与否定词没有必然的语序关系。他们还发现,焦点在古今汉语、英语和匈牙利语中的语法化表现为加焦点标记和前置焦点成分两种方式。

方梅(1995)通过对预设的区分提出了句子的常规焦点和对比焦点,考察了汉语里用于表现对比焦点的句法手段及其适用范围。

刘丹青和徐烈炯(1998)讨论了汉语中的焦点现象。认为"焦点"与"背景"相对。以句内成分为背景的焦点具有"+突出"特征,以句外话语成分或认知成分为背景的焦点具有"+对比"特征。以此为参数,把焦点分为三类:自然焦点([+突出]、[-对比]),对比焦点([+突出]、[+对比])和话题焦点([-突出]、[+对比])。三种焦点在表达手段和句法表现方面都有明显差异。根据这种分类,他们重新分析了汉语"连字句",指出"连"所带的成分属于话题焦点,不具有"+突出"特征。其强调作用,来源于该句式特有的预设和推理含义,是由整个"连……都/也"式表达的,并不影响"连"所带成分的话题性。

袁毓林(2000)讨论了否定句的焦点、预设和辖域歧义,从自然语言逻辑的非单调性的角度,证明否定句的预设事实上是不可取消的,因而否定句外部否定的释义是不存在的。因此,否定句并没有辖域歧义,也没有语义模糊。这一观点从根本上对西方传统上对否定句的看法提出了质疑。

3.3 学术活动和语用学著作

20 多年来,国内学界,尤其是外语界,举办了多次有关语用学的学术研讨会。1989 年 11 月由广州外国语学院主办的中国首届语用学研讨会召开。参加者不仅有语言学者、外语教师和编辑人员,还有汉语词典编撰者、中文系研究生、国际关系学院研究生等,由此可见语用学的吸引力。(王宗炎 1990)国际语用学会秘书长 Verschueren 专程前来参加会议。此后,主要由外语界参与的语用学全国性研讨会每两年举行一次。1994 年和 1996 年还举行了关于新格赖斯含义理论的研讨会。

国内还出版了多本关于语用学的著作或教科书。除了何自然的《语用学概论》(湖南教育出版社,1987)和何兆熊的《语用学概要》(上海外语教育出版社,1989)以外,进入 20 世纪 90 年代以后,这类著作明显增多,如索振羽的《语用学教程》(北京大学出版社,2000)、左思民的《汉语语用学》(河南人民出版社,2000)、姜望琪的《语用学——理论及应用》(北京大学出版社,2000)、熊学亮的《认知语用学概论》(上海外语教育出版社,1999)等。

姜望琪的《语用学——理论及应用》一书是国内首部用英文介绍语用学理论的书籍,内容覆盖全面、详略得当、深入浅出、语言地道,是一部很好的语用学入门书。

熊学亮在《认知语用学概论》中提出,语用学研究的对象是语言符号或结构通过其所指与交际意图之间构成的种种关系,以及语言传递交际意图的范围和性质。符号和交际意图之间逐渐固化的关系是“超符号”关系,研究这种超符号关系的学科就是认知语用学。这种超符号关系是以语言使用团体的社会和心理默契为基础的,社会心理默契以知识结构的方式储存在大脑中,在语言交际时,这种知识结构在必要时会自动激活,投入使用,参与语言的生成和解释。

钱冠连的《汉语文化语用学》(清华大学出版社,1997)没有按照一般语用学专著那样依次讨论指示语、会话含义、言语行为等，而是自成体系，提出语用学实质上就是人文网络言语学。语境的干涉——对语音、句式的干涉，对说话人（使用策略）的干涉，就是社会人文网络干涉我们说话。语用学是对符号局限性的补偿。因此，必须说明语言符号的局限性。语用功能理论完全建立在语言符号关系之外，完全靠语言系统之外的人及社会这两个系统补充而成。

此外，1994 年中国社会科学院语言研究所“汉语运用的语用原则”课题组出版了国内第一部语用学论文集《语用研究论集》；1997 年在东北师范大学举行的第五届语用学研讨会出版了题为《语用、认知、交际》的论文集（张绍杰、杨忠 1998）；2001 年上海外语教育出版社出版了《中国语用学研究论文精选》（束定芳 2001）。

4. 展望和思考

过去 20 年国内外语用学的快速发展，大大加深了我们对语言使用规律的理解。虽然语用学的许多最重要的概念和发展动力来自语言哲学，但语用学已具有自己的生命力，并处于与许多学科交叉的结点上，如心理学、人类学、社会学和社会语言学。展望未来，我们认为，语用研究在下列一些方面值得注意。

（一）语用学的一些理论和概念正在成为教条。自 1983 年 Levinson 的《语用学》和 Leech 的《语用原则》出版以来，国外语用学的教材层出不穷。此外语用学方面的刊物，除了 1977 年创立的《语用学杂志》外，还有 1991 年国际语用学会创办的《语用学》（*Pragmatics*）和本杰明公司（John Benjamins）1993 年开始出版的《语用学与认知》（*Pragmatics and Cognition*）。这些教材和期刊的内容多有雷同，一般都是指示语、言语行为、预设、含义、会话和语篇，有的可能还论及语用学与社会语言学、心理语言学和认知科学的联系。（Verschueren 1999：872）这可能被认为是语用学有确定的领域的标志，但同时也标志着我们看待语言使用的方法正在习惯化，甚至正在僵化。Verschueren (1999：874)指出，人们倾向于把语用研究看作语言学的一个分支学科，为什么不能承认它仅仅是观察语言的一个特定视角或研究取向呢？淡化学科概念可解决大部分分界问题，而且可摈弃唯我独尊的门户之见。

语用学的某些概念和前提很少有人怀疑。例如 Grice 的会话合作概念，虽然已受到挑战，但影响仍然很大，国内的学者不断将它应用于新的领域（如翻译）。但是对实际使用的语言的考察表明，很多交际行为充满了冲突。再如礼貌理论，它有一个假定的前提，即交际和谐是普遍规范。然而对礼貌现象合理的科学研究，应避免采取社会规范的立场。不礼貌现象并不总是违背社会常规的举动，它有可能是一种斗争的策略或手段。(Verschueren 1999：874—877)

（二）从认知角度研究语言使用已成为必然，但不必是在关联理论为代表的认知语用学框架内。比如，Panther & Thornburg (1998)指出，根据言语行为或会话理论所做的话语分析认为，听话人需要经过推理才能理解交际目的，然而这不能满意地解释会话参与者为什么毫不费力就可以领悟对方意向。言语行为或会话理论没能具体、系统地阐明话语解释所需要的推理模式。因此，他们提出用场景结构(scenario structure)（相当于认知语义学中的框架〈frame〉和理想化认知模型〈idealized cognitive model〉）来分析会话。他们认为，各类会话场景由核心和边缘成分组成，由于存在图式效应（即会话者熟知各成分之间的联系），加之上下文线索，场景中的某一成分（即便是边缘成分）即可激活整个场景。这就是说，场景中的单个成分可起到转喻(metonymic)或至少是指示(indexical)的作用。

语用学和认知语言学具有共同的功能主义取向，也可以说认知语言学具有语用视角。认知视角和语用视角之间有本质上的联系。(Nuyts 1993：287—289)认知语言学假定：语言作为人类的系统行为，必定建立在很复杂的认知结构的基础之上，否则不可能运行。然而我们无法直接接触这一结构(即所谓的黑箱),因此只能从各类外在的行为特征来推断它的构造和特点。语言是认知结构的输入和输出,通过语言行为探索这一结构无疑是有效的途径之一。

语言涉及结构和功能两个方面。对功能的性质可以有分歧,就像对结构的性质有分歧一样,但我们无法否认两者都存在,并且相联系,因为特定结构在特定的语境中具有特定的功能(意义)。如果我们能够把语言行为的结构和功能两方面的证据结合起来,就有可能成功地推想出底层的认知结构。只关注结构意味着放弃另一半证据。Chomsky 把结构(即句法能力)当作可单独研究的一个大脑模块,认为语言行为的其他方面由不同的大脑模块来处理,这是错误的。语言能力涉及整个认知系统,每个语言行为都是这个系统各部门相互作用的结果,了解模块必须在了解整个系统的基础之上才有可能。(Nuyts 1993:290)

(三) 新的研究角度正在形成。目前语用学理论中模糊不清的概念和术语及互相矛盾的观点和证据令人失望,因此有些学者开始尝试摆脱现有理论的束缚,从新的角度来研究人类的语用能力。例如 Perkins (1998)提出,语用是一组语言认知子系统和非语言认知子系统之间互相作用的结果,这种作用决定有多少信息通过语言来编码,有多少信息不必说出来,因为后者可从语言和非语言语境中提取。这种取舍的关键是平衡,如何运作是语用学的重要课题。当整个系统出现问题时,各个子系统的作用才显现出来。Perkins 分析了有交际障碍患者的话语,阐述系统的哪些成分(语音、语法、词汇还是其他)受到损害,以确立其作为独立子系统的地位。

(四) 学者开始采用语料库来研究语用现象,如话语标记语(discourse marker)和会话结构。

从整体上看,国内的语用研究主要存在以下两问题:

(一) 对语用研究的认识论和方法论,尤其是科学哲学,注意不够，有盲目跟从国外流行理论的趋势。如国外已有不少学者提出，从科学哲学角度看，Sperber & Wilson 的关联理论很成问题。Cummings (1998)指出，目前在认知学科中弥漫的科学主义情绪，使关联理论在语用学和相关学科中受到欢迎，然而这一理论具有简约主义(reductionism)的性质。人类的概念理解和推理过程具有整体(holistic)性质，关联理论的简约主义方法是行不通的。Chametzky (1992)指出，一般来说，科学的目的就是解释，而不是预测。因此 Sperber & Wilson 对 Grice 语用学缺乏预测力的批评是不成立的。对预测力的要求是逻辑实证主义的残余影响。在实证主义的传统中，解释和预测被认为是对称的。然而这种对称只发生在非常特殊的情况下或在封闭的系统中，并非普遍规律，在语言使用这样一个开放、复杂的系统中，对称是不存在的。

(二) 对国外语用学的最新发展不敏感。当前西方语用学出现了一些新的思想和动向。如有人认为，Grice 意义上的合作，在实际使用的语言中并不总是存在，有些交际充满了冲突；再如礼貌理论假定和谐是普遍规范，然而不礼貌现象不一定与违背社会规范有关，而可能是一种斗争的策略或手段。(Verschueren 1999：874—877)这些新的变化在国内未引起足够的重视。此外，国内语用学界的研究领域偏窄，集中于言语行为、会话含义、礼貌等问题，对西方宏观语用学关注不够。现在已有越来越多的证据表明，语用学不是语言学的分支学科，而是考察语言的一种功能性视角，是结合语言运作的认知、社会和文化方面的复杂因素的一种研究思路。(Mey 1993；Verschueren 1985，1999)

参考文献(汉语参考文献见本书书末“主要文献索引”)：

[1] Blakemore, D. *Understanding Utterances: An Introduction to Pragmatics*. London: Blackwell, 1992.

[2] Brown, P. and S. C. Levinson. How politeness works. In E. N. Goody (ed) *Questions and Politeness in Social Interaction*. Cambridge:

CUP, 1978.

[3] Brown, P. and S. C. Levinson. *Politeness: Some Universals of Language Usage*. Cambridge: CUP, 1987.

[4] Davis, S. *Pragmatics: A Reader*. Oxford: Oxford University Press, 1991.

[5] Dillon, G. L., Linda Coleman, J. Fahnestock, and Michael Agar. Review of discourse analysis, principles of pragmatics and pragmatics. *Language*, 1985(61): 446-460.

[6] DuFon, M. A., G. Kasper and Satomi Takahashi and Naoko Yoshinaga. Bibliography on linguistic politeness. *Journal of Pragmatics*, 1994(21): 527-578.

[7] Green, G. *Pragmatics and Natural Language Understanding*. New Jersey: LEA Publishers, 1989.

[8] Grice, Paul H. Logic and conversation. In *Syntax and Semantics*, Vol. Ⅲ: Speech acts. Ed. Cole & Morgan. New York: Academic Press. 41-58.

[9] Haberland, Hartmut and Jacob Mey. Editorial: Linguistics and pragmatics. *Journal of Pragmatics*, 1977(1): 1-12.

[10] Harris, S. Pragmatics and power. *Journal of Pragmatics*, 1995 (23): 117-135.

[11] Horn, L. R. Toward a new taxonomy for pragmatic inference: Q-based and R-based implicature. In Meaning, Form, and Use in Context: Linguistic Applications. Ed. Deborah Schiffrin. Washington, DC: Georgetown University Press, 1984. 11-42.

[12] Horn, L. R. Pragmatic theory. In *Linguistics: The Cambridge Survey* Vol. Ⅱ. Ed. F. Newmeyer. Cambridge: CUP, 1988. 113-145.

[13] Horn, L. R. *A Natural History of Negation*. Chicago/London: University of Chicago Press, 1989.

[14] Horn, L. R. The said and the unsaid. In SALT Ⅱ: Proceedings from the Second Conference on Semantics and Linguistic Theory held at the Ohio State University, 1-3 May. Ed. Chris Barker & David Dowty. The Ohio State University Working Papers in Linguistics No. 40, 1992.

163 - 192.

[15] Huang, Yan. A neo-Gricean pragmatic theory of anaphora. *Journal of Linguistics*, 1991(27): 301 - 335.

[16] Huang, Yan. *The Syntax and Pragmatics of Anaphora: A Study with Special Reference to Chinese* (Cambridge Studies in Linguistics, 70). Cambridge: CUP, 1994.

[17] Jucker, A. H. Review of Relevance: Communication and cognition. 2nd edition. *Journal of Pragmatics*, 1997(27): 107 - 119.

[18] Kempson, Ruth. Grammar and conversational principles. In: *Linguistics: The Cambridge Survey* Vol. Ⅰ. Ed. F. J. Newmeyer. Cambridge: CUP, 1988. 139 - 163.

[19] Leech, G. N. *Principles of Pragmatics*. London: Longman, 1983.

[20] Levinson, S. C. Pragmatic reduction of the binding conditions revisited. *Journal of Linguistics*, 1991(27): 107 - 161.

[21] Levinson, S. C. *Pragmatics*. Cambridge: CUP, 1983.

[22] Levinson, S. C. Pragmatics and the grammar of anaphora: A partial. pragmatic reduction of binding and control phenomena. *Journal of linguistics*, 1987(23): 379 - 434.

[23] Mey, J. L. *Pragmatics: An Introduction*. Oxford: Blackwell, 1993.

[24] Nerlich, Brigitte and David D. Clarke. Language, action and context: Linguistic pragmatics in Europe and America (1800 - 1950). *Journal of Pragmatics*, 1994(22): 439 - 463.

[25] Nuyts, J. Cognitive linguistics (Review article). *Journal of Pragmatics*, 1993(20): 269 - 290.

[26] Panther, Klaus-Uwe and Linda Thornburg. A cognitive approach to inferencing in conversation. *Journal of Pragmatics*, 1998 (30): 755 - 769.

[27] Perkins, M. R. Is pragmatics epiphenomenal? Evidence from communication disorders. *Journal of Pragmatics*, 1998 (29): 291 - 311.

[28] Sarangi, S. K. and Stefaan Slembrouck. Non-cooperation in communication: A reassessment of Gricean pragmatics. *Journal of*

Pragmatics, 1992 (17): 117 - 154.

[29] Sperber, D. & D. Wilson 1981 Irony and the use-mention distinction. In P. Cole (ed.) *Radical Pragmatics*. Academic Press, New York: 295 - 318. Reprinted in S. Davis (ed.) 1991 *Pragmatics: A Reader*. Oxford University Press, Oxford: 550 - 563.

[30] Sperber, D. & Wilson, D. *Relevance: Communication and Cognition*. Oxford: Basil Blackwell, 1986/1995.

[31] Verscheuren, Jef. *Understanding Pragmatics*. Beijing: Foreign Language Teaching and Research Press, 2000.

[32] Verscheuren, Jef. Whose discipline? Some critical reflections on linguistic pragmatics. *Journal of Pragmatics*, 1999(31): 869 - 879.

[33] Verscheuren, Jef. Review of principles of pragmatics and pragmatics. *Journal of Linguistics*, 1985(21): 459 - 470.

[34] Yus, F. A decade of relevance theory. *Journal of Pragmatics*, 1998 (30): 305 - 345.

语用学和语义学的分界

沈家煊

关于语用学和语义学二者的关系，有三种不同的观点(Leech 1981)：(1) 语用学是语义学的一部分；(2) 语义学是语用学的一部分；(3) 语用学和语义学是两个独立而又互为补充的部分。持第一种观点的主要是20世纪60年代后期兴起的生成语义学派，当时认为语言表达的各种意义基本上都可以用句子的语义结构式或逻辑式来表示，现在看来这种设想未免过于乐观。第二种观点源自 L. Wittgenstein 和 J. L. Austin 等语言哲学家。晚期的 Wittgenstein 提出了"意义就是用法"(Meaning is use)的口号，主张完全通过研究句子的用法来探究句子的意义。以 Austin (1962)的"言有所为论"为先导，Searle (1969，1975)进而认为整个语言学实质上是语用学，语义学自然也就属于语用学的范畴。然而，目前为大多数人所接受的还是第三种观点，语用和语义被视作语言系统的两个不同的组成部分，既互相独立又互相补充。语用学和语义学的分界问题就是在这种观点的基础上产生的。

面临纷繁复杂和变化无穷的语言意义，语用学曾经被当作一只杂物箱，凡是无法用明确的规则加以描述的语义问题统统被扔进这只箱里，结果语用学成了一个"宽泛、松散、杂乱无章"[①]的领域。然而，经过近20年的努力，这种状况已有显著的改善。现在这只杂物箱已经被整理和分隔成几个部分，分别容纳不同性质的语义或语用问题。对语用学和语义学的分界问题虽然还有争论，但争论的焦点已经比较明显，而且这种争论将继续加深我们对各种意义性质的认识。

一、七种意义，两条标准

Grice (1957)区分两种意义：自然意义与非自然意义。自然意义如“黑云密布意为快要下雨”，不涉及意图，不属于信递(communication)的内容；非自然意义如“鸣笛意为有紧急事件”，一定涉及意图，这才属于真正的信递内容。符号、语言、文字等作为信递的方式所传递的意义是非自然意义。经过二十来年的研究，现在已经发现的语言(非自然)意义从一定的角度大致可以分为以下七种(参看 Levinson 1983)：(1) 衍推(entailments)[②]；(2) 规约隐涵(conventional implicature)；(3) 预设(presuppositions)；(4) 合适条件(felicity conditions)；(5) 一般情况下的会话隐涵(generalized conversational implicature)；(6) 特定情况下的会话隐涵(particularized conversational implicature)；(7) 其他的会话隐涵(non-conversational implicature)[③]。这七种意义各有不同的性质和特点。划分语用学和语义学的界限，现有两个标准，一为真值条件，二为约定俗成。如将语义学限定于真值条件意义的范围，那么除了(1)以外，(2)—(7)都属于语用学；如将语义学限定于研究约定俗成的意义，那么(1)和(2)，也许还有(3)和(4)甚至于(5)都属于语义学，其余的属于语用学。由于规约意义(即约定俗成的意义)和非规约意义的区分不易说清，到目前为止，一般采用了三个具体的鉴别标志：不可取消性(non-defeasibility)，可分离性(detachability)，不可推导性(non-calculability)。具备这三种性质的是规约意义，不具备的是非规约意义。但是，由于某些意义(如预设和合适条件)的特殊性，规约和非规约的界线仍然不易划清。为说明这种状况，有必要逐一分析各种意义的性质。本文将讨论前六种意义，第七种意义与(5)、(6)两种比较接近，但研究得还很不充分，暂不予专门讨论。

二、对各种意义的具体考察

1. 衍推(entailments) 衍推的定义是：当且仅当在所有情况下A为真B也为真时，A在语义上衍推B。例如下面的B都是A的衍推：

A 我要一匹白马
B 我要一匹马
A 我有三个孩子
B 我有孩子
A 小王和小张结婚了
B 小王结婚了

句子的衍推就是句子的真值条件，因为真值条件是使句子成真的条件命题。显然以上三例的B都属于这样一个命题：如果B是假的，A就不再是真的。可见，衍推是一种纯逻辑推理，它们是句子固有的、稳定不变的意义成分。衍推具有不可消除的性质，一旦消除就会产生语义矛盾，例如：

- 我要一匹白马，但我不要一匹马。
- 我有三个孩子，但我没有孩子。
- 小王和小张结婚了，但小王没有结婚。

衍推的“不可消除性”表明衍推属于规约意义(下面还会提到衍推的“可分离性”和“不可推导性”)。为便于阐述，接下去先来说明会话隐涵的性质。

2. 会话隐涵(conversational implicature) 会话隐涵是在理解句子衍推的基础上根据Grice(1975，1978)提出的会话原则推导出来的意义。会话原则具体指合作原则(cooperative principle)，即语言交流的参与者需根据交流的意图和环境采取合作的态度。合作的方式是多方面的，具体要遵循四条准则：要说真话，不说假话和无根据的话(真实准则)；要提供适量的信息，不多也不少(适量准则);要说跟话题有关的话,不说无关的话(相关准则);说话要清楚明了,简洁而有条理(明晰准则)[4]。不仅说话人总是遵循合作原则,听话人也总是相信说话人不会违背合作原则。有些话表面上好像违背了合作原则,实际上是为了传递言外之意,因此是以另一种方式遵循合作原则。Grice 将会话隐涵分为一般的(generalized)和特定的(particularized)两类,前者的推导不需要特定的语境(context),后者则必须依靠特定的语境。下例中的 B 是 A 的"一般的会话隐涵":

A　我有三个孩子

B　我只有三个孩子

从 A 推导出 B 是根据合作原则中的适量准则:如果说话人有不止三个孩子,那么说出 A 就没有提供足量的信息。然而说话人是不会违背适量准则的,因此一般情形下 A 在会话中隐涵 B。下例中的 B 是 A 的"特定的会话隐涵":

A　厂里要找个打字员,我发现她是大学生。

B　她不适合当打字员。

从 A 推导出 B 是根据合作原则中的相关准则——"她是大学生"和"找打字员"之间一定存在某种联系,不然就不会一起说出来。然而,这样的推导还需要有特定的语境:按当前国民受教育的程度,大学生属于受过高等教育的人,而打字员一般不需要受过高等教育。上面两种会话隐涵都不是通过纯逻辑推理推导出来的,都不是语句固有的、稳定不变的意义成分。首先,它们具有"可消除性",即在一定的语境或上下文里可被消除。假如按规定至少要有三个孩子才符合接受补助的标准,在你我都知道这一规定的情况下,我问你有几个孩子,你的回答"我有三个孩子"就不再隐涵"只有三个"的意思。同样,如果对大学生受教育程度的看法或对打字员的要求有了变化,"她不适合当打字员"的隐涵也会消除。不仅如此,会话隐涵还可以直接用上下文来消除:

我有三个孩子，其实还不止三个。

厂里要找个打字员，我发现她是大学生，但让她当打字员也挺合适。

其次，会话隐涵具有“不可分离”的性质。这是指会话隐涵附着于语句的内容而不是形式，因此仅仅用同义或近义词语改换语句的形式并不能使会话隐涵和语句分离⑤。比如“他真是个天才”这句话在特定的会话语境里可以隐涵“他是个傻瓜”的意思，如果将那句话改说成“他真是个聪明绝顶的人”、“他的智商高极了”、“他的大脑特别发达”等等，在同样的语境里以上隐涵仍然附着于这些语句，不会分离。

会话隐涵的第三个特性是它的“可推导性”。这种推导不是衍推的纯逻辑推导，而是必须依据会话的合作原则及其准则，有时还要依靠特定的语境。比如“黑桃差不多全了”这句话在会话中隐涵“黑桃没有全”的意思，其推导过程大致如下(参看沈家煊 1987)：

(1) 说话人 S 说出“黑桃差不多全了”。根据这句话的蕴含，听话人 H 知道这意味着 S 认为黑桃接近于全了。

(2) 存在一条会话的适量准则，要求 S 提供足量的信息。

(3) 如果 S 知道黑桃已经全了，还说“黑桃差不多全了”就会违背适量准则。

(4) H 认为 S 总是遵循适量准则，不会说不足量的话，因此 S 不可能认为黑桃已经全了，即 S 认为“黑桃没有全”。

(5) S 知道 H 能做出(1)—(4)的推导，所以 S 说“黑桃差不多全了”所要传递的意思之一是“黑桃没有全”。

在以上三个特性上，会话隐涵与衍推形成对立。前面讲过衍推是不可消除的，衍推显然还是可以分离的：“他真是个天才”改换成“他的大脑特别发达”后真值条件就不一样了。衍推又是不可推导的，因为它无需依据会话的合作原则就可断定。总之，按照真值条件和约定俗成两个标准，衍推是真值条件和规约意义，而会话隐涵是非真值条件和非规约意义。

3. 规约隐涵(conventional implicature) 规约隐涵不是真值条件,但又是不可消除的。它们与词语形式有约定俗成的联系因而是可分离的。它们也不是根据会话原则推导出来的。可以这样说:衍推是一种规约意义,但规约意义不一定就是衍推,规约隐涵就不是衍推。Grice 首先使用规约隐涵这个名称,但只举了两个语词为例:but 和 therefore。后来 Kempson (1975)和 Karttunen & Peters (1979)又增加一个 even, Wilson (1975)增加了一个 yet。拿 but 来说,它和 and 的真值条件是一样的,She is poor but honest 和 She is poor and honest 有相同的衍推,但是 but 另有"前后两个成分形成对照"的规约隐涵。这种意义是不可消除的,消除后就说不通:

?She is poor but honest, and there is in fact no contrast between these two facts.

再以汉语的"连……也/都"为例,B 是 A 的规约隐涵,C 将 B 消除也是说不通的:

A 这道题连老师也做不出。

B 老师是最不可能做不出这道题的人。

?C 这道题连老师也做不出,而老师不是最不可能做不出这道题的人。

原来以为规约隐涵只限于语言中 but,therefore 等少数几个连词或副词,后来发现具有类似性质的词语要比想象的多得多。Levinson (1983)认为语言中的指示词语(deictic expressions),它们的主要意义常常就是规约隐涵。例如"你/您"的对立:

A 您是我的先生。

B 你是我的先生。

A 和 B 的真值条件相同,但 A 还有大致相当"说话人的社会地位低于听话人"的规约隐涵。这种意义并不是句子 A 的衍推,如果是的话,A′就可以有 B′的意思,但 A′显然没有这种意思:

A′ 您不是我的先生。

B′ 你是我的先生，而你的社会地位不比我高。

Levinson 还将 however、anyway、well、oh、after all 等词语称作话语指示语（discourse deixis），它们的功能就在于表明以它们起头的语句与上下文之间的联系，因此它们的意义主要也是规约隐涵。例如 oh 用在句首是充当一种规约信号，表示已经听清对方提供的信息，而这个词本身并没有任何命题内容。除此之外，Karttunen & Peters（1979）企图将预设这种意义也算作规约隐涵，从而大大扩大了规约隐涵的范围。不过，我们下面将看到预设和这里所说的规约隐涵还是有差别的。

4. 预设（presuppositions） 讨论预设的文献特别多，争议也最多。有人企图取消预设这个概念，将它并入衍推、规约隐涵或会话隐涵，但一直未能取消得了。通常所说的预设指说话人说出一句话时预先假设当然成立的命题，其特点是在句子被否定后仍然保留。Levinson（1983）曾列出 13 种不同的预设，但最常见的大概有以下五种（注意 A 为肯定和否定形式时预设 B 都成立）：

(1) A 张三的妻子病了/没有病。
B 张三有妻子

(2) A 张三后悔/不后悔搞语言学。
B 张三搞语言学

(3) A 张三已停止/没有停止服药。
B 张三服过药

(4) A 离婚之前张三哭了/没有哭。
B 张三后来离婚了

(5) A 要出卖你的是/不是张三。
B 有人要出卖你

既然预设具有在否定句中仍然保留的性质，似乎可以用以下的衍推关系来定义预设：

$$A\text{ 预设 }B=\begin{cases}A\text{ 衍推 }B\\ \sim A\text{ 衍推 }B\end{cases}$$

如采用这样的定义,就得对语义理论中的逻辑系统做全盘调整,即由二值逻辑改变为三值逻辑。根据二值逻辑和以上定义,预设 B 永远为真,但我们需要考察预设为假时的情形。当 B 为假时,按照 Strawson (1950, 1952)的观点,A 有第三个逻辑值"不真不假"或有一个真值间隙(truth-value gap)。如果做出这样的调整后确能解决预设问题,采用三值逻辑也未尝不可,然而,问题在于预设具有在特定语境里可以消除的特性,这就从根本上排除了预设作为衍推关系来对待的可能性。如前所述,衍推关系是一种固定不变的关系:如果 A 衍推 B,那么在凡是 A 为真的场合 B 也必定为真。然而,当 A 预设 B 时,A 不能永远预设 B,在一定的情况下 B 可能被消除。首先,当人们的常识与预设矛盾时,预设不复存在,例如下面这句话(比较(4)A)"离婚之前张三死了"不再预设"张三后来离婚了",因为谁都知道死者不能有离婚的活动。其次,一定的上下文也能使预设消失,(5)A 的否定式出现在下面的语段中不再预设(5)B:

你总以为有人要出卖你,但是要出卖你的不是张三,也不是李四,更不是王五,其实谁也不想要出卖你。

此外,交谈双方的共同知识也能使预设消失。如果双方都知道张三搞文学不搞语言学,那么下面这句话(比较(2)A)就不再预设(2)B:

至少张三将来不会后悔搞语言学。

与预设的可消除性相关的是预设的"投射问题"(projection problem)。投射问题是指简单句扩大为复杂句后预设有时保留有时消失的情形,例如:

张三如果赌钱,他的妻子不会幸福。

张三如果结婚，他的妻子不会幸福。

第一句和(1)A一样预设“张三有妻子”，第二句则不然，前面的条件小句已排除这样的预设。因此所谓投射问题实际上也是预设在一定的上下文里可能被消除的问题。

鉴于预设的可消除性，如果还要坚持用衍推关系来定义预设，惟一的办法是假设语言中的否定词有歧义，例如假设“张三的妻子不会幸福”中的“不”字有两种意思，一种保留“张三有妻子”的预设，一种消除这一预设。不仅如此，像“在……之前”这样的词语也得被认为有歧义，一种意思是事情最终发生了，另一种是没有发生。然而这样的假设经 Kempson (1975)、Gazda (1979)、Horn (1985)等人的论证是站不住的。总之，预设不是意义中固定不变的、不受语境制约的成分，它是可以消除的，因此不可能是一种衍推关系。

既然预设可以消除，是否能认为预设与会话隐涵(可以消除)相同而与规约隐涵(不可消除)不一样呢？或者说，是否能认为预设也是一种非规约意义？答案并不简单。首先，预设虽然在特殊的语境里可能消除，但还得承认，在一般情形下简单肯定句的预设是不可消除的，例如以下的话在语义上都前后矛盾：

- 张三的妻子病了，但张三没有结婚。
- 张三后悔搞语言学，但张三不搞语言学。
- 张三已停止服药，但张三没有服过药。
- 要出卖你的是张三，但没有人要出卖你。

其次，在“可分离性”上，预设从一方面看似乎和会话隐涵一样不可分离，例如以下句子都预设“张三服过药”：

张三已停止服药/张三已中止服药/张三已暂停服药/张三不再服药

但从另一方面看预设又和规约隐涵一样是可以分离的。规约隐涵可以分离，如将 She is poor but honest 改换成 She is poor and honest，but 一词的规约隐涵不再保留。同样，下面的 a 改换成 b 后不再预设“有人要出卖你”：

a. 要出卖你的不是张三。
b. 张三不想要出卖你。

这就是说，预设在某种程度上与各语句的形式有约定俗成的联系，虽然它不像规约隐涵那样是绝对可以分离的。最后，在“可推导性”上，预设似乎也和规约隐涵一样不能用会话的合作原则来推导，尽管有人认为用其他的会话原则（如“充实准则”，见注 3）也可以推导预设（参看 Levinson 1983：217—219）。这样看来，预设的性质介于规约性和非规约性之间，是一种半规约意义。如果强调预设的不可消除性、可分离性和不可推导性的一面，那就可以把预设看作类似于规约隐涵，如 Karttunen & Peters (1979) 和 Gazda (1979) 就采取这样的办法。如果强调预设的可消除性、不可分离性和可推导性的一面，那就可以把预设看作类似于会话隐涵，如 Atlas & Levinson (1981) 和 Wilson & Sperber (1979) 就采用这种办法。预设的这种两面性在 Leech (1981) 对预设的定义中表现得极为明显：

$$\text{A 预设 B}=\begin{Bmatrix}\text{A 衍推 B}\\ \sim\text{A 在会话中隐涵 B}\end{Bmatrix}$$

“A 衍推 B”体现预设的规约性，“～A 在会话中隐涵 B”则体现预设的非规约性。

5. 合适条件(felicity conditions) Austin (1962) 认为每一句话都是说话人的言语行为（speech acts），这种行为包括“示言外之力”（illocutionary acts），如陈述、提问、命令、许诺、警告等等。语句传递的这种意义 Austin 认为不是什么真值条件，而是“合适条件”，即一句话按规约作为一种行为时所需要的语境条件。Searle (1969) 将这样的合适条件具体化，例如“请求”和“警告”这两种言语行为的合适条件分别如下表。[⑥]

	请 求	警 告
命题内容条件	说话人 H 将来的行为 A	将来发生的事件 E
预 备 条 件	1. 说话人 S 相信 H 能做 A 2. 如不叫 H 做 A,则 H 不一定会做 A	1. S 认为 E 将发生并对 H 不利 2. S 认为 H 不知道 E 将发生
诚 意 条 件	S 确实想要 H 做 A	S 确信 E 对 H 不利

起初,生成语义学派的语言学家如 J. R. Ross, G. Lakoff 和 Sadock (1974)等企图将这种合适条件作为真值条件来处理,他们所依据的主要是所谓的"施为句假说"(performative hypothesis)。按照这一假说,每个句子的底层都有一个包含施为动词(performative verb)的小句,如"我请求……"、"我警告……"等。于是"把窗关上!"、"当心感冒!"这样的句子其底层形式是"我请求你把窗关上"和"我警告你当心感冒"。他们认为句子的合适条件就是这种施为动词的衍推,而且施为句具有一旦说出即被证明为真的特点(就像"我能说一点儿汉语"这句话一旦说出就被证明为真一样)。但是,支持施为句假说的句法和语义上的论据后来都被一一否定。比如,从语义上讲,如果"我声称地球是方的"这个施为句具有一旦说出即被证明为真的特点,根据以上假说"地球是方的"也应该是真的,因为它的底层形式与前一句相同。但这句话显然不真实。因此合适条件不能纳入真值条件的范围。

合适条件虽然不是真值条件,但似乎属于规约意义。Austin 和 Searle 都强调合适条件的规约性,即与一定的形式标志相联系。这种联系表现在两个方面:一是一定的言语行为和一定的句型相联系,如陈述、提问、命令三种行为分别由陈述句、疑问句、祈使句来体现,在语调、词序、助词等方面都有区别;二是施为句有一定的形式限制，在英语中以 I (hereby) V that ... 的形式出现，其中的主语必须是第一人称单数，动词 V 必须是现在时主动语态。这就是说，合适条件是可以分离的，You are hurt 和 Are you hurt? 的合适条件不一样，I promise to come 和 I promised to come 的合适条件也不一样。既然与一定的形式有约定俗成的联系，合适条件也就无需依靠会话原则来推导。其次，合适条件似乎也是不可消除的，下面两句话有问题是因为第一句取消了诚意条件，第二句取消了预备条件：

?请把门关上！其实我不想要你关门。

?当心感冒！其实我知道你不会感冒。

但是，合适条件还有其非规约性的一面。对“间接言语行为”(indirect speech acts)的研究表明，一个语句往往可以用来显示多种言外之力，例如“我还要回来的”这句话可以用来表示警告、许诺、预告等等；反之，一种言语行为也可以用多种形式的语句来表示，例如下面这些话都能用来表示“请求”：

把门关上！/请把门关上好吗？/能不能把门关上？/你忘了关门。/外面吵得厉害。

这说明合适条件还有不可分离的一面。其次，间接言语行为的合适条件是可以消除的，例如：

你忘了关门，但我不想要你关门。

屋里真冷，但我不想要你关窗。

最后，这样的合适条件也是可以推导的。不直接说“把门关上！”而说成“你能不能把门给关上?”，间接表示的言外之力可以用合作原则或礼貌原则推导出来(Brown & Levinson 1978)。可见，合适条件和预设一样也具有两面性，其性质介于规约意义和非规约意义之间。

三、语用学和语义学如何分界

综上所述，划分语用学和语义学的界限有两个标准，真值条件和约定俗成。约定俗成(规约性)又靠三个具体标志来判定：“不可取消性”、“可分离性”、“不可推导性”是规约性的标志，“可取消性”、“不可分离性”、“可推导性”是非规约性的标志。运用这两条标准，可得出以下结果：

<table>
<tr><th colspan="2"></th><th>真值条件</th><th>约定俗成</th></tr>
<tr><td colspan="2">衍　推</td><td rowspan="2">是真值条件
(语义学)</td><td rowspan="2">规约意义
(语义学)</td></tr>
<tr><td colspan="2">规约隐涵</td></tr>
<tr><td colspan="2">预　设</td><td rowspan="5">非真值条件
(语用学)</td><td rowspan="2">半规约意义</td></tr>
<tr><td colspan="2">合适条件</td></tr>
<tr><td rowspan="2">会话隐涵</td><td>一　般</td><td rowspan="3">非规约意义
(语用学)</td></tr>
<tr><td>特　殊</td></tr>
<tr><td colspan="2">非会话隐涵</td></tr>
</table>

以真值条件为标准，语义学＝衍推，语用学＝意义－衍推，Gazda (1979)就是这样给语义学和语用学定义的。这是较为明智的做法，因为以约定俗成为标准，预设和合适条件都介于规约和非规约意义之间，归属不易确定，界限划不清。也许，除了现在常用的判断规约性的三个标志外，还需要寻找更有效的标志。但意义的规约性是一个程度问题，这看来是客观事实。Morgan (1978)将规约性置于历时方面来考察，提出了“短路会话隐涵”(short-circuited conversational implicature)的概念，用以说明规约性的程度及其演变。如前所述，“请求”这种言语行为可以间接地用疑问句来表示，这是合适条件不可分离性的一面。然而，值得注意的

是，间接言语行为的合适条件不是完全不可分离的，例如英语中，

(1) a. Can you close the door?

b. Do you have the ability to close the door?

(2) a. Why didn't you read in bed?

b. Why not read in bed?

(1) a 除直接表示疑问还可间接表示请求，(1)b 则只能表示疑问。(2)a 除直接表示疑问还可间接表示建议，而缩略形式(2)b 则只能表示建议。因此间接言语行为既有非规约性的一面又有规约性的一面。Sadock (1974)将(1)a 和(2)b 这样的句子形式视作习语(idioms)，正是为了强调它们的规约性。在 Morgan 看来，疑问句用来表示请求或建议，最初是受会话原则(如合作原则和礼貌原则)的支配——请求或建议对方做某事先询问对方有无可能做或还未做的原因，因此请求或建议是推导出来的会话隐涵。在这种推导过程变得习以为常后，交谈者不再需要每次都做具体的推导，而是采取"抄近路"的办法一下子得出隐涵的意思，这种隐涵逐渐带有一定程度的规约性，即和一定的形式相联系，例如(1)a 可以加 please 说成 Can you please close the door? 而(1)b 则不行。因此，"短路的会话隐涵"正处于非规约意义向规约意义演变的过程中。与此不同的是"屋里真冷"隐涵"请求关窗"，这种隐涵还未规约化，必须经过推导，所以不是"短路的会话隐涵"。

意义规约性的演变在语言中很普遍，例如 Goodbye 由 God be with you 演变而来已经完全规约化，而 go to the bathroom 用在 The dog is going to the bathroom on the living room rug 大概正处于规约化的过程中。意义演变及其和形式的关系大致可以表示为：

形式←——————————————————┐

规约意义$_1$→会话隐涵→短路的会话隐涵→规约意义$_2$

最初由会话原则推导出来的非规约意义(会话隐涵)变为半规约意

义(短路的会话隐涵),后又变为新的规约意义。新的规约意义必定对原来的形式起反馈作用。例如,Brown & Levinson (1978)指出印欧语中第二人称单数的尊称形式(如法语的 vous)原来是第二人称单数(tu)的复数形式,根据礼貌原则推导出尊敬的涵义。后来逐渐规约化,vous 用作尊称时不再和动词保持数的一致关系。在泰米尔语中,相当于 vous 的词用作尊称已完全规约化,因此不得不创造出一个新词来表示第二人称的复数形式[7]。这种历时演变体现在共时平面上,结果是大量的意义属于程度不等的半规约意义,这就给以约定俗成为标准划分语用学和语义学造成了困难。

四、激进的语用学和激进的语义学

Gazda (1979)以真值条件为标准划分语用学和语义学,这种做法并非没有问题。Allwood (1981)指出,确定句子的真值条件往往不能脱离语境,例如要判定 It's raining 的真假,不仅要知道说这句话的时间,还要分清雨和雾、雪、冰雹的界限(这种界限是模糊的);要确定"他要一匹马"是"他要一匹白马"的衍推,两个"他"必须是同指关系(co-reference)。然而,时态、指代词、模糊词语等等在语言中几乎无处不在,几乎每个句子的真假都要靠语境来判定。Kempson (1988)还指出,有些句子的衍推要靠会话原则才能推导出来,这一点 Grice 未能意识到。例如:

She didn't get married and have a baby.

She had a baby and got married.

这里前后两句的衍推不同[8],如果相同就会前后矛盾。然而这种不同的衍推是要靠合作原则中的明晰准则——语言表述的顺序应与事件发生的顺序相一致——推导出来的。这样看来,语用学的范围还要扩大,将一部分需要依靠会话原则和语境推导的衍推也包括在内。

激进的语用学(Radical Pragmatics[9])尽量扩大语用学的范

围，缩小语义学的范围，并且认为语用学的发展能大大简化语义学。近年来对"一般的会话隐涵"的研究已取得相当大的成果，证明了这种做法的合理性。按照传统的语义学，不得不认为语言中大量的"级差词语"（scalar expressions）都有歧义。所谓"级差"（scale）是指语义强度或信息量不等的同类词语组成的一个序列，如〈肯定，大概，可能〉，〈必须，应该，可以〉，〈一直，经常，有时〉，〈n，… 5，4，3，2，1〉，〈和，或〉等。这种级差中的词语都可以有两种意义：一种只表示下限，一种表示上限和下限，例如：

	只表示下限	表示上限和下限
(1) 他有三个孩子。	至少有三个	只有三个
(2) 她有可能赢。	至少有可能	可能但不一定
(3) 我喝汽水或啤酒。	也许两样都喝	只喝其中一样

Horn（1972）和 Gazda（1979）针对这种现象根据 Grice 的适量准则确立一条语用规则，大致是：在由强到弱排列的级差〈e_1，e_2，e_3，…，e_n〉里，如果说话人说出一个 e_2，他隐涵～e_1 的意思；如果他说出一个 e_3，他隐涵～e_2 和～e_1 的意思；依此类推。这条规则在于说明，在会话中说话人说出(1)时隐涵"只有三个"的意思，说出(2)时隐涵"但不一定"的意思，说出(3)时隐涵"只喝其中一样"的意思。于是级差词语不再被认为有歧义，它们只有一种基本意义即表示下限，表示上、下限的意思是根据语用规则推导出来的会话隐涵。这样就使语义学大为简化，因为语义的逻辑表达式只需表示这些词语的基本意义，其他意义可以靠规则来推导。

激进的语义学取相反方向，尽量缩小语用学的范围，扩大语义学的范围，凡是带有一些规约性的意义都予纳入，不仅包括预设和合适条件，甚至可能包括一般的会话隐涵。按照 Leech（1983）的观点，语法系统（包括语义系统）是"规则支配的"，语用法是"原则控制的"；语法规则（包括语义规则）是约定俗成的，语用原则是非约定俗成的。然而，如前所述，"一般的会话隐涵"已经可以用比较明确的规则来推导,虽然这种规则的基础建立在语用原则上。因此"一般的会话隐涵"已带有一定的规约性,也可以是语义学研究的对象。

尽管对语用学和语义学的划分还有种种争议,然而与20年前的情形相比,语用学这只杂物箱已变得较为有序,某些方面的研究已取得卓有成效的进展。对语用学和语义学分界问题的讨论,其目的与其说是为了最终解决分界问题,不如说是促使我们去对各种意义的性质及其推导过程做深入的研究,从而加深我们对人类语言的性质和功能的认识。

注释:

① 这是国际语用学学会(International Pragmatics Association)于1986年成立时散发的一本小册子中的话。

② entailment 译作"衍推",以免与蕴涵(implication)混淆。下面将说明,A衍推B时,A是B的充分而必要的条件,而A蕴涵B时,A只是B的充分条件。

③ "non-conversational implicature"并非与会话无关,但它的推导不是根据Grice提出的会话原则(即合作原则),而是根据其他一些原则,如礼貌原则(参看Leech 1983和Brown & Levinson 1978)和充实原则(principle of informativeness)。

④ Grice 称这四条准则为"质的准则"(quality),"量的准则"(quantity),"相关准则"(relevance),"方式准则"(manner)。

⑤ Grice 指出,"明晰准则"本身涉及语句的形式,因此用这条准则推导出来的会话隐涵不具有这种性质。

⑥ Searle 还列出一个性质不太一样的"基本条件",这里从略。

⑦ 有一种观点认为汉语"您"也是由"你们"演变而来。如果是这样,"您"已经成为规约形式。

⑧ Horn (1985)取另一种观点,认为前后两句的衍推是一样的,但否定词 not 在这里不是否定衍推,而是否定前一句表述方式的合适性。

⑨ 这正是Cole (1981)主编的论集所取的书名。

参考文献：

[1] Allwood, J. 1981. On the distinctions between semantics and pragmatics. In W. Klein & Levelt (eds.) *Crossing the Boundaries in Linguistics*. D. Reidel Publishing Company, 177 - 189.

[2] Atlas, J. & Levinson, S. 1981. *It*-clefts, informativeness, and logical form. In Cole (1981).

[3] Austin, J. L. 1962. *How to Do Things with Words*. New York: Oxford University Press.

[4] Brown, P. & Levinson, S. 1978. Universals in language usage: politeness phenomena. In E. Goody (ed.) *Questions and Politeness*. Cambridge: Cambridge University Press.

[5] Cole, P. (ed.) 1978. *Syntax and Semantics*. Vol. 9: *Pragmatics*. New York: Academic Press.

[6] Cole, P. (ed.) 1981. *Radical Pragmatics*. New York: Academic Press.

[7] Cole, P. & Morgan, J. (eds.) 1975. *Syntax and Semantics*. Vol. 3: *Speech Acts*. New York: Academic Press.

[8] Gazda, G. 1979. *Pragmatics: Implicature, Presupposition and Logical Form*. New York: Academic Press.

[9] Grice, H. 1957. Meaning. *Philosophical Review*, 67, 377 - 388.

[10] Grice, H. 1975. Logic and conversation. In Cole & Morgan (1975).

[11] Grice, H. 1978. Further notes on logic and conversation. In Cole (1978).

[12] Horn, L. 1972. On the semantic properties of logical operators in English. Doctoral dissertation, UCLA.

[13] Horn, L. 1985. Metalinguistic negation and pragmatic ambiguity. *Language*: 61, 121 - 174.

[14] Karttunen, L. & Peters, S. 1979. Conventional implicature. In Oh & Dinneen (1979).

[15] Kempson, R. 1975. *Presupposition and the Delimitation of Semantics*. Cambridge: Cambridge University Press.

[16] Kempson, R. 1988. Grammar and conversational principles. In F. J. Newmeyer (ed.) *Linguistics: The Cambridge Survey*. Vol. Ⅱ. Cambridge: Cambridge University Press.

[17] Leech, G. 1981. *Semantics*. Penguin Books.

[18] Leech, G. 1983. *Principles of Pragmatics*. London: Longman.

[19] Levinson, S. 1983. *Pragmatics*. Cambridge: Cambridge University Press.

[20] Morgan, J. 1978. Two types of convention in indirect speech acts. In Cole (1978).

[21] Oh, C. -K. & Dinneen, D. (eds.) 1979. *Syntax and Semantics*. Vol. Ⅱ: *Presupposition*. New York: Academic Press.

[22] Sadock, J. 1974. *Toward a Linguistic Theory of Speech Acts*. New York: Academic Press.

[23] Searle, J. 1969. *Speech Acts*. Cambridge: Cambridge University Press.

[24] Searle, J. 1975. Indirect speech acts. In Cole & Morgan (1975).

[25] Wilson, D. 1975. *Presupposition and Non-Truth-Conditional Semantics*. London: Academic Press.

[26] Wilson, D. & Sperber, D. 1979. Ordered entailments: an alternative to presuppositional theories. In Oh & Dinneen (1979).

[27] 沈家煊. 1987. “差不多”和“差点儿”.《中国语文》1987 年第 6 期.

(原载《外语教学与研究》1990 年第 2 期)

评　析

本文从语言所能表达的五种非自然意义("衍推"、"会话隐涵"、"规约隐涵"、"预设"和"合适条件")出发,用真值条件和约定俗成两个标准探讨语用学和语义学的分界问题。其中约定俗成又称为规约性。"不可取消性"、"可分离性"和"不可推导性"是规约性的标志,而"可取消性"、"不可分离性"和"可推导性"是非规约性的标志。文章经分析后认为,若以规约性为标准来分界,预设和合适条件都介于规约性和非规约性之间,归属难以确定。因此,作者倾向于按照Gazda (1979)以真值条件为标准来界定语用学和语义学,即语义学=衍推("我要一匹白马"意味着"我要一匹马",后者是前者的"衍推"),语用学=意义一衍推,即除了衍推以外,其余意义都属于语用学范畴。然而文章同时也指出,以真值条件为标准划分语义学和语用学并非没有问题,真值条件也往往不能脱离语境。作者最后认为,尽管对语用学和语义学的划分还存有争议,但有关的讨论促使人们对各种意义的性质和推导过程做深入的研究,从而加深对自然语言意义和功能的认识。

本文探讨的问题在Levinson的*Pragmatics* (1983)中大都已有了讨论,作者是在消化了Frege、Strawson、Gazda、Levinson等人的思想以后,用明晰的语言,并以汉语为例,清楚地辨析了所论述的五种意义;对规约性等问题,尤其是有关语言意义规约性的历史演变过程,做了充分的论证。文章体现了作者有关语言学乃至哲学、逻辑学的深厚功底。

语言所传达的意义,有些属于讲话人或作者直接或间接表达的意图,而另一些则是听话人或读者自己的演绎,两者都不仅依靠语言的规约性(语义规则和语用原则),而且也取决于与语言结构无关的社会意义,如意识形态、价值观念等。要对各种意义进行穷尽性的、所分类别又具有互相排斥性的分类,看来不大可能。有关语义学和语用学的划分,自然也将是一个永久的课题。

语用学的哲学渊源①

钱冠连

西方哲学的中心课题发生了两次重要的转向，终于从本体论、认识论转到了近代的语言论。许多哲学家大谈语言，为世人瞩目，也引起世人困惑。其实他们大谈语言不是立异邀誉，而是为了大谈“存在”。这方面的代表人物是海德格尔及其著名命题“语言是‘存在’的家园”。他们讨论的语言问题，推动了语言学特别是语用学的学科建设，为语言学(其中包括语用学)提供了理论营养，也直接为语用学提供了一些重要的、脍炙人口的分析单元。

不无遗憾的是，我国语言学界在引进时，汲取了语用学课题的营养，却将哲学家原本的哲学目的与哲学色彩淡化了、忽视了。我们忘记了一个基本事实，那就是这些哲学家的语言研究是在哲学轨道上的语言研究。

语言研究的哲学轨道，我以为有三点含义：(1) 西方哲学研究两次转变方向，本体论(研究存在是什么，世界的本质是什么)搞不通了就转向认识论(研究思维与存在的关系，人的认识的来源、途径、能力、限制)，认识论搞不下去了再转向语言论(研究intersubjectivity，即主体间的交流和传达)。(2) 通过研究语言来研究“存在”，研究思想与世界。人的思维是一种内在的交谈，哲学研究就是通过语词意义的分析将“内在交谈”外化出来，用 Ricoeur 的话来说，就是“把对语言的理解当成解决基本哲学问题的必要准备”。也就是说，对语词意义的研究，是为了从语词的意义中反推出人的理性和哲思。(3) 西方哲学认为,研究语言可以澄清一些由于滥用语言而造成的哲学问题。一旦澄清了语言,哲学问题也就迎刃而解。

我自己在接触到语言哲学文献之前,曾多次问自己:怎么是哲学家做了语用学的“台柱子”?他们是怎么会想到研究语用学的?这对语言学家是不是有点讽刺意味?后来在1995年发表的“语言学家不完备现象”(钱冠连1995)中,记录下了这些当初的疑问,思考了这些疑问对人们的启发。现在我们回过头看,哲学家光顾到语言头上是为了上述三条原因,不是哲学家离行搞语言,即是说,哲学的“语言性转向”(第二次转向),以语词的意义为中心课题所做的研究(从种种意义观切入,引入了说话人意图、言语行为、语境等等)客观上推动了语用学作为一门学科的建立。这就不难解释为什么相当多的哲学家成了语用学的中坚人物的原因。但是,必须说明,他们的本意不是为语用学提供理论基础,后来把它当成基础理论是语用学家的事。但国内许多的语用学翻译文本或引进介绍文章却将哲学家的研究本意省去了。这种引进——将来龙去脉省去,至少是没有点明原文对语言的研究是在哲学的轨道上进行的,没有交待他们是在为哲学而研究词语的意义——是丢掉了形而上,捞到的只是形而下的东西(虽说这形而下的东西也很有用)。这样的哲学目的淡化以至损失,是引起国内读者误会的重要原因。引进中的这种失落或淘洗,有种种原因,或者引进者们不熟悉西方哲学与语言学交错这个大背景,眼里只有语言学没有哲学,又或者引进人对哲学转向了如指掌,但认为语用学就是语用学,介绍那么多的哲学背景多占了许多篇幅和时间而语焉不详(如用“哲学家某某认为”,但往下并没有具体的哲学目的的交待),如此等等。

对语用学的如此引入我国,客观地看,一是引进毕竟有功;二是对引进中的哲学亏损的原因可以理解;三是亏损事关根本性、全局性,必须补充出来。

现在,以下面三个例子加以详细说明。

第一例:语用学界人人熟悉的言语行为理论。它如何分类,各类有何功用,不再重复。现在我们只是补充出没有得到强调的、没有被点明的哲学思路。

先看国内语用学引进是怎么处理的。《语用学概论》(何自然 1998)的"言语行为"这一章中,在介绍了"哲学家奥斯汀在美国哈佛大学做了一系列的讲座,推翻了认为逻辑—语义的真值条件是语言理解的中心这个观点"之后,便直接进入言语行为的具体描写。

言语行为理论的创立到底是为了什么呢?它创立的哲学目的是什么呢?是为了解决哲学上的一个什么问题呢?

Wittgenstein 在《哲学研究》中强调,"'意义'这个词可以这样来定义:一个词的意义就是它在语言中的使用"。这一观点促使 Austin、Searle 等人更进一步把语言当成行为方式,他们的观点被称为言语行为论,这是一种从全新角度研究意义问题的方式。Searle 说:"研究语词的意义在原则上和研究言语行为没有区别。确切地说,它们是同一种研究。因为每一个有意义的语句借助意义可以来施行一种特定的言语行为(或一系列言语行为),而因为每一种可能的言语行为原则上可以在一个或若干个语句中得到表述(假如有合适的说话语境的话),因此语句意义的研究和言语行为的研究不是两种不相关的研究,而是一种从不同角度进行的研究。"(Searle 1969)反推过去,研究言语行为就是研究语词意义,研究语词意义就为了反观人的思想,反观"存在"与世界(请见哲学轨道三含义)。这就是言语行为理论的哲学目的的解说。

现在我们看看言语行为理论创始人 Austin 在"Performative Utterances"(1970, 1999)一文中如何交待自己的哲学目的。不错,此文主要内容在于告诉人们,人的言语除了报告真值条件以外,还有一种行事性的(performative)言语,它们的主旨不在报告事实,却是以某种方式影响人们做事,是无所谓真或假的。他说

（在第二个自然段），我们回顾哲学史时不必走得很远就可以发现，一些哲学家多少总以为，任何话语（即我们说的任何事）的唯一可究之处，唯一有趣的可究之处，就是真假（即不是真就是假）。还有这样一些哲学家，他们总以为他们唯一感兴趣的东西是能报告事实或者能描写情景的真或假这样一些话语。Austin 反对这一看法，他在文中列举了行事性言语（the performative，也有人译为“施为句”），话语不得体性（the infelicity）、显性施为句（the explicit performative）、话语用意（the forces of utterances）概念之后，便在文章的结尾指出：“我认为，如果我们注意这些问题，我们就可以清算某些哲学错误：哲学总是替罪羊，因为它展示了本该是人犯下的错误。”最后一段，他不无幽默地说：“这个问题是不是有点复杂？是的，有点儿复杂；但是生活、真理与事物确实倾向于复杂。不是事物本身简单，而是哲学家太简单。大家一定听过，过于简单化是哲学家的职业病，你可能会附和这个说法。咱们在私下里认为，这就是他们的职业。”至此，他的哲学目的和盘托出：清算哲学家的简单化毛病。本来现实生活中的许多话语不仅仅是以真假值来区分的，他们却硬是以为所说的话非真即假，不承认有另一类话语——行事性话语。原来，他大谈行事性话语，是为证明“本来现实生活中的许多话语不仅仅是以真假值来区分的”。这样，他就把问题的讨论牢牢地拴在如何通过言语行为看语词的意义、说话人如何表达（行事性言语也是一种表达）自己的意思上——哲学转向后相当多的哲学家就是如此看待语言意义研究的。这样重大意义的哲学目的，我们怎么能丢失呢？

还有，哲学家认为，以言行事的话语可以绕开哲学本体论的争论。试看徐友渔举出的以下三个句子和说明：“他说‘地球围绕太阳运行’是真的。”“助人为乐是好的。”“这幅画真美。”如果将它们当成一般的陈述句，可能会产生难解的关于真善美本质是什么的问题；如果把它们理解为说话人借以表达一种赞同（“地球围绕太阳运行”这一论断）、提倡（助人为乐）、欣赏（这幅画真美）的行为，也许就不至于有争论。(徐友渔 1996)点明了这种哲学思路再来看言语行为理论,我们会知道,Austin 他们不是冲着语言而来,他们是"把对语言的理解当成解决基本哲学问题的必要准备"(Ricoeur),他们认为"只有对于语言的说明才能获得对于思想的全面的说明"(Dummett),他们是在对人的思想进行说明。

第二例:H. P. Grice(格赖斯)于 1957 年在 *Philosophical Review*(《哲学评论》)上撰文一篇,名为"Meaning"(Grice 1957,1990)。

从语言形式开始,他首先摆开的架势,是让读者注意下面三个句子。其中之一是:Those spots mean (meant) measles.(这些斑点意为出了麻疹)。然后又不厌其详地指出:(1)我们不能说"Those spots meant measles, but he hadn't got measles"(这些斑点意为出麻疹,但他没有染上此病),也就是说,x(话语)meant(或 means) that p 蕴涵 p;(2)不能用被动语态:"What was meant by those spots was that he had measles"(这些斑点所意指的是他染上了麻疹);(3)不能从"Those spots meant measles"得出结论说"somebody or other meant by those spots mean";(4)"mean"后不能跟带引号的句子或短语,如不能说"Those spots meant 'measles'";(5)我们可以在这类话语前冠以"The fact that ...",其意义不变,例如"The fact that he had those spots meant that he had measles"。

这样的行文架势,如果语用学家在引进时,看不透这些语言形式分析背后的真谛所在,就很容易"误导"自己也误导了读者,以为他是在做一个语言学家的工作,进行语言学家的语义分析。问题刚好是,他不像其他语义学家那样利用逻辑语义概念去分析语义,而是试图通过分析语言交际过程中的交际意图去揭示语义。他的首要目的是要发现一个话语必须满足哪些条件才算有意义。最终,他提出了他的非自然意义理论。这一理论是说,如果不存在施动者(agent),话语的意义只是"自然地"被理解。因为不涉及施动者的意图(intention, to intend),那么话语就仅仅表达自然意义。反之,如果有施动者,他"意欲"把某种信息传达给听话人,或者引起他思考进而得出某种结论等等,那么他的话语就表达(或者说他利用话语所表达的是)"非自然意义"。即是说,说话人 A 必须试图使话语 X 在听话人身上产生某种效果;同时,听话人必须领会到说话人的这一意图。

国内语用学一般的介绍文章就介绍到此为止(除少数专门撰文介绍语言性转向的有关文章以外),下面的东西往往被略去。

原文中还有这样的叙述:"我用了诸如'意图'、'领会'这样一些词,可能会出现若干问题。我必须否认有把一切日常话语都附会上一大套复杂的心理过程的任何意图。我并非希望解开关于意图的哲学之谜,但敝人确想简要地证明,我使用与意义相涉的'意图'一词不会引起什么特别的麻烦。"他确实是想揭示这个心理过程,也明明白白地想通过此路解开这个哲学之谜,不然他就不是语言哲学派了,就不是日常语言学派了。可是,有趣就有趣在这里。他做的工作是哲学工作,却把自己的这层意思包裹起来。他之所以躲闪其词("必须否认"、"并非希望"),显然是不想听到这样的责备:哪一个说话人会在自己的日常话语里花这么多心思让哲学家来分析呢,这不是哲学家做搜幽洞隐之状,自找麻烦吗?但是,在事关重大的理论问题上,他却不敢耍滑头,直言曰:"言词的意义与'意图'相关(the word "intention" in connection with meaning,直译为"与意义相关联的'意图'一词"),使用这个词(指"意图")不会引起什么麻烦。"

"哲学的奥妙,哲学思维的秘诀就在于,一切都从人出发。"可是,思维不能直接看到,通过言语看思维,是日常语言分析学派的思路,所以格氏这里的思路,完全是一种哲学思路。Levinson (1983)指出:"纯粹用规约或规则来分析自然语言的使用永远也不会是完整的;可以交际的事情总是超过语言及其使用规则所提供的交际能力。因此,从根本上来说,我们仍然需要某种不依赖于规约意义的交际理论或概念，例如格氏在其非自然意义理论中所勾画的那种理论。”可见，格氏的非自然意义理论对于语用学这门学科具有重要的意义。这些当然都是对的。可是——问题就出在这个“可是”上——我国的语用学学者借用或介绍“非自然意义”理论时，没有兴趣去点明原本是哲学家工作的哲学性质，也几乎是“不知不觉”地抹去了、至少是淡化了原来的哲学轨道或者哲学目的。

第三例：脍炙人口的、凡语用学必被言及的格氏的另一论文“Logic and Conversation”（Grice 1975，1990）也遭到同样的“淘洗处理”。

有的引进语用学的书，在“格赖斯的‘会话含意’学说”的题目之下，开头一句说，“美国语言哲学家格赖斯于 1967 年在哈佛大学的讲座上做了三次演讲。在演讲中格赖斯提出，为了保证会话的顺利进行，谈话双方必须共同遵守……‘合作原则’。”仅仅道出他的哲学家头衔，没有将本来就有的具体的哲学目的交待出来，就给人一个印象，好像格氏本意是为了提出“合作原则”才于 1967 年在哈佛大学搞这个讲座的。是这样吗？

现在我们来看看“Logic and Conversation”开头四个自然段是怎么一回事。格氏首先列出一套形式符号，然后指出它们在意义上的分歧点。

格氏认为，承认这两套系统在意义上有分歧的人，大致上归依为两类，一类为形式主义者，一类为非形式主义者。形式主义者的立场如下：就阐明最一般的有效推量模式的逻辑学家看来，形式符号比它们的自然语言对应词具有决定性的优越性。……（列举了一些理由之后）鉴于这些理由，自然语言中的一些表达法不可认为是最后能被接受的，也并非是完全可理解的。有必要酝酿并开始建构一套包括形式符号的理想语言，理想语言的句子必定是清楚的，其真值是确定的，确实是摆脱了形而上学[②]的含义的；既然在这个理想语言之中科学家的表述是可以表达出来的（当然不一定准确表达出来了），科学的基础现在便在哲学上变得可靠了。

格氏继续论述道：对此，非形式主义者可能以下面这种方式回答：建立一套理想语言的哲学前提(philosophical demand)植根于某些不可能被承认的假定之上。……(列举了一些理由之后)情形仍然是：许多以自然语言表达的、而不是以逻辑符号表达的推理与论证，被认为同样是有效可行的。所以，这里必定保留有形式符号的自然语言对应词的某种未经简化的(从而或多或少不系统的)逻辑的地位；这个逻辑可能得到形式符号的简化逻辑的帮助与指导，但不可能被形式符号的简化逻辑所代替。真的，这两套逻辑不仅有所区别，而且有时相互冲突；支撑形式符号的规则可能不支撑形式符号的自然语言对应词。

格氏亮完了双方的观点之后，紧接着亮出了他自己的观点，他自己写此文的本意："现在，本人在引文中无意对改造自然语言的哲学地位的一般问题发表什么看法。敝人仅对本文开头所提到的有关两派的分歧的争论提出看法，却无意代表任何一方参加争辩。我以为，争论双方所赞成'分歧确实存在'的共同设定的前提，宽泛地说，是一个共同的错误；这个错误发生于对管辖会话的诸条件的性质与重要性注意不够。由此，我将撇开争论本身，径直对以某种方式用之于会话的总体条件做一探究。"余下的会话隐含以及例子，为语用学界家喻户晓，恕不在此重提，以免耗磨时间。

现在，我们看看，正文前头的这四个自然段，是不是有很浓烈的哲学色彩？语用学家引进会话的合作原则时，该不该省掉？

首先，比较形式符号与它们的自然语言对应词之间的分歧，就是逻辑的，因而是哲学的。后来谈到形式主义派别提出"酝酿并开始建构一套理想语言"时，更是哲学上的理由——如"它包括形式符号"、"句子必定是清楚的，其真值是确定的，确实是摆脱了形而上学的含义的"、叙述应该"在哲学上变得可靠"，如此等等。后来谈到非形式主义派所反对的推理与论证，也是从哲学角度来说话的：如"许多以自然语言表达的、而不是以逻辑符号表达的推理与论证被认为同样是有效可行的"；"建立一套理想语言的哲学前提植根于某些不可能承认的假定之上"；只能是两种逻辑并存，即"形式符号的自然语言对应词的某种未经简化的逻辑"与"形式符号的简化逻辑"的并存，不可能一个代替一个，如此等等。我们可以发现，攻守两派都是从哲学上着眼的。如主张理想语言的哲学家认为，通过语言精确地、明晰地表达思想、观察理性、确定真值、避免混乱、以求在哲学上变得可靠，这正是他们这个学派所追求的目标。又如不主张构建理想语言的哲学家们回答，自然语言同样可以有效地推理与论证（即明晰准确地表达思想与概念），建立理想语言的哲学前提不可能被承认。这些当然都是哲学性质的论述。

而且还需补充出格氏文章来不及交待的非常重要的一点是，在是否构建理想语言这个分歧上，就埋有深刻的哲学交锋，那便是：分析哲学家们在对待如何清除语言混乱以求清除哲学混乱的问题上分成两派。以 Frege、Russell 为首的分析哲学家认为，既然日常语言的涵义是模糊不清的，我们就应该改造或抛弃这种语言，重构一种严密精确的人工语言，其语词对应于数理逻辑中的符号，均有一个确切的涵义。于是，哲学的任务就是对自然语言进行逻辑分析，这一派哲学家通常被称为人工语言学派，就是格氏在此文中提及"形式主义派别提出'酝酿并开始建构一套包括形式符号在内的理想语言'"之原委。即是说，"他们大力主张用逻辑的手段分析和改造日常语言，因为日常语言表面的语法形式常常遮蔽和歪曲语言本质性的逻辑形式，造成一系列哲学难题。在数学化、形式化的理想语言中，这些麻烦就消除了。日常语言学派的人坚决反对这种看法。他们认为日常语言本无错，是人们'哲学式地'使用导致谬误。"（徐友渔 1995，1997）这另一派，是受 Wittgenstein 后期哲学思想影响的日常语言学派，亦即牛津学派。维氏在其后期的代表作《哲学研究》（*Philosophical Investigations*，1953）中，一改前期的哲学观点，看到了日常语言具有逻辑语言无法表达的丰富性和复杂性，主张从日常语言的实际应用中，从语言的不同功能中研究语言。他认为不需要构建人工语言。这就是格氏此文中说"只能是两种逻辑并存，即'形式符号的自然语言对应词的某种未经简化的逻辑'与'形式符号的简化逻辑'并存，不可能一个代替一个"这句话的背景。

上面我补充出来的语言哲学的争论，尤其是"Logic and Conversation"开始的四个自然段，这些东西是不能丢失的。没有哲学之魂的语言研究已经是不得要领了，还要把语言哲学研究中本有的哲学叙述抹掉，就抹掉了语言理论的底蕴，抹掉了推动力，也抹掉了哲学的本意。

以上仅是三个例子中的亏损。如果我们按语用学的分析单元和课题一个一个地查，会还有多少类似的折损呢？语言学的其他分支的引进是不是也丢掉了原文的哲学色彩，我不敢断言。但我建议好好地由此及彼地查一查，将是一个既有趣又有意义的工作。

我之所以认为这些东西丢不得，是因为它们揭示的东西太重要了。这些东西是：

——"我们这个时代最突出的一个特点是，许多哲学家把对语言的理解当成解决基本哲学问题的必要准备。"(Ricoeur)这就是说，首先得对语言进行澄清，随后哲学问题也就明朗化了，从语言里看出存在。

——"只有对于语言的说明才能获得对于思想的全面说明。"(Dummett)语言是思想的公开化、直接化。语言表达式具有公共性、客观性和直接性。

——"根本的'语言性转向'应该是'指号学—语用学的转向'"(Apel)，语用学是揭示符号与解释人之间关系的。怎样使用符号，解释符号，可以看出人的思想活动。哲学从这里切入。

——"研究人的思维活动和认识能力应让位于探究语言表达式的意义，因为后者才有公共性、客观性和直接性。"(英美分析哲学)参见上面对 Dummett 的解释。

——“有多少种哲学,就有多少种关于语言的主张。语言与哲学是一种形至影随的关系。”(德法哲学家)从语言可以看到“存在”,“存在”是哲学研究的中心课题。

——“语言是哲学思考的中心问题,它在本世纪哲学中处于中心地位。……世界本身体现在语言中,能被理解的存在就是语言。”(Gadamer)注意,“能被理解的存在就是语言”几乎是西方语言哲学派的一个基本命题。

——“Husserl 仅仅把语言问题当做探索认识之谜的一个突破口,目标在于揭示先于语言和语言背后的意义之根源。”

上面这些带根本性质的东西都是体现在语言哲学之中的。我们在引进时,怎么能只掏其语言部分,舍其哲学含义的叙述呢?

如果我们将语用学引进中的哲学亏损都还原出来,如果我们也同意 Apel 所说“根本的‘语言性转向’应该是‘指号学—语用学的转向’”,如果我们仔细玩味语用学专著撰写人 Levinson 所说的那一段至关重要的话——“在寻找阐释 Chomsky 理论的方法的时候,普通语义学家那时都被引向哲学思想的本体(a considerable body of philosophical thought),这个本体向语言本质的理解显示了语言使用的重要性(尤其是 Austin、Strawson、Grice 和 Searle 的工作是如此)。时至今日,大多数语用学的重要概念直接取自语言哲学。这个美国语言学家主流的宽阔领域一旦建立起来,语用学很快就为自己注入生命力,因为,这里提出的问题是有趣而堪称重要的。”(Levinson 1983)——我们就可以得出下面无甚大错的结论:语用学几乎可以当成哲学的一个分支。

正是美国哲学家 C. Peirce 首先提出符号学理论,另一位美国哲学家 C. Morris 对皮氏的符号学理论做出解释并提出了符号学三分说(Morris 1930)(句法学、语义学、语用学)之后,语用学这一术语才为哲学家、语言学家所采用。当我们考虑这一情况时,对上述结论的疑虑更是可以冰释。

显然，语用学的许多重要分析单元都是哲学的直接产品。这些直接产品几乎占了语用学的半壁江山。

或许有一种意见认为，不能苛求语言学家盯住语言学的同时还要兼顾哲学目的。对此，不同的看法是：

第一，只顾事情的过程与结果而不顾目的，可能会完全歪曲事情的本相。

第二，既然研究语言，就不应该忽视执掌语言的人的思想与理性。语言学家的人文责任之一就是关心人、研究人，研究语言就是研究人自身。研究人自身的人，怎么能不管说话人的理性与哲思呢？撇开语言学家的专业不谈，仅以人而论，"人不一定应当是宗教的，但是他一定应当是哲学的"。（冯友兰 1996）

第三，问题还在于，淡化哲学目的就要丢掉许多深刻的东西，因为你淡化的东西很可能是给普通语言学奠基的东西。比如说，上面提到的两个哲学派别（理想语言学派与日常语言学派）之间的争论，作为独立的学术派别已不复存在，但他们之间的争论为一些学术领域如语言学、逻辑学和科学方法论输送了相关的成果，尤其对语言学提供了直接的成果。语言哲学家对自然语言的逻辑分析，对意义问题的探讨，对言语行为的理论的研究，直接创立并发展了语言学的三大分支：语形学、语义学、语用学。应该强调的东西是，学派和学派的争论本身已不复存在，可是争论的结果却仍然存在——它转化成了对其他学科的奠基性的理论贡献。你能把这样的哲学背景丢掉吗？丢掉了这样的哲学背景能说不是一个缺损吗？

注释：

① 本文根据拙著《语言：最后的家园》第二章"从哲学追问语言：三个反思"第三节"哲学轨道上的语言研究与语言学的语言研究：引进语言学应讲清哲学渊源"删改写成。本文经王宗炎先生审阅，他提出了许多重要意见。与本文相关的几点意见是：（A）题目不宜用"我国语用学引进中的

哲学亏损”,应为“引进语用学应讲清哲学渊源”;(B) linguistic turn 是转向语言,似可译为“语言性转向”;(C) 既然讲 pragmatics,应当指出它的哲学渊源,并且讲得越清楚越好。但是,对于一般学语言学的人,可以着重实际用处,哲学问题可以少谈。本文根据这三点意见进行了修改。教诲谆谆如斯,特追记以示铭感。

② 这里的“形而上学”不是指与“辩证法”相对立的那个形而上学,而是指西方哲学中惯常的意义,即探究宇宙根本原理的部分,又叫玄学。

参考文献:

[1] 钱冠连:语言学家不完备现象,《外语研究》,1995 年,第 2 期。

[2] 何自然:《语用学概论》,湖南教育出版社 1998 年版,第 135 页。

[3] J. R. Searle, *Speech Acts*. (New York and London: Cambridge University Press, 1969).

[4] J. L. Austin, Performative Utterances, *Philosophical Papers*, eds, J. O. Urmson and G. J. Warnock (Oxford: Oxford University Press, 1970), pp. 233-252. Also, *The Philosophy of Language*. ed. A. P. Martinich (Oxford: Oxford University Press, 1990), pp. 105-114.

[5] 徐友渔:《语言与哲学:当代英美与德法传统比较研究》,三联书店 1996 年版,第 75 页。

[6] H. P. Grice, Meaning, *Philosophical Review*, Vol. 66 (1957), pp. 377-388. Also, *The Philosophy of Language*. ed. A. P. Martinich (Oxford University Press, 1990), pp. 72-78.

[7] S. C. Levinson, *Pragmatics* (Cambridge: CUP, 1983), pp. 112-113.

[8] H. P. Grice, Logic and Conversation, *Syntax and Semantics*, Volume Ⅲ, eds. Peter Cole and Jerry L. Morgan (New York: Academic Press, 1975), pp. 41-58. Also, *The Philosophy of Language*. ed. A. P. Martinich (NP: Oxford University Press, 1990), pp. 149-160.

[9] 徐友渔:20 世纪十大哲学问题,《社会科学战线》,1995 年,第 5 期,或者见《精神生成语言》,四川人民出版社 1997 年版,第 15 页。

[10] S. C. Levinson, *Pragmatics* (Cambridge: Cambridge University Press, 1983), p. 36.

[11] C. W. Morris, *Foundations of the Theory of Signs*. eds. O. Neurath

et al. (Chicago: University of Chicago Press, 1930), pp. 77 - 138.
[12] 冯友兰:《中国哲学简史》,北京大学出版社 1996 年版,第 5 页。

(原载《外语与外语教学》1999 年第 6 期)

评 析

本文是作者"语言研究的哲学轨道"系列文章的开篇。文章指出,西方哲学研究经历了从本体论到认识论、再从认识论到语言论的转向。目前国内外所做的语用学研究与这最后一次转向有密切的联系,语用学研究的中坚人物是哲学家。

本文指出,国内引进西方语用学理论,不大理会语用学的哲学渊源,作者认为有必要追根溯源。文章以三个例子做了说明。第一是 Austin 的言语行为理论。作者认为,哲学家们是通过研究言语行为来看语词意义的,是通过描述语言来对思想做全面的说明的。第二例是 Grice 的"非自然意义"(本论文集第一篇文章也提到了)。作者指出,"日常语言分析学派"所感兴趣的是通过分析交际意图去揭示语义的全部真谛,其真正的目的是通过言语看人的思维。第三个例子是 Grice 的"Logic and Conversation"一文。文章认为,国内对此文要义的介绍省去了前四段有关两大哲学派别——形式主义学派(人工语言学派)和非形式主义学派(日常语言学派)——之间的哲学论辩,忽略这一论辩也就是忽略了哲学家研究语言的本意。

作者提请人们注意哲学家研究语言的本意是澄清哲学问题,即研究人的思想、探讨世界的存在,语言也正因为此才成为哲学思考的中心问题。文章一再指出,语用学的许多重要分析单元都是哲学的直接产品。

本文引用的 Levinson 的话——"可以交际的事情总是超过语言及其使用规则所提供的能力"——非常精辟。世界是丰富多彩的,而纯语言资源(结构、词汇)是贫乏的。语言不能、也常常不必表达人们所有的思想,人的思维是能动的、建构的,语言在交际中很多时候起的是辅助的作用,缺省的内容是交际者自己填补的。

俄语语用学的基本问题

武瑷华

1. 引言

苏联语言学家对语用学的关注始于 20 世纪 70 年代。1973 年苏联科学院语言研究所的 Н. Арутюнова 撰文"语言学中的前提(пресуппозиция)概念"介绍了 G. Frege, O. Ducrot, A. J. Baker, J. Lyons 等学者对前提问题的论述。1970 至 1979 年,在莫斯科举行了一系列的国际研讨会,主题是语言的语用研究(Прагматические аспекты языкового функционирования),主要成果刊登在《国际科学研讨会语言哲学问题论文集》(Бахнян К., Герасимов В., Ромашко С. 1981)中。1981 年《苏联科学院通报·文学与语言集刊》首次集中刊登了 Н. Арутюнова(1981)、Ю. Степанов (1981)、Т. Булыгина (1981)、В. Демьянков (1981)、М. Бергельсон 和 А. Кибрик (1981)等人撰写的五篇关于语用学的论文,比较系统地论述了语用学的起源、研究方法、基本原则和对象。1982 年《苏联科学院通报·文学与语言集刊》发表了 Е. Падучева 撰写的"话语连贯性的语用方面"(1982)和 В. Демьянков 撰写的"交际的规约、原则与策略"(1982)两篇论文,语用研究逐步深入、具体。1985 年由 Н. Арутюнова 和 Е. Падучева 担任主编的第 16 期《国外语言学新进展》译丛以西方语用学为专题,译介了 C. Stevenson、H. P. Grice、P. Sgall、A. J. Baker、G. Lakoff 等西方学者关于语用学和言语交际理论的18篇文章(或书的章节),进一步系统介绍了西方语用学研究的理论、方法和成果。两位主编还为该译丛合写了题为“语用学的起源、论题与范畴”的前言(Н. Арутюнова, Е. Падучева 1985),详细评述了语用研究的理论意义和应用价值及其跟语言学其他领域的关系,并示范性地论述了如何以俄语为语料进行语用研究的问题。1986年Ю. Апресян在《苏联科学院通报·文学与语言集刊》上发表长篇论文“语法与词典中的施为动词”。从此,语用学进入了以俄语为分析对象、以解释俄语为目的的研究阶段。语言学各核心刊物也都逐步体现出语用学的研究方向。此后的十几年间,俄语语用研究几乎涉及了西方语用学的大部分论题,并在俄语语言学原有的基础上形成了有一定特色的理论体系。下面,我们就分专题对俄语语用学做一简单的介绍。

2. 俄语语用学的基本问题

2.1 言语行为

俄语学者区分三个概念:речевой акт(言语行为)、речевое действие(言语行为)、речевая деятельность(言语活动)。俄语акт一词源于拉丁语(actus),它所表示的是同言语行为理论联系在一起的、Austin所指的speech act。第二个概念(речевое действие)反映了俄语学近年来对这一问题的新思考。在解释1993年俄科学院语言所学术会议的主题为什么用речевое действие而不用речевой акт时,Н. Арутюнова说:“言语行为理论已近完成。该理论为语言学提供了许多概念……这一理论到此为止。其术语也仅限于此。但语言材料并没有被穷尽,理论应进一步拓展。途径之一就是更彻底地利用行为模式与认知模式解释人的言语活动。”(1994:3)речевое действие既可以指以言行事的话语,也可指描述性言语行为,甚至包括有意义的空缺言语行为(нулевое речевое действие)。下文所指的言语行为皆为речевое действие,区别用法括号内注明。речевая деятельность 最早见于 Л. Щерба 的著作中，表示心理语言学中所说的听、说、读、写所构成的言语活动，或者“具有某种特别动机的一类言语行为”(Лингвистический энциклопедический словарь)。

2.1.1 施为动词(перформативы)

Ю. Апресян(1986)认为，研究施为现象的意义在于发现那些以施为特征为必要条件的语言规则。他从词典学与语法的角度对俄语动词进行了深入系统的研究，并根据施为动词的特点将言外行为分为十五个类别：1) 专门的报道与陈述(Специализированные сообщения и утверждения)，基本上与 Austin 的 expositives 相同，如 докладывать、доносить、заявлять、извещать 等；2) 承认(Признания)，如 виниться、каяться；3) 承诺(Обещания)，与 Austin 的 commissives 相同，如 гарантировать、давать обет、давать обещание 等；4) 请求(Просьбы)，如 заклинать、умолять、молить、просить 等；5) 建议(Предложения и советы)，部分同 Austin 的 exercitives，如 вызывать、предлагать、приглашать、рекомендовать、советовать；6) 警告、预告(Предуп реждения и предсказания)，如 предостерегать、предупреждать、предрекать、предсказывать 等；7) 要求、命令(Требования и приказы)，如 наказывать、приказывать、ставить условие、требовать 等；8) 禁止、准许(Запреты и разрешения)，如 воспрещать、запрещать、позволять、разрешать 等；9) 同意、反对(Согласия и возражения)，如 соглашаться、согласен、возражать、протестовать 等；10) 赞扬(Одобрения)，如 благословлять、одобрять、хвалить 等；11) 谴责(Осуждения)，如 обвинять、осуждать 等；12) 原谅(Прощения)，如 оправдывать、прощать 等；13) 言语礼节(Речевые ритуалы)，部分同 Austin 的 behabitives，如 благодарить、желать удачи、извиняться、поздравлять、приветствовать、прощаться、соболезновать 等；14) 移交、断绝关系、取消、拒绝等社会化行为(Социализированные акты передачи, отчуждения, отмены, отказа),如 брать назад свое слово、давать отвод、дезауировать、доверять、завещать、отказываться、посвящать、сдаваться、уполномочить 等;15) 命名、任命(Называния и назначения),基本上与 Vendler 的 operatives 相同,如 назначать、объявлять、провозглашать 等。Ю. Апресян 分析了言有所为在词法、句法、语义、语用方面的典型表现。施为动词不具有完整的形态变化(只用 6 种词形),这一点必须直接在词典中给出。施为功能会改变动词的支配关系,即动词配价要求的行为客体,用于施为功能时,不是必然的:Прошу покинуть помещение(请离开房间);如果动词原则上有两种支配关系——带连接词 что 的说明从句和 о чем 的静词短语,那么施为功能一般要求前一种,后者往往使句子变为陈述:Я предупреждаю вас об этом, исходя из ваших интересов(我提醒您这点,是出于对您的考虑)。动词用于施为功能,有两个条件。条件一,动词语义结构中应含有"说话"的义素,并且该义素在语义结构中处于断言部分,而非前提部分;条件二,"说话"义素在语义结构中不能有"方式、目的、评价、非一次性"的谓词限制。例如,一些表示虚假言语的动词(врать 说谎、клеветать 诋毁等)除自毁性语旨限制外,"讲话"义素不处于语义结构的断言部分,因此,不用于施为功能;прогнозировать(预报、预测)不用于施为句,而 предсказывать(预言)是施为动词,就是因为前者语义结构中的"讲话"意义受方式限制:ПРОГНОЗИРОВАТЬ=предсказывать, опираясь на научные данные(根据科学资料预言);俄语动词 спрашивать(问)不能用于施为句,因语义结构中的"讲话"意义受目的的限制;хвалиться(自夸),сулить(许诺)等词因其语义结构中"讲话"意义受否定评价的限制,因而不用于施为句。尽管上述两个条件对动词的施为功能有一定的限制,但 Ю. Апресян 认为它们不是充分条件,不能解释全部俄语动词的施为用法。因此,Ю. Апресян 的结论是每一个有施为用法的词在词典中应按其陈述功能释义,而其施为用法在词

条中用 ПЕРФОРМ 标出(1986)。

从语法角度看,施为概念对俄语学的最大贡献是丰富了俄语动词的时体意义。在引入施为概念以前,俄语未完成体动词现在时的意义有以下几种(Русская грамматика 1980):现实意义(настоящее актуальное)、恒常意义(настоящее постоянное)、抽象意义(настоящее абстрактное)、描绘意义(настоящее изобразительное)、解释意义(настоящее коментирующее)、历史现在时(настоящее историческое)。由于施为句中的动词不表示延续意义,因此不属于现实意义(关于"现实意义"的界定,见《Русская грамматика》第一卷,630 页),更不属于上述任何一种其他意义。那么应如何解释施为句中未完成体动词现在时的意义? Ю. Апресян (1986)反对单一的时点说或非延续说。他的结论是,施为句中动词的时体意义既是时点又是过程,该意义的解释由三部分断言组成:1) 在与该话语长度相同的时间 T 内,存在施为性话语 P′,因而也就存在用于施为功能的词语所表示的行为 P;2) 在时间 T 的最后时刻 t 内出现施为句引发的事态 S(P′);3) 在 t 前的任何一个时刻,S(P′)都不存在。

Е. Падучева(1994)把施为句中的动词分为时和体两部分来研究。从时间意义看,施为句中行与言是共时的,但语言可区分出两种不同的共时。比较明显的例子是时间状语所指与动词所指时间的关系。共时并非是绝对重合。时间状语的所指时刻可归入动词所指时刻内,成为后者的一部分,叫做插入共时(включенное время),如,Вчера в 10 часов я лежал на диване. Вдруг раздался звонок(昨天 10 点钟,我正躺在沙发上,突然电话铃响);时间状语的所指时刻可包容动词所指时刻,后者成为前者的一部分,叫做包容共时(объемлющее время),如,В прошлом году я лежал в больнице с восполением легких. Меня навещал мой школьный друг(去年,我得肺炎住院,我的同学来看我)。从这一点看,施为句中动词未完成体现在时意义不同于现实延续意义,说话时间对行为时间来说是包容共时，即行为必定在说话时间内完成，不可能早于或晚于说话时刻。用于现实延续意义的动词所指可能发生在说话时间之前或之后，说话时间对行为时间来说是插入共时。试比较：A) Мяч уходит на угловой（球冲向边线（体育评论员的话））；B) Ставлю сковородку на слабый огонь（我把锅放到文火上（电视中演示做菜方法））；C) Прошу у вас прощенья за вчерашнее（昨天的事请您原谅）。在 A)中，Мяч уходит на угловой 这一事实可能发生在评论员说此话之前或之后。B)的情形同 A)。但在 C)中，请求的行为必定发生在说话时间内。Е. Падучева 的结论是：从时间意义看，在施为句中行为与说话共时；从体的意义看，行为在话语所占的时段内开始并结束。这里值得注意的是，Е. Падучева 所用的施为句时间概念既不是时点（точечное время），也不是时刻（моментальное время）。

2.1.2　句法与言语行为

Р. Якобсон 在 1966 年曾提出理由，反对对祈使句与疑问句做换言分析。他认为，问题与祈使的内容不可能用叙述句表达，因为问题与祈使没有真值意义。任何扩展，包括把问题扩展成索取信息的请求，都会使它们变为普通的叙述句，都会失去那种绝无仅有的、对真值意义的排斥（Е. Падучева 1985：241）。90 年代，俄国学者再次提出句法结构作为语旨标志的问题。Т. Янко（1994）分析了施为句的歧义：既可以表达行为，也有可能表达说话人对自身行为的反思。在第二种情况下，言有所为变为言有所述。比如，说话人在说出“我发誓”的句子时，只要对自己的行为稍加思考（说话人要对自己说出的话负责），这句话便同“我打扫房间”一样，均为真值条件下的陈述，都可被证伪：不，我不是发誓；不，我不是打扫房间。而疑问句、祈使句和感叹句的任何一种意义都不以真值为条件。可见，叙述句是用来表示关于世界的思想，至于这思想用作什么目的，要靠语境确定。而疑问句、祈使句和感叹句本身就是言语行为。

如果把句法结构看做语旨标志(语旨算子,иллокутивный оператор),俄语显性言语行为类型还包括专门用来表达假设语旨的假设言语行为(речевой акт гипотезы)(Т. В. Булыгина, А. Д. Шмелев 1993)。作为假设语旨标志的情态词 возможно, может быть, вероятно, должно быть, наверно 与其他语旨标志不兼容,不与疑问行为的疑问词合用:* Есть ли у вас, может быть, англо-русский словарь? 不与祈使行为的命令式合用:* Возможно, сходи за хлебом。

2.1.3 言语行为与一般行为

言语行为与一般行为的共性——意向性和目的性——使话语成为日常活动和人际关系的一部分。进一步利用行为模式(модели действия)分析言语活动,更深入全面地解释自然语言,这是近年来俄语语用学的主要课题之一。

言与行的关系在自然语言中不仅体现为施为动词与施为句,在许多情况下言与行都是不可分的。如,一种言语行为的换言表达常常包含行为动词和言语词两个部分(Т. Ройтер 1994)。如,诊断——做诊断、回答——做出回答、报道——做报道、承诺——做出承诺、建议——提建议、抗议——提抗议(俄语:делать замечание, делать комплимент, делать объявление / заключение/ утверждение / сообщение и др.)。

许多言语行为动词在大多数情况下具有双重所指——说话与做事:耍滑头(хитрить)、羞辱(унижать)、得罪(обидеть)。无论是说话还是做事,上述行为都有同样的意图、动机和目的,都会引起同样的心理反应。

言语行为与一般行为的关系还表现在:许多领域的全部活动归结为言语活动,如,外交、庭审、司法等。这里甚至无法区分口头与书面言语活动。

言语行为与一般行为可能实施统一的策略:言引发行,行导致言。从言与行的对立统一关系看,一般行为在一定条件下获得或具有语言意义。我们经常说的话“你(他)这么做什么意思?”就是询问非言语行为的语言意义。

我们可以类推,沉默也是一种有意义的空缺言语行为。如果仅仅研究词汇意义,俄语动词 молчать(沉默)的内涵为无标记的否定特征 не говорить,沉默的意义到此为止。但如果从言语行为角度看,没有言语并不都是沉默;沉默并不都意味着没有言语活动。Н. Арутюнова (1994)分析了沉默的外延和语用条件,总结出这一现象的各层意义:作为语言单位的词汇意义,作为一般行为的心理、宗教、文化意义,以及审美方面的象征意义。не говорить(不说话)跟一般否定句一样,表示行为出乎对事态发展的预料:

(1) Я ждал ответа, но он не отвечал. (我期待着回答,但他没有回答)

(2) Все ждали, что он скажет, но он ничего не говорил. (大家都等着,听他说什么,但他什么都没有说)

出乎预料的行为不等于违反常规。例如,我等他电话,但他没给我打电话。但是如果 не говорить 或预料之外的行为变成经常性的、固定的违规行为,它就会引起注意,就会获得社会意义,人们就要讲它、解释它、评价它,语言就要把它标记下来。词汇化以后,外在否定变为内在否定,否定现象被看做肯定现象,没有发生的行为被看做发生的行为,没说出的被看做是说出的。молчать 便获得以下特征:красноречиво(雄辩地)、выразительно(富有表情地)、угрюмо(忧郁地)、растерянно(不知所措地)。молчать 与 не говорить 有了明显区别。молчать 作为连续性行为可标记时间流程:Вот уже час как он молчал(他都沉默一小时了)。молчать 可表示一种自觉的、有意义的违规行为,而 не говорить 则不然,只表示错误的预料或未实现的可能。молчать 的“自觉、自主、自我控制的违规行为”明确地体现在其派生词 умолчать、смолчать、промолчать、отмолчаться、замалчивать 中。молчать 从不表示没有语言能力或不会讲某种语言的情况。молчать 的前提是可能实施言语行为。

作为自觉行为，沉默受到功利的（бесполезно \ нет смысла \ опасно \ целесообразно молчать）与伦理的（стыдно \ подло \ некрасиво \ безнравственно молчать）评价。作为空缺行为（недействие），沉默是有原因和动机的（Почему \ отчего ты молчишь?）。

沉默的行为特征决定动词 молчать 的外延与语用条件。外延的界限在于：只有在言语交际的条件下，即有可能实施言语行为的情况下，才有沉默可言。молчать 用于规约程度不同的交际语境。其中最规范的是对话。对话间的沉默相当于有意义的空缺言语行为（нулевой речевой акт）。这时，沉默多半意味着某种对立——不回答、不提供信息、不表态、不同意、回避责任或不良后果、不反对、不干预等。不是所有的对话空挡都能用 молчать 来描述。由于 молчать 同 говорить 一样，不属于语旨动词，它不能描述施为性、礼节性言语行为及礼貌的空缺。如：Он толкнул меня и даже не извинился（* промолчал）（他碰了我一下，甚至没有道歉/ * 他碰了我一下，甚至没吭声）。

除“对话沉默”外，还有“社交沉默”，指社团交流中的沉默和人际关系、家庭关系中的沉默。这里的沉默多半以参与语言活动的数量来确定，一次性行为中的意图、动机特征让位于情绪、性格特征。Р. Якобсон 评价 В. Маяковский 时，说他“一般不怎么讲话……是个相当沉默的人”。俄语 молчать 在人际交往中还指个人尊严受到侵犯时，忍辱、不还击：Его задевают, а он молчит（别人触犯他，他却不还击）。面对社会，沉默意味着牺牲道义。如作家的沉默、媒体和舆论界的沉默。这种条件下的沉默失去有声与无声的对立，沉默与不沉默的界限不清。以上分析的沉默皆为以交际为条件的规约行为。它具有语言交际的基本特点：有对象、有动机、与一定的内容相关、是刺激—反应的一种表现。

2.2 智力活动（ментальные действия, mental acts）

如果说言语活动与非言语活动的共性特征是意向性和目的性，那么它与智力活动的共同点则在于它的本体特征——命题内容。智力活动通过言语活动与现实生活紧密相关。Н. Арутюнова在解释智力活动与现实生活的关系时说："只有科学家思考的目的才是追求真理。日常思维与真理、真理标准相距甚远。"（1993：4）日常语言所反映的智力活动使语言学成为现代认知科学的重要组成部分。

俄语学在这方面的研究始于对智力语义场（ментальное поле）的系统化描写与分析（Ю. Апресян 1993；В. Гак 1993）。智力语义场情形如下：核心、围绕各个思维参数形成的扇面、思维变态、近邻与远邻。核心由俄语词 думать、мысль，英语词 to think、thought、idea，法语词 penser、pensée、idée 组成。核心词的各个义项大部分体现为扇面中的主要词项和短语。围绕各思维参数形成的扇面有：思维过程特点（размышлять 思考，сформулировать мысль 形成想法，высказать суждение 说出判断，等等）、认知（узнавать 得知）、认知保持（знать 知道，память 记忆）、对事实的特征分类（различать 区分，сравнивать 比较，обобщать 概括，классифицировать 分类）、因果关系的认识（понимать 明白，объяснять 解释，делать вывод 下结论）等其他扇面。思维变态包括：забыть 遗忘、мечтания 幻想、подумать 想一会、догадаться 猜出、решить 决定、ошибиться 犯错误、запутать 混淆；双向智力活动：обсуждение 讨论、обмен мнениями 交换意见、отрицание 否定、возражение 反驳；情感性认知：подозревать 怀疑、думать на кого 猜忌、отчаяние 绝望、сожалеть 遗憾等。近邻包括感觉动词、言语动词、部分意向性行为动词以及身体部位名词。远邻包括运动动词（пришло в голову 想到，выскочило из головы 忘到脑后，вбить себе в голову 强记、硬想，выбить из головы 强迫忘掉）；获得、占有行为动词（откуда вы это взяли 哪儿来的想法；比较汉语的隐喻性用法：抓住一个想法不放，拾人牙慧）；一般行为动词

(переварить 消化,разжевывать 咀嚼)。

认知理论的一个重要问题是,确定一个思想片段中,什么是客观现实的反映,什么是智力的主观创造。俄语思维动词 думать(以为)和 считать(认为)的对立可以部分地说明这一问题(И. Б. Шатуновский 1993)。从这两个动词的命题内容看,它们代表了两类不同的见解,一类可验证,另一类不可验证,即一类是某一现实片段的反映,而另一类是智力的创造物。如果把某一思想片段记为 P,把思想主体记为 C,则上述两类不同见解可表述为:可验证的客观见解为:P 不仅在 C 思想中存在,而且 C 将 P 与现实相对应、相联系,思想中有"这一现实中所存在的";不可验证的主观见解为:P 是 C 的智力创造出来的,是 C 的主观世界的一部分。后一种思想片段的主观性如同感觉与情感,主体感到疼痛、喜悦,疼痛与喜悦就存在。

俄语智力活动名词 мысль(想法、思想)、идея(主意、主张、思想)也在某种程度上区分不同的思维内容(И. М. Кобозева 1993)。从二者所表达的命题内容看,前者可指任何一种认识状态,而后者则不与具有现实情态意义(过去、现在、将来)的命题连用,идея 的内容只能用辜态谓词(должно, надо, следует)或非现实评价谓词(было бы хорошо, если бы)显示,因此,идея 属于可能世界。идея 概念所含的情态因子(应该),使其与义务以及道德概念相关连。上述差别对 мысль, идея 的隐喻范围有一定影响。идея 不具有长度、颜色、温度、触觉的隐喻特征,它所具有的支撑物、植物的隐喻特征又不为 мысль 所有。идея 的植物特征:беспочвенная(缺乏土壤的)、прививать людям прекрасные идеи(把好的思想植入人们心中)、идеи пустили корни(扎根)、плодоносить(结果)、социалистические идеи срослись с нашей национальной культурой(社会主义思想与我们的民族文化长合一体)。идея 所含的义务、目的的义素使其与"斗争、奋斗"的形象相连(борьба идей 思想斗争,победа/торжество идеи 思想的胜利)。идея 的"斗争、奋斗"形象是英语 idea 所没有的。

概念隐喻对发展科学语言与科学思想有着极为重要的作用。俄语中基于概念隐喻的科学形象可简单地归纳为以下几个方面（Н. К. Рябцева 1990）：（1）感知隐喻：人脑是科学的眼睛。与视觉有关的形象：наблюдение за закономерностями（观察规律）、рассматривать смысл выражения（仔细看（研究）某一表达方式的意义）、это представление выглядит упрощенным（这一概念看起来过于简单）、пересмотреть теорию（重新审视某一理论）。在此基础上 взгляд（看法、观点）和 точка зрения（观点）与俄语中表达“知识、意见、信念、判断、假设、理论、概念”的词同义。如 наши взгляды углубляются ＝ наши знания углубляются，разделять взгляды ＝ разделять мнение，стороники противоположных взглядов ＝ стороники противоположных убеждений，данная точка зрения подтверждается ＝ прогноз подтверждается。人脑是科学眼睛的隐喻基于人的一种信念：最可靠的知识来源是观察。（2）运动隐喻：认知是一条不平坦的道路：исходить из гипотезы（从某种假设出发）、в ходе познания（认识过程）、выход за пределы сложившихся представлений（超出现有概念的局限）、прийти к выводу（得出某种结论）；认知如同建筑科学大厦：теоретические построения（理论构架）、исследование строится на（研究基于……）、подкрепляется аргументами（用证据支持）；认知如同获取物质财富：приобрести（获得）/ накапливать（积累）/ концентрировать（积聚）знания（知识）；认知如同作战：вооружить знаниями（用知识武装）、борьба истиностного знания и ошибочных представлений（真理与谬误的斗争）、фронт проблем（问题的前沿）等。以上隐喻基于人的信念：运动、劳动创造物质财富。此外，还有生物隐喻、植物隐喻创造的科学形象。

概念隐喻对科学语言与科学思维既有正面作用，也产生一定的负面效应。如以愿望取代事实，以有形取代无形，以量代质，看法代替知识。隐喻造成的大量的同义概念在一定程度上模糊了人类认识活动的本质。认知科学发展到今天,需要更多的是具备定指功能的“专名”(试比较严格的科学概念：индукция 归纳,дедукция 演绎,абдукция 假设推论,традукция 推论,ретродукция 成因解释),而不是相当于特征摹状词(атрибутивные дескрипции)的隐喻的概念。

与认知相关的论题还有：具有心理作用意义的俄语言语行为(М. Я. Гловинская 1993)、уверен(确信、相信)和 убежден(深信、坚信)是两种认知状态(Н. И. Лауфер 1993)、智力动词的体性(Е. В. Падучева 1993)、逻辑悖论与思维(Е. Д. Смирнова 1993)、判断的类型与智力谓词的分类(Е. Р. Иоанесян 1993)等。

2.3 会话分析

2.3.1 逻辑分析

在话语分析中,一般对始发语的研究与描写较多,而对作为反馈话轮的应答语,似乎重视不够。Н. Арутюнова 深入分析了第二话轮的作用与逻辑语义(1990)。正如她所指出的那样,应答语并非完全受制于占主导地位的始发语。受话人可以用应答语主动实施多种言语行为：首先,受话人可以接受或不接受始发语规定的交际程序(коммуникативная программа);其次,受话人可以对发话人表示同意、反驳、让步、主动出击,也可以接受请求,可以拒绝等。正是应答语独特的交际功能发展了语言中诸多的逻辑语法范畴。妥协、认可会产生双重情态意义(двухмодальность)：— Ты говоришь вздор(你在胡说)— Возможно, это и вздор, но я думаю именно так(也许是吧,但我就是这样想的);高阶谓词的超级句法位(суперпозиция предиката высшего порядка)：— Ты был здесь и взял ключи(你到过这儿,并拿了钥匙)— Я действительно был здесь, но то, что я взял ключи, неправда(我到过这儿,可拿钥匙这事儿,不是真的);对比否定(контрастивное отрицание)：— Ключи взял ты(钥匙是你拿的)— Нет, ключи взял не я，а Иван（不，拿钥匙的不是我，是伊万）；主题引语（цитация в теме）：— Это же форменный дурак（他是个大傻瓜）— Нет，этот дурак совсем не дурак（这个傻瓜一点不傻）；让步（уступка）：— Разве это не правда?（难道这不对吗?）— Правда — то правда，да не вся（对是对，但不全对）（试比较，几乎所有肯定词都能构成让步句：对是对，但……；确实，但……；是这么回事，可……）。

以真值为条件的高阶逻辑使用的谓词十分有限。但自然语言中的应答语所使用的表示各种语用差别的高阶谓词有着丰富的表达。这类评价在俄语中有三个特点：第一，真假评价手段的数量与质量不平衡。后者在数量上多于前者，在质量上更富有情感表现力，更有语义区别度。这是因为，根据言语交际规则，对得到的真实的信息，不必证实或肯定。而真诚、善意、相互合作又是交际的前提，对这些内容的肯定，语言不需更多的表达手段。而违规（传达信息不真实、行为不符合规范等）则有多种原因和后果。对违规的反应，语言有更多、更富有表现力的手段。第二，真假评价的范围不限于可验证内容，还包括不可验证的主观评价、假设等。原则上讲，在话语中，任何内容都可做真假评价：—电影太棒了！—确实。—不对，不是那么回事；—我这么做怎么样？—对。—不对。第三，评价的双重情态意义。应答语不论表达是与非，都不是针对“原始”现实，而是针对始发语分析、表示出来的现实。

许多语言学家和逻辑学家都曾指出，否定判断是第二性的。Х. Зигварт 曾在 1908 年出版的《逻辑学》一书中说：“否定判断不能被看做与肯定判断平等的第一性判断”（Н. Арутюнова 1990：183）。如果从话语结构来分析否定的第二性特征，会得到更合理的解释。由于相同命题的肯定与否定不可能同时出现在一个人的话语中，对话便是肯定与否定的最原始、最自然的语境。否定的第二性特征取决于它的一系列用法：1）否定不用于对现实的直接反应,直接感受不用否定表达(对苹果的直接感受不用否定语句“不是梨,不是桃”表示)。2)否定一般不用于带狭义谓词的、对现实的直接观察(不能指着汽车说：车不是在奔驰,或指着鸟说：鸟不是喳喳叫)。3)直觉所产生的隐喻不能否定(不能指着一人说：他不是活驴)。4)有情感参与的、对事物的直观评价,往往用带主观情感色彩的谓词表达。这种情况一般不用否定式(* 电影不太棒了,* 操场不绿油油的),失去否定意义的成语及成语性结构除外。

上述否定都最自然地用于应答语,即第二话轮中,表示对比否定。(—他是个活驴。—他不是活驴,是你儿子。都是你教育得不好。)

2.3.2 解释型言语行为

除上述研究外,会话分析中还发现一种有规律的言语行为类型——解释。

解释,是话语互动的一种表现。作为对话语理解的心理过程,解释一般没有相应的言语行为。但在某些固定题材的对话中,却大量使用解释性话语。如采访、访谈类对话。在这类对话中,采访者的反馈话轮多半是以澄清被采访者的立场、观点为目的的解释性言语行为(И. М. Кобозева, Н. И. Лауфер 1994)。解释性言语行为只是对始发语的命题意义的解释,而不包括对语旨的解释。如A)的答话是解释言语行为,而B)的答话不是。

A) — По цифрам получается, что розничный товарооборот растет очень хорошим темпом, быстрее, чем в прошлые годы, но все при этом считают, что жить стало хуже. Как ни парадоксально, и то и другое правда. (从数据可以看出,零售商品的周转速度良好,比去年快,但同时大家又都承认生活得更差了。不管多矛盾,两者都是事实。)

— То есть одновременное сосуществование и того и другого возможно, хотя и кажется, что это взаимоисключающие явления.（那就是说，看上去是相互矛盾的情况同时存在是可能的。）

В）— С кого из мировых“звезд”вы берете пример?（你以哪位世界明星为榜样？）

— Вы что, издеваетесь надо мной?（你这不是在挖苦我吗？）

解释性言语行为的交际语境有三个参加者：原发话者、解释者、观众（听众）。

解释言语行为的目的：（1）验证自己对对方话语的认知表象（存在于意识中的、所理解的内容）；（2）补充解释者认为较为重要的、但没有被解释者表达出的方面；（3）保证观众（听众）认知表象的准确性。

解释言语行为的表现有：

1）接话：

— Магнитогорск — закрытый город, въезд иностранцам запрещен. Что КГБ там делать? Ну нечего ...（马格尼托戈尔斯克（俄罗斯稀有金属城）是个不对外开放的城市，外国人不让进。克格勃在那儿有什么事好干？真是没事……）

— Что же они — придумывали дела?（他们怎么，是不是凭空想出许多事情来？）

2）确认（证同）：

— Помните, один из наших демократических лидеров назвал взятку законным источником дохода для чиновника.（你还记得吗，我们一位民主党领袖把行贿叫做官员的合法收入。）

— Это был наш бывший мэр?（是不是咱们那位前市长？）

3）换名：

— ... мол, каждый, кто держит в руках “Огонек”, держит могендовид ...（听说，每个人手里拿着一本《火星》杂志，拿着一个莫根多维特……）

— “Могендовид” — звезда Давида. То есть шестиконечная звезда（“莫根多维特”——圣者大卫之星，是六角星……）

4）扩展：

— Будете ли вы уже сейчас полемизировать с социал-демократической партией?（你们是否打算与社会民主党争论下去?）

— Будем ли мы ставить палки в колеса тем, кто вместе с нами готовы бороться против тоталитаризма?（我们要和那些准备与我们一起同极权主义作斗争的人们捣乱吗?）

5）简略：

— Никакого криминала в моем выступлении не было. Но, как видно, упоминание о культе личности не понравилось, могли не понравиться рассуждения о недостатках в экономической науке, в организации производства и др. Мое выступление как-то выпало из наметившейся тенденции к восхвалению наших успехов.（我的发言中没有任何违法内容。但看来，关于个人崇拜的提法不受欢迎，关于经济科学与组织生产中存在的不足的说法不受欢迎。我的发言似乎是脱离了歌颂我们成就的趋势。）

— Итак, вашим выступлением остались недовольны.（就是说，对你的发言不满。）

此外还有反思型、同义型解释话语。

涉及话语分析的论题还有：解释与话语异常（Т. В. Булыгина, А. Д. Шмелев 1990）、话语形成过程中的语用矛盾（Т. В. Радзиевская 1990）、并列连词分析（О. Йокояма 1990）、情态语气词与话语的语用异常（И. М. Кобозева 1990）、以人机对话为目的的会话分析（Е. Э. Разлогова 根据问答关系将答话分为直接应答与间接应答，并用七值逻辑（семизначная логика）对答话做了分类，目的是建立一种认知基础上的、形式化语言的答话模式）（Е.

Э. Разлогова 1989)等。

3. 结束语

应当说，本文对俄语语用学的介绍不是很全面的。因此，有必要对俄语语用研究的特点做一简要的说明。

如果说西方语用学的经典理论奠基人(J. L. Austin, J. R. Searle, H. P. Grice)皆出自自然语言哲学的兴趣研究语言，进而得出适合普遍语言的指导原则，那么目前代表俄语语用学主流的学者都是语言理论家，都是出自对语言的兴趣研究逻辑哲学，他们所做的工作往往是俄语的基础性研究。有些研究成果不乏对普遍语言学的指导意义。其中，Ю. Апресян 的关于词汇的主观评价意义的研究被称为词汇语用学；Ю. Апресян 关于动词体的空间指示意义的发现，推翻了斯拉夫语动词体无指示意义的论点(Т. Булыгина 1981)；Н. Арутюнова 关于第二语言现象理论、空缺言语行为的研究方法、语言的认知分析等，都具有普遍语言意义；Е. Падучева 对施为句动词时体的结论，丰富了斯拉夫语体学和言语行为理论；И. М. Кобозева 和 Н. Лауфер 发现的解释言语行为，揭示了会话过程中验证命题内容、保证多方沟通的语言机制。

综观俄语语用学的发展过程，既要看到西方语用学的影响，又要充分估价俄语语言学自身的传统和雄厚的理论基础。语用学的方法论——言语活动的思想早在 30 年代由苏联学者 Л. В. Щерба、Л. П. Якубинский、А. М. Пешковский，以及后来的 М. М. Бахтин 等人提出。俄语语用学能有所成就，不是因为俄国学者把西方语用学的论题移植到了俄语学中，而是因为像 Н. Арутюнова 这样一批学者能够自觉地把言语活动看做是生活的一种形式，并能通过语言努力认识人类思维与行为的本质。在讲到语言、思维、行为的关系时，Н. Арутюнова 说"言语活动在智力活动与现实活动之间起着中介的作用"(Н. Арутюнова 1994：5)。正是言语行为(речевые действия)、智力行为(ментальные акты)、一般行为模式(модели действия)成为俄语语用学的三大主题。俄语语用学的另一基础是俄语结构功能语言学。语用学的部分对象也是功能语言学各学科所涉及的。这些学科包括:功能修辞学、功能语法、交际句法、实义切分、话语语言学、交际语言学、巴赫金话语理论、演讲学等等。语用研究被看做是语言系统功能研究的一个方面。在诸多学科中,语用学的特色不在于特殊的研究对象,而在于语言逻辑的分析方法。

参考文献:

[1] Апресян Ю. Перформативы в грамматике и в словаре. Изв. АН СССР. Сер. лит. и яз. № 3. 1986.

[2] Апресян Ю. Синонимия ментальных предикатов: группа считать. // Логический анализ языка. Ментальные действия. Москва, 1993.

[3] Арутюнова Н. Д. Понятие пресуппозиции в лингвистике. Изв. АН СССР. Сер. лит. и яз. № 1. 1973.

[4] Арутюнова Н. Д. Фактор адресата. Изв. АН СССР, Сер. лит. и яз. № 4. 1981.

[5] Арутюнова Н. Д., Падучева Е. В. Истоки, проблемы и категории прагматики. // Новое в зарубежной лингвистике. Вып. XVI. Москва. 1985.

[6] Арутюнова Н. Д. Феномен второй реплики, или о пользе спора. // Логический анализ языка. Противоречивость и аномальность текста. Москва, 1990.

[7] Арутюнова Н. Д. Логический анализ языка. Ментальные действия. Москва, 1993. ст. 4.

[8] Арутюнова Н. Д. От редактора. // Логический анализ языка. Язык речевых действий. Москва, 1994. ст. 3 - 5.

[9] Арутюнова Н. Д. Молчание: контексты употребления. // Логический анализ языка. Язык речевых действий. Москва, 1994.

[10] Бахнян К., Герасимов В., Ромашко С. Философские проблемы языкознания на международных научных конгрессах и конференциях

1970－1979 гг. Москва，1981.

[11] Бергельсон М. Б.，Кибрик А. Е. Прагматический《принцип приоритета》и его отражение в грамматике языка. Изв. АН СССР, Сер. лит. и яз. № 4. 1981.

[12] Булыгина Т. В. О границах и содержании прагматики. Изв. АН СССР, Сер. лит. и яз. № 4. 1981.

[13] Булыгина Т. В.，Шмелев А. Д. Аномалия в тексте: проблемы интерпретации. // Логический анализ языка. Противоречивость и аномальность текста. Москва，1990.

[14] Булыгина Т. В.，Шмелев А. Д. Гипотеза как мыслительный и речевой акт. // Логический анализ языка. Ментальные действия. Москва，1993.

[15] Демьянков В. Прагматические основы интерпретации высказывания. Изв. АН СССР, Сер. лит. и яз. № 4. 1981.

[16] Демьянков В. Конвенции，правила и стратегии общения. Изв. АН СССР, Сер. лит. и яз. № 4. 1982.

[17] Гак В. Г. Пространство мысли（Опыт систематизации слов ментального поля）. // Логический анализ языка. Ментальные действия. Москва，1993.

[18] Гловинская М. Я. Русские речевые акты со значением ментального воздействия. // Логический анализ языка. Ментальные действия. Москва，1993.

[19] Иоанесян Е. Р. Классификация ментальных предикатов по типу вводимых ими суждений. // Логический анализ языка. Ментальные действия. Москва，1993.

[20] Йокояма О. К анализу русских сочинительных союзов. // Логический анализ языка. Противоречивость и аномальность текста. Москва，1990.

[21] Кобозева И. М. Прагмасематическая аномальность высказывания и семантика модальных частиц. // Логический анализ языка. Противоречивость и аномальность текста. Москва，1990.

[22] Кобозева И. М. Мысль и идея на фоне категоризации ментальных

имен. // Логический анализ языка. Ментальные действия. Москва, 1993.

[23] Кобозева И. М., Лауфер Н. И. Интерпретирующие речевые акты. // Логический анализ языка. Язык речевых действий. Москва, 1994.

[24] Лауфер Н. И. Уверен и убежден: два типа эпистемических состояний. // Логический анализ языка. Ментальные действия. Москва, 1993.

[25] Падучева Е. В. Прагматические аспекты связности диалога. Изв. АН СССР, Сер. лит. и яз. № 4. 1982.

[26] Падучева Е. В. Высказывание и его соотнесенность с действительностью. Москва, 1985.

[27] Падучева Е. В. К аспектуальным свойствам ментальных глаголов: перфектные видовые пары. // Логический анализ языка. Ментальные действия. Москва, 1993.

[28] Падучева Е. В. Вид и время перформативного глагола. // Логический анализ языка. Язык речевых действий. Москва, 1994.

[29] Раздиевская Т. В. Прагматические противоречия при текстообразовании. // Логический анализ языка. Противоречивость и аномальность текста. Москва, 1990.

[30] Разлогова Е. Э. Когнитивные установки в прямых и непрямых ответах на вопрос. // Логический анализ языка. Проблемы интенсиональных и прагматических контекстов. Москва, 1989.

[31] Ройтер Т. О перифрастических наименованиях речевой деятельности. // Логический анализ языка. Язык речевых действий. Москва, 1994.

[32] Рябцева Н. К. “Донаучные” научные образы. // Логический анализ языка. Противоречивость и аномальность текста. Москва, 1990.

[33] Смирнова Е. Д. Парадоксы и мышление. // Логический анализ языка. Ментальные действия. Москва, 1993.

[34] Степанов Ю. В поисках прагматики. Изв. АН СССР. Сер. лит. и яз. № 4. 1981.

[35] Шатуновский И. Б. Эпистемические глаголы: коммуникативная перспектива, презумгций, прагматика. // Логический анализ языка.

Знание и мнение. Москва, 1988.

[36] Шатуновский И. Б. Думать и считать: еще раз о видах мнения. // Логический анализ языка. Ментальные действия. Москва, 1993.

[37] Янко Т. Е. Описания мира и речевые действия. // Логический анализ языка. Язык речевых действий. Москва, 1994.

[38] Лингвистический энциклопедический словарь. М.: "Советская энциклопедия", 1990.

[39] Русская грамматика. Том 1. Москва, 1980.

(原载《当代语言学》2001 年第 3 期)

评 析

本文是本书仅有的一篇关于俄语语用学的文章。文章全面综述了截至本文发表时前苏联和俄罗斯俄语学者所做的语用学研究,列举了言语行为、智力活动、会话分析三大方面。

作者认为,俄语意义上的言语行为涵义比英语的 speech act 要广,不仅指以言行事的话语,也可指描述性言语行为等。相对于英语的施为动词(performative verbs),文章列举了包括报道与陈述等 15 种类型,并将其中一些与 Austin 的分类相对照。作者认为,施为概念丰富了俄语动词的时体意义。据作者介绍,俄罗斯学者分析了言有所为在语法、句法、语义、语用方面的典型表现;同时探讨了言语行为和非言语行为之间的关系,认为两者都有同样的意图、动机和目的,会引起同样的心理反应;沉默是非言语行为的一种,俄罗斯学者称之为"空缺言语行为"。

俄语的智力活动涉及思维和认知。言语行为与意向性和目的性有关,而智力活动与命题内容相联系。俄语学者对"智力语义场"做了描写和分析,内容包括思维过程和状态(思考、判断等)、认知和认知保持(得知、记忆等)、双向智力活动(讨论、反驳等)、情感性认知(怀疑、猜忌等)等。这些活动由各类动词和名词实现,这些动词和名词有的区分思想的客观和主观性,有的区分认知的状态,涉及情态意义。这些因素对俄语隐喻的形成和发展起到了积极的推动作用。

俄语中的会话分析内容相当丰富,包括逻辑分析与解释性言语行为(接话、确认、扩展等),涵盖了西方有关话轮、应答语、反馈语的研究。作者介绍了俄语学者对应答语逻辑意义(相当于西方语言学中的情态意义)的分析。所谓解释性言语行为,指的是访谈类对话中采访者的反馈性话轮,这些话轮的功能是澄清被采访者的立场、观点等,实际上是对始发语命题意义的解释,但不是对语旨的解释。

本文涉及的内容相当广泛，虽然有些概念和术语无法详加定义和阐释，但总体上说，文章对熟悉西方语用学的学者有不少有益的启示，也从一个侧面证明了，俄语语用学对整个语用学的发展会起到重要的补充与完善的作用。

语言学的前沿领域——语用学

姜望琪

一、语用学例解

1999年4月,朱镕基总理访问美国。他在MIT做关于中美贸易的演讲,开场白是:“1947年我在清华上学时,清华被称为中国的MIT。教科书大部分来自MIT。……我当时就憧憬有一天能来MIT学习,拿一个学位。但是,校长先生请不要误会,我绝对不是要个荣誉的学位。……如果我要拿学位,一定要经过考试、答辩。”

这段话从语用学角度讲,意义很丰富,特别是后一部分。他为什么这么说,原因有好几个。现在我要指出的一个原因是,如果他不说这句话,有人就真有可能给他弄个荣誉学位。为什么他明明说的是他曾经想来拿个学位,会被理解成他现在想要个荣誉学位?这就是语用学要解答的问题。

另一个例子是从电影上听来的。画面上是一对恋人,男孩对女孩说“你不戴眼镜的时候很漂亮”,女孩马上接茬“那我戴眼镜的时候一定很丑了”。男孩觉得很委屈,女孩却坚持他就是这个意思,虽然他嘴上没有这么说。

这两个例子揭示的现象,英语称为(to) mean more than what one says。汉语可以叫做“意会大于言传”。语用学要解答为什么人们能够意会大于言传,要找出其中的规律,也就是要找出语言运用的规律。

二、语用学理论

对这种现象做出解释的第一个语用学理论——言语行为理论,是牛津哲学家J. Austin提出的。传统观念把言与行对立。说话就是说话,做事就是做事,两者井水不犯河水。Austin对此提出挑战,认为说话也可以看成做事。当英国女王在新船下水典礼上宣布I name this ship the Queen Elizabeth,她就做了一件事——为该船命名。而且,就这件事而言,它是必须通过说话才能完成的。否则,该船就没有被正式命名,就像教徒结婚不进教堂一样,不会被人承认。随着研究的深入,Austin意识到实际上我们说的每句话都可以看做行动。Can you pass the salt? 形式上是关于听话人某种能力的提问,实际上却是请求对方把盐递过来。

由H. P. Grice提出的第二种解释——会话含义理论,看起来似乎更合理些。Grice曾是Austin的同事,后来去了美国。他认为人们之所以能够意会大于言传,是因为会话有某些特殊的性质。人与人之间的对话往往是互相衔接的。如果某人答非所问,就会被认为不合情理。他把这种情理称为合作原则,并把它具体地分析成数量、质量、关系、方式四条准则。这些原则、准则是一种不成文法的东西。人们只是潜意识地感到应该这么做。在Grice把它们明确罗列出来以前,没有人清楚地意识到过。但是,它们确实存在。如果某男跟某女在一个公共场合初次见面,就自我介绍"我28岁,未婚",那一定会被认为是别有用心的。因为人们潜意识感觉到一个人说话总是有目的的,不会无缘无故提供多余的信息。另一方面,假如说话可以完全毫无根据,就不会有"我不敢肯定,但可能是这样"这类用语。从形式上看,日常谈话也如Grice所描述的那样。单是"电话"一个词,孤立地看,其含义似乎很不明确。但在特定上下文里,它是最简洁、最合适的表达方式。在家庭成员之间,如果用"您能不能劳驾接一下电话?"这种"客气的"语言,那一定是有什么因素导致了关系不正常，需要用这种客气的表达方式。

由于是不成文法的东西，因此它们是可以被违反的，就像有人违反“礼尚往来”、“两军对阵，不斩来使”一样。但是，例外从反面证明了规律的存在。违反合作原则的话语同样要根据合作原则来理解。骗子之所以会得逞，就是因为听话人觉得人们通常是说真话的。

三、语用学与汉语研究

在语用学领域，就像在自然科学领域，中国人曾经是领先的。证据之一，就是我们有专门术语。刚才讲到语用学研究的现象可以被称为“意会大于言传”，其英语是（to）mean more than what one says。如果我们比较一下“意会”与 mean 的异同，就可以看出这一点。英语的 mean 是一个很泛的词汇，可以用于很多不同的含义。汉语的“意会”则专指不能用语言表达的意义。说得更明确一点，语用学可以说是研究言外之意的学科。这“言外之意”又是汉语独有的专门术语，英语没有。钱钟书先生曾经在《管锥编》中将它译为 extrolocution，但这是他自己的创造，不是英语原有的。所以 Austin、Grice 也都不得不自己重新造词，以便把自己研究的意义跟字面意义区别开来。

Austin 造的词是 illocutionary force。这跟他对言语行为的分类有关。他把通常意义上的开口说话称为 locutionary act。他要强调的是，人们在开口说话的同时，还常常把自己的说话目的表达清楚。比如，Can you pass the salt? 应该被理解成 Please pass the salt。他把这种表达说话人目的的行为称为 illocutionary act①。而说话人的目的，即这种行为所表达的意义，称为 illocutionary force，有时简称 force。

Grice 造的词是 implicature，仿照 implication，表示这是一种暗含的意义，一般译作“会话含义”。他有时也用 what is said 跟 what is meant 来表示字面意义跟会话含义的区别。

他们的这种区分有时被称为语词(或语句)意义与说话人意义的区分。这就是说一个词、一句话,有它固定的意义。但当说话人用到该词、该句的时候,他可以在某种程度上改变其原有意义,或扩大,或缩小。从另一个角度上说,说话人意义也可以叫做上下文意义。说话人之所以能在某种程度上改变一个词或一句话的固定意义,就是因为有合适的上下文。上下文不同,说话人意义也就不同。当下课后同学们陆续离开教室时,我看见某人的桌面上还有一支笔,这时候,如果我说"这是你的笔吗?"我绝对不是要跟他借笔用用,而是要提醒他不要把笔忘了。不过,说话人意义和上下文意义都不是专门术语。

语言与思维有密切的联系。一方面,"意会"、"言外之意"、"言不尽意"、"言有尽而意无穷"这些说法的大量存在,充分说明中国人早就深切地意识到"意会大于言传"这种现象的存在,并对此进行了一些抽象归纳。另一方面,"言外之意"之类词语大大便利了中国人对这个问题的探索,促进了中国人对语义问题的研究。

事实也正是如此。中国的传统语言研究相当重视语义。早在公元前二世纪左右,中国人就有了第一部字典《尔雅》。而第一部英语词典 *A Table Alphabetical* 则是出版于 1604 年。它们相距 1 800年,中国人的领先地位由此可见一斑。到了东汉,又出现了《说文解字》,把字义研究跟字形研究结合了起来。宋代,明确提出了"虚字"、"实字"这两个现在已被世界语言学界普遍采用的概念。实字的意义比较固定,虚字则不然,必须结合上下文才能理解。因此,虚字研究在某种意义上就是上下文意义的研究。

这里的上下文是狭义的上下文,主要是语言上下文,不是情景上下文。这种上下文研究在汉语研究中历来占有第一重要的位置。虽然中国人早就有"句"这个概念,但它只是字与篇章之间的一个中间环节。王充在《论衡·正说篇》中说"文字有意以立句,句有数以连章,章有体以成篇,篇则章句之大者也"。刘勰在《文心雕龙·章句》中更明确地指出“夫人之立言，因字而生句，积句而成章，积章而成篇。篇之彪炳，章无疵也；章之明靡，句无玷也；句之清英，字不妄也；振本而末从，知一而万毕矣”。相对于字，句可以是“本”；但相对于篇章，它只是“末”。这就是说，句虽然是字的直接语言上下文，篇章才是其真正的、最后的语言上下文。从另一个角度上说，字是汉语最基本的单位。只有有了字，才谈得上句和篇章。所以，中国古代的汉语研究抓住了两头——字和篇章。一方面从形、音、义三个角度研究字，积累了丰富的汉字知识；另一方面从宏观角度研究篇章，产生了文章学意义上的语法学。所谓“死法”、“活法”、“文无定法”、“文成法立”都是指“章法”。汉语研究的历史中，长期没有句法学意义上的语法学，其根本原因就在于“句”是个附属概念，没有特别重要的意义。它的地位跟“句子”在西方语言研究中的地位完全不能相提并论。在二战前后美国最著名的语言学家 L. Bloomfield 眼里，句子是最大的语法单位。他们指的语法实际上就是句法。

可以跟现代篇章语言学、语篇分析相媲美的中国古代文章学，其名称始见于宋代。文章这个名称则古老得多，早年有文采的意思，自汉代开始，逐渐用于表示组成篇章的书面语言。其地位相当高，被曹丕称为“经国之大业，不朽之盛事”。所谓“学而优则仕”，实际是“文而优则仕”。文章写得好，就可以当官。所以，中国人很早就开始研究如何写好文章。上文提到的《论衡》是将近两千年前的作品。被称作中国第一部文章学概论性专著的《文心雕龙》成书于公元500年前后。

文章学主要研究篇章结构。刘勰将其比作筑室之基构，裁衣之缝缉，强调要“总文理，统首尾，定与夺，合涯际，弥纶一篇，使杂而不越”。后人逐渐把这归纳为“起承转合”。其中尤为精到的是关于前中后三部分要点的概括，即“凤头、猪肚、豹尾”，“起要美丽，中要浩荡，结要响亮”。寥寥数语胜过多少现代语篇分析的长篇大论，其精当得体令任何外国篇章理论望尘莫及。

语用学跟现代汉语研究又有什么关系？要回答这个问题，就要看一下世界语言学研究的现状。随着工业革命的兴起，英语在世界上的使用范围越来越广。它同时也成了语言学研究的主要对象。但是，如果一种语言学理论要取得世界通用的价值，它就不能不受到其他语言的检验。其中，汉语因为与英语差别甚大而处于一种独特的地位。例如，当代语言学的一个热门话题是代词的用法。美国语言学家 N. Chomsky 在这个问题上的观点，可以简单化地转述为：自反代词一定要在小句内有先行词。但是，汉语的“自己”显然不是这样。下面的例句中，只有第一句的“自己”在小句内有先行词。第二句的先行词在上一个句子里。第三句的先行词，即“小张”，在更上面的句子里。第四句跟第五句结构完全相同，但“自己”的先行词不一样。

(1) 小张暗暗埋怨自己。

(2) 小张越想越觉得自己做得不对。

(3) 小张说小李知道自己下午没空。

(4) 小张认为小李太狂妄，总是看不起自己。

(5) 小张认为小李太自卑，总是看不起自己。

这说明，代词的使用问题不是简单的语法结构的问题，必须结合意义，特别是言外之意。在这方面，深入研究汉语显得尤为重要。由于赵元任等老一辈语言学家的努力，汉语研究在美国已蔚然成风。而汉语是我们的母语，我们中国人理应做出更大的贡献。

如果世界语言可以按句子结构的重要性划分，一类重语法、重句法，另一类重语义、重语用；或者说，有的语言重言传，有的语言重意会，那么汉语只能属于后者。汉语研究中一个曾经困扰几代人的问题是，一个句子可以没有主语。从语用学的角度来说，其根本原因在于汉语是意会语、语用语。其主语主要是靠意会的，不是靠言传的。这提示我们，语用学可能是一条揭开汉语之谜的研究途径。

四、语用学与修辞学

中国人在语用学领域曾经处于领先地位的第二个根据，是中国古代的修辞研究很发达。1 500 年前的《文心雕龙》又被称为中国第一部系统的修辞学理论著作。而语用学与修辞学是密切相关的。

语用学这个词是从英语的 pragmatics 译过来的。该词的首创者、美国的 C. Morris 就明确地把它等同于修辞。他说符号学的三个分支 syntactics，semantics，pragmatics 就是“现代形式下的斯多亚派——中世纪的语法、逻辑与修辞”。符号学就是“一个安装古代逻辑、语法和修辞三学艺的现代等价物的框架”。这种说法不是没有道理的。

鲁迅先生曾在一篇文章中用过一个例子。说的是某人的儿子满月，抱出来给大家看。有人说这儿子将来会发财，有人说这儿子将来会当官。这两人都得到主人的感谢、恭维。但有个人说这儿子将来会死，他被打了一顿。鲁迅先生的用意是要说明，说假话受人欢迎，说真话却要受罚。现在我们如果抛开鲁迅先生当年的政治氛围，孤立地从学术角度来分析这句话，那么我们可以说这个说话人犯了个语用错误，或者叫修辞错误。“这个人将来要死”这句话从逻辑上讲是绝对正确的。用三段论推理，就是：人皆要死，他是人，所以他要死。这不仅符合逻辑形式，而且符合客观实际。有生就有死，一切生物都要死。要想不死，除非不生。从语法角度看，这句话也是正确的。它符合汉语的造句规律，跟“来将要死人个这”不一样。但是，在这个场合，这句话是不合适的。在一个孩子满月的时候，提到死这个话题是不合适的、不得体的。也就是说，说话人的上下文意义是错误的。况且，死是个令人忌讳的话题，即使对老人，也应该避免直接指称。

Austin 也讲到过合适问题。他曾经把句子分成两大类。一类用于描述事件，可以有真假，如“地球是圆的”。另一类用于做事，谈不上真假，只能说是否合适。如 I name this ship the Queen Elizabeth，不能说是真的还是假的。但是，如果场合不对，包括说话人不对、时间不对、地点不对等等，那么这句话就是不合适的。后来他意识到，所谓描述事件句照样可以没有真假，如 The present King of France is bald。法国是共和国，现在没有国王，所以这句话只能说是不合适的。不过，他的这种合适不合适，指的是一句话能不能用来有效地完成某种行为，比我们所讲的要窄。

Grice 的讨论跟修辞的关系更直接些。他的准则很多跟修辞格有关。他在讨论违反质量准则时，讲到了比喻、反语、夸张等。他的方式准则也都是普通的修辞要求。

当然，我们认为修辞学与语用学相通，主要还是因为两者都涉及合适或得体问题。修辞者修饰词语也。把话说得好听一点，让人容易接受，这是修辞的作用，也是为什么言外之意这么普遍的原因。电话铃响了，你想叫别人接电话，是用“电话”，还是用“您能不能劳驾接一下电话?”取决于你们之间的关系。文体学有一种分类，把句子分作严肃的、正式的、中性的、随意的、亲密的五类。这两个句子可以说代表了极端的两头，只适用于少数情况。而 Can you pass the salt? 则属于最中间这一类，适用的范围广一些。但仍然有个适用对象问题。

美国语用学家 L. Horn 发展了 Grice 的理论，提出会话含义可以从省力原则的角度来解释。我们可以说，省力原则无处不在。人是惰性很强的动物，只要不是万不得已，决不会多出一份力。说话人为了省力，希望能用一个词表示所有的意思。听话人为了省力，则希望每个意思都只有一个词可以表达。这两者妥协的结果是：一方面，说话人要把意思表达得尽可能清楚，没提到的就是不想表达的；另一方面，听话人要根据常识扩充所听到的话语，听出言外之意。英国人 S. Levinson 对此又做了些补充。他认为在听话人会根据常识扩充话语的前提下，说话人会尽量“以少胜多”。用 Can you pass the salt? 表示 Please pass the salt 就是这样一个例子。严格地说,前者是后者的预示句。只有听话人对前者做了肯定回答后,说话人才能接下去说后者。但在大多数情况下,用了前者,后者就可以省而不说。另外,在双方不是很熟的情况下,用前者会给对方更多的回旋余地。而且,万一对方因为某种原因不能满足说话人的要求时,说话人也不会像用后者时那样丢面子。因此,虽然这两句话的客气程度差不多,在大多数情况下可以通用,前者还是比后者间接一些,意会性更强一些[②]。

这就是说,在句子的基本意义相同的情况下,其细微差别取决于语用因素。代词的用法也是如此。旅居英国的黄衍曾经讨论过下面这两个例子:

(6) 小明一进屋,Ø就把门关上了。

(7) 小明一进屋,他就把门关上了。

第一句的后一小句没有主语,或称有一个空主语。一般情况下,这个空主语与前一句的主语"小明"同指。第二句的"他"则一般与"小明"异指。但有时候,这个"他"也可以跟"小明"同指。问题是怎么解释这种同指。黄衍诉诸 Grice 的非自然意义(non-natural meaning),说只要说话人想让"他"跟"小明"同指,它们就可以同指。我认为这种解释缺乏说服力。

例(6)、例(7)的差别,我的看法是在语速。例(6)一般见于语速较快时,中间没有停顿。如果写下来,中间一般没有逗号。例(7)则见于语速较慢时,中间有停顿,因此说话人会觉得有必要重复主语。这种差别恐怕能叫做文体差别、风格差别。相反,如果例(7)的两个小句之间没有停顿,或停顿很短,那么"他"与"小明"同指的可能性,不说根本没有,也只能是很小很小的。

一开始,我们提到了朱总理在 MIT 的讲演。我们指出,他之所以这么说的一个原因,是怕有人真的给他弄个 MIT 的学位。但另外还有一个可能性更大的原因,那就是他想用这种说法给讲演增加点幽默气氛。说不说这句话,从概念意义上讲,没有什么区别。他不说,也不一定就会真的给他个荣誉学位。但从讲演气氛看，说不说这句话却是大不一样的。他说完这句话，大家哈哈一笑，讲演人与听讲人之间的距离一下子就缩短了。广义地讲，这也是一种修辞效果。

十多年以前，有位英国文体学家来中国讲学。有一次，他把讲演的题目定为“Who Is Stylistics?”让很多人感到新奇。有人评论道 Where is English? 这位英国人的手法在文体学里叫做偏离(deviation)，目的是要给别人留下不同寻常的印象。正如他指出的，人们可能忘掉他说的每一句话，但这个题目永远不会忘掉。日常生活中这样极端的例子并不多见，但如何让我们的语言表达起到最大的效果，却是每个人都会遇到的问题。

前文提到汉语可以被称作意会语、语用语。还有一种说法称汉语为诗的语言。这两种说法不矛盾。“诗贵有含蓄不尽之意”，诗歌用的是极端的意会语。“枯藤老树昏鸦，小桥流水人家，古道西风瘦马。夕阳西下，断肠人在天涯。”从言传的角度说，简直是热昏话。一会儿这，一会儿那，前言不搭后语，毫无关联性。但正是这种跳跃给读者留下了丰富的想象空间。特别是对称的结构，合辙的韵律，使其传递的言外之意是任何别的表达式所不能代替的。日常生活中的许多话语也是这样，在基本意义上并没有差别，有的只是附带意义上的差别。有的悦耳些，有的不那么悦耳；有的上口些，有的不那么上口。但是，国外语用学研究对这一点却没有予以足够的重视。

五、语言学的前沿领域

前面几节只讲了三个字——语用学。这一节我们要讲一下，为什么说语用学是语言学的前沿领域。

自从 20 世纪初瑞士语言学家 Saussure 提出 langue 跟 parole 的区分以来，现代语言学走上了一条与传统语言研究泾渭分明的发展道路。重视潜在的语言系统，忽略语言运用的表象，这种研究经过 Bloomfield 的强化，在 Chomsky 的转换生成语法那里发展到了顶点。Chomsky 为自己辩解说,既然物理学可以排除摩擦力的干扰,先研究在真空状态下的物体运动,语言学也就可以排除语言运用中的不确定因素,先研究理想状态下的语言知识。但是,语言毕竟不同于自然物体。语言是一种社会现象,跟人类的社会活动有紧密的联系。人类的社会交往离不开语言,语言同样离不开人类的社会交往。跟运用脱离的语言,已经不是原来意义上的语言。脱离语言运用研究语言系统,是研究不清楚系统的。语言运用的研究不可能、也没必要等到语言系统全研究清楚了再开始。这两项工作应该同步进行。因此,遵循物极必反规律,正当转换生成语法蒸蒸日上的时候,它的对立面也开始破土而出。

首先站出来的是社会语言学家。他们提出人类不仅具备抽象的语言系统能力,而且具备在特定场合选择合适语言的交际能力。接着,在欧洲具有深厚基础的功能语法开始发轫,出现了形形色色的功能语法学派。他们强调语言结构要跟语言功能结合起来研究。而来自牛津的哲学家 Austin、Grice 在哈佛的两次威廉·詹姆斯讲座,则促进了 Chomsky 派内部的裂变。语义研究开始占据越来越重要的位置。Chomsky 接受了 J. Katz 等人的建议,在转换生成语法中增加了语义部分,尽管他仍然坚持句法自足论。随着语义研究的深入,特别是在研究预设时,人们明确认识到上下文对句子意义具有举足轻重的作用。语言学家中有人提议区分两种预设:语义预设和语用预设。Morris 1937 年首次提出作为符号学分支的"语用学"这个名称,开始在语言学界流传。最后,语义研究分裂了,语义学的领地缩小了,被局限在概念意义部分。涉及上下文意义的部分被归属于语用学。

1977 年,荷兰发行了《语用学杂志》。1983 年,Levinson 出版了被英国语言学家 J. Lyons 誉为"值得赞颂"的《语用学》教材。1986 年,国际语用学学会在比利时宣告成立。语用学研究风起云涌,席卷世界各地,波及各个研究领域。不仅讨论语义问题、语法问题再也离不开语用学,文体学领域也出现了以 Grice 合作原则为基础的分析模式，社会语言学也借用了 D. Sperber & D. Wilson 在 Grice 基础上发展起来的关联理论。

比这些具体应用更重要的是，语用学代表了今后的发展方向。如果说 20 世纪语言学是以 Saussure 为旗帜的，那么 21 世纪将以非 Saussure 为标志。语言学将从抽象回到具体，从理性思辨走向实例分析，从研究单句扩大到篇章。一句话，从注重 langue 变成注重 parole，从注重抽象的语言系统变成注重实际的语言运用。社会语言学、功能语法、篇章语言学、话语分析以及语用学等等以转换生成语法为对立面的种种研究方法的兴起，毫不含糊地向我们表明，钟摆已经从抽象往实用方向转过来了。客观地说，langue 跟 parole 是不能绝对对立的，过分强调任何一个侧面都是不对的。但是矫枉过正，不过正不能矫枉。要摆脱一个极端，必须走到另一个极端。这是不以人的意志为转移的。重要的是要看清方向，顺势而为。

信息科学给我们中国人提供了一个在自然科学领域赶上去的机会。语用学则给我们中国人提供了一个在语言学领域赶上去的机会。中国人曾经有过辉煌的过去，一定也会有一个辉煌的明天。

注释：

① 但是 illocutionary act 不能译成“言外行为”，尽管 illocutionary force 可以译成“言外之意”。Austin 强调 illocutionary act 是在完成 locutionary act 的同时完成的。其中的 il 是 in，within 的意思，不是 not 的意思。因此，如果要贴近原文，应该译成“话中行为”。

② Horn 和 Levinson 的理论被称为新格赖斯原则。

参考文献：

［1］Austin, J. *How to Do Things with Words*［M］. Oxford：Oxford University Press，1962.

［2］Grice，H. P. Logic and conversation［A］. In *Syntax and Semantics*：*Speech Acts*［C］.（eds.）Cole & Morgan. New York：Academic

Press，1975. 42－58.

［3］Horn，L. Towards a new taxonomy for pragmatic inference：Q-based and R-based implicature［A］. In *Meaning，Form，and Use in Context：Linguistic Applications*［C］.（ed.）Schiffin. Washington，D. C.：Georgetown University Press，1984. 11－42.

［4］Huang，Y. *The Syntax and Pragmatics of Anaphora：A Study with Special Reference to Chinese*［M］. Cambridge：Cambridge University Press，1994.

［5］Levinson，S. Pragmatics and the grammar of anaphora：a partial reduction of binding and control phenomena［J］. *Journal of Linguistics*，1987，(1)：379－434.

［6］Morris，C. *Logical Positivism，Pragmatism and Scientific Empiricism*［M］. Paris：Hermann et Cie，1937.

［7］Sperber，D. & Wilson，D. *Relevance：Communication and Cognition*［M］. Oxford：Blackwell，1986.

［8］范文澜. 文心雕龙注［M］. 北京：人民文学出版社，1962.

［9］鲁迅. 鲁迅全集（第二卷）［M］. 北京：人民文学出版社，1958.

［10］钱钟书. 管锥编（第一卷）［M］. 北京：中华书局，1979.

［11］王充. 论衡［M］. 上海：上海人民出版社，1974.

（原载《福建外语》2001 年第 4 期）

评析

本文用通俗的语言介绍语用学。作者指出,语用学要解答为什么人们能够意会大于言传,也就是要找出语言运用的规律。

在简单地介绍了 Austin 的言语行为理论和 Grice 的会话含义理论后,作者提出,在语用学领域中国人曾经是领先的。汉语中有"意会"、"言外之意"、"言不尽意"、"言有尽而意无穷"之类的词语,这说明中国人早就深切地意识到"意会大于言传"这种现象的存在。汉语的"意会"专指不能用语言表达的意义,而语用学可以说是研究言外之意的学科。中国人历来重视对字义、虚字、实字、章句、修辞等问题的研究,很早就开始从宏观角度研究篇章,形成了文章学。《文心雕龙》等著作其论述之精辟令任何当代西方篇章理论望尘莫及。

作者指出,语用学研究对探索汉语的奥秘极有价值,反过来说,研究汉语对语用学乃至整个语言学都会有贡献,因为汉语是重语用、重言外之意的语言。例如,当代语言学的一个热门课题是代词的用法。N. Chomsky 认为,反身代词一定要在小句内有先行词,但是汉语"自己"则不一定。例如"小张认为小李太狂妄,总是看不起自己"和"小张认为小李太自卑,总是看不起自己"两句的结构完全相同,但"自己"的先行词不一样,且都不在西方语法意义上的小句内。这说明,代词的使用不是简单的语法结构的问题,必须结合意义,特别是言外之意才能搞清楚。

作者还用例子深入浅出地阐释了修辞学和语用学的关系,论及合适性、省力原则、同指等概念。

文章的第五部分论述了为什么说语用学是语言学的前沿领域。作者认为,如果说 20 世纪语言学是以 Saussure 为旗帜的,那么 21 世纪将以非 Saussure 为标志。语言学将从抽象回到具体,从理性思辨走向实例分析,从研究单句扩大到篇章。一句话,从注重 langue 变成注重 parole,从注重抽象的语言系统变成注重实际的语言运用。语用学代表了今后的发展方向。

本文的特点是用通俗的例子并结合中国古代对汉语字、句、章的研究来阐释语用学原理,这在各种语用学文献中并不多见。但文章对题目拟论述的问题——为什么说语用学是语言学的前沿领域——未做充分的展开,我们期望对该问题的探讨将继续下去。

试论语用解释的全释条件

陈新仁

1. 引言

言语交际过程中的话语理解一直是语用学研究的一个核心课题。揭示自然语言理解的奥秘,不仅具有(语言)哲学意义,而且也将昭示人机对话必将取得关键突破。各种语用学理论直接或间接地增进了人们对这一日常现象的认识。

我们认为,对于语言交际中的话语做语用解释,从理论上讲必须满足完全解释条件(full interpretation requirement)(下文简称为全释条件),即对话语的全部交际特征所表达的全部语用意义做出充分的解释。为此,我们必须了解:

1) 发生在话语所有层次上的语言顺应;

2) 语言顺应产生的全部语用意义;

3) 对全部顺应特征做全部语用意义解读的条件。

在回答上述问题的基础上,我们将观照现有的主要语用理论,评价它们满足全释条件的方方面面及其存在的问题,勾勒出话语理解理论的发展路线。

2. 语言顺应及其发生的层次

语言使用是一个选择的过程,这种选择可以是有意识的,也可以是无意识的。只要是交际者,无论是说话人还是听话人,都会是选择者，只要使用语言，选择就是强制性的。语用选择涉及话语组织的各个层次（也正因为如此，以 Verschueren 为代表人物的语用视角论，即欧洲大陆派，否认语用学是语言学的一个学科分支）。选择可以是多方面的，语言资源方面的选择往往反映了语用策略的选择，相同语境下不同的选择所带来的交际效果是不相等的。

语用选择从内容看尽管不是强制性的，但也绝对不是任意性的。为了满足特定的交际需求（communicative need）（Chen 1999），交际者往往会使自己的语用选择适应交际赖以发生的由物质、心理、社会、上下文等因素共同构成的语境以及自己的交际目的。这就是语言顺应（linguistic adaptation）（Verschueren 1987；1999）。语言顺应的成败可以反映一个人的语用能力，关系到人类生存（体现在整个人类、社区、个人、日常交际等层次上）（Verschueren 1987：41）。

话语组织的任何一级层次（如语音特征、形位、句法结构、词汇等），都有可能发生语言顺应。例如，语言人类学家发现，某一社区的成员在与来自同一社区的其他成员交际时使用的音位系统不同于他们与非本社区成员交际时所使用的音位系统（Verschueren 1999：3）。换言之，他们通过音位系统的选择来表明身份以及社会认同。在其他层次上，语言顺应就更易被观察到。例如，汉语中“您”与“你”、法语中的 tu 与 vous 等社交指示语等的使用明白无误地传达交际者的语用选择。Verschueren (1987)认为，相对于话语理解这一共时现象而言，语言顺应发生的话语各个层次从大到小依次为：

符号系统：交际者在交际过程中有时可以完全依靠语言符号系统，但有时也辅以非语言性符号，如手势、表情、目光、笑声等。语言符号系统可以是母语，也可以是外语，或者二者混用。符号系统的选择是由交际语境和语用目的驱动的。例如，教师在口头讲授时经常使用手势，其目的是为了帮助学生理解和掌握所讲内容。又如，在外语教学中，出于教学需要，我们经常会在外语和母语之间转换。

交际渠道：语言交际的渠道可以是口头的，如谈话，也可以是书面的，如通信。教师在授课时经常在口头讲述过程中在黑板上做些板书，往往是为了突出重点或帮助理解。

语码：由于社会文化因素存在差异，多数语言在使用中会呈现为不同的语码。例如，Tongan 存在一套被称为“尊敬语”(language of respect)的语码，在 Guinea 里存在一套被称为“狩猎语”(hunting language)的语码，在 Dyirbal 里有一套被称为“丈母娘(或公婆)语”(mother-in-law language)的语码。这些当然是少数现象，但对于多数语言而言，一般都存在着不同的方言(包括地区方言、标准方言、社会方言等)、流行于黑社会的黑话、流行于特定行业或领域的行话(如专业术语、新闻用语)等。还有一类值得关注的语码是反映个人用语的口头禅、习惯用语等。语码的选择取决于交际对象以及交际场合。

语体：语言使用有正式程度之区分。日常会话一般为非正式，而课堂交际则相对正式许多。书面语一般较正式，但一般书信又比商业书信要随便一些。语体正式程度的选择从常规上讲是由交际场合决定的，但相同场合下话题的选择也会影响语体的选择(Thomas 1995)。

言语事件：言语事件又可以称为交际类型(communicative type)，涵盖各种语言行为(linguistic action)，例如敲诈勒索、吹牛、撒谎、做广告、议论、求爱、描述、评价、指导、做语言游戏、劝说、自言自语等。解释语言行为必须结合具体的文化背景和语言特点。

语篇：语篇层次上的语言顺应可以从范畴、结构和特性三个方面来考察。笼统地看，语篇有两大类，即独白类语篇和会话类语篇，前者包括说明书、法律文本、信件、文学文本、留言、讲座、演讲、各类报道等；后者包括各种场合下的会话，如父子对话、儿童会话、法庭里的问讯和盘问、面试、医生与病人的交谈、拉家常、广播电视上的谈话节目、打电话、谈判等。每种语篇有其相对稳定的规范和特点。从组织上看，独白类语篇可以从宏观结构、语篇单位构成角度来分析，会话类语篇可以从话步（conversational move）、回合（exchange）、言语行为序列（speech act sequence）、话轮（turn）、优选组织等角度来分析。就连贯性而言，可以考虑衔接、语篇焦点、语篇推进、语篇话题、主题连贯性等因素。

言语行为：这一层次上的语言顺应可以从执行特定言语行为是否满足相应的合适性条件（felicity conditions）和得体性（appropriateness）角度来观察。

命题内容：这一层次涉及指称关系、述谓结构、语法关系、句法过程、句法结构、话语类型等。例如，就句法过程而言，外置、置首、倒装、名词化、被动化、代词化、主谓提升、话题化、从属化等外显性顺应现象尤其值得关注。

句/短语：这一层次涉及时态、体态、语态、语气、情态、命题态度、语义格、选择限制等。

词：在这一层次上关注词汇构成、词性、词汇功能（如限定、强化、划类、前指、连接等）、词汇意义、词汇场等。

语音：包括各种音段、超音段（如重音、语调）和韵律（如头韵、节奏、语速、停顿等）特征。

言语交际中的话语都可以从上述 11 个层次来分析。话语选择意味着在这些层次上同时做出选择。而且，就交际价值而言，我们尤其需要关注特定话语中语言顺应显著地发生在哪一个（些）层次上，以及由此产生的特别语用意义。例如：

(1) Peter：Do you want some coffee?

Mary：Coffee would keep me awake.

Mary 的隐含意义是：不要咖啡。从常规关系模式（徐盛桓 1993）看，得出这一结论的根据是：咖啡与让人难以入睡之间存在常规关系。从关联理论模式（Sperber & Wilson 1986）看，要确定并认定 Mary 回话的关联性，就需将其放到“I don't want to stay awake”这样的语境假设或前提中去处理从而得到“I don't want any coffee"这样的语境蕴涵或结论。然而，我们尽管不反对常规关系在推导本例含意中的作用，但同样要指出情态词 would 所起的作用。倘若我们将 would 换成 will，同样的常规关系仍然存在，但 Mary 的含意就恰恰相反：要喝咖啡。这时，与这一含意相适应的语境假设就是另一番情景了：Mary 需要咖啡提神。可见，Mary 在话语类型方面选择了虚拟性话语来表达一种间接性拒绝类言语行为，换言之，Mary 在命题内容以及相应地在句子（语气）层次上做出了语言顺应的努力。又如：

(2) A：Let's get the kids something.

B：Okay, but I veto C-H-O-C-O-L-A-T-E.

这里，B 的语言顺应明显地体现两个方面：一是词汇层次，故意使用了儿童一般不会知道其意思的词（veto）来取代某个容易为儿童理解的词或短语；二是语音层次，故意用字母拼读法取代单词的正常发音方式，以达到不让其孩子听懂的目的。可见，交际中说话人出于社会、情感、美学等方面的考虑而做出的一次顺应努力有可能会在话语的几个甚至全部层次上产生顺应特征，并相应地产生语用意义。

3. 语用意义的内涵与外延

这里，我们用语用意义（pragmatic meaning）来涵盖语用学所研究的各种意义，以区别于话语意义（utterance meaning）和说话人意义（speaker meaning）。话语意义是指说话人在具体语境下发出的特定话语本身所表达的意义。根据 Thomas（1995：16），话语意义是语句与语境匹配（sentence-context pairing）的产物，是说话人意义的第一个层面，相当于 Grice（1975）所讲的常规意义（conventional meaning）或 Sperber & Wilson（1986/1995）所讲的明说（explicature）。说话人意义的第二层面指交际者通过发出特定话语所实际想表达的施为用意或含意。语用意义外延更广，指说话人在某一语境中发出特定话语所产生的全部交际价值或内容，因而不仅涵盖命题性话语意义和说话人意义，还包括非命题性社会意义（social meaning）、情感意义（affective meaning）、修辞意义（rhetorical meaning）等。理解话语时除了需要考虑诸如字面意义、会话含意等外还应考虑到这些常被忽略的交际意义成分，仅仅理解说话人意义是不够的。实际上，Sperber & Wilson (1986; 1995)在讨论会话隐含后也谈到了弱暗含（weak implicature）的问题，这种交际意义成分并非人们从存在多种理解的情况下正好选出的说话人意义，相反，它对应了说话人在社会、情感、美学等层次上的语言顺应，如果仅仅捕捉说话人试图想表达什么命题性意义，就会失去说话人寓于话语内部的社会、情感、美学等方面的内涵。

3.1　社会意义

言语交际发生在具有社会属性的主体之间，因而用来传递信息或意愿的言语也往往会被烙上社会的印记。一个典型的表现就是，同一个人与相对社会地位（relative social status）不等的人做事时往往会采用不同的言语方式，从其特定言语选择我们可以解读交际双方社会关系的亲疏远近。例如：

(3) A：Could you speak louder?

B：Speak louder.

上述不同言语方式尽管具有相同的命题内容，但所传达的社会意义却是不同的。A 反映了从属一方对主宰一方的社会信息，而 B 则传达了相反的社会信息。

社会意义的内涵十分丰富，总体来讲涉及权势（power）和平等（solidarity）关系两大方面。权势源于机构赋予的权力、知识或技术上的权威、年龄或资历赋予的影响以及其他原因（如掌握证据）造成的某种可感知的优势。具有权势者相应地具有指使、指令、指导、建议等权利。运用权势的目的往往是为了实施控制、施加强制影响等。相反，构筑平等则是为了建立“同志”式关系，加强认同感。从这个意义上讲，话语传达的礼貌以及说话人为照顾面子而做的努力（facework）都可看做是其社会意义，只是它们的交际价值还可进一步细化，表示礼貌或维护对方面子有时会有助于强化平等关系，在另外一些场合下却是维护权势关系的存在，即所谓“敬而远之”。

在现有文献中，表示礼貌或给面子往往都是以对方为施加对象。就面子而言，说话人有时会主动地为自己争取面子或维护自己的面子。不仅如此，礼貌和面子不是社会意义的全部内容。说话人有时采取特定的话语方式，不是出于对面子的考虑，而是存在其他社会动机，如自我保护。试看：

(4) A：Where is my guitar?

B1：I saw Mary in your room this morning.

B2：I suspect/Probably/I guess Mary took your guitar because I saw her in your room this morning.

显然，在这里，B1 就 A 的提问所做出的间接回答并非出于礼貌或面子的考虑。如果 B 并没有看到 Mary 拿 A 的吉他(这一点有很大的可能性)，按照 Grice 的合作原则中的质准则，B 就不应该选择 B2 的回答方式。因此，B 选择 B1 的回答方式一方面可以表达自己不是很肯定 A 的吉他是否被 Mary 拿去，另一方面又可以为 A 寻找吉他提供某种帮助。B2 带有明显的指控色彩，容易将 B 置于不利的境地。B1 提供“曾看到 Mary 在 A 的房间里”这样的客观信息，可以最大限度地避免指控嫌疑，因而即使 Mary 没有拿 A 的吉他，B1 也谈不上诬陷她。在下面一例中，丈夫提供的额外信息(下画线部分)传达了另一类社会信息：

(5) Wife：What time did you return last night?

Husband：Around midnight. <u>The meeting was too long.</u>

从字面上看，丈夫回答了妻子关于自己昨晚回家时间的提问，所添加的信息似乎是对自己零点时分回家的一种解释，而实质上还有深层意义。考虑到会话双方是夫妻关系，零点时分回家除非有特别的原因否则就不太正常，或者晚归不安全等，我们就不会认为所添加的信息只是对开会时间长这一“事实”的客观描述，而是估测它出于其他用意，如释疑或宽慰等。

3.2 情感意义

人际交际并不总是在平心静气的气氛中进行的。有时，交际者在发出话语信息的同时还会以某种强调方式(如重音、省略、倒装、重复等)传达某种情绪，如不满、惊喜、感叹、兴奋等。例如：

(6) A：Do you play chess?

B1：Yes.

B2：Yes. I'm a pro.

B3：I'm a pro.

上述三种回应方式都对A的提问予以肯定的回答，但从它们传达的语用意义角度讲却各不相同。B1是三者中语用意义最单一的一种回答，只是直截了当地对A的提问做出回答，可以从字面上做完全的意义解读。B2不仅涵盖了B1的意义部分，而且还传达了一定的社会意义，即I'm a pro是对Yes的支持，说明了自己为什么会下棋，这样对方就不至于怀疑自己的肯定回答。B3语用意义最为丰满，因为它在B1和B2的意义基础上还传达了另一层语用意义，即提示自豪或得意的情感意义：自己不仅会下棋，而且下得非常好。

情感意义在反语的使用中尤为明显。例如：

(7) A：What do you think of Jack?

B：He is a *fine* friend. He always keeps an eye on my money.

与正面说Jack是不好的朋友相比，反说具有独特的讽刺意味，传达的情感更为强烈。

3.3 修辞意义

使用辞格的话语还会传达一种具有修辞成分的语用意义，我们不妨将它称为修辞意义(rhetorical meaning)，也有人称之为形象效果(poetic effect)(Sperber & Wilson 1986：222)。例如：

(8) A：What do you think of John?

B1：He's cunning.

B2：He's a fox.

B2 的语用意义要比 B1 丰满，传达了一定的情感意义（表示 B 对 John 的轻蔑），更传达了一种修辞意义，从而使自己的回答更具形象性，易于激发 A 的联想，增加其理解的想像力。

综上所述，言语交际中的话语在特定语境中所表达的语用意义可能会十分复杂。不同话语的语义丰满程度也参差不齐。并非所有话语都传达会话含意，也并非所有话语都传达情感意义，而且也并非所有话语都具有修辞意义。相反，字面意义和（标识交际者社会属性的）社会意义却是一般话语同时表达的内容。在特定语境下，其中某一层面上的语用意义会处于突显地位，淡化甚至淹没其他层面上的意义。另一方面，语用意义不是凭空产生的，而是来自于在相关语境中对发生在话语各个层次上的语言顺应特征（表现为各种语言资源和非语言资源的选择）的完全解读。

4. 语用全释的基础

只要发生言语交际，语言顺应就不可避免地体现于语用选择中。语用全释要求对发生在话语组织各个层次的所有语言顺应做出解释。问题的关键是，如何捕捉反映语言顺应的各种特征呢？

假如甲、乙二人约定玩一个游戏，那么，游戏若要顺利进行，至少必须满足以下条件：

a. 存在双方都明知、接受并能执行的游戏规则；

b. 游戏双方遵守这些规则。

正是因为存在这些基本假设，我们才可以判断游戏者的每一步是否出现“违例”、“反常”等。

言语交际有时也被比作一种游戏（Grice 1975），然而这种游戏远比一般游戏要复杂得多。一方面，游戏规则并非总是建立在平等的基础之上，玩这种“游戏”的双方或多方可能是彼此平等的，也可以是不平等的。另一方面，会话游戏除了自身规则外还得受到语境的制约。不同社会、文化、场景下的会话者在执行同一游戏规则时需要采取不同的方式。一旦交际者的身份确定下来，他就被期盼遵守规则中所规定的与其身份相适应的部分。在对话语做语用解释时，判断交际者是否执行了“游戏”规则，就需观察其应对方式是否打上了标记其特定身份的烙印。这就意味着，必须假定存在某种未被铸烙印的东西，这种假定有利于对语境中的话语所传达的语用意义做出完全解释。实际上 Grice (1975)的合作原则、Brown & Levinson (1978; 1987)的“模范人”(Model Person)也带有这种假定性质。假定的存在不等于事实的存在。

4.1　理想交际者假定

言语交际的主体是人。常规情况下，解释语境中的话语离不开对交际者做出种种假设，包括：具有足够的语言能力；具有足够的语言表达和理解能力，能够表达出想表达的意思；具有正常的思维、记忆能力，大脑正常，思维畅达；完成了社会化过程，知道并使用符合自己身份的话语方式；具备正常的道德素质，知道什么该做什么不该做；具有充分的语言交际能力，知道会话的基本规范(如话轮转换体系)；对当前交际持有兴趣，并保持充分的注意，等等。这里，本文将这些假设概括为理想交际者假定(ideal communicator presumption)。除非语境中有所交代，我们认为，一般语用学文献中针对交际双方或多方的话语做出的解释实质上都是以理想交际者的言语交际方式为参照标准的。这是很正常的做法(不过，Sperber & Wilson 提出应考虑说话人的语言能力和个人喜好)。事实上，这是从事语用分析的一个前提，因为只有这样，才能将交际者的话语看做是语言顺应的产物，才能相应地解析其语用意义。

很难说有多少人或哪一群人符合理想交际者条件，但反过来说要区别哪些人不是理想交际者却很容易。例如，语言发展和语用发展均未完成的儿童；性格孤僻、古怪的人；自我中心、粗鲁、缺乏合作精神的人；精神病人、神经病人，等等。

作为理想交际者，最重要的一个方面应该是受经济原则(Economy Principle)(陈新仁 1994；Leech 1983：67)、可处理原则(Processibility Principle)(Leech 1983：64)和成功期盼共同支配的理性(rationality)。没有理性，就无所谓合作假定(presumption of cooperation)或关联假定(presumption of relevance)。

在现实世界中，理想交际者或许很难找到。虽然对于某一次或一些场合下交际而言，相当比例的交际者还是表现出像一个理想交际者的样子，但不理想的场合同样普遍。这就部分解释了为什么现实言语交际中大量出现语用失误、误解、曲解、不解等问题。

4.2 原型行为假定

Grice (1975)在谈到意义时曾区分了自然意义(natural meaning)和非自然意义(non-natural meaning)。就其实质而言，前者不涉及主观意图，如打雷提示可能会下雨，后者指的是交际意义，涉及说话人的意向和意图，反映了社会、文化、场景等语境因素的影响。与此相应的另一对概念是自然信息(natural information)与非自然信息(non-natural information) (Chen 1999)。所谓自然信息，就是特定话语中与语境需求相关的那部分信息；所谓非自然信息，就是特定话语中反映语境影响的那部分信息。例如：

(9) A：Shut the window.（上司对 John）

B：Can you shut the window, John?（朋友对 John）

C：Daddy, would you please shut the window?（女儿对 John）

这里的共核信息，相当于 Searle 所说的命题内容，即我们所讲的自然信息，涉及说话人让听话人 John 关上窗户这一语境需求。不同的是，不同说话人传达这一语境需求的方式也不同，即传达了不同的非自然信息，这种差异反映了社会文化语境因素对言语方式的选择的影响。从施为用意角度看，A 是一种指令，C 是一种请求，B 介于指令与请求之间。它们的共同之处在于它们都属于一种使役性行为(causative act)。这里，我们将剥离非自然信息的抽象行为称为原型行为(prototypical act),这种行为是一种抽象的假定,不带有任何语境影响的痕迹,日常言语交际中的行为则附着了各种语境特征。

在我们看来,原型行为相当于想象中的人类初始交际行为,其特征可能为自然信息的使用或非自然信息的阙如。两种典型的原型行为是采用祈使句式的直显使役行为以及使用纪实性陈述句式的表述行为。前者用来(让对方)改变客观世界的状态,后者用来改变对方的认知状态。原型行为具有普遍性,一旦渗透了社会文化等语境因素的影响,这些行为就会呈现出各种不同的体现方式,获得特殊性。

原型行为在社会文化背景下仍然留有影子。我们可以观察儿童言语行为方式。研究表明,儿童最初的言语不同于高度社会化了的成人话语。由于还没有受到社会文化的影响,他们的言语行为更像假想中的原型行为。不过,随着社会化进程的不断推进,儿童的言语行为也渐渐系统地被烙上社会文化的印记。在一些场合下(如各种紧急状态以及其他社会特征不十分敏感的场合,如交际双方处于平等地位),人们的言语行为还会表现出原型行为的基本特征。

对于不同语言来说,原型行为假定还同时设定执行不同施为用意所使用的常规言语方式。例如,从经济原则来看,言语的句式应该是最为简练的,所用词汇应是最具体、准确的,义群安排应是合乎信息处理的一般规律的。

假定原型行为的存在有助于我们从社会文化情境下复杂多变的言语行为中抽象出一些共性的东西,即自然信息,同时也有利于剥离那些属于非自然信息的社会文化、主观情感成分,从而揭示话语所传达的社会意义、情感意义等。

原型行为假定还有助于我们解释会话中优选组织(preference organization) (Levinson 1983: 307)的产生。试比较下例中的 B1 与 B2 两种回答:

(10) A：Could you help me move tomorrow morning?

B1：No problem.

B2：Well，er，let me see，I have to take Cindy to nursery school and take my mother-in-law who has just broken her arm to the doctor and Fred my handyman is coming over to fix the attic window，so … couldn't we make it some other day，perhaps，or does it have to be tomorrow?

积极、肯定的回答(B1)之所以简短、直接，是因为一般情况下满足对方的语境需求不会威胁对方面子这一基本需求，因而也就不需要解释为什么；相反，否定、否决的回答(B2)之所以复杂、冗长、间接，是因为诸如拒绝一类的行为不仅不满足对方的语境需求，而且还会对其基本需求构成冲突(如威胁面子)，因而对于这类行为人们往往期待解释以最大限度地缓和对自身面子的伤害。不过，这一分析只适用于平等交际者之间或下级对上级的回答。具有权势者则不受此约束。由此可见，非优选回应(dispreferred response)反映了社会结构因素在话语中的沉淀。

4.3 无标记行为假定

从理论上讲，具有不同社会属性的交际者在实施言语行为时有与其社会属性相适应的常规方式，这就是我们的无标记行为假定(unmarked act presumption)。以"让对方做事"和"不满足对方表达的特定需求"两种情况为例：

在平等交际者之间，双方具有一致的无标记行为，主要体现在：采取较为直接的方式让对方做事(即发出请求)或不满足对方表达的特定需求(即拒绝)；

在不平等交际者之间，处于劣势的一方的无标记行为主要体现在：采取间接的方式让对方做事(即祈求)或不满足对方表达的特定需求(即婉拒)；

在不平等交际者之间，处于优势的一方的无标记行为主要体现在：采取直接的方式让对方做事（即指使）或不满足对方表达的特定需求（即否决）。

需要说明的是，只有在管辖、控制或影响范围内平等与不平等的区分才是有效的，而在不同圈子里等级差别的约束远非强制性的。在实际生活中，“平等”与“不平等”的角色有时是会发生变化的，如果一个上司有把柄落到下属手里，其权力或权威在该下属面前就会受到抑制。

无标记行为假定有助于我们判断：(1) 一个人的总体行为的常规性是符合社会主流标准还是表现为粗鲁、古怪等；(2) 儿童语用发展程度；(3) 交际者在特定交际场合下对常规的偏离。在第三种情况下，我们能够借助相关的交际规则以及语境因素来捕捉说话人的言外之意、情感意义等。例如：

(11) A：Next stop，driver!

B：Do you think you could possibly let me out just beyond the traffic lights，please?

本例援引自 Thomas (1995)的叙述。一次，她乘车去乡下，同车还有两位上了年纪的妇女。按规定，司机在乡村的道路上一般只在设定的站点停车。当然，如果乘客要求下车也可以停车。第一位妇女在车子开到一个站点时想下车，于是当车子快到站点时对司机大声地说了 A。过了不久，她的伙伴，也就是另一位妇女，却要在一处不是站点的地方下车，于是她非常客气地说了 B。这里，所有权势、社会距离和强加程度都是相同的，所不同的是权利与义务。在前一种情况下，乘客享有让司机停车的权利，而司机也有义务为乘客停车；在第二种情况下，乘客不具备上述权利，而司机也无上述义务。由此可见，本例中的两位妇女都采取了符合交际场合的话语方式。倘若第一位妇女使用类似 B 的礼貌表达方式，或第二位妇女使用类似 A 的指令性表达，都会偏离常规，不过结果却很可能大不一样：第一位妇女言语过于礼貌给人做作之嫌，第二位妇女却给人粗鲁的印象以致其下车请求很可能会遭到司机的拒绝。

对于话语理解而言，无标记行为假定的关系最为直接，因而需要开展大量的研究，以便确定具有不同社会属性的交际者执行各种言语行为的无标记方式。

4.4 语境共享假定

影响话语解释的另一个重要因素是语境。说话人为了表达特定的意义会调用所处物质环境及其认知环境中的某些成分，充当当前话语的背景。听话人为了正确理解说话人的意思就需结合话语构筑起特定的语境以寻求当前话语的最佳交际关联。从理论上讲，只有当交际双方所设想的语境相同时才不会出现误解(Sperber & Wilson 1986：16)。同样，我们也假定正常情况下交际者一旦选择特定的话语方式进行交际也就意味着理解其话语所需的语境知识也同时为听话人所共享。这就是我们的语境共享假定(context mutuality presumption)。例如：

(12) A：Will you attend the lecture tomorrow afternoon?

B：It's on pragmatics.

B的回答既可以是肯定的，也可以是否定的，取决于B是否对语用学感兴趣。对于A来说，要了解B的回答是肯定还是否定还取决于A是否了解B是否对语用学感兴趣。

显然，B并不是故意给出一个模棱两可的回答来刁难A。在实际会话中，根据B讲话的语调以及对B的了解，A可以知道B的回答是肯定还是否定。换言之，B如此回答A，实质上假定了A与其共享相关语境信息(即B喜欢/不喜欢语用学)，否则他就不会选择令A不能确切理解其意思的回答方式。

当然，在言语交际过程中，并非所有场合下交际双方都具有共享语境信息。Grice在用其会话合作原则解释会话含意时给人一种错觉，即交际双方似乎总是具有互知(mutual knowledge)，因而遭到Sperber & Wilson (1986)的批评。

细读有关话语理解的理论文献，我们不难发现，包括言语行为理论、会话含意理论、礼貌原则、面子理论、关联理论、语言顺应理论等在内的若干语用学理论都或多或少、或明或暗地建立在上述假定的基础之上。例如，关于交际者，Searle (1969)认为交际者要使其言语行为获得适切性(felicity)必须满足诚实条件(sincerity condition)。同样，Grice (1975)和 Sperber & Wilson (1986/1995)在各自理论阐述中都强调了交际者的理性对于交际及其推理的影响。Sperber & Wilson (1986: 165)在强调交际者的个体差异的同时假定交际主体都是具有理性的交际者(rational communicator)，并认为这是推断意图的必要前提。所以，对于交际者做出种种假设的做法其实并不是本文的创新之举。当然，我们也注意到，他们并没有对"理性"的内涵做明确的解释，而是更多地依赖于读者对这一概念的常识性把握。

比较而言，Brown & Levinson 对交际者的假定更为明确些。他们尝试通过构建"模范人"来解释语言使用中一些带有规律性的东西。"模范人"被定义为理性的、被赋予面子的人(rational face-endowed being)：

> All our Model Person (MP) consists in is a willful fluent speaker of a natural language, further endowed with two special properties — rationality and face. By "rationality" we mean something very specific — the availability to our MP of a precisely definable mode of reasoning from ends to the means that will achieve those ends ... (Brown & Levinson 1978: 63) (我们所讲的"模范人"能够随意地、流利地讲一门自然语言，而且具有两种特别的属性：理性和面子。所谓"理性"，是指某种非常具体的东西，即"模范人"能利用一套可以明确界定的推理方式，这就是由目的来推导可以实现这些目的的手段。)

Brown & Levinson 认为做出有关有理性的交际主体假定并

无不妥，毕竟这不等于认为现实生活中的人个个如此或总是如此。之所以做出这一假定，是为了对绝大多数话语做出适当的解释。实际上，他们认为这只是一种从事话语分析的技术（technical point）而已，而 Grice 在讨论会话含意时实际上就已运用了这一技术，后来的语用学者在从事会话研究时也有意无意地持有了这种假定。所以，对于语言使用来说，此类理性假定确确实实是存在的（Brown & Levinson 1978：63）。

原型行为假定在语用学文献中也有其影子。例如，Grice 的合作原则中的方式准则实质上就是以原型行为假定所设定的经济原则为基础的（尽管其他三准则可以从诸如伦理等因素来溯源）。试看：

(13) A：Miss X sang "Home Sweet Home".
B：Miss X produced a series of sounds that corresponded closely with the score of "Home Sweet Home". (Grice 1975)

Grice 之所以认定 B 违反了方式准则，是因为其表述方式不够经济，而正常的应是 A。

5. 趋向全释：语用理论发展的路线

如果我们将言语行为理论诞生的 20 世纪 60 年代作为开端（尽管 Morris 早在 20 世纪 30 年代就提出了 pragmatics 这个术语），语用学在最近几十年中取得了令人瞩目的发展。任何学科的发展都有其主线或方向，语用学也不例外。纵观语用学核心理论的发展简史，我们不难看出，关于语言理解的若干语用理论不是孤立地产生和发展的。后继理论总是在扬弃而非抛弃先前理论的基础上发展起来的。如同其他领域中的理论一样，语言理解理论经过若干年、若干阶段的发展后似乎也突显出一条发展路线。这一路线就是全释条件所指向的描写充分性和解释充分性。

5.1 会话含意理论

从符号学角度看，言语交际是一个编码—解码的过程，意义寓于符号之中。以此解释自然语言的交际过程具有明显的不充分性，因为交际者在具体语境下通过语言和非语言符号所传达的意义不一定等于符号本身的意思。例如：

(14) A：How do you like this new dress?

B：The design is nice.（说话人意义不同于符号意义）

(15) A：Tom has made an awful mistake.

B：Children are children.（说话人意义多于符号意义）

(16) A：John has just borrowed your bike.

B：Well, I like that.（说话人意义与符号意义相反）

Grice（1975）提出的会话合作原则可以弥补语码说的不足，解释人们如何能够表达和理解字面意义之外的意义。

Grice 在表达合作原则时很多地方都很含糊。比如，量准则中适量或过量的标准是什么？相关准则中的相关参照物是什么？方式准则的理据是什么？等等。如果说 Grice 的合作原则成功地揭示了会话含意这一层意义，那么还有诸如社会意义、情感意义、修辞意义等有待解释，因为合作原则并不能用来推导这些语用意义。换言之，合作原则在意义描写方面仍然不够充分，当然就谈不上对它们做出充分的解释了。

5.2 礼貌原则和面子理论

合作原则在许多人看来还有一个明显的问题，就是没有表明交际者为什么会经常表面"不合作"（陈新仁 2000）。尽管 Grice 并没有将此归于自己的理论目标，但对于语用解释来说又是一个不可回避的问题。Leech（1983）提出的礼貌原则为 Grice 留下的这个问题提供了有力解释，引起了广泛的注意。这一理论有助于揭示话语的社会意义。诚如 Brown & Levinson（1989）的面子理论中所指出的那样，礼貌是一种普遍现象，对语言活动具有广泛的影响，但仅从礼貌角度并不足以揭示所有类别的社会意义，如明哲保身意念支配下的话语具有更为复杂的社会意义（Chen 1999）。换言之，礼貌原则和面子理论只能对部分话语的生成做出解释。不仅如此，它们只是解释相关话语表达形式的成因，却无法促成隐含意义的推导，因而仍需借助合作原则等。

5.3　关联理论

Sperber & Wilson (1986/1995)提出的关联理论也是在Grice的合作原则的影响下发展起来的有关话语理解的理论。表面上看，这一理论将制约交际的四准则缩减为一个单一的因素（即关联），而实质上还有一些更为重要的区别。例如，在Sperber & Wilson看来，Grice只关注会话含意及其推导，而对话语的显义却关注不够。语用推理不仅发生在隐义层次，而且也发生在话语显义层次，如指称的确定、歧义的消除、语义的充实等都涉及基于语境的推理过程。因此，他们认为语用理论应该解释话语的全部意义（即寻找话语的全部关联），甚至包括形象效果，即我们所说的修辞意义。从这个角度看，关联理论比以往语用理论更加明显地紧扣全释条件这一目标。

不过，我们也应看到，关联理论试图从认知角度解释话语的做法也会留下一连串的问题。例如，如何平衡处理努力和语境效果？运用关联理论解释话语如何具体操作？如何解释关联的绝对性？如何确定处理话语所需的努力？等等。我们认为，对于言语交际这一社会行为而言，从认知角度并不能从本质上解释语言顺应的发生以及由此产生的语用意义。

5.4　语言顺应理论

与其他语用理论不同，Verschueren提出的语言顺应理论带有一丝社会进化论的色彩，认为语言使用是一件关系到人类生存问题的大事，语言选择产生于对客观世界、社交世界、心理世界等语境因素以及交际目的的顺应。语言顺应发生在话语组织的各个层面。语用理论有必要对发生在所有层次的语言顺应特征和过程做出解释。

语言顺应理论具有较强的操作性。对于语言顺应来说，

Verschueren 认为需要同时考察四个方面：

1）顺应的语境相关因素（contextual correlates of adaptability）

2）顺应的结构对象（structural objects of adaptability）

3）顺应的机制（dynamics of adaptability）

4）顺应过程的意识程度（salience of the adaptation processes）

语言顺应理论是在综合会话含意理论、礼貌原则、面子理论、言语行为理论等的基础上产生的。在 Verschueren 看来，这些理论之间存在许多共通的地方，然而其中任何一个理论又都不足以构成一个连贯而统一的语用理论。语言顺应理论兼收并蓄。一方面，它探讨了发生在话语组织的各个层次的语言顺应特征，揭示了语言顺应发生的机制；另一方面，它提供了一个探讨任何语用现象的理论框架。借助这一理论，我们可以阐释伴随语言顺应而生的全部语用意义，而且能够动态地展示语用意义的生成过程。从这个意义上讲，基于语言顺应理论而提出的语用解释将更有可能满足全释条件。

6. 结语

本文提出对话语理解做出语用解释的理论目标是基于描写充分性和解释充分性的全释条件。从内容上看，全释条件意味着在相关语境中对发生在特定话语各个组织层次的语言顺应特征做出合理、充分的解释以及析出这些语言顺应特征在相关语境中所传达的全部语用意义。语言顺应发生的层次包括符号系统、交际渠道、语码、语体、言语事件、语篇、言语行为、命题内容、句或短语、词、语音等 11 个层次。语用意义除了字面意义、会话含意外还有各种社会意义、情感意义、修辞意义等。对全部语言顺应做出语用意义的完全解读必须假定理想交际者、原型言语行为、无标记言语行为、共享语境等的存在。在语用学几个核心理论中，会话含意理论发掘出语码论所不逮的隐义，并以合作原则作为其推导机制。礼貌原则、面子理论对言语方式的成因做出了部分解释。关联理论不仅探析了隐义的理解过程，还对话语的显义部分做出了统一的解释。语言顺应理论勾勒出话语组织的各个层次，指出了语言顺应的方方面面，从而为分析语言顺应及其产生的语用意义提供了便利。上述理论成果尽管各有侧重，却共同为语用解释最终达到全释条件做出了贡献。当然，我们还有许多工作要做，如进一步挖掘语用意义的外延与内涵，进一步丰富剖析语用意义的手段，使语用理论和解释具有更强的操作性和可重复性。

参考文献：

[1] Austin, J. 1962. *How to Do Things with Words*. Oxford: Oxford University Press.

[2] Blakemore, D. 1992. *Understanding utterances: An introduction to pragmatics*. Oxford: Blackwell.

[3] Brown, P. and Levinson, S. 1978. Universals in language usage: Politeness phenomena. In *Questions and Politeness: Strategies in Socail Interaction*, ed. E. Goody. Cambridge: Cambridge University Press.

[4] Brown, P. and Levinson, S. 1987. *Politeness: Some Universals in Language Usage*. Cambridge: Cambridge University Press.

[5] Chen, Xinren. 1999. The Pragmatics of Interactional Overinformativeness. Unpublished Dissertation. Guangzhou University of Foreign Studies.

[6] Grice, H. P. 1975. Logic and conversation. In *Syntax and Semantics* 3, ed. P. Cole and J. Morgan, 3: 41-58. Academic Press.

[7] Leech, G. 1983. *Principles of Pragmatics*. London: Longman.

[8] Levinson, S. 1983. *Pragmatics.* Cambridge: Cambridge University Press.

[9] Morris, C. 1938. *Foundations of the Theory of Signs*. Chicago: University of Chicago Press.

[10] Searle, J. 1969. *Speech Acts*. Cambridge: Cambridge University Press.

[11] Searle, J. 1975. Indirect speech acts. In *Syntax and Semantics* 3, ed. P. Cole and J. Morgan, 59-82. Academic Press.

[12] Sperber, D. & Wilson, D. 1986/1995. *Relevance*: *Communication and Cognition*. Oxford: Basil Blackwell.

[13] Thomas, J. 1995. *Meaning in Interaction*: *An Introduction to Pragmatics*. London: Longman.

[14] Verschueren, J. 1987. Pragmatics as a theory of linguistic adaptation (IPrA Working Document 1). Antwerp: International Pragmatics Association.

[15] Verschueren, J. 1999. *Understanding Pragmatics*. London: Arnold.

[16] 陈新仁,1994,试探经济原则在言语交际中的运行,《外语学刊》第2期。

[17] 陈新仁,2000,会话“不合作”现象论析,《扬州大学学报》第2期。

[18] 陈新仁、杨萍,1998,常规关系与话语理解,张绍杰、杨忠主编《语用·认知·交际》,155—164页,长春:东北师范大学出版社。

[19] 何自然,1988,《语用学概论》,长沙:湖南教育出版社。

[20] 何自然,1997,《语用学与英语学习》,上海:上海外语教育出版社。

[21] 何自然、冉永平,1998,关联理论——认知语用学基础,《现代外语》第3期。

[22] 徐盛桓,1993,论常规关系,《外国语》第6期。

(原载《现代外语》2001年第4期)

评 析

本文认为，对于语言交际中的话语做语用解释，从理论上讲必须满足完全解释条件(简称全释条件)，即对话语的全部交际特征所表达的全部语用意义做出充分的解释。为此必须了解：1) 发生在话语所有层次上的语言顺应；2) 语言顺应产生的全部语用意义；3) 对全部顺应特征做全部语用意义解读的条件。

作者指出，语言使用是一个选择的过程，说话人和听话人都是选择者。这种选择可以是有意识的，也可以是无意识的。语用选择涉及话语组织的各个层次(如语音特征、形位、句法结构、词汇等)。交际者往往会使自己的语用选择适应交际赖以发生的由物质、心理、社会、上下文等因素共同构成的语境以及自己的交际目的，这就是语言顺应。

文章认为，语用意义指说话人在某一语境中发出特定话语所产生的全部交际价值或内容，不仅涵盖命题性意义，还包括非命题性意义，如社会意义、情感意义和修辞意义。作者对这三种意义做了阐释。

作者指出，语用全释的基础建立在如同“游戏规则”的一些假定之上，包括对理想交际者、原型行为、无标记行为、语境共享的假定。

文章在对上述三项逐条阐述以后，评价了现有的主要语用理论，分析了它们满足全释条件的方方面面及其存在的问题。文章认为，语言顺应理论是在综合会话含意理论、礼貌原则、面子理论、言语行为理论等的基础上产生的。这些理论之间存在共通的地方，然而其中任何一个理论都不足以构成连贯而统一的语用理论，语言顺应理论对它们兼收并蓄。这一理论有助于阐释伴随语言顺应而产生的全部语用意义，从而更有可能满足全释条件。

本文对语用学各类意义，有关理想交际者、原型行为、无标记行为、语境共享的假定(即前提),以及语用理论发展的轨迹做了充分的梳理,观点明晰,证据简明得当,对读者理解有关语用学理论的背景和立场,廓清语用理论的范围很有帮助。不足的是,文章虽然提出了 Verschueren 的顺应理论有可能是走向语用全释的理想范式,但由于篇幅所限,无法对这一理论如何用来分析各种意义、各个层次进行详细阐发,读者对顺应理论的可操作性仍然不甚了了。我们有理由怀疑,抽象层次高、概括力强的理论,往往在解释细节上捉襟见肘。作者在批评关联理论时说,语用现象都用“关联”一词来囊括,未免笼统,然而,换了“顺应”的概念,就真的能解决所有问题吗?

试论指示词语的先用现象

张 权

引言

指示现象(deixis)是早先语用学研究的基本课题之一,主要研究如何运用语言形式表示语境特征以及如何依靠语境分析理解话语。指示词语(deictic expressions)即为语言中自身带有某种语境特征,同时其所指对象又由语境决定的语言形式,可以是词,如 this, that, I, you, he, she, here, there, now, then 等,也可以是语法形态特征,如英语的动词时态变化。

语境的概念十分复杂,就指示语境(deictic context)而言, Lyons 解释为在言语事件中以说话者为中心角色,以说话者说话时的时空参照为原点(zero-point),并以此为视点观察周围的其他事物或人(Lyons 1977: 638)。

指示现象的研究开语用研究之先河,早在 1934 年,著名语言学家 K. Buhler 就有过专门论述(Buhler 1934),但 C. J. Fillmore、J. Lyons、S. C. Levinson 对这方面研究起过很大作用。他们对指示现象进行了比较系统的描写和分析,同时也注意到了指示词语的某些派生用法——影射现象(deictic projection)(Lyons 1977: 579)和先用性质(pre-emptive nature)(Levinson 1983: 75),但它们仅仅被作为一种语言现象提了出来,缺乏理论上全面系统的阐释。

先用现象(pre-emptive usage)涉及语言使用者在使用指示词语时的一种心理趋势,即言语参与者对处于言语指示域内的人、事物、地点和时间优先使用指示词语指示(Levinson 1983: 75)。如某一正在发生的言语事件的说话者是李明,包含编码时间(coding time,以下简称 CT)的日期为 5 月 25 日,通常情况下说话者会说:“今天我到南京路去了”,不可能说:“5 月 25 日李明到南京路去了”;相反,如果这样说,听话者的直觉反应通常是 5 月 25 日不是今天,李明也不指说话者。这说明指示词语对可能与它有相同所指的称名有心理上的排斥作用。本文试图从理论上探讨先用现象的性质;制约先用作用的几种因素,先用作用对指示词语和非指示称名在言语中发生照应关系的影响以及指示词语和称名发生同指联系的语言结构的特殊性;同时结合汉语实际,通过实例分析,指出在一定的语境和语体中,先用现象会消失,产生反先用现象。

1. 关于先用权(pre-emptiveness)的概念

Levinson 在分析英语部分时间指示词 yesterday, today 和 tomorrow 时指出,这些指示词语对与之相对应的表示历法时间或绝对时间的词语具有先用作用,优先使用这些词语后就不能再用表示历法等绝对时间的词语指同一时间(Levinson 1983: 75)。例如:

(1) I'll see you on Thursday.

(2) He came here on Thursday.

在例(1)中,如果 CT 包含在 Thursday 中,由于 today 具有先用权,Thursday 只能指下一个或更远的一个星期四,不可能指包含 CT 的星期四;同样,如果 CT 在星期三,由于 tomorrow 有先用权,Thursday 也不可能指 CT 之后的一天,否则要用 tomorrow。同理,如果例(2)的 CT 在星期五,由于 yesterday 有先用权,Thursday 只能指上一个或更远的星期四,否则要用 yesterday。

在这以前,Fillmore 就注意到,指示词语的先用作用会消除某些结构的歧义，像 next Thursday 之类的歧义结构只有当 CT 在星期一、星期二时才有歧义，如果 CT 在星期三或星期四，由于 today 和 tomorrow 的先用作用，next Thursday 只能指下一个星期的星期四(Fillmore 1975：47)。汉语和英语不同，汉语“下星期四”之类结构无歧义。因为“下星期四”的语义结构是“下星期”再加“四”，而不是“下”加“星期四”(Fillmore 1971：244)。

Levinson 进一步指出，具有先用作用的指示词语可能不限于 yesterday，today，tomorrow 几个表示贴近日期的指示词语，先用性质可能是指示词语的普遍性质，说话者如果用自己的名字称呼自己，需要作出关于专名的规定，否则会被认为是不合适的。同样，如果说话者说话时的时间为 9 点 45 分，他不说“Do it now”，而说“Do it at 9：45”，也会被认为是十分奇怪的(Levinson 1983：75)。

先用权这一术语由沈家煊根据 Levinson 使用的动词 pre-empt 译出(国外语言学 1987/2：85)。Levinson 在同一章里还使用了 pre-emptive nature 和 pre-emptive usage。先用权意味着指示词语有某种特权，这种说法也许太绝对，因此本文同时还使用“先用用法”或“先用现象”等术语。

2. 制约先用权的因素

指示词语的先用权或排斥作用并不是绝对的，它要受到种种因素的制约，这里分析两方面因素。

2.1 先用权受指示词语在指示域中所处地位的制约

各指示词语在指示域中的地位是各不相同的，它们的排斥力(排斥与其有相同所指的非指示词语)也就不可能完全相同。占据中枢的指示词语的排斥力要大于外围的指示词语的排斥力；另外，各种自然语言系统的指示系统在其性质和数量上是各不相同的。汉语同类性质的指示域就比英语包含的指示词语要多，汉语有“大前天”、“昨天”、“今天”、“明天”、“后天”、“大后天”，可以从中枢前指和后指三日。汉语有时甚至有“大大前天”、“大前天大前天”、

“大大后天”、“大后天大后天”的说法。对于这样复杂的指示域来说，是否其中的每一个指示词语都有排斥力呢？让我们讨论例(3)的说话时间。

(3) 这个问题我们星期四再讨论吧。

如果CT在星期四，那么例(3)中的“星期四”指下一个星期四(但通常还是要说“下星期四”)。如果CT在星期三，通常仍指下一个星期的星期四，但已经没有前一种情况确定。如果CT在星期二，或星期一，是否还有可能指示下一个星期四呢？这就很难确定了。可见汉语到了“后天”排斥力已经相当微弱。

2.2 先用权受非指示词语的语义性质的制约

非指示词语本身也会对这种排斥作用产生制约作用。就表示历法时间的名词而言，历法单位有年、月、日、星期等，一个星期为7天，例(3)的CT如在星期三或四，时间后移7、8天至下个星期四，由于周期并不太长，这种推移在实际语境中是可以实现的，但即使如此，为了避免引起误解，通常还是说“下星期四”。有时听话者也可能提醒对方：“是下个星期四吧？”但年、月的周期要比星期长得多。假如有人说：“你4号再来一趟吧！”如果CT在3号，“明天”的排斥作用会不会使它指下个月的4号？这种推移通常不能实现，因为时间向后推移得太远。如果的确指下个月的4日，通常需要指明“下个月”，否则它一般就是指“明天”。再如“上个月”，“下个月”、“这个月”、“去年”、“今年”、“明年”这些指示词语，由于它们所指的时间跨度更大，通常都不能把进入指示域内的非指示词语的所指排斥出指示域之外。

此外，指示词语的先用作用在更大程度上受语境语体的制约，这方面的情况较复杂，我们将在第四部分专门讨论。

3. 指示词语的照应现象与先用现象

3.1 指示词语的照应现象

照应现象(anaphora)是指示词语的一种相关用法，指指示词语在话语中与另一词语(通常为非指示词语)之间的同指关系(co-reference),又称文内所指(endophora)。

(4) John got home late and he was very tired.

例(4)中 he 的所指就是它的先行词 John 的所指。照应是话语连接的重要手段之一。

3.2 指示词语的指示用法和照应用法

就指示和照应的关系而言,指示用法是第一位的、无条件的;照应用法是第二位的、有条件的,并非所有的指示词语在任何条件下都能用于照应。影响照应关系的因素很多,我们不妨分析一下例(5)至例(10)各句中 John 和 he 之间是否都可能有共指关系。

(5) John looked up when he came in.

(6) When he came in, John looked up.

(7) When John came in, he looked up.

(8) He looked up when John came in.

(9) John came in and he looked up.

(10) He came in and John looked up.

例(5)—例(8)为主从复合句,例(9)、例(10)为并列复合句。例(5)、例(6)的第三人称代词都处于从句中,但例(5)中照应关系的可能性远远大于例(6)、例(7)。例(8)的"he"存在于主句中,但其照应关系似乎不大可能。在并列句中,例(10)在任何情况下都不可能有照应关系。可见照应关系与分句的前后位置以及之间的关系的性质有很大关系。

指示用法和照应用法的区别在于指示词语是否直接从言语事件的客观语境中获得所指。然而语言中有些指示词语(here, there, this, that, then)在话语中与先行词相照应时,兼具指示先行词所表示事物的一些语境特征,因而它们同时具有指示和照应双重功能:

(11) a. I was born in London and I have lived here/there all my life.

b. I was born in London and this/that is where I have lived all my life.

(12) a. You mustn't come at six, that is when John is coming.

b. You mustn't come at six, John is coming then.

例(11)中 here/there, this/that 既和 London 有相同的所指,同时又表明说话者在说话时是否还在伦敦。

例(12)的 that 和 then 既与 at six 有相同的所指,又显示说话时间是在6点之前。

指示词语的照应用法是语言中的普遍现象,但不同的语言又有各自不同的特点,与印欧语言比较而言,汉语"他"用于照应要少得多(吕叔湘 1985: 23)。

3.3 先用权对照应的影响

先用权的存在,使得非指示词语的所指内容不能进入指示域内,因而指示词语和非指示的称名词语的照应联系就要受到制约。制约的程度与指示词语在指示域内的地位有关,处于指示中枢的指示词语对照应的制约最大。以人称指示为例,照应现象通常都发生在第三人称指示形式和称名之间,这是由第三人称代词的性质决定的。就它的指示性质而言,它是言语事件中的旁听者,严格说来旁听者在言语事件中并不是必要的参与者;就它在人称指示域中的地位而言,它处于指示域的外围,先用作用小,因而它和第一、第二人称有本质的不同。那么第一、第二人称指示形式与称名的照应情况如何呢?

试看下面两个汉语句子:

(13) 我绝不会干那种事,(我)李明不是那种人。

(14) A. 李老师现在忙吗?

B. 不太忙。你们有什么事?

A. 我们想请您开个讲座。

例(13)中"我"与李明有同指关系,"我"兼有照应和指示双重功能。说话者为了表达强烈的情感，后一分句改用姓名自称，显得有力度。照应关系的存在也与这种特殊语境有密切关系。在通常情况下，“我”不能如此用于照应。从语用的角度看，例（14）中的“李老师”实为言语事件的听话者，起呼语作用，相当于说：“李老师，您现在忙吗？”这样，它与“您”有同指关系是必然的了。但这类句子是歧义的，“李老师”也可能是一个第三者，这就要借助句子的语义内容或语境才能确定。例（15）则不可能用“您”与之照应。

（15） A. 李老师回来了吗？

B. 回来了，你们有什么事？

A. 我们想请他（＊您）开个讲座。

可见“我”、“你”和称名的照应关系有这样两个特点：一是指示兼照应，二是照应不稳定。我们通常见到的“你”、“我”与称名建立同指关系是在下列一些特殊结构中：

（16） Then John said: “Oh, I'm leaving.”

（17） How did you know I am Max?

（18） Mr Smith, Where have you been recently?

例（16）的同指关系存在于“John”和直接引语中的“I”之间。从语用着眼，它反映了发生在不同时间的两次言语事件，引述者是正在发生的言语事件的说话者，而引语中的“I”则是前一言语事件的说话者，它通常以音调变化区别于非直接引语。但反过来，如果变为 I said: “John is leaving”，“I”和“John”之间通常没有同指联系，因为这时的说话者不再是引述者，先用权在起作用。例（17）的同指在“I”和“Max”之间。这类结构被称为等式句（equative sentence）（Hurford 1983：51），是纯粹表达同指关系的句式。其他指示词语同样可以建立这种同指联系：

（19） Today is Monday. Tomorrow is Tuesday.

（20） It's seven o'clock now.

例（18）中的同指关系存在于呼语“Mr Smith”和“you”之间。呼语是对言语事件的听话者的称呼形式，因此它与“you”有同指关系是必然的。呼语是一个独立的语法范畴，是句子的独立成分，它通常通过独立的语调和句子的主体相联系。

总之，先用权使得指示词语不能自由地和非指示词语建立照应关系，处于中枢的先用作用大的指示词语，除通常在上述特殊结构和语境中与称名建立同指关系外，一般不用于照应。

4. 先用权的消失

由于先用作用，言语事件参加者通常用指示词语指称处于指示域内的人、事物、地点和时间，用称名词语指称指示域之外的人或事物。倘若我们用称名词语指称指示域内的人、事物、时间和地点，听话者会产生其所指在指示域之外的心理排斥作用，因而通常是不合适的，但在一些特殊的语境和语体中，存在用非指示的称名取代指示词语指称的现象，我们称之为反先用现象（anti-preemptive usage），也就是说，先用作用消失了。下面以汉语为例，谈两个问题：

4.1　自称名

自称名是用自己的姓名或其他人对自己的称呼形式取代第一人称指示词"我"。据吕叔湘先生考证，汉语从古代直到近代都有自称名字的习惯。自称名字"都是官场里的排场，倘若在别的场所，一定会被人笑为迂腐。辛亥革命以后，连官场里也听不到了"（吕叔湘 1985：47）。

在日常生活中使用自称名，通常是为了突出自尊、自傲、自嘲、诙谐、幽默等感情色彩：

(21) A：老庄这件衣服挺不错的嘛？

B：哪里，三十多块钱，老庄能穿什么好衣服？

（会话记录）

(22) 你们放心好了，老李这个人说话还是算数的。

（会话记录）

这里的自称姓名，多少有点把自己当作旁听者看待的意味。

但指示中枢并没有完全转移，在强调时通常要说“我某××”，而不是“他某××”。如在上面的例句里，名字的前头都可以再加上一个“我”字。

另外，当指示语境空缺时，自然也会引起先用现象的消失。如打电话，尽管对话双方可能是老朋友，由于这种语境不同于当面交谈，通常还是说“This is John speaking”；再如门外有人敲门，你问“谁呀?”即便对方跟你很熟悉很随便，通常也要自称名，当然不便自称名的情况例外，如对方是长辈、上级等，但如果对方跟你不相识，他可能不直接回答，转而说：“请问这是李老师的家吗?”、“李老师在这儿住吗?”等等。

再者，亲属称谓有时也有取代“我”的用法，汉语中长辈对下辈有从儿称谓的现象(teknonymy)，同辈之间有从小称谓的现象(伍铁平 1985)：

(23) 莉莉，别哭，妈妈带你去买糖吃。

(24) 你不去，姐姐帮你多少忙，要你跑几步路也不干。

4.2 历法时间名词取代“昨天”、“今天”和“明天”

在新闻报道、文艺节目预报、天气预报、会议通知等特殊语境中，常有用历法称名取代指示词语的用法。这里分析一下“今天”、“明天”、“昨天”被反先用的情况。

“今天”是包含 CT 的日子，是指示域的中枢，先用作用最大。即使在这类特殊语境中，也很少被称名取代：

(25) 新华社北京 3 月 13 日电，中央社会治安综合治理委员会第五次全体会议今天在北京召开。

1992 年 3 月 14 日《新华日报》

笔者曾留意各种会议通知、节目预告、失物招领等启事，未见到用历法名称取代“今天”的现象，但有时见到在“今天”后用括号指出与今天同指的历法时间：

(26) 今天(17 日)下午 1 点 30 分在校小礼堂召开全体教师会议。希准时参加。3 月 17 日

“昨天”、“明天”的先用作用不及“今天”，被称名取代的情况也相对比较多一些：

(27) 本报讯：中共江苏省委八届五次全体会议3月13日在南京召开……。

1992年3月14日《新华日报》

(28) 十三大定于25日上午在北京召开(标题)

1987年10月24日《文汇报》

(29) 因停电，星期三浴室停开一天。

宿管科4月12日(星期三即明天)

有时也可见到例(26)的情况：

(30) 新当选的研究生领导班子于明天(7日)上午10时在8号楼202房间开会。

5月6日

天气预报一般预告今、明两天，涉及后天以后时换用历法时间名词：

(31) 今天夜里到明天白天阴，有小雨或小雪，明天最高温度……，天气趋势，26号阴。

(江苏省气象台3月24日17点发布的天气预报)

如果是凌晨发布当天的天气预报，“明天”则通常被历法名称取代：

(32) 现在播送江苏气象台今天早晨5点钟发布的天气预报，今天白天到夜里阴，有小到中雨……。天气趋势，18号阴有雨。

3月17日

另外，在连续性的时间安排中，为了一致起见，“明天”也常被反先用：

(33) 会议时间安排

17日上午：小礼堂听报告

下午：分组讨论

18日上午：电教室看录像

下午：同上。

会议秘书组 4 月 16 日

在日常会话中，“昨天”、“今天”、“明天”被历法名称取代，常常是由于这些历法时间在说话者心目中处于较重要的地位：

(34) A：你爱人来信了没有？

B：没有，估计星期一有信。（星期一即明天）

（会话记录）

(35) 哎，老李，星期三晚上有好电视。（星期三即明天）

（会话记录）

有时，反先用的历法时间带有递归性质，例(36)、(37)中的星期天、星期六含有每逢或经常在星期天、星期六的意思：

(36) A：唷，老王也来逛公园哪！

B：哎，星期天带孩子出来玩玩。

(37) A：李勤今天没回家啊？

B：回去了，星期六晚上回去，星期天下午回来。

(CT：星期天晚上)

总之，用非指示词语指称指示域内的人、事物、地点是特定语境语体的需要，由于各种指示词语在指示域中的先用作用的大小不同，反先用现象也从指示域的外围向中枢呈递减趋势。“今天”、“现在”即使在上述特殊语境中也很少被反先用，这与我们上面指出的它们不能自由地和称名发生照应关系相互印证。

先用还是反先用还涉及到用哪种形式对交际更为有利，书面的通知当然可以用“明天”、“后天”、“大后天”等指示词语告知活动日期，但由于交际双方不在当面，这样编码和解码时间就可能有较长的时间间隔，读者在读到用指示词语指示的活动日期时，势必要参照通知的发出日期才能了解确切的活动日期，如果读者粗心大意，就很可能搞错，因而反先用就较为有利。再如去售票处或打电话预购车船票，是用指示词语好还是用具体日期好呢？看来还是用历法名称好。相反，像“今日供应”、“今日菜谱”、“今日上映”等，如果改用历法时间名词，不仅会增加工作人员每天改换日期的麻烦，而且由于“今天”的排斥作用，顾客也会产生所指对象偏离指示中枢的心理感觉。

5. 结束语

先用现象的研究向我们提出这样一些问题：某些语言形式为什么会具有先用性质？它们在哪些使用语境中会排斥另外与之有相同所指的语言形式的出现？这种共现限制在语言形式结构上又有哪些表现？相同所指的不同语言形式的替换会对言语事件参加者带来怎样的心理变化？进行这些方面的研究显然是十分有意义的。但语言的使用语境是十分复杂的，对这些问题的研究显然还有待于广泛而深入的考察。

参考文献：

[1] Bar-Hillel, Y (1971), *Pragmatics of Natural Language*.

[2] Bates, E (1976), *Language and Context: the Acquistion of Pragmatics*, New York: Academic Press.

[3] Buhler, K (1934), *Speachtheorie*, Jena Fischer.

[4] Fillmore, C. J (1971), *Towards a Theory of Deixis*, The PCCLU Papers (Department of Linguistics, University of Hawaii).

[5] Fillmore, C. J (1975), *Santa Cruz Lectures on Deixis*, Mimeo, Indiana University Linguistics Club.

[6] Hurford, J. R (1983), *Semantics, a Coursebook*, Combridge University Press.

[7] Levinson, S. C (1983), *Pragmatics*. Combridge University Press.

[8] Lyons, J (1975), *Deixis as the Sourse of Reference*. In Keenan (1975: p. 61-83).

[9] Lyons J (1977), *Deixis and Anaphora*, E. U. Press.

[10] Lyons, J (1977), *Semantics* (vol. 2), Combridge University Press.

[11] 伍铁平(1985),“论汉语中的从儿称谓和有关现象”，载《中国语言学报》

第 2 期，商务印书馆。

[12] 吕叔湘(1980)，《现代汉语八百词》，商务印书馆。

[13] 吕叔湘(1985)，《近代汉语指代词》，学林出版社。

[14] 赵元任，吕叔湘译(1979)，《汉语口语语法》，商务印书馆。

[15] 戚雨村(1988)，"语用学说略"，载《外国语》1988 年第 4 期。

[16] 《国外语言学》1987 年第 2 期，1991 年第 2、第 3、第 4 期。

[17] 张权(1990)，"常规语境中的指示现象"，载《外语研究》1990 年第 2 期。

(原载《现代外语》1994 年第 2 期)

评 析

指示词语(如“我”、“今天”)相对于表示同一所指的非指示词语(如“王华”、“1 月 18 日”)具有先用(pre-emptive)性质,即在具体的指示语境中,前者排斥后者。例如,假设有个叫王华的人在 1 月 18 日去了图书馆,又在当天告诉别人这个事实,他会说:“我今天去了图书馆”而不是“王华 1 月 18 日去了图书馆”。又如,假设有人说:“星期三我们去图书馆”,根据指示词语的先用性,可推断说话的当天不是星期三,甚至不是星期二,否则说话人会用“今天”或“明天”来指称拟定去图书馆的时间。

张权用“先用现象”、“先用作用”、“先用用法”,沈家煊用“先用权”来指称在具体的语境中指示词语先于非指示词语使用的现象。我们认为,根据英文 pre-emptive nature,不妨也可称为“先用性”。

文章指出,指示词语除了有指示用法以外,还有照应用法,即指示词语在话语内部与另一词语(通常不是指示词语)的同指关系。指示词语的指示用法是第一位的,而照应功能是第二位的。并非所有的指示词语在任何条件下都能用于照应,先用性使得指示词语不能自由地和非指示词语建立照应关系。此外,在营造特殊效果或含义的话语中,先用性会被反先用,如当某人在应当用“我”的地方自称其名,这一定是表达诙谐、自嘲、自傲等特殊情感。

此外,文章还指出,先用性(即指示词语排斥相应非指示词语的程度)受到两个因素(指示词语在指示域中的地位以及非指示词语语义性质)的制约(见本文第 2 部分)。

我们认为,这两个因素可归结为一个因素,即所指的语义性质。我们不妨说,各种指示词语的先用性(即排斥相应非指示词语的程度)有强度的差异,是所指的语义决定了相应指示词语先用性的强弱。一般来说,如把言语事件中的说话人作为中心,并以说话者说话时的时空参照为原点(本文把这两者称为“指示域的中枢”),指称中心和原点的指示词语,其先用性强度最强;指称距离中心和原点最远事物的指示词语,其先用性最弱。如“我”最不可能用名字来替代,而“他”却完全有可能。“今天”一般不用具体的日期来指称,从“明天”向后到“后天”、“大后天”或从“昨天”向前到“前天”、“大前天”,用具体日期来指称的可能性逐渐增强。尽管汉语中有“后天的后天”等指示词语,但在所指距离说话时间较远的情况下,交代具体日期更清楚,不易出错。

人称指示视点的选择及其语用原则

陈　辉　陈国华

1. 引言

在日常生活中，我们不难听到夫妻之间说这样的话："今天刘老师到家里来告状了。你问问你儿子在学校干什么好事了！"夫妻俩谈论的是他们双方共同的儿子，但说话者却说"你儿子"，没有说"我们儿子"或"咱们儿子"。这一简单例子所涉及的便是人称指示(personal deixis)的视点问题。

指示(deixis)是语用学研究的重要领域。人们在话语中通过使用指示词(deictic word)和其他手段，使话语与一定的人物、事物、空间、时间发生直接联系。能起指示作用的词主要有：人称代词、指示代词、指示形容词、指示副词、关系代词、定冠词、表示"来"、"去"意思的动词等(Lyons 1977：636—656)。人称指示就是通过公开或隐含的人称代词把话语中涉及的人或物与说话者、听话者或第三者联系起来，表明彼此间的关系。对物的人称指示(如我的书、你的书、他的书)似乎比较简单，本文不加讨论，只讨论对人的人称指示，并且由于篇幅所限，只讨论说话者在听话者面前指称第三者时的视点。

对人的人称指示与称谓密切相关。关于称谓规律的研究由来已久。Brown and Gilman (1960)从"权力"(power)和"亲和"(solidarity)这两个角度对印欧语系第二人称代词 tu(你)和 vous

(您)这两种形式的用法进行了研究,堪称经典之作。Brown and Ford (1961)研究了美国人常用的头衔+姓和单称名这两种称呼方式,发现这两种称呼方式的选择主要取决于说话者和听话者之间的关系以及年龄和地位差别等因素。我国学者主要从社会、文化、历史等等角度研究汉语称谓的语义、演变和选择规律。陈原(1983: 209—248)探讨了配偶称呼的变化及其意义。卫志强(1994)研究了称呼的语用特点和引起称呼变化的一些因素。类似的研究还有不少,但是关于人称指示视点的研究,除了吕叔湘、江蓝生(1985)和伍铁平(1984)有所涉及以外,似乎尚不多见。

吕叔湘、江蓝生(1985: 40)指出,"一个人在朋友家里看见他的女儿,大概不会问他,'她今年几岁?'而是说'令爱(或: 你女儿)今年几岁?'"他们(1985: 40)还注意到,"往往有明明是跟第一身关系密切的人,却反而就他跟第二身或另一第三身的关系去称呼。这是为了避免说我(的),尤其是在夫称妻或妻称夫的时候。"他们举的例子是:

(1) [严监生对他的两位大舅子说]"我死之后,二位老舅照顾你外甥[严监生之子]长大。"(《儒林外史》5/17)①

(2) 褚大娘子一旁[对众人]说道:"那也不值甚么,叫他姐夫[指褚大娘子的丈夫,"他"指褚大娘子的干妹妹何玉凤]出去见见那个人……"(《儿女英雄传》18/284)

伍铁平(1984: 252)在论述汉语的"从儿称谓"及有关现象时注意到,"父亲对子女说'把书给(你)爷爷(奶奶)拿去'(从来不说'把书给我爸爸(妈妈)拿去')(外语也是这样)"。这里至少有四点值得探讨: (1) 客人为什么不用"她"而用"你女儿"指称主人的女儿? (2) 父亲在子女面前指称自己的父母为什么不说"我爸爸(妈妈)"而说"你爷爷(奶奶)"? (3) 假定"外语也是这样",那么决定人称指示视点的语用原则至少有一些普遍性,这些原则是什么? (4) 从例(2)来看,在某些情况下人称指示视点的选择会受到某些传统习俗的影响，这些带特定文化色彩的语用习俗与普遍语用原则是一种什么关系？本文试图回答这些问题。

本文的例句主要取自《红楼梦》（曹雪芹、高鹗 1982[1760]），因为这本书里的人物关系种类比较齐全，取例比较容易，并且这些关系一般为大家所熟悉，不必多费笔墨解释。当然，《红楼梦》时代的称谓与今天的称谓有许多不同之处，但我们暂且假定决定人称指示视点的最基本的、带普遍性的原则是一致的。

2. 人称指示视点的分类

说话者指称自己和听话者之外的某一特定第三者，有三种方式：(1) 直接称呼那个人的名字；(2) 使用第三人称代词；(3) 使用普通名词或名词短语。第一种指称方式客观而且准确，但其使用范围有很大限制，因为一个人的姓名不是任何人都可以随便叫的，例如父母的姓名，子女一般不能随便使用。第二种方式的使用范围比第一种大得多，但也有一些限制，由于“他字主要是个回指性的代词”（吕叔湘、江蓝生 1985：23），人们通常不会在第一次提到第三者时就用“他”来指称，所以吕叔湘、江蓝生认为，客人在主人家里看见主人的女儿，第一次指称大概会说“你女儿”而不说“她”。第三种指称方式又可分为两类，一类不带人称代词，如“北大校长”、“英语系主任”、“这个人”等；另一类带人称代词，如“我爸爸”、“你女儿”、“他姐夫”等。本文研究的就是最后这一类带有或隐含人称代词的指称方式。

根据现代汉语的人称代词系统，说话者在听话者面前对第三者进行人称指示时，有三个视点可供选择，即第一人称（包括兼称）视点、第二人称视点和第三人称视点。第一人称视点指说话者根据自己与第三者或自己和听话者双方与第三者的关系指称第三者，表现为说话者使用第一人称代词或兼称代词作为称谓词的限定语，如“我爸爸”、“咱妈”，或称谓词隐含第一人称代词作为限定语，如例(3)：

(3) ［林黛玉］陪笑［对王夫人］道："……在家时亦听见［我］母亲常说，［我］这位哥哥比我大一岁，小名就唤宝玉。"(《红楼梦》3/47)

第二人称视点指说话者根据听话者与第三者的关系指称第三者，表现为说话者使用第二人称代词作为称谓词的限定语，如"你外甥"、"你舅母"、"你女儿"，或称谓词隐含第二人称代词作为限定语，如例(4)：

(4) 李嬷嬷因［对贾宝玉］说道："天又下雪，也好早晚的了，就在这里同［你］姐姐妹妹一处顽顽罢。"(《红楼梦》8/126)

第三人称视点指说话者根据另一第三者与所指称的第三者的关系指称后面这个第三者。说话者可以使用第三人称代词作为称谓词的限定语，如"他姐夫"，或用表示第三人称领属关系的词语作为称谓词的限定语，如例(5)，或称谓词隐含表示第三人称领属关系的词语作为限定语，如例(6)：

(5) 贾政叹口气［对贾琏］道："环哥儿他妈尚在庙中病着，也不知是什么症候。"(《红楼梦》112/1548)(环哥他妈是贾政之妾)

(6) 贾琏笑着忙［对贾蓉］说："多谢大爷［贾蓉的父亲贾珍］费心体谅，我就不过去了。"(《红楼梦》16/213)(贾珍既不是贾蓉的大爷，也不是贾琏的大爷，而是贾琏的女儿或贾府里奴仆们的大爷)

3. 不同人际关系条件下指称视点的选择

说话者在听话者面前指称第三者时有四种情况：(1) 第三者与说话双方都没有关系；(2) 第三者只与说话双方中的一方有关系；(3) 第三者与说话双方都有关系并且关系相同；(4) 第三者与说话双方都有关系，但关系不同。本文所说的"关系"主要指亲属关系和那些有称谓形式的社会关系，如主仆、师徒等，没有固定称谓形式的社会关系，如熟人、同事、上下级等，本文不加讨论。

3.1　说话者指称与自己或听话者都没有关系的第三者

说话者在指称与自己或听话者都没有关系的第三者时，有两种情况：一种情况是，被指称者与语境内任何人都没有关系，这时不用人称指示；另一种情况是，被指称者与语境内的另一第三者有关系，这时，说话者可以从话题的需要出发，选择第三人称视点，如：

(7) 子兴[对贾雨村]叹道："……宁公死后，[其]长子[2]贾代化袭了官，也养了两个儿子：[其]长子[3]名贾敷，至八九岁上便死了，只剩了[其]次子贾敬[，贾敬]袭了官，如今一味好道，只爱烧丹炼汞，余者一概不在心上。幸而早年留下一子，[此子]名唤贾珍，因他父亲一心想作神仙，把官倒让他袭了。"(《红楼梦》2/27)

冷子兴演说宁国府，从宁国公开始说起，说完"宁公死后"，话题转到"长子贾代化"，"长子"前隐含第三人称代词"其"，"其"的所指是宁国公，至此人称指示视点还没有变，从同位语"贾代化"开始，视点转至贾代化，接下来的"长子"和"次子"前面也隐含第三人称代词"其"，这个"其"的所指不再是宁国公，而是贾代化。再往下，话题转到"袭了官"前面隐含的"贾敬"，再由贾敬转到"名唤贾珍"前面隐含的"此子"，人称指示的视点也由贾敬转至贾珍，接下来"他父亲"的"他"，所指即贾珍。从"名唤贾珍"起，冷子兴也可以不改换人称指示视点，他可以说：

(8) [贾敬]袭了官，如今一味好道：只爱烧丹炼汞，余者一概不在心上。幸而早年留下一子，[此子]名唤贾珍，因贾敬一心想作神仙，把官倒让他儿子袭了。

这样一来，前面"[此子]名唤贾珍"刚引出一个新话题、新视点，尚未展开叙述，就又回到老视点"贾敬"那里，话语的衔接显得有些生硬。话题和人称指示视点的关系，是一个值得进一步研究的问题。

3.2 说话者指称只与说话双方中一方有关系的第三者

这里也分两种情况：(1) 第三者只与说话者有关系；(2) 第三者只与听话者有关系。

3.2.1 说话者指称只与自己有关系的第三者

说话者在听话者面前指称只与自己有关系的第三者时，视点非常简单，一般从第一人称视点出发，用符合自己和第三者关系的指称语来指称第三者，如：

(9) 智能儿[对周瑞家的]道："我师父见了太太，就往于老爷府内去了。"(《红楼梦》7/111)

3.2.2 说话者指称只与听话者有关系的第三者

说话者在听话者面前指称只与听话者有关系的第三者时，视点也很简单。一般是从第二人称视点出发，用符合听话者和第三者关系的指称语来指称第三者，如：

(10) 周瑞家的因问智能儿："你师父那秃歪剌往那里去了？"(《红楼梦》7/111)

3.3 说话者指称与自己和听话者双方具有相同关系的第三者

如果说话者和听话者双方与第三者的关系相同，说话者一般从第一人称(包括兼称)视点出发，用符合自己和听话者与第三者关系的指称语来指称第三者，如：

(11) 尤氏[对丈夫贾珍]答道："如今且说[咱们]媳妇这病，你到那里寻个好大夫来与他瞧瞧要紧，可别耽误了。"(《红楼梦》10/148)

说话者如果有意强调听话者与第三者的关系或淡化自己与第三者的关系，也可以选择第二人称视点，如：

(12) 黛玉忙又叫住[贾宝玉]，问道："你怎么不去辞辞你宝姐姐[薛宝钗]呢？"(《红楼梦》9/136)(薛宝钗对于林黛玉和贾宝玉来说都是“姐姐”)

本文一开始为了说明人称指示视点而举的例子，即妻子对丈夫说“你儿子”而不说“咱们儿子”，与例(12)同属一类情况。通过选择第二人称视点，说话者加大了自己和指称对象之间的距离，表达了自己对指称对象的不满，同时通过点明听话者和指称对象的关系，强调了听话者所负的教育指称对象的责任。

总结以上三种情况我们发现，说话者对指称视点的选择取决于第三者与说话者和听话者双方的亲疏关系，我们可以把这称为亲疏原则。根据这一原则，如果第三者只和说话者有关系，说话者一般从第一人称视点来指称；如果第三者只和听话者有关系，说话者一般从第二人称视点来指称；如果第三者与说话者和听话者双方都有关系且关系相同，说话者一般从第一人称(包括兼称)视点来指称，除非他想强调听话者与第三者的关系；如果第三者只和另一个第三者有关系，说话者一般从第三人称视点来指称。根据同一原则我们还可以推断，在其他条件相等的情况下，说话者一般选择与第三者关系更近一方的视点进行指称。亲疏原则应当是一条具有普遍性的语用原则。

3.4 说话者指称与自己和听话者双方具有不同关系的第三者

如果说话者和听话者与第三者都有关系但关系不同，则情况马上变得复杂起来。首先需要区别关系的亲疏。一般来说，亲属关系比社会关系近，直系亲属关系比非直系亲属关系近，血缘直系亲属关系比非血缘直系亲属关系近(夫妻关系例外[4])。根据关系的亲疏不同，可以区分出三种情况：(1) 说话者与第三者关系更近；(2) 听话者与第三者关系更近；(3) 说话者和听话者与第三者的关系一样近。关系亲疏不同，指称视点也不同；此外说话者还须考虑自己和听话者的相对地位(包括辈分、年龄和阶级)、风俗传统、礼貌等因素。

3.4.1 说话者与第三者关系更近

当说话者与第三者的关系更近时，说话者与听话者的关系有三种情况：(1) 说话者与听话者地位相当；(2) 说话者比听话者地位低；(3) 说话者比听话者地位高。

3.4.1.1 说话者与听话者地位相当

说话者如果与听话者地位相当，一般从第一人称视点出发，用符合自己和第三者关系的指称语来指称与自己关系更近的第三者。这时起决定作用的仍是亲疏原则，但已受到地位因素的制约。

(13) 薛蟠忙[对贾宝玉]道："好兄弟，我原为求你快些出来，就忘了忌讳这句话，改日你也哄我，说我的父亲就完了。"(《红楼梦》26/368)(薛蟠的父亲是贾宝玉的姨父)

但说话者如果想强调听话者与第三者的关系，有时也会选择第二人称视点，如前面例(1)里严监生向他的大舅子托孤时不说"我儿子"，而说"你外甥"。

3.4.1.2 说话者比听话者地位低

说话者如果地位比听话者低，在听话者面前指称与自己关系更近的第三者时，一般也从第一人称视点出发，用符合自己和第三者关系的指称语来指称第三者，如：

(14) 秦氏[对贾宝玉]笑道："今儿巧，上回宝叔[贾宝玉]立刻要见的我那兄弟[秦钟]，他今儿也在这里，想在书房里呢。"(《红楼梦》7/114)(秦钟是贾宝玉的表侄)

对例(14)可以有两种解释：(1) 亲疏原则在这里仍起决定作用，但受到地位因素的制约；(2) 起决定作用的是地位因素，其结果碰巧与亲疏原则重合。我们采取第二种解释，因为这一解释更简单，解释力更强。地位因素也可称为地位原则，即：在指称与自己和听话者都有关系的第三者时，地位低的说话者选择第一人称视点，地位高的说话者选择第二人称视点。地位原则似乎也是一条具有普遍性的语用原则。

有时，地位低的说话者为了拉近听话者和第三者之间的关系，故意违反地位原则，用第二人称视点指称实际上与自己关系更近的第三者，如：

(15) 秦氏一面张罗与凤姐摆果酒，一面忙进来嘱宝玉道："宝叔，你侄儿[秦钟]倘或言语不防头，你千万看着我，不要理他。"(《红楼梦》7/116)(秦钟是秦氏的弟弟。比较例(14)里的"我那兄弟")

(16) 这刘姥姥心神方定，才又[对王熙凤]说道："我今日带了你侄儿[板儿]来，也不为别的，只因他老子娘在家里，连吃的都没有，如今天又冷了，越想越没个派头儿，只得带了你侄儿奔了你老来。"(《红楼梦》6/104)(板儿是刘姥姥的外孙，板儿的曾祖父曾与王熙凤的祖父连宗，认作他的侄子，板儿本人并不真是王熙凤的侄子)

例(16)里的刘姥姥为了与王熙凤套近乎，不说"我外孙"而说"你侄儿"，后来周瑞家的数落了她一顿，说她不会说话了。其实这刘姥姥很会说话，她的逻辑是"既然我把你侄儿带了来，你作为婶子就有义务帮他和他老子娘一把"。她的说话策略成功了，王熙凤不仅没有嫌弃她，反而极大方地一次就给了她 20 两银子。假如刘姥姥像下面例(17)那样换成第一人称视点，恐怕难以产生同样的打动王熙凤的效果：

(17) 这刘姥姥心神方定，才又说道："我今日带了我外孙来，也不为别的，只因我女儿、女婿在家里，连吃的都没有，如今天又冷了，越想越没个派头儿，只得带了我外孙奔了你老来。"

假如王熙凤听了(17)这段话，她的第一个反应可能是，"你外孙和你女儿、女婿跟我有什么关系？"

3.4.1.3　说话者比听话者地位高

说话者如果地位比听话者高，在听话者面前指称与自己关系更近的第三者时，一般从第二人称视点出发，用符合听话者与第三者关系的指称语来指称。亲疏原则在这里显然不起作用,起作用的是地位原则。

(18) [薛蟠]他母亲[对薛蟠]道:"这几年来,你舅舅姨娘两处,每每带信捎书,接咱们来。"(《红楼梦》4/66)(薛蟠的舅舅和姨娘分别是薛姨妈的弟弟王子腾和姐姐王夫人。兄妹、姐妹关系比舅舅、姨娘和外甥的关系亲)

(19) 贾母忙哄他[贾宝玉]道:"你姑妈[林黛玉的母亲]去世时,舍不得你妹妹,无法处,遂将他的玉带了去了。"(《红楼梦》3/52)(贾宝玉的姑妈是贾母的女儿。母女关系比姑侄关系亲)

不过,说话者如果有意以平等的地位跟听话者说话,如例(20),或想强调自己和第三者的关系,如例(21),也会违反地位原则,以第一人称视点指称第三者:

(20) 宝玉因[对翠墨]道:"可是我忘了,才说要瞧瞧[我]三妹妹[探春]去的……"(《红楼梦》37/498)(贾宝玉的三妹妹是丫鬟翠墨的"三姑娘")

(21) [王夫人对袭人道]:"我何曾不知道管[我]儿子[贾宝玉],先时你珠大爷[王夫人已故的大儿子贾珠]在,我是怎么样管他,难道我如今倒不知管[我]儿子了?"(《红楼梦》34/466)(贾珠是袭人的"珠大爷",贾宝玉排行老二,是她的"宝二爷")

在例(21)里,王夫人没有按照地位原则采用第二人称视点指称贾宝玉,也没有用不带人称指示的"宝玉",而是用了隐含第一人称代词的"儿子",显然是为了强调自己和贾宝玉之间的母子关系。

3.4.1.4 说话者指称自己的配偶

夫妻关系是一种非常特殊的直系亲属关系,照理其亲近程度不亚于直系血缘亲属关系。说话者在比自己地位高的听话者面前指称自己的配偶时,有时会选择隐含的第一人称视点,如:

(22) 贾琏[对贾母]陪笑道:"见老太太玩牌,不敢惊动,不过叫[我]媳妇[王熙凤]出来问问。"(《红楼梦》47/492)(贾琏的媳妇是贾母的孙媳妇)

但这种情况在《红楼梦》里比较少见。在《红楼梦》里夫妻(尤其是妻子)一般避免直呼配偶的名字或用第一人称视点指称对方。说话者在与自己的配偶有关系的听话者面前指称自己的配偶时倾向于采取第二人称视点。说话者的地位比听话者高的时候是这样,如:

(23) 王夫人因[对林黛玉]说:"你舅舅今日斋戒去了。"(《红楼梦》3/46)(林黛玉的舅舅即王夫人的丈夫)

说话者的地位比听话者低或彼此地位相当的时候,往往也是这样,如:

(24) 他[周瑞家的]女儿笑道:"实对你老人家[周瑞家的]说,你女婿前儿因多吃了两杯酒,和人分争……"(《红楼梦》7/1130)("你女婿"指周瑞家的女儿的丈夫)

(25) 秦氏拉着凤姐儿的手,强笑道:"婶娘[王熙凤]的侄儿虽说年轻,却也是他敬我,我敬他,从来没有红过脸儿。"(《红楼梦》11/158)(王熙凤的侄儿即秦氏的丈夫)

还有一种指称方式是说话者通过身份名词(见吕叔湘、江蓝生 1985: 38)自指,从而得以避免使用第一人称代词。从限定语的实际所指来看,这种指称方式可以算第一人称视点;从形式上看,它又可以归入第二人称视点,如:

(26) 贾珍忙[对邢夫人、王夫人]笑道:"婶子自然知道,如今孙子媳妇没了,[你们的]侄儿媳妇[贾珍的妻子尤氏]偏又病倒……"(《红楼梦》13/182)(邢夫人和王夫人的侄儿即说话者贾珍自己)

今天,地位高的说话者在与自己配偶有关系的听话者面前指称自己配偶时一般仍使用第二人称视点，其他情况下，第二人称视点已很少见。

3.4.2 说话者指称与听话者关系更近的第三者

同样，当听话者与第三者的关系更近时，说话者与听话者的关系也有三种情况：(1) 说话者与听话者地位相当；(2) 说话者比听话者地位低；(3) 说话者比听话者地位高。

3.4.2.1 说话者的地位与听话者的地位相当

如果说话者与听话者地位相当，照理说地位原则不起作用，说话者会根据亲疏原则选择第二人称视点，如：

(27) 贾琏[对妻子王熙凤]道："问谁！问你哥哥。"(《红楼梦》101/1415)

然而《红楼梦》里更常见的情况是，说话者从第一人称视点出发，用符合自己和第三者关系的指称语来指称第三者，尤其是当第三者是听话者的父母时，如：

(28) [林黛玉]指宝玉道："你这该死的胡说！好好的，把这淫词艳曲弄了来，还学了这些混话来欺负我。我告诉[我]舅舅舅母去！"(《红楼梦》23/326)(林黛玉的舅舅、舅母是贾宝玉的父母)

(29) 薛蟠拍着手笑了出来，[对贾宝玉]笑道："要不说[我]姨夫叫你，你那里出来的这么快！"(《红楼梦》26/367)(薛蟠的姨夫是宝玉的父亲)

(30) 宝玉也无法了，只好笑问[薛蟠]道："你哄我也罢了，怎么说我父亲呢？我告诉[我]姨娘去，评评这个理，可使得么？"(《红楼梦》26/367)(贾宝玉的姨娘是薛蟠的母亲)

在例(28)—(30)里，亲疏原则显然不起作用，同时由于说话者和听话者地位相当，地位原则也用不上。说话者之所以选择第一人称视点，可能是出于一种礼貌策略。在人际交往中任何超越自己地位的言谈举止都是失礼行为。由于第二人称视点是地位高的人对地位低的人说话时通常选择的视点，说话者在和与自己地位相当的人说话时如选择第二人称视点，势必把自己摆在高地位说话者的位置，容易有失礼嫌疑。在这种情况下，避免失礼的一个策略就是像低地位说话者那样，选择第一人称视点。需要指出的是，随着社会的发展和时代的变化，这一策略今天似乎不再常用。一般情况下，说话者如果地位跟听话者相当，根据亲疏原则选择指称视点不再有失礼嫌疑。

3.4.2.2 说话者比听话者地位低

说话者如果地位比听话者低，在听话者面前指称与听话者关系更近的第三者时，一般从第一人称视点出发，用符合自己和第三者关系的指称语来指称第三者。这里又是地位原则在起决定作用。

(31) 宝玉因问[薛姨妈]："[我]哥哥不在家？"薛姨妈叹道："他是没笼头的马，天天忙不了，那里肯在家一日？"宝玉道："[我]姐姐可大安了？"(《红楼梦》8/122)(贾宝玉的"哥哥"和"姐姐"是薛姨妈的儿子和女儿)

(32) 袭人[对王夫人]道："论理，我们二爷[贾宝玉]也须得老爷教训两顿。"(《红楼梦》34/466)(袭人的"二爷"是王夫人的儿子)

有时，说话者和听话者彼此比较熟悉，说起话来比较随便，地位低的说话者也会选择第二人称视点指称与听话者平辈的第三者，如：

(33) 宝玉听了，吃了一惊，忙问："谁？往那个家去？"紫鹃道："你妹妹[林黛玉]回苏州家去。"(《红楼梦》57/801)(紫鹃通常称黛玉为"林姑娘")

3.4.2.3 说话者比听话者地位高

说话者如果地位比听话者高，在听话者面前指称与听话者关系更近的第三者时，一般从第二人称视点出发，用符合听话者和第三者关系的指称语来指称，如：

(34) 贾母便[向贾政]冷笑道："你的儿子，我也不该管你打不打。"(《红楼梦》33/458)(贾政的儿子是贾母的孙子)

(35) 贾母又[对贾琏]道："你起来，我饶了你，乖乖的替你媳妇[王熙凤]赔个不是，拉了他家去，我就喜欢了。"(《红楼梦》44/612)(贾琏的媳妇是贾母的孙媳妇)

和3.4.1.2小节里的情况一样，对上面这一现象也可以有两种解释：(1) 亲疏原则在这里仍起决定作用，但已受到地位因素的制约；(2) 起决定作用的是地位原则，其结果和亲疏原则巧合。我们仍采取第二种解释。

3.4.3 说话者指称与自己和听话者关系同等亲近的第三者

说话者和第三者、听话者和第三者之间的关系可以不同但亲近程度相当，例如，说话者是第三者的父母，听话者是第三者的子女；或说话者是第三者的姐妹，听话者是第三者的兄弟。这时说话者与听话者的关系也有三种情况：(1) 说话者与听话者地位相当；(2) 说话者比听话者地位低；(3) 说话者比听话者地位高。

3.4.3.1 说话者与听话者地位相当

说话者如果与听话者地位相当，似乎可以自由选择，想强调哪一种关系就选择相应的视点，如：

(36) 湘云[对袭人]笑道："我只当是[我]林姐姐给你的，原来是[我]宝姐姐给了你。"(《红楼梦》32/443)(史湘云一贯以平等态度对待袭人)

(37) 史湘云[对贾宝玉]道："好哥哥，你不必说话教我恶心。只会在我们跟前说话，见了你林妹妹[林黛玉]，又不知怎么了。"(《红楼梦》32/443)

其实这也是亲疏原则在地位原则的制约下起作用，不过这时说话者衡量三方关系的亲疏不是根据客观标准，而是根据自己的主观感受。

亲家之间也是如此。女子出嫁后便成为夫家的一员，同时与自己父母的血缘关系仍然存在，她与夫家和娘家的关系可以说同等亲近。婆婆在亲家面前指称自己的媳妇(即亲家的女儿)，可以用第一人称视点，也可以用第二人称视点，全在于说话时的态度，表示亲近或强调婆媳关系用第一人称视点，表示疏远或强调母女关系用第二人称视点，如：

(38) 王夫人哭着和薛姨妈道："我叹的是[我]媳妇[薛宝钗]的命苦。"(《红楼梦》120/1639)(薛宝钗是薛姨妈的女儿)

(39) 薛姨妈只得后退，[对金桂的母亲]说："亲家太太且请瞧瞧你女孩儿[金桂]……"(《红楼梦》103/1438)(金桂是薛姨妈的儿媳妇)

说话者可以利用亲疏原则的这种灵活性为自己服务。例如，岳父岳母与女婿的关系照理一般不如父母与儿子的关系近，然而说话者在亲家面前指称自己的女婿(即亲家的儿子)时，有时却选择第一人称视点，仿佛说话者与自己女婿的关系比亲家与自己儿子的关系还要亲近，如：

(40) [薛姨妈]要与他[金桂的母亲]讲理，他们也不听，只说："你们商量着把[我]女婿[薛蟠]弄在监里，永不见面。"(《红楼梦》103/1438)

3.4.3.2　说话者比听话者地位低

这里又是地位原则在起决定作用。说话者如果比听话者地位低，一般从第一人称视点出发，用符合自己和第三者关系的指称语来指称第三者，如：

(41) 宝玉[对母亲王夫人]笑道："我老子再不为这个捶我的。"(《红楼梦》28/388)(贾宝玉的老子是王夫人的

丈夫)

3.4.3.3 说话者比听话者地位高

本文引言里所提伍铁平(1984:252)注意到的父母在子女面前指称子女的祖父母就属于这种情况。这里起作用的也是地位原则。说话者如果比听话者地位高,一般选择第二人称视点指称与自己和听话者关系同等亲近的第三者,如:

(42) 贾母[对贾宝玉]道:“以后再私自出门,不先告诉我们,一定叫你老子打你!”(《红楼梦》43/601)(贾宝玉的老子是贾母的儿子)

4. 人称指示视点和从儿称谓

我们在3.3里指出,亲疏原则是一条带普遍性的语用原则,根据这一原则,说话者在指称与自己或听话者有关系的第三者时,一般采用第一或第二人称视点。然而在某些情况下,这一原则有时会失去作用,出现像本文第1节例(2)里的“他姐夫”、第2节例(5)里的“环哥儿他妈”等使用第三人称视点的现象。

例(5)里的“环哥儿”指贾政和小老婆赵姨娘生的儿子贾环,贾政称赵姨娘为“环哥儿他妈”,这是典型的从儿称谓。“从儿称谓”是伍铁平(1984)根据英文 teknonymy 拟出的译名。这个词由希腊词根 tekno(子女)+onymy(名称)构成,首次出现于英国人类学家 E. B. Tylor 1888 年 11 月在大不列颠及爱尔兰人类学研究会的一次会议上所做的学术报告(见 OED *tecno-* 条下 *tecnonymy*),用以指称某些民族“根据子女的名字称其父母”这一风俗习惯。Tylor (1889:248—252)举例说,在印度的格西亚族人(Kasias)中间,若有人头胎生下个男孩,起名叫 Bobon,人们便称孩子的父亲为 Pabobon,意思是“Bobon 之父”。Tylor 发现,从儿称父比从儿称母普遍,且多发生在母系氏族社会。新郎婚后入住新娘家庭,但新娘家庭起初在形式上并不承认新郎为家庭的一员,他们回避与新郎说话，也避免提及新郎，直到新娘生下孩子并给孩子取了名，新郎随孩子获得“某某之父”这一称呼，才被正式接纳为新娘家庭的一员。从广义讲，汉语里的“孩子他爹（妈）”之类，虽然不像“环哥儿他妈”那样根据某一特定子女的名字称其父母，也可算作一种从儿称谓。

伍铁平（1984）区分两种不同的从儿称谓，他把“环哥儿他妈”、“孩子他爹（妈）”之类称为“分析式从儿称谓”；与之相对的是“综合式从儿称谓”，即说话者直接借用子女对某人的称呼，例如媳妇借用自己子女对他们祖父、祖母的称呼，管公公、婆婆叫“爷爷”、“奶奶”。从人称指示的角度来看，不管所“从”的什么人，只要他是听话者，说话者就是在采用第二人称视点；如果所“从”之人既不是听话者也不是说话者，则说话者是在采用第三人称视点。“综合式从儿称谓”也就是隐含的第三人称视点。

第三人称视点的从儿称谓如果用于叙称（即被指称者不是听话者）并且被指称者与说话者或听话者没有关系时，本身并无任何特殊之处，完全符合本文所说的亲疏原则。令 Tylor 等人类学家和语言学家感兴趣的是，在某些文化环境里从儿称谓还可用于对称（即被指称者是听话者），而且在用于叙称时，称谓对象可以是与说话者或听话者有直接关系的人（例如丈夫或妻子）。华夏文化的从儿称谓就是这样。

据冯汉骥（Feng 1936：65）考证，从儿称谓至少早在春秋时期就已经出现。《春秋公羊传》记载，鲁哀公六年，陈乞当着在朝诸大夫的面称自己的妻子为“常（陈乞之子）之母”。东汉经学家何休解释说，这是因为陈乞“难言其妻”；唐代（一说北魏）的徐彦进一步解释说，陈乞难言其妻是因为“妻者己之私”（伍铁平 1984：254）。吕叔湘、江蓝生（1985：40）认为，夫妻之间使用这种指称方式“属于礼貌，不过这不是为了客气，而是为了显得庄重些”。伍铁平认为，从儿称谓之所以在中国存在数千年之久，“大概是因为旧中国封建观念十分浓厚，夫妻之间不好意思直呼其名”（1984：254）。可是为什么“妻者己之私”就使得一个人“难言其妻”？妻子难言其夫（宋朝吕居仁所著《轩渠录》里记载有“窟赖儿娘[即说话者]传语窟赖儿爷”的用法，伍铁平 1984：254）又是什么原因？如果说夫妻之间使用从儿称谓是“为了显得庄重些”，那么如何解释出现这一现象的场合往往实际上并不庄重？另外，使夫妻之间不好意思直呼其名的“旧中国封建观念”是什么？这些问题需要人类学家、历史学家和语言学家进一步探讨。

5. 地位原则的成因

本文所讨论的关系和地位这两条语用原则，前者的道理似乎不言自明，后者的成因却是个谜。地位低的说话者为什么一般选择第一人称视点？地位高的说话者又为什么一般选择第二人称视点？答案似乎要从儿童心理语言学那里去找。

早在 20 世纪 20 年代，儿童心理学家 Piaget (1926)对日内瓦一所幼儿园儿童的言语行为进行调查，发现幼儿学说话时喜欢反复自言自语，并且惯常从自己的观点理解事物进行思维，意识不到听话者的观点可能与自己的观点不同，Piaget 把这一现象称作“自我中心言语”(egocentric speech)。其实，任何正常的成人，特别是细心的母亲，都能意识到幼儿的这种心理语言特点，并知道如何对待，他们在跟幼儿说话时会迁就幼儿的心理语言特点，对自己的话语进行调整，使之接近于幼儿话，以便于幼儿理解，[⑤]这便是通常所说的“幼儿话”(baby talk)，有时又称“母亲语”(motherese, Elliot 1981：150)。这种话的主要特点是：难词或抽象词少、语句短小、语法简单、重复多、语调夸张等。此外，成年人还知道在幼儿面前指称人际关系时，应从幼儿的角度即第二人称视点出发，最常见的例子就是，父母在幼儿面前指称自己时，通常不说“我”，而说“爸爸”、“妈妈”。(Wills 1977：277—278)据 Jakobson(1960)和 Ferguson (1977)的研究，母亲语这种现象在很多语种中都存在。

地位原则的成因可以通过“自我中心言语”和“母亲语”这两个

现象得到解释。由于幼儿总是从自己的角度理解问题，第一人称视点是他们指称他人的自然视点，同时跟他们进行言语交流的又主要是比他们年龄大的人，年龄大往往意味着地位高，这样在跟比自己地位高的人说话时选择第一人称视点指称第三者自然也就成了习惯，这一指称习惯随着儿童年龄的增长，从幼年一直带入成年。另一方面，父母不仅在跟幼小的孩子说话时采用第二人称视点指称第三者，孩子长大后，他们依然保留这一指称习惯，并将之推广至与比自己地位低的人的言谈。久而久之，这两种指称习惯，成为全社会通行的语用规范或原则，并且染上社会语言色彩。

人们或许会问，儿童随着年龄的增长，会逐渐抛弃自己的自我中心言语，父母也会逐渐停止使用幼儿话或母亲语，为什么他们的指称习惯不改变？答案可能是：(1) 指称习惯受到说话双方关系的制约，儿童年龄增长，父母的年龄也在增长，父母永远是父母，儿女永远是儿女，彼此的关系始终不变；(2) 儿童在成长的过程中会发现，他们在跟别人言谈时并不总是处于低地位，他们会逐渐习得成人对儿童以及其他地位低的人说话的指称习惯，在习得这一指称习惯后，他们实际上已经部分地改变了自己幼年的指称习惯，不再总以第一人称视点指称所有的第三者。

6. 结论

总结说话者在上面四种不同人际关系条件下对第三者的指称，我们发现：

(1) 如果第三者与说话双方没有关系，或仅与说话双方中的一方有关系，或与说话双方都有关系并且关系相同，说话者遵循亲疏原则。

(2) 在其他情况下，如果说话双方地位相当，说话者一般仍遵循亲疏原则；如果说话双方地位不同，说话者一般遵循地位原则。

(3) 这些原则的应用受到传统风俗、礼貌等因素的影响；同时说话者常常有意违反这些原则，以表达自己的某种感情或态度，达到操纵人际关系的目的。

除了以上讨论的原则和因素外，说话者在选择人称指示视点时还要考虑话语的照应因素。如在前面列举过的例(16)里，刘姥姥在王熙凤面前指称她外孙板儿用的是第二人称视点，可是指称板儿的爹娘用的却是第三人称视点：

(16) 这刘姥姥心神方定，才又[对王熙凤]说道："我今日带了你侄儿[板儿]来，也不为别的，只因他老子娘在家里，连吃的都没有，如今天又冷了，越想越没个派头儿，只得带了你侄儿奔了你老来。"(《红楼梦》6/104)

单论板儿的爹娘与刘姥姥或王熙凤的关系，他们似乎比板儿更值得刘姥姥用第一或第二人称视点来指称，可是考虑到话语的前后照应，第三人称视点显然更合适。说话者对照应因素的考虑也应构成一条语用原则，这方面仍需进一步探索。

注释：

① 例句中方括号里的内容为本文作者所加，例句后圆括号里的数字，斜杠前的数表示例句在书中出现的章回数，斜杠后的数表示本文所用版本的页码。

② "长子"二字据人民文学出版社 1964 年版《红楼梦》补。

③ "子"字据人民文学出版社 1964 年版《红楼梦》补。

④ 在中国传统社会，嫁出去的女儿被视为泼出去的水，女儿出嫁后就算丈夫家的人，与丈夫和丈夫家人的关系照理至少和与自己家人的关系一样亲近。

⑤ 不仅成人如此，有证据显示，已学会说话的儿童也如此。Gleason (1973) 发现，8 岁的儿童在对 4 岁的儿童说话，就已经知道使用幼儿话的某些特征；Shatz and Gelman (1973) 以及 Sachs and Devin (1976) 证明，连小到 4—5 岁的儿童(其中包括独生子女)也知道，1—2 岁的幼儿不同于大人或同龄儿童，这些 4—5 岁的儿童对 1—2 岁的幼儿说的话明显带有幼儿话的特征，不同于他们对大人和同龄儿童说的话。

参考文献：

［1］Brown, R. and M. Ford. 1961. Address in American English. In J. Laver and S. Hutcheson, eds., *Communication in Face to Face Interaction*. Hardmondsworth, Middlesex: Penguin Books Ltd.

［2］Brown, R. and A. Gilman. 1960. The pronouns of power and solidarity. In Thomas A. Sebeok, ed., *Style in Language*. Cambridge, Massachusetts: MIT Press.

［3］Elliot, A. J. 1981. *Child Language*. Cambridge: Cambridge University Press.

［4］Feng, H. Y. 1936. Teknonymy as a formative factor in the Chinese kinship system. *American Anthropologist* 38: 59-66.

［5］Ferguson, C. A. 1977. Baby talk as a simplified register. In C. E. Snow and C. A. Ferguson, eds., *Talking to Children: Language Input and Acquisition*. Cambridge: Cambridge University Press.

［6］Gleason, J. B. 1973. Code switching in children's language. In T. E. Moore, ed., *Cognitive Development and the Acquisition of Language*. New York: Academic Press.

［7］Jakobson, R. 1960. Why "mama" and "papa"? In B. Kaplan and S. Wapner, eds., *Perspectives in Psychological Theory*. New York: John Wiley.

［8］Lyons, J. 1977. *Semantics*. Cambridge: Cambridge University Press.

［9］OED=Murray, J. A. H., H. Bradley, W. A. Craigie, and C. T. Onions. 1989. *The Oxford English Dictionary*. 2nd edn prep. by J. A. Simpson and E. S. C. Weiner. Oxford: Clarendon Press.

［10］Piaget, J. 1926. *The Language and Thought of the Child*. London: Routledge and Kegan Paul.

［11］Sachs, J. and J. Devin. 1976. Young children's use of age-appropriate speech styles in social interaction and roleplaying. *Journal of Child Language* 3: 81-98.

［12］Shatz, M. and R. Gelman. 1973. The development of communication skills: Modifications in the speech of young children as a function of listener. *Monographs of the Society for Research in Child Development* 38 (Serial No. 152).

[13] Tylor, E. B. 1889. On a method of investigating the development of institutions applied to laws of marriage and descent. *Journal of the Anthropological Institute of Great Britain and Ireland* 18: 245-272.

[14] Wills, Dorothy Davis. 1977. Participant deixis in English and baby talk. In C. E. Snow and C. A. Ferguson, eds., *Talking to Children: Language Input and Acquisition*. Cambridge: Cambridge University Press.

[15] 曹雪芹、高鹗,1964 [1792],《红楼梦》,北京：人民文学出版社。

[16] 曹雪芹、高鹗,1982 [1760],《红楼梦》,北京：人民文学出版社。

[17] 陈 原,1983,《社会语言学》,上海：学林出版社。

[18] 吕叔湘、江蓝生,1985,《近代汉语指代词》,上海：学林出版社。

[19] 卫志强,1994,称呼的类型及其语用特点。见中国社会科学院语言研究所"汉语运用的语用原则"课题组编,《语用研究论集》,北京：北京语言学院出版社。

[20] 文 康,1983 [1880],《儿女英雄传》,北京：人民文学出版社。

[21] 吴敬梓,1975 [1763],《儒林外史》,北京：人民文学出版社。

[22] 伍铁平,1984,论汉语的从儿称谓和有关现象。《中国语言学报》第2期,242—258页。

(原载《当代语言学》2001年第3期)

评 析

陈辉和陈国华(2001)在分析《红楼梦》语料的基础上,对人称指示视点的选择及其语用原则进行了研究。人称指示就是通过明示或隐含的人称代词,把话语中涉及的人或物与说话者、听话者或第三者联系起来,表明彼此之间的关系。不同人称代词代表不同视点,如甲和乙是夫妻,甲对乙说"你看看你儿子干的什么事",这里的"你"就代表了与"我们"不同的视点。

本文论述了人称指示中视点选择与语用原则的关系。文章以汉语为例,但探讨了跨语言的普遍性。通过分析说话者在听话者面前指称第三者时选择视点的情况,发现这类选择受到亲疏原则和地位原则的支配。关系的亲疏决定视点的选择,说话者一般选择语境里与第三者关系最密切的人的视点。地位的高低也决定视点的选择,说话者在地位比听话者低时,一般选择第一人称视点,在地位比听话者高时,一般选择第二人称视点。

本文不仅指出了视点选择与亲疏原则和地位原则的一般性关联,还分析了违反亲疏原则的"从儿称谓"现象的缘起,同时试着从发展心理学的角度,探讨了地位原则的成因。文章对既往研究的综述详备,论证深入透彻,实属不可多得。

值得补充的是,不仅在古代,即便现在,妻子不好意思直呼丈夫之名的情况在中国也时有所闻,即在叙称时用"从儿称谓",而在对称时,用"喂"来替代。这一现象用亲疏原则是无法解释的,因为夫妻关系本应是最亲密无间的。我们认为,"不好意思"已是最好的解释,无须追究是否"旧中国封建观念"使然。

本文只谈了隐含人称代词的指称方式,并未涉及其他类型的称谓。有关称谓的复杂含义恐怕可从语用学、社会学或人类学各个角度来探讨,奥妙无穷。如笔者曾注意到某个同事常用"他"或"她"(首次提到,并非回指)来叙称双方心目中都清楚的对象。这种避开人名的称呼显然不同于少女因羞于指称自己的意中人而用"他"代之,代词在这里传达的是对指称对象的些许轻蔑。可以说,对人的指称方式一不小心就泄露了说话人的态度或立场。

语用分析如何介入语言理解
——评 Levinson 的照应理论，兼评黄衍的纯语用解释

程雨民

1. 在讨论 Levinson 和黄衍的论点之前，先把我自己对语法和语用解释的关系，以及对照应关系的看法说一说。

语言系统(包括语法和语义系统)的作用，是使语言符号及其组合传递一定的意义。语言系统的意义是抽象的，它在语言中所传递的确切信息需经结合世界知识和具体语境而推出。就照应而论，这就是说语法考虑到照应词的出现位置而分配以一定的语法意义，但其确切含义常需经推理方能确定。具体说来：(1) 语法意义不明确时，(2) 语法意义有歧义时，(3) 语法意义和世界知识或语境知识不相容时，均需经过推理而对语法意义进行明确、解歧，甚或修正。换言之，这里把语法系统或总的语言系统理解为一个不是机械或明确的系统，而是抽象、笼统，需在人的智力配合下工作的智能系统，或可称之为适合人的智能活动的系统。

各语言的系统都有所不同，需要分别对待。以下根据英语和汉语系统对照应关系做一简述，其他语言因系统不同，不能概括，但总的只有一条原则：于语言系统不明确处运用语用解释。

照应词包括：(1) 反身代词，(2) 代词(指非反身代词)，(3) O (零形式，包括 PRO)，(4) 用作照应词的名词短语(以下称词汇性 NP)。语法规定反身代词、代词和 O 的可能出现位置。词汇性

NP 的出现位置则与“自由的”代词相同。至于它们的解释，有以下情况：

A. 反身代词取它的语义：小句（汉语小为小句或主句）的主语自己（以 a_1 来表示）：

(1) (a) $John_1$ likes $himself_1$

(b) 约翰$_1$ 喜欢自己$_1$

(c) 约翰$_1$ 说自己$_1$ 是一个工程师

B. 代词如能与反身代词出现于相同的位置并与它形成对立时，则指 a_1 以外的其他先行词或语境中表明的词（以 a_2 来表示）：

(2) (a) $John_1$ likes him_2

(b) 约翰$_1$ 喜欢他$_2$

C. 代词与反身代词出现于相同位置而不形成对立时，反身代词为 a_1，代词为 a_1 或 a_2，由推理判定：

(3) (a) 约翰$_1$ 说他$_{1/2}$喜欢猫

(b) 约翰$_1$ 说自己$_1$ 喜欢猫

(c) $John_1$ found a snake near $him_{1/2}$

(d) $John_1$ found a snake near $himself_1$

D. 代词出现于反身代词不能出现的位置时，则代词为 a_1 或 a_2，由推理判定：

(4) (a) * John says himself likes cats

(b) $John_1$ says $he_{1/2}$ likes cats

E. 英语的 PRO 与前句的主语和宾语均不形成对立，也就是说 PRO_1 和 PRO_2 都可能，需经推理而判定其所指。Levinson (1987)举有很好的例子，谨转引如下：

(5) (a) $Zelda_1$ asked $Mary_2$[PRO_2 to leave]

(b) $Zelda_1$ asked [PRO_1 to leave]

(c) $John_1$ appealed to $Bill_2$[RPO_3 to leave]

(d) $John_1$ appealed to $Bill_2$[PRO_1 to be allowed to leave]

(e) $John_1$ needed a $wife_2$[PRO_1 to frighten]

(f) $John_1$ needed a $wife_2$ [PRO_2 to do dishes]

(g) $John_1$ needed a $wife_2$ [$RPO_{1/2}$ to entertain]

(h) $John_1$ needed [RPO_1 to do the dishes]

汉语中的O选择范围更广，他$_{1/2/3}$/我/你/我们/你们/他们均可，判定全靠语境或上下文。如：

(6) (a) 老王说O(他$_{1/2}$/我/你/我们/你们/他们)下个月去北京旅游

(b) 老王以为老李知道O(他$_{1/2/3}$我/你/我们/你们/他们)明天要演出

F. 词汇性NP用作照应词时情况有些不同。能够这样用的词汇性NP有两种，一为先行词的重复，二为先行词的上位概念词。先行词重复如Levinson所举的：

(7) Only $Felix_1$ voted for $Felix_1$

上位概念如黄衍所举的：

(8) 窗台上的玫瑰$_1$ 开了，花$_1$ 很好看(花为上位概念词，因为玫瑰为花的一种)。(Huang 1991 的例句原都用拼音并附有逐词翻译和英译，为简化起见，一律改用汉字)

因此词汇性NP的照应关系取决于被重复的词或表示下位概念的词。同名的人在近处并提，说话时一般是避免的，当发生这样的情况时，仅仅是一个相同的词偶然地指了两个不同的人，与照应无关。如：

(9) $John_1$ said $John_2$ is enjoying his stay in Egypt

这句话中的$John_1$ 和$John_2$，与下句中的$John_1$ 和$Bill_2$ 完全一样，所以无照应关系可言。

(10) $John_1$ said $Bill_2$ is enjoying his stay in Egypt

以上是以语言系统为依据，在语言系统不明确时直接进行语用推理的照应关系描写。它很简单，因为语言应用本应该是简单的。它有时会产生误解，但可以在语言交流过程中得到纠正。

2. Levinson用一套语用学的规则系统，来部分地取代GB的照应原则，目的是为了表明，这样可以更好说明某些语言中的现象，并且揭示GB原则本是从语用规则中发展而来的。但因为用规则来概括多样性的语言现象很不容易，所以他试了两个方案，然后又把它们综合起来，因此过程相当复杂。又因为会话含义都是或然的，通过复杂的语用规则得出的也只能是句层的优先解读(preferred reading)，到语篇中还须通过与上节所述相同的语用推理而得出语篇释义，而且这个释义也仍然是或然的，因为在交流过程中还可以证明是误解。所以，尽管复杂，却并不比上节所做的描述更精确。

Levinson在新格赖斯派(Gazdar，Horn等人)的研究基础上，将Grice的各项准则(质的准则除外)，缩减为三条原则：Q(量)原则、I(信息)原则和M(方式)原则。它们的内容简单说是：

Q原则：说话提供的信息量不要少于你的世界知识所允许的，除非说更强的话会违反I原则。

I原则："只讲必需讲的"，也就是提供为达到交流目的所需的最少语言信息(但要记住Q原则)。

M原则：不要无缘无故运用冗长、隐晦或有标记的表达式。

以上是从说话人的角度对三原则所做的描述，听话人则要从相反的方向，把听到的话理解为"最强的陈述"，尽可能充实其信息内容，并于说话人运用冗长语或有标记表达式时知道他是要规避相应无表达式所具有的联想和I含义。

这三条原则有如下的优先顺序：Q>M>I。

Levinson的第一个方案以GB的A条件(下面即将解释)为基础，运用上述三条语用原则来解释照应关系，所以叫"A始方案"(A-first analysis)。GB的A条件为：照应词(反身代词、相互代词)在局部领域内受限制(bound)，通俗地讲来，即如说英语中反身代词必须与所属小句的主语"同指"(coreference)。而因为反身代词是语义上较强的词(更具有独立的语义)，所以在能用它之处而用了语义较弱的代词，由于＜himself，him＞形成Horn氏阶，相互对立[①]，因此可以根据 Q 原则推出"同指"关系已经被否定，故代词具有"异指"关系。这样就应用语用原则得出了 GB 的 B 条件："代词在局部领域内自由"。而在不能用反身代词处，代词不与反身代词构成对立，所以根据 I 原则（"只讲必须讲的"），代词具有更富信息量的"同指"这一优先含义。同理，在能用反身代词处而用了词汇性 NP，由于词性 NP 语义上也比反身代词弱，可从 <himself, NP>这一 Horn 氏阶对立中推出 Q 含义为"同指不适用"。而在不能用反身代词处，若用了与代词相比更冗长的词汇性 NP，那么用代词时所有的"同指"优先含义就会在 M 原则的作用下被否定。这样，分别通过 Q 和 M 两原则的作用，词汇性 NP 就在更大的范围内自由（能"异指"）了（而这就是 GB 的 C 条件的内容）（参看 Levinson 1991，Huang 1991）。

然而，"A 始方案"在应用于具体语言分析时遇到困难。首先，它难于解释英语句子"Only $Felix_1$ voted for $Felix_1$"等。这里第二个 Felix 用于能用反身代词（himself）之处，照"A 始方案"分析应为 $Felix_2$，然而这显然是不对的。但是 Levinson 认为，这句子中用 voted for Felix 和用 voted for himself 指的不是一回事，Only Felix voted for Felix 指的是 Felix 只得了自己投的一票，而用了 himself 则指只有他投自己的票，别人都不投自己的票，但他可能还得到别人投他的票。因此用 Felix 是可以解释的。

更严重的情况是例如汉语中的（11）那样的句子：

（11）（a）$他_1$ 说$他_{1/2}$ 缺乏能力

（b）$他_1$ 说$自己_1$ 缺乏能力

既然反身代词和代词均能用，根据 Q 原则，语义上较弱的代词应为"$他_2$"，然而显然"$他_1$"也常见。对此 Levinson 也有一个解释，那就是 Q 原则所区分的不一定是"指称"的对立，也可能是区分"语内角度"的有无（± logophoricity）。例如英语中以下两句可能同义：

（12）（a）$John_1$ pulled the blanket towards $himself_1$

(b) $John_1$ pulled the blanket towards him_1

(a)句中用 himself,就是表示转到了语内角色 John 的角度,用[+logophoric]来表示,(b)句中用 him,表示仍从说话人的角度看,以[-logophoric]表示。汉语等有“长距离反身代词”的语言中,在用长距离反身代词时,Q 含义就是[+logophoric],因此上面(11)中“$自己_1$”和“$他_1$”的区别不在“指称”,而在“语内角度”。

但有些语言中根本没有反身代词,那就显然用不上“A 始方案”了。因此 Levinson 又提出了“B 始方案”,即以 GB 的 B 条件(“代词在局部领域中自由”)为出发点,再根据上述同样的 Q>M>I 原则,推出 A 条件和 C 条件。Levinson 认为,不仅能顺利推出 A 和 C 这两个条件(但也要用到“语内角度”的解释),而且连作为出发点的 GB 条件 B 也能语用地推出(详见 Levinson 1991)。因此得出有两种语言:“A 始语言”和“B 始语言”。

把“A 始方案”和“B 始方案”结合起来,就得到第三个方案,它的内容为:

A. 有两个不同的原则在起作用:(1) I 原则假设同一小句的两个主目异指;(2) 在反身代词和代词之间有 Q 对立,反身代词的特点为[+同指,+语内角度],代词为[±同指,±语内角度]。

B. 先行词与照应关系用语为同一小句的两个主目时,I 原则决定有指称上的对立(异指)。在以外的情况下,Q 原则决定长距离反身代词有对立性,但不一定在指称上对立(也可能在有无“语内角度上”对立)(据 Huang 1991: 315)。

3. Levinson 从语用观点解释某些语言使用中的普遍情况(具体说来即照应关系),这样就发挥了 Grice 提到而未详论的普遍性会话含义(generalized conversational implicature),这无疑是有意义的探索。只不过他受到语言系统明晰论的影响很深,所以虽采用语用观点,也力主在两个或两个以上的可能解释中必须确定一个优先的解读(preferred reading),而且要通过规则系统式的语用含义推导式来求得它,因此使理论复杂化,而且产生了理论内部和理论取向方面的问题。

3.1 理论内部的问题。Levinson 引用并发挥了 Hagège 等人关于“语内角度”(logophoricity)影响到语言使用的发现,无疑很有意义。但是 Levinson 设想<himself, he>的指称对立消失时,由〔±语内角度〕所形成的 Horn 氏对立所取代,却有值得商榷之处。

所以要引入“语用角度”,是因为 he 和 himself 在指称上的区别时常发生“中和”现象(neutralization),也就是说在有的位置上 he 和 himself 指称无区别。例如(例句仿 Levinson 1991: 119,或 Huang 1991: 312):

(13) (a) $John_1$ found a snake near him_1/$himself_1$

(b) $John_1$ thought that Mary criticized everyone but $himself_1$/him_1

(c) 王先生$_1$ 说他$_1$/自己$_1$ 游览过长城

这三句中无论用 him 或 himself,他或自己,它们均能与主句的主语 John 或王先生同指,因此说它们的指称区别已经“中和”。但这一中和就危及了 GB 条件和 Levinson 的语用原则,因为它们都是建立在反身代词和代词的对立上的。因此需要引入“语内角度”这一概念来使它们重新对立。大致是这样的说法:himself 是从语内角色(John 和王先生)的角度而言的,而 he 是从说话人(或写这些句子的人)的角度而言的,所以 himself 为[+语内角度],he 为[-语内角度]。

但是,要构成 Horn 氏对立,首先必须符合的条件是:任何 S 和 W 在任意句框架 A 中,A(s)必须涵蕴(entail) A(w)(例如 all 涵蕴 some),因为只有这样才能应用 Grice 的量的原则,从 some 中推出 not all。在指称方面,反身代词和代词可以说构成这种对立,因为 himself 具有第三人称和小句主语本人这两个意义成分,而 he 只具有第三人称一个意义成分,所以 A(himself)必然涵蕴 A(he),而且从 he 根据 Q 原则可以推出 not himself。第一、第二人称亦然。问题只是：例如在(13)(a)(b)(c)这类情况下，反身代词和代词的对立被中和，破坏了规则。为了解释这种不符合规则的现象，Levinson 提出在这种情况下反身代词和代词虽然在指称上不对立，但在有无“语内角度”上构成对立，即＜＋语内角度，－语内角度＞形成 Horn 氏对立。然而这有些问题。

首先，语内角色的角度和说话人的角度是不相干的两个角度，不能说语内角色的角度涵蕴说话人的角度，故也不能说[＋语内角度]涵蕴[－语内角度]。

其次，我们说从 some 中可推出 not all，从 he 中可推出 not himself，那就是说用 all 或 some，用 himself 或 he 真值条件各不相同。但是无论用[＋语内角度]或[－语内角度]并无影响真值条件。从以上(13)中三句可以看出，无论用反身代词或代词，真值条件不变，也就是说所反映的外界事件并无区别。由此可见[±语内角度]并不涉及说话的意义、含义或信息，它是一种只涉及话语角度的语体因素。

除了(13)之类可供任选的例子外，也还有各种不能任选的情况，如：

(14) (a) The box_1 has chalk in it_1

(b) ?? The box_1 has chalk in $itself_1$

(15) $John_1$ carried a gun with him_1/?? $himself_1$

(16) $John_1$ told a story about $himself_1$/?? him_1

不难看出，这些句子不能都用[±语内角度]来解释。(14)是符合这解释的。我们可以说：因为不能取 box 的角度，所以不用 itself。但(15)句为什么不能采用语内角度，而(16)句又为什么不能采用说话人的角度呢？这就说不通了。

而反身代词作为一种语体现象，可以具有语内角度、强调、意外等语体意义(参看黄衍论自己的意义 Huang 1991：320—1)。(15)句从语内角度这点难以讲通，但 carry something with someone 这短语的重点必然在“携带”而不在“谁身上”(因为当然就在自己身上），就能说明 with 后因为不必强调，所以不用反身代词。需要强调自己带时另有自然的选择，如：

(17) John carried the gun himself

此外，所述事件在客观世界中的常见与否，也是一个选择标准。例如故事一般讲别人，讲自己较不平常，所以(16)中需用 himself 来强调讲的是自己。又如一般总把导弹对准别人，对准自己肯定不平常，所以须用表示强调的 himself（如 Levinson 1991 所引）：

(18) (a) John$_1$ directed the missile against himself$_1$

(b) ?? John$_1$ directed the missile against him$_1$

<＋语内角度，－语内角度>是否构成 Horn 氏对立，不仅是一个理论上的类别问题，因为 Levinson 把 Q 原则的作用范围限制于 Horn 氏型的对立(Levinson 1987：407)，否则就要采用 I 原则，那就要有完全不同的解释，或者无法解释这里所涉及的代词和反身代词对立中和的现象。

其三，即使假设<＋语内角度，－语内角度>的对立能够成立，它的作用范围也只能及于第三人称的<himself, he>和第二人称的<yourself, you>，而在第一人称上又要搁浅，需另找解决途径。如：

(19) (a) 我$_1$ 认为我$_1$ 没有能力解决这问题

(b) 我$_1$ 认为自己$_1$ 没有能力解决这问题

(20) (a) 我们$_1$ 都说我们$_1$ 是人民的公仆

(b) 我们$_1$ 都说自己$_1$ 是人民的公仆

这里说话人就是语内角色，不可能形成<＋语内角度，－语内角度>的对立，因此问题仍旧不能解决。而从语体含义的角度看，自己和我(们)的区别只在于是否有强调的意味。

以上对(14—20)各句所做语用解释，在主张规则系统的人看来是就事论事的解决法(piecemeal approach (Levinson 1991：118))。其实，这些具体的考虑无非是反身代词和代词在具体语境中实现其含义的几个例子。而且还不止于此，还可根据不同的语境而有其他种种的解释。语言符号的意义是抽象的，因此这种根据具体语境而做的具体理解是到处都需要的。听说双方对语言的应用不仅要遵守“人云亦云”的原则，而且还允许带进自己的创造性。在我看来，这种需要“就事论事”的情况不是语言学家应该用复杂的形式分析来排除的，相反是应该通过解释听话人的智力活动来说明的。它们正是规则系统、形式分析不能很好解决语言使用问题的根本原因。

3.2　理论取向的问题。语法规则是语言使用所必须遵守的，至少理论上是这样。而语用解释却都是或然的。因此 Grice 把“可取消性”作为会话含义的特点之一。从这个理论的层次上就能看出，语法规则和语用解释是搞不到一起的。用语用解释来补充语法规则，不可能使语法更具解释力，而只能使整个语法具有语用的或然性，所以实际上是在纯语法解释途径受阻后的一个出路。Levinson 很清楚这一点，所以他说：“部分地采用语用说明，之所以会显得比 GB 方法优胜，是因为有一些例外的用法，它们将永远使纯语法解说感到窘困。”所以 Levinson 要做的，是在语法规则无法明确规定的情况下，寻求或然的，或如他自己所称“优先的解读”。

假使涉及的是众多的选择，经过确定优先解读可以简化或缩短获得信息的过程，或使隐蔽的信息揭露出来（如会话含义的揭示），那么确定优先解读是有意义的。但是 Levinson 的三个方案所确定的优先解释，却仅是从 $he_{1/2}$ 中确定 he_1 或 he_2 作为优先解读，而且既然是优先解读，所以具有会话含义的可取消性（Levinson 1991：117；Huang 1991：324），也即可根据上下文通过推理来肯定或否定它。而在当前的情况下，所谓否定无非是把 he_1 改为 he_2，把 he_2 改为 he_1。按理，照应关系还涉及一个 O，它可能指称 $he_{1/2/3}$/I/you/we/they 等等，比较复杂，但是 Levinson 的方案未正面处理 O，只把它当做一个省略的代词来确定它优先为同指或异指，至于异指时为 $he_{1/2/3}$，或 I，或 you，或 we，或 they，方案不处理。在这样的情况下，不免要产生一个问题：明明只涉及 he_1 和 he_2，而且无论确定 he_1 或 he_2 为优先解释，都要经过结合语境的常识推理肯定或否定，那么为什么不能从语法所得出的 $he_{1/2}$ 的基础上，跳过优先解读，直接结合语境通过推理而得出信息呢？

或许是因为语言结构本身，或使用者的直觉中明显地存在着优先解释，所以需要将它分析出来吧？实际上也不然。这里由于 Levinson 所举英语和汉语的例子都不多，我们不妨结合黄衍的纯语用理论和他所举的较多汉语例子，来看看优先是怎样定下的。

黄衍的方案应用纯语用解释，避免与 GB 条件混在一起，所以比 Levinson 的要简洁明了得多。但因为他也依靠一套固定程序的规则系统来求得优先解释，所以在这里所讨论的问题上，他和 Levinson 是一致的。

有许多句子的优先解读与语法规则相符合，而且也没有明显的歧解，因此可以不论。我们且看语法上有歧解的句子如何确定它们的优先解读。这主要涉及：(1) 远距离反身代词，(2) O，(3) 词汇性 NP。

3.2.1 英语中没有远距离反身代词，所以例子都是汉语的。用作远距离代词的他和自己可以出现在同一位置，它们都有歧义，即他$_{1/2}$，自己$_{1/2}$，那么哪个是优先解读呢？例如：

(21) (a) 老王$_1$ 说他$_{1/2}$是个工程师

(b) 小明$_1$ 的坏脾气给他$_{1/2}$带来了许多麻烦

(c) 小圆圆$_1$ 以为妈妈要责怪自己$_{1/2}$了

从语言使用的实际看，这里的他$_{1/2}$和自己$_{1/2}$（即他和自己与主句中的主语同指或异指），都是完全自然的。要说哪个是优先解读，除非把所有用汉语说过的话都收集起来进行统计，而那是不可能做到的。但是 Levinson 和黄衍都从语法不容存在模棱两可这一观点出发，未加论证地认为同指（即他$_1$ 和自己$_1$）是优先解读（Levinson 1991：151—152；Huang 1991：319），这是不能令人信服的。Huang (1991：312)说：像王先生说他游览过长城和小圆圆以为妈妈要骂他了中的他理解为异指(即不指王先生或小圆圆)“直觉上感到是不对的”,意思是说:因为直觉上不能是异指,所以优先解读为同指。我对前一句没有这样的直觉,认为他$_1$ 和他$_2$ 都一样自然。第二句固然倾向于解读为“妈妈要骂小圆圆了”,然而这是从内容推出的,只要改一下内容,就可能完全不同。如:

(22) 小圆圆看见哥哥赖在地上,以为妈妈要骂他了

这个句子显然就优先解读为“妈妈要骂哥哥”。因此这句中处于及物动词宾语位置的代词也是他$_1$ 和他$_2$ 同样自然,并无孰先孰后之分。

3.2.2 Levinson (1987: 419)确定 O 与 PRO 优先解读为 he_1,代词优先解读为 he_2,并举了这些例子:

(23) (a) He'd_1 prefer O_1 going

(b) He'd_1 prefer his_2 going (favoured interpretation)

(24) (a) He_1 wants [PRO_1 to go]

(b) He_1 wants [(for) him_2 to go]

(c) $John_1$ bought a book [PRO_1 to give to Mary]

(d) $John_1$ bought a book [for him_2 to give to Mary]

同时他承认在英语中这些结构虽然可用 I 原则和 Q/M 原则来解释,但并非都用得上会话含义的“取消原则”,因此是部分地语法化了的(partially grammaticalized) (1987: 420)。我承认这些例句中 PRO 有同指的优先性(但请参看(5)),代词有异指的优先性,但认为这正是语法化的结果。汉语中没有这种语法化,因此虽然以下(25)句中的 O,正如黄衍所说,优先解读为 he_1(即指王先生):

(25) 王先生说 O 游览过长城(Huang 1991: 312)

但是只要内容一改,同样结构中的 O 就有不同的解读,如:

(26) 病人说 O 查过病房了

这里 O 肯定不是病人,而是语境中的医生。可见这优先解读不是语用规则确定的,而是从句子内容推出的。

3.2.3 词汇性 NP 的优先解读均为异指,而这也符合语法规

定,所以完全可以说优先性原本来自语法。

比较特殊的是名词重复使用,按语用规则推出异指的一些例子。Levinson 未举自己的例子,但提到了 Reinhart 认为(27)中的两个 Joan 异指:

(27) Joan adores Joan

黄衍举的例子有:

(28) (a) $Chomsky_1$ admires $Chomsky_2$

(b) 小明$_1$ 常常埋怨小明$_2$

我认为这里有点误会,名词作为指代词只能有两种情况,或为上位概念词,或为同一名词的重复应用。这里所涉及的词既非上位概念词,就应为同句先行词的重复,因此在宾语位置的 Joan, Chomsky 和小明应为同指,即 $Joan_1$, $Chomsky_1$ 和小明$_1$。若说它们不是指主语本人,而是另一个人,那么它们与 Many, Bloomfield 和大陆的功能完全相同,仅在外表上与各句主语的名字偶合,因此不属于照应词范围,并无指称问题可研究。

3.3 因此,确定优先解读的做法,既没有语言系统上的根据,也没有理解上的依据,显得是不必要的。之所以要这样做,是为了程序性地确定一个优先解读,以便可以说:虽然语法上说来有歧义,虽然从语用角度也有歧解,但我们到底在所有的地方都能确定一个优先解读,以表明语言系统的明晰性。可见出发点正是不允许语言系统存在不明确之处。

其实,为机器所用的系统才必须是明确而且逐项都区分的。对人类的智力活动而言,不可能制定出这样详尽的系统,而且(恐怕是更主要的),人类不会满足于这样的系统,会觉得它有碍于创造性的智能活动;抽象而笼统的,允许创造性运用的系统,倒符合人类的需要。表达和理解缺乏精确性,固然容易引起误解,但这是语言交际中的事实,人们在进一步的语言交流实践,或其他更广义的实践中,能逐步纠正误解,趋近完全的理解。但在所有复杂的交流中,彻底的理解恐怕是没有的,否则古希腊的一些哲学论点也不会一直争论至今了。形式分析论者所企求的正是从这种不精确的语言实践中，找出一套精确无误的规律系统来，所以弄得很复杂而终难达到目的。

4. 我在第一节中提出的，允许语法分析存有歧义，而在语法分析的基础上直接联系语境，结合世界知识进行推理，以求得语法信息的设想，与 Sperber 和 Wilson 的关联理论比较接近，主要区别也就在于后者企求一种测定关联程度的形式化途径。具体说来，就是认为关联程度可由话语所具有语境含义的多少和得出这一含义所需付出努力的大小折算而决定。事实上这两者都无法客观确定，因而更无法折算。这种形式化的途径，正如 Y. Wilks 所批评，无非只是置说话人意图与听话人知识限度于不顾的“一种以 Chomsky 的能力论为基础的、抽象而无定向的模式”（Wilks 1986）。西方学者追求精确性，有其优点，但在分析语言使用时确实必须顾到听、说双方都从自己的心理出发，来使用语言，而在实践中逐步得到相互理解，因此统一的模式未必管用，还需多注意具体情况下的具体分析。

5. Levinson 的长篇论文最后落实于一个历时语言学的论点：以远距离反身代词为特征的“B 始语言”要向无远距离反身代词的“A 始语言”转化，而汉语正处在转化的中途。他声明，关于古汉语的代词和反身代词，由于缺乏汉语发展史的材料，他只能提出一些猜想，以促使有关专家提供事实。我们远非专家，自然不能妄置一词。不过 Levinson 引用来证明汉语与古英语用法相同（因而说汉语处在向现代英语类型的“A 始语言”转化的中途）的例句，却值得讨论。那例句中的她自己不指 a_1 而指语境中的某个 a_2：

(29) 王小姐$_1$ 非常欣赏她自己$_2$

这句话转引自黄衍的博士论文，我相信一定没有弄错，而是有出处的。然而所有说汉语的人想来都会同意：这绝不是汉语的正常用法，只可能在特定的话语中出现。如：

(30) 李太太$_1$ 是一个自我陶醉的人。在她眼里周围人都崇拜自己$_1$。王小姐$_2$ 非常欣赏她自己$_1$。张小姐$_3$ 更是一举手一投脚都模仿她自己$_1$。

以如此偶然性的句子作为汉语发展阶段相当于古英语的证明,在论据上似嫌不足。

注释:

① 典型的 Horn 氏阶如<all, some>。所以说它形成对立,是因为说 some 时就意味着 not all,说 all 时涵蕴 some。

参考文献:

［1］Huang, Y (1991) "A neo-Gricean pragmatic theory of anaphora", *Journal of Linguistics*, Vol. 27 No. 2.

［2］Levinson, S. C. (1987) "Pragmatics and the grammar of anaphora: a partial pragmatic reduction of Binding and Control phenomena". *Journal of Linguistics*, Vol. 23 No. 2.

［3］Levinson. S. C. (1991) "Pragmatic reduction of the Binding conditions revisited", *Journal of Linguistics*, Vol. 27 No. 1.

［4］Sperber, D. and D. Wilson (1986) *Relevance: Communication and Cognition*, Cambridge. MA: Harvard University Press.

［5］Wilks, Y. (1986) "*Relevance and belief*", in Myers et al. (eds), *Reasoning and Discourse Processes*, London: Academic Press.

(原载《现代外语》1993 年第 4 期)

评 析

照应现象是指一个语言单位对于前面出现过的一个语言单位或意义进行指称。广义的照应包括前指和后指。20 世纪 80 年代以后,回指成为一个研究热点,最初主要在生成语法的管辖与约束理论内进行研究,但近些年来开始引起语用学家们的兴趣。研究者们关注的是,受话人在理解各种回指表达式(如名词短语、代词和零形式等)时,是怎样判断选择正确的先行词的。不少研究者试图从语用角度来解释回指现象,其中新格赖斯会话含义学说对于回指现象的解释比较引人注目。

文章考察了新格赖斯会话含义理论关于照应的解释存在的一些问题。新格赖斯会话含义理论在两个或两个以上的可能解释中确定一个优先的解读,然后通过规则系统式的语用含义推导模式来求得该优先解读。作者认为,这种做法不仅使理论复杂化,而且产生了理论内部和理论取向问题。就理论内部而言,文章论证了Levinson 关于反身代词和代词在语内角度上存在对立,二者形成Horn 等级对立的观点无法成立。就理论取向而言,作者提出,语法规则是语言使用者必须遵守的,而语用解释都是或然的,二者性质不同,Levinson 和黄衍在语用解释中确定优先解读的做法,既没有语法系统上的根据,也没有理解上的依据,是不必要的。文章认为,应该允许语法分析存在歧义,并在语法分析的基础上直接联系语境,结合世界知识进行推理,以求得语法信息。

本文是国内最早对新格赖斯会话含义理论关于照应的解释做出评价的,指出了新格赖斯照应理论存在的困难。全文观点明确,论证充分,结论令人信服。

会话隐涵理论的新发展

——新 Grice 会话隐涵说述评

张绍杰

0. 引言

继 H. P. Grice 提出合作原则(cooperative principle),创立会话隐涵说(简称“旧说”)后,语用学领域又形成了一种解释会话隐涵的新理论,即新 Grice 会话隐涵说(简称“新说”)。虽然“新说”仍在发展之中,但已引起了广泛的注意。那么,什么是“新说”? 为什么会产生“新说”? “新说”在“旧说”的基础上进一步提出或解决了哪些理论问题? 它对语用学的发展有何重要意义? 本文试图对这些问题做一探讨。

1. 新说产生的学术背景

1.1 “旧说”的提出

1975 年,Grice 在《逻辑与会话》一文中,提出了制约人类交际行为的一条总则(语言交流的参与者需根据交流的意图和环境采取合作的态度)和四条准则(量准则、质准则、关系准则、方式准则),统称合作原则。1978 年,他在《逻辑与会话补注》一文中进一步阐发了自己的观点。Grice 提出合作原则意在补救用形式逻辑分析自然语言意义时所存在的不足,进而解释为什么在言语交际中说出 X,意为 P,而隐涵 q 这一人类语言非自然意义现象,从而完成了他的会话隐涵说。事实上,Grice 对自然语言意义的研究包括两部曲：一是提出会话隐涵理论,二是建立行为原则为解释其理论提供依据(Kempson, 1975)。

Grice 区分自然意义和非自然意义。自然意义不传递意图,只表示(客观)实际(factive),如"红灯意为停车"、"乌云意为快要下雨";非自然意义与信递相关,涉及意图,表示(主观)非实际(non-factive)的信递内容,如"他的手势意为发了火",不是表示实际而是传递意图(Grice, 1989: 291)。"旧说"就是建立在对自然语言非自然意义的观察和解释的基础之上的。Grice 对非自然意义的分析可用下图表示(参见 Levinson, 1983: 131; Harnish, 1976: 331; Horn, 1989: 146)。

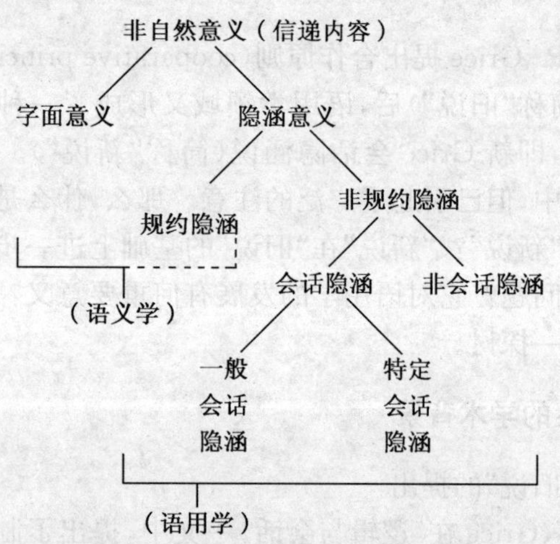

根据 Grice 的解释,语义学研究字面意义(真值条件意义),语用学应对各种隐涵意义给以解释。其解释的依据就是他所提出的会话交流一般所遵循的合作原则。因此,"旧说"是一个完整的理论体系。然而,正如任何一种理论都不可能是完美的一样,"旧说"也有其局限性：无法解释在语义学和语用学两者之间存在着的一个交叉层面的意义(如图表的虚线所示)。显然,这种交叉层面的

意义指的是规约隐涵。Grice 认为，下面这个例子中的 a 隐涵 b，但 c 不隐涵 b，虽然 a 和 c 的真值条件意义相同：

(1) a. He is an Englishman; he is, therefore, brave.

b. An Englishman is brave.

c. He is an Englishman and he is brave.

Grice 把 b 这种隐涵称作规约隐涵，具有可分离性特征，因为说出 c 句，隐涵自然消失。

诚然，Grice 的分析是正确的，但他没有对规约隐涵的特征做出全面考察。实际上他所说的规约隐涵就是后来引起最大争议的"预设"——既表现出规约意义的一面，也表现出非规约意义的一面。于是，各种议论纷至沓来，在语用学领域展开了激烈的学术探讨。

1.2 引起的争议

"旧说"的提出在学术界引起的争论主要围绕两方面的问题：一是合作原则的普遍性、应用性和解释的充分性问题，二是规约隐涵和会话隐涵的区分问题。

就第一个问题而言，归纳起来有三种看法：1) 舍而弃之。持这种观点的主要是语义学者，认为合作原则对意义的解释"含糊"、"空洞"、"泛化"，给出相同条件，似乎既可解释 A，也可解释 B，因而缺乏解释力。有些反对意见认为合作原则不具有普遍性，因而不适用于解释跨语言文化交际行为(Keenan, 1976)，不能用来解释各种句子类型(如否定句、祈使句、疑问句)和其他隐涵现象(参照 Kempson, 1975)，句子隐涵完全可纳入语义学范围，无须建立语篇原则(Katz & Langendoen, 1976)。2) 取而代之。这种观点承认制约交际行为的原则是存在的，但合作原则难以充当这一角色，所以提出了其他原则，如 Kasher (1976) 提出了理性原则(rationality principle), Sperber 和 Wilson (1986) 提出了相关原则(principle of relevance)以取代合作原则。[①] 3) 借而用之。这种观点原则上持赞同态度，但同时认为合作原则在其普遍性、应用性和解释的充分性方面存在着局限，因此必须加以修正和发展，使其具有更大的解释力（Kempson，1975；Atlas & Levinson，1981；Leech，1983）。

第二个问题的争议集中在以什么为标准来区分规约隐涵和会话隐涵。Sadock (1978)分析了Grice所提出的会话隐涵的五个特征（可取消性、不可分离性、可推导性、非规约性、不确定性），指出了按这五个特征为标准区分规约隐涵和会话隐涵所存在的问题，提出强化(reinforceability)也是一条特征。围绕上面这个问题的讨论很多，争议很大，但争论的焦点是与规约隐涵和会话隐涵二者都有联系的"预设"问题。一种观点认为"预设"等于规约隐涵（Karttunen & Peters，1979；Cazdar，1979），因为"预设"具有不可取消性、可分离性和不可推导性的特征；一种观点认为"预设"等于会话隐涵（Wilson & Sperber，1979；Atlas & Levinson，1981），因为"预设"具有可取消性、不可分离性和可推导性的特征。这场争论虽然没有明确的结论，但其结果澄清了这样一个问题："预设"具有规约性和非规约性两方面的性质，是一种半规约意义（参看Horn，1989：145—146；沈家煊，1990）。

1.3 "新说"的产生

应该说对"预设"的"两面性"看得最清楚的是Atlas和Levinson。他们似乎也把"预设"看做会话隐涵，但实际上他们同其他激进语用学的观点有很大不同。[②]Atlas和Levinson (1981)全面、系统地总结了关于"预设"的争论，对长期争执不休的"否定"和"投射"问题做了深入的剖析，重新思考和修正了包括"旧说"在内的各种不同的语用学观点，明确提出"预设"等于"一般会话隐涵"的概念。他们认为"预设"一方面可简约为衍推；另一方面可简约为非规约性会话隐涵，这是语义和语用相互作用的结果。从"否定"的特征（否定后仍然保留或消除）看，"预设"与语境或背景信息相关，明显体现出非规约性；从"投射"的特征（由某些词项和语句引发）看，"预设"与不靠语境推导这一意义上的"一般会话隐涵"相关，说明存在着规约程度问题。概括起来说，“预设”表现出两大区别特征：一是在某些语境下可被取消，二是依附于表层结构（Levinson，1983：186）。因此，以真值条件为标准无法解释“预设”的性质，而根据“旧说”的量准则确立起来的级差语用规则（Horn，1972；Gazdar，1979）又存在着明显的局限性。[③] 此外，他们观察到许多非级差隐涵现象，级差规则根本解释不了。例如：

（2） a. The baby cried and the mother picked it up.

b. The mother was the mother of the crying baby.

（3） a. Kurt went to the store and bought some wine.

b. Kurt went to the store in order to buy some wine.

（4） a. Mart and David bought a piano.

b. Mart and David bought it together.

（5） a. If you mow the lawn, I'll give you five dollars.

b. If you don't mow the lawn, I won't give you five dollars.

（2）—（5）中的 a 都隐涵 b。这些现象说明，在会话交流中人们可以从常规的一般用法中推导出更具体的交际内容。由此得出结论，解释“预设”的性质必须把语义学和语用学结合起来，建立一种统一协调的理论。更重要的是，他们冲破旧框框的束缚，认为“旧说”无法解释的现象不意味着不存在其他原则，不能僵化地限制在“旧说”的解释范围内。

正是鉴于以上这些认识和观察，Atlas 和 Levinson 首先提出了解释会话推论的新原则。

2. “新说”补证的会话原则

初期提出的新原则（Atlas & Levinson，1981：40）只能看做是“新说”的雏形罢了，它经历了一个发展、完善的过程。在其整个发展过程中，对“新说”有过贡献的主要包括 Atlas，Levinson，Leech，Horn，Sperber 和 Wilson 以及 Yan Huang 等，其中以

Levinson 和 Horn 为代表。他们不断加以总结和完善后形成的解释会话推论的原则，构成了我们称之为“新说”的理论体系。所以，一般认为“新说”包括 Horn 和 Levinson 分别补证的会话原则。下面分别做一介绍：

2.1 Horn 的 O-原则和 R-原则[④]

Horn 把“旧说”的四条准则，除保留质准则外，简化为一条 O-原则（量原则）和一条 R-原则（关系原则）。

A. Q-原则

提供足够的信息：能说多少就尽量说多少（以 R-原则为条件）。

B. R-原则

提供必要的信息：能不说的就尽量不说（以 Q-原则为条件）。

根据 Horn 的解释，Q-原则和 R-原则是两条功能对立的语用原则。就信息结构而言，Q-原则是一条下限原则，可用来推导上限隐涵，所推导出来的 Q 隐涵具有否定特性。当说话人说出“…P…”（P 指 Horn 级差里的弱项或相关意义上的弱式）时，听话人可推导出其隐涵，即（就说话人所知）“…至多是 P…”的意思。换言之，表示与 P 相关的强项或强式不成立的意思。与此相对，R-原则是上限原则，可用来推导下限隐涵，所推导出来的 R 隐涵具有肯定特性。当说话人说出“…P…”时，听话人可推导出其隐涵，即“…不只是 P…”的意思，或者说说话人传递的是相关的强项或强式的意义。例如：

(6) a. Some of the boys were there.

b. Not all of the boys were there.

(7) a. I slept in a car yesterday.

b. The car is not mine.

(8) a. I broke a finger yesterday.

b. It was one of my fingers.

(6)b 和(7)b 是根据 Q-原则推导出来的。(6)a 中 some 是

Horn 级差里的弱项，隐涵强项不成立的意思，所以推论是 b；如果(7)a 要表示“我昨天在自己车里睡觉”的意思，那说话人就应明确地这样说出来，所以推论是“这辆车不是我自己的”。(8)b 则是根据 R-原则推导出来的。假定先按 Q-原则推导，推论是“这个手指是别人的”。然而按社会规约，这种理解显然是不成立的，所以听话人只能根据 R-原则来推导。根据 R-原则，说话人使用弱式不定冠词意在表达其相关的强式 one of my fingers 的意思。说话人本可以使用强式但没有使用则说明，他假定听话人可以按常规推断出所要表达的强式的意义。

从例(8)可看出，Q-原则的应用有时同共同接受的社会规约发生冲突，这时 R-原则就会起主导作用，制约听话人按常规推断出 R 隐涵。

为了说明 Q-原则和 R-原则两者之间既相互对立又相互补充的关系，Horn 提出语用劳动分工(division of pragmatic labor)的解释方法。其基本内容概述如下：

给定两种并存的表达形式：一种是无标记语(unmarked expression)——简短、语义强度较弱，一种是有标记语(marked expression)——较复杂或冗长。无标记语倾向于通过 R 隐涵同某些无标记的、一成不变的意义、用法或情景发生联系，而使用有标记语时，则倾向于 Q 隐涵(根据 Q-原则推导出)有标记信息的意思，即无标记语无法传递的信息。

Horn 的“语用劳动分工”实际上是说，说话人首先遵循 R-原则使用无标记语，但当使用无标记语无法表达要传递的信息时，说话人将遵循 Q-原则使用有标记语，传递有标记信息。例如：

(9) Can you pass the hot sauce?

(10) Do you have the ability to pass the hot sauce?

遵循 R-原则，说话人选择(9)，听话人可按规约推导出“请求”的隐涵。如说话人遵循 Q-原则使用(10)，那么听话人只能按字面意思理解推导出 Q 隐涵，即表达“疑问”的意思。

Horn 曾指出，Q 隐涵的理据是语言性的，而 R 隐涵则带有典型的社会和文化特征（Horn，1989：195）。然而，这是不是说 Q-原则制约着语言表层形式，而 R-原则制约着信息内容？实际上我们不十分清楚。正是在这一点上，Levinson 提出了疑义（见 2.2）。

2.2 Levinson 的 Q-原则，I-原则和 M-原则⑤

Levinson 也保留了"旧说"中的质准则，并主要以量准则为基础，提出了三条新原则：Q-原则（量原则）、I-原则（信息原则）和 M-原则（方式原则）。

A. Q-原则

说话人准则：在你的知识范围允许的情况下，不要说信息量不足的话，除非提供足量信息违反 I-原则。

听话人推论：相信说话人提供的足量信息与他所知道的相一致，因此：

a. 如果说话人说出 Horn 级差<S，W>里的弱项 W，那么推论是说话人知道其强项 S 不能成立。

b. 如果说话人说出弱项 W，但 W 未衍推嵌入句 Q，而说出强项 S 却衍推 Q，且{S，W}构成对比，那么推论是说话人不知道 Q 是否成立。⑥

B. I-原则

说话人准则：最低限量准则

尽量少说，不必要的不说，即以提供最低限度的语言信息达到交际目的实现（牢记 Q-原则）。

听话人推论：最大充量规则

扩充话语的信息内容，即寻找最为特定的解释，直至达到判定说话人的交际意图为止。

具体按下列推导：⑦

a. 假定所指对象或事件之间存在着常规关系，除非（i）与所确认的情况相悖，（ii）说话人违反最低限量准则而选择冗长语。

b. 假定句子所"谈及"的话题存在或符合实际，如果与所确认的情况相符的话。

c. 避免对所指实体做多重解释——假定所指关系的表达遵简从略，具体来说，优先把简约的名词短语 NP（代词或零形式）按同指关系解释。

C. M－原则

说话人准则：不要无故使用冗长语、隐晦语或有标记语。

听话人推论：如果说话人使用冗长语或有标记语 M，那么他不是表达同用无标记语 U 相同的意思——具体来说，说话人在尽力避免 U 带来的常规性联想和做出 I 隐涵的推断。

Levinson 的 Q－原则和 I－原则也是两条既对立又统一的原则。根据 Q－原则，说话人如果未说出语义强度大或信息量充足的话语，那就意味他要表达与这句话不同的意思。由此我们可推导出 Q 隐涵；与此相反，根据 I－原则，说话人如果说出语义强度小或信息量不足的话语，那意为他让听话人按常规推导出具体、确切的意思（即 I 隐涵），用 Levinson 的话说，"说得越少，表意越多"。下面例子中（11）b 和（12）b 是根据 Q－原则推导而来，而（13）b、c、d 和（14）b 是根据 I－原则推导出来的：

（11） a. Some of my best friends are professors.

b. Not all of my best friends are professors.

（12） a. Mary believes there is life on Mars.

b. Mary doesn't know that there is life on Mars.

（13） a. John turned the key and the door opened.

b. John turned the key and then the door opened.

c. John turned the key and thereby caused the door to open.

d. John turned the key in order to make the door open.

（14） a. Bill has a car. The window doesn't close.

b. Bill's car has a window.

有些隐涵是靠 Q－原则和 M－原则综合推导出来的。例如：

(15) a. The bus comes often.

b. The bus comes not infrequently.

(16) a. Bob caused the car to stop.

b. Bob stopped the car in an unusual manner.

根据 Levinson 的解释,(15)b 和(16)b 分别是 Q/M 隐涵,因为它们既涉及形式,也涉及语义的对比。

Levinson 的 Q-原则、I-原则看起来同 Horn 的 Q-原则、R-原则很相似,但实际上存在着根本区别。Levinson 认为 Horn 不应把他的 Q-原则同"旧说"的方式准则联系起来,把 R-原则同关系准则联系起来,这样会把制约形式的语用原则同制约信息内容的语用原则混为一谈。从 Horn 的"语用劳动分工"看,有标记语和无标记语使用的区分与信息量毫无关系,而实际上他的 R-原则可制约语义信息量的多少;Q-原则一方面可制约表层形式,另一方面可制约信息内容。所以,Horn 未阐明两者的关系(Levinson, 1987a: 72—73;b: 409)。

Levinson 认为必须明确区分制约表层形式和制约语义内容的语用原则。因此,他明确指出他的 Q-原则和 I-原则是建立在语义概念(semantic notion)基础之上的,都对语义强度或信息量起制约作用,而 M-原则是制约表层形式的,有些现象(Q/M 隐涵)是根据 Q-原则和 M-原则综合推论的结果。为了解释 Q-原则、I-原则和 M-原则三者之间的矛盾对立和相互作用,他提出了下面的解决办法:

1) 真正的 Q 隐涵,从有密切对比联系的长短相等、类别相同并"涉及"相同语义关系的语言表达形式中推导而来,优先于 I 隐涵的推导;

2) 在其他情况下,I-原则导致按常规做具体解释,除非:

3) 存在着两个(或两个以上)相同意思的表达形式:一个是无标记形式,另一个是有标记形式。在此种情况下,无标记形式通常传达 I 隐涵,而使用有标记形式,根据方式原则表示相关的 I 隐涵不成立的含义。

为了验证他所提出的新原则的合理性，Levinson（1987b，1991）把它们应用于解释 TG 语言理论中被认为最带有普遍意义的回指（anaphora）现象，向 Chomsky 的管约（government-binding）理论提出了挑战。他采取历时的研究方法，依据澳大利亚 Guugu Yimidhirr 语和汉语语料的分析，证明回指现象可以用新原则给以合理的解释。这样就把 Chomsky 提出的制约回指现象的条件纳入了语用学理论的框架（参看 Yan Huang，1991a，b）。

3. 关于"新说"的评价

从前面的介绍可以看出，"新说"是在"旧说"的框架下，为弥补其理论上的缺陷，解决语用学内部、语义学和语用学之间的理论之争所发展起来的。所以，"新说"可视为是对"旧说"的补证或新释，尽管两者在本质上存在着很大差别。应该指出，"新说"除了批判地吸收了"旧说"的合理部分外，还有两个来源：一是 Zipf（1949）的最低力原则（principle of least effort），一是 Popper（1959）关于衍推的信息内容的分析。[8]这说明"新说"具有坚实的理论基础。那么，"新说"究竟解决或进一步解决了哪些理论问题？它对语用学的发展有何重要意义？下面我们将从三个方面展开讨论。

3.1 进一步强化了语义学和语用学的互补关系

语义学和语用学二者是什么关系？这个问题似乎有了结论，但实际上一直没有解决。解决这个问题的关键是拿什么标准来划分语义学和语用学的界线。Grice 关于自然语言意义的划分直接引发了关于这个问题的争论。根据 Grice 的意义理论，有两个标准：一是真值条件，二是约定俗成。但这两个标准都无法解释"预设"的归属问题（详见沈家煊，1990）。"新说"的倡导者们认为，"预设"的两面性（见 1.2）必须从语义和语用相互对立和相互作用的关系上来加以解释。因此，他们不赞同 Grice 关于规约意义和非规约意义的解释，认为实际传递的内容等于字面意义＋隐涵意义之和(Atlas & Levinson, 1981: 35),这样就可把“预设”看做是话语的规约性和非规约性相互作用的结果。“新说”对会话隐涵的解释明显地体现出这种关系。

如果我们承认“新说”对“预设”的解释是合理的话,那么现在发现的人类语言的七种非自然意义(衍推、预设、规约隐涵、合适条件、一般会话隐涵、特定会话隐涵、非会话隐涵)都属于语用学的范围,这样,语用学这一概念的外延扩大了,而语义学则实际上是对元语言(metalanguage)的研究。这里元语言是指“特殊构成的形式化系统”(Lyons, 1977: 1.3),对元语言研究即对元系统的研究。我们认为这种做法更接近于语言事实,因为我们无法在语义和语用之间划一条清晰的界线。显然,“新说”基于这样的假设,即语用学涉及两个系统:语义系统涉及规约意义的确定,语用系统涉及非规约意义的确定(Cole, 1981)。这种观点进一步强化了关于语义学和语用学关系的第三种看法:语义和语用是语言交际系统的两个不同的组成部分,既互相对立又互相补充。Fillmore(1981)也认为语用学应把形式、功能和语境三者统一起来,这三者之间既相对独立又相互依赖。许国璋先生在《论语言》(1991: 26—27)中也曾指出,语言既受语法规则制约,也受社会规则制约。

“新说”进一步从理论上界定了语义学和语用学二者的关系,对研究人类自然语言意义的方法产生了积极的影响。目前,学术界普遍认为,语义学和语用学是研究人类自然语言意义的两种不同的观点和方法,两者是一个对立统一体。在对自然语言意义研究的过程中,我们的目的在于去发现语义和语用相互作用的机制,而不是把两者割裂开来。这种共识不能不说是“新说”推动的结果。

3.2 扩大了语用学的解释力

Chomsky 曾指出,语言研究的目标应达到观察的充分性、描写的充分性和解释的充分性。所以,判断一种语言理论的价值最重要一点就是看它是否具有较大的解释力。“旧说”的主要贡献是简化了语义学，但 Grice 对如何根据四条准则推导出会话隐涵阐述得不严谨，而且局限于故意违反准则而产生的特殊会话隐涵，如隐喻（metaphor）、反语（irony）的解释上，尤其对一般会话隐涵的解释采取一种“保守”的态度。所以，来自对“旧说”的主要批评意见之一，就是其解释力问题。所以 Sperber 和 Wilson（1981）提出反语可采用一种修辞语用学（rhetorical-pragmatic）的方法，而无须采用逻辑语用学（logical-pragmatic）的方法来解释。Leech（1983）认为违反量准则是受礼貌策略的影响，因此提出了礼貌原则作为补充。那么，如何扩大会话隐涵理论的解释力？“新说”的倡导者们认为，必须扩大“一般会话隐涵”的概念，重新认识这一隐涵现象的性质。这种看法已证明是正确的。

从“I-原则”所解释的范围看，一般会话隐涵包括多种会话推论现象，如并联强化型（conjunction buttressing）（见例句（3）、（13））、联系型（bridging inference）（（2）、（14））、条件完备型（conditional perfection）（（5））、联袂型（mirror maxim）（（4））、优先同指型[9]（preferred co-reference）等语用学者所发现的现象（参见徐盛恒，1993）。可见，“新说”的解释力远大于“旧说”。正如 Horn 在依据大量的语言事实所得出的结论那样，“‘新说’既可解释历时的和共时的，也可解释词汇的和句法的，还可解释‘语言’的和‘言语’的语言现象，从会话隐涵和礼貌策略到代词和空缺的解释，从词项的阻塞和分布限制到间接言语行为，从词的演变到格的形成”（1984：38）。Levinson 称“新说”是对“语话的最佳解释”。

“新说”解释力的扩大，不仅仅说明可进一步简化语义学，而且说明语用学理论完全符合一般语言理论方法论上的要求，能提供一个既简明又概括性极大的解释模式，这为实现建立整体语用学的理论目标提供了方法。更重要的是，会话推论的原则使我们对会话隐涵性质的认识产生了质的飞跃，即会话隐涵都要经历一个规约化（conventionalization）的过程，在这个过程期间，各种隐涵中都含有规约成分，具有“混合”的性质（参看 Levinson，1983：ch.

3)。Morgan (1978)提出的短路(short-circuited)会话隐涵现象随着新原则的提出进一步得到证实,间接言语行为理论可以被新原则所取代,Grice(1989)近期对会话隐涵的看法也说明了这一点。这类带有"半规约意义"的会话隐涵实际上指旧意义上的规约隐涵,或等于一般会话隐涵。对这类会话隐涵的推导依赖于规约意义。因此,"新说"不但将把对规约隐涵的研究引向深入,而且将启迪我们去深入思考语法和语用的关系。

3.3　加深了对语言交际性质的认识

人类语言交际的性质是什么?这个问题是随着"旧说"的提出人们才加以深入思考的。"旧说"指出了语言交际以"合作"为基础的性质,尽管有人对此持怀疑态度,但它已得到广泛的承认。Grice (1989: 371)在阐述合作原则的总则和四条准则之间的关系时,又进一步强调了交际的"合作"性质。这也是为什么"新说"的倡导者们意在补证、发展"旧说",而不是把它抛弃的原因所在。语言交际表现为交际的参与者(说话人和听话人)相互作用的过程:说话人把交际意图附于言语行为之中,听话人通过对言语行为的分析达到对交际意图的理解。以语言运用为研究目的的语用学,应从言语的表达与理解两个方面提供解释。然而,"旧说"只是从说话人方面来解释交际行为,这显然是个缺陷。如果把"新说"同"旧说"的原则加以比较,则不难看出在这方面所做的修正。

无论是 Horn 的新原则还是 Levinson 的新原则都突出了交际的双向性,也就是说都从表达与理解两个方面来解释交际行为。这使我们进一步认清了交际的过程:在表达和理解言语行为的过程中说话人和听话人都持有不同的假设,彼此以"合作"为基础,以共知信息和对方的假设为前提,从而达到对话语的理解。"新说"正是解释了言语的表达与理解受不同语用原则制约的过程。因此,我们对语言交际性质的认识更深化了一步。

最后应指出,"新说"仍处在发展之中,它有待于进一步完善,如在语言形式、信息内容和语用原则三者之间的关系上,还存在着分歧;信息量、表达方式和相关性三者之间存在着怎样的联系,还须进一步研究。如果我们能成功地把新原则应用于解释汉语的语言现象,那不但会进一步证明“新说”的普遍意义,而且将为推动语用学的发展做出我们的贡献。

注释:

① a. Kasher 提出的理性原则,指在会话交流中说话人是理智的施为者,其交际行为完全受交际目的和信念的控制。他认为 Grice 的四条会话准则都建立在这条原则的基础之上。我们认为理性原则虽然在某种程度上可进一步解释为什么会话交流遵循合作原则的问题,但无法应用于解释会话隐涵现象。

b. Sperber 和 Wilson 把 Grice 的四条准则简化为一条相关原则,对此持否定或反对意见者居多,认为相关原则具有“认知性质”,不能真实地反映社会和文化特征。

② Atlas 和 Levinson 也属激进语用学派,但他们强调语义和语用的互补关系,并提出修正激进语用学某些不合理的解释。因此,他们所使用的“会话隐涵”概念不同于 Grice 所阐述的那种狭义上的概念,而是指广义上的各种会话推论。

③ Horn 级差指按同类词语的语义强度或信息量不等所组成的序列,即< e_1, e_2, e_3, …, e_n >。在这个级差里,相邻的两个词项,前者为强项(S),后者为弱项(W);排列在前面的词项为强项(S),排列在后面的词项为弱项(W)。如果< S, W >构成 Horn 级差,那么当说话人说出任何一个弱项 W 时,隐涵强项 S 不成立的意思。

根据这条语用原则,级差语的字面意义是表示下限,而表示上、下限的意思是根据语用规则推导出来的会话隐涵。例如:

(1) Kate ate 3 carrots. { 下限:至少吃了三个。 / 上、下限:只吃了三个。

(2) Mary ate some of the cookies. { 下限:至少吃了一些。 / 上、下限:吃了一些但不是全部。

虽然 Horn 级差规则能解释级差语不存在歧义问题,但 Atlas 和 Levinson 指出它有三条限制:a. 构成级差的词项必须是同类词语;b. 每个排列在前面的词项必须衍推它后面的词项；c. 级差里所有的词项必须“涉及”相同的语义关系或属于相同的语义范围。

④ Horn 于 1984 年提出 Q-原则和 R-原则（Q 和 R 分别为 Quantity 和 Relation 的缩略形式，以区别于“旧说”的量准则和关系准则）；1989 年，他又进一步修正和阐发了这两条原则。本文的介绍主要参照后期的解释综合而成。

⑤ Atlas 和 Levinson（1981）共同提出了信息原则（principle of informativeness）（简称 I-原则），后来 Levinson（1987 a，b）在评述 Horn 的 Q-原则和 R-原则的基础上进一步阐发了他们的观点，最终形成了下面所介绍的三条原则。其中 Levinson 并未将 M-原则（principle of manner）单独作为一条原则来阐述，而是体现在他的解释之中。本文对 M-原则的介绍源于 Yan Huang（1991b）。

⑥ a. 嵌入句（embedded sentence）为 TG 语法中的术语，指传统语法中及物动词后的宾语从句，与这一术语相对的是矩阵句（matrix sentence），即传统语法中的主句。

b. 这条涉及分句隐涵（clausal implicature）的推导问题。例如：

a）John believes that there is life on Mars.

b）John knows that there is life on Mars.

c）John doesn't know that there is life on Mars.

动词 believe 和 know 可构成 Horn 级差<S，W>，前者为弱项后者为强项。说出 a）句时，弱项 W（believe）不能衍推出从句 Q（即“火星上有生命”）；而说出 b）句时，强项 S（know）却可衍推出从句 Q。因此，推论是当说出 a）句时隐涵 c）的意思，即说话人不知道 Q 是否成立（不知道火星上是否有生命存在）。

⑦ 这三条是听话人在推导 I 隐涵过程中所持有的假设，并非按逻辑顺序排列，也就是说 I 隐涵的推导并非要依次经过这三个步骤，而只表明 I 隐涵是如何依据这三种假设在具体情况下推导出来的。这三条大体可概述为：a. 按约定的常规关系推导；b. 按句子的实际使用推导；c. 按所指关系的表达习惯推导。例如：

（1）a）He stopped his car near a house.

b）The house is not his.（根据 a 推导而来）

（2）a）It was John that Mary kissed.

b) Mary kissed someone.（根据 b 推导而来）

(3) a) John finished the work and (he) began to watch TV.

b) $John_1$ finished the work and he_1 began to watch TV.（根据 c 推导而来）

⑧ a. Zipf 认为人类的全部行为受"最低力原则"的制约。这条原则指人们在解决目前或将来的问题时，总是设法把付出的努力减少到最低限度。在语言使用的领域，这条原则表现为两个方面：合力和分力。合力指说话人表达上的经济力（speaker's economy），倾向于用最简单的方式表达复杂的意义，而分力指听话人理解上的经济力（hearer's economy），倾向于把复杂的意思按一种意义来理解（1949：19—21）。

b. 根据 Popper 的分析：如果 B 的一组衍推包含在 A 的一组衍推之中，那么 A 比 B 信息量大（1959：120）。

⑨ 这是 Levinson 应用新原则解释回指现象时使用的术语。名词短语的三种不同表现形式，可按语义信息量和表层长度构成一个不等的层次：（词项）名词短语＞代词＞空缺（零形式）三者的语义信息量依次减小。根据 I-原则，我们可对回指现象做这样的解释：零形式和代词形式的名词短语，在管约的范围内，比词项形式的名词短语倾向于表示同指关系。例如：

a) John came in and (he) sat down.

b) $John_1$ came in and he_1 sat down.

根据 a 推论出 b 中的 $John_1$ 和 he_1 是同指关系，这种推论称为优先同指型推论。

参考文献：

［1］Atlas, J. D. & Levinson, C. S. 1981. It-clefts, informativeness, and logical form. In P. Cole (1981).

［2］Cole, P. (ed.) 1981. *Radical Pragmatics*. New York: Academic Press.

［3］Fillmore, C. J. 1981. Pragmatics and the description of discourse. In P. Cole (1981).

［4］Gazdar, G. 1979. *Pragmatics: Implicature, Presupposition and Logical Form*. New York: Academic Press.

[5] Grice, H. P. 1975. Logic and conversation. In H. P. Grice (1989).

[6] Grice, H. P. 1978. Further notes on logic and conversation. In H. P. Grice (1989).

[7] Grice, H. P. 1989. *Studies in the Way of Words*. Cambridge: Harvard University Press.

[8] Harnish, R. M. 1976. Logical form and implicature. In T. G. Bever, J. J. Katz & D. T. Langendoen (1976).

[9] Horn, L. R. 1972. *On the Semantic Properties of Logical Operators in English*. Bloomington: Indiana University Linguistics Club.

[10] Horn, L. R. 1978. Remarks on Neg-Raising. In P. Cole (1978).

[11] Horn, L. R. 1984. Toward a new taxonomy for pragmatic inference: Q-based and R-based implicature. In D. Schiffrin (ed.) *Meaning, Form, and Use in Context: Linguistic Applications*. Washington, D. C.: Georgetown University Press.

[12] Horn, L. R. 1989. *A Natural History of Negation*. Chicago: The University of Chicago Press.

[13] Huang, Y. 1991a. A pragmatic analysis of control in Chinese. In J. Verschueren (ed.) *Levels of Linguistic Adaptation*. Amsterdam: John Benjamins Publishing Company, 113 - 145.

[14] Huang, Y. 1991b. A neo-Gricean pragmatic theory of anaphora. In *Linguistics* 27: 305 - 335.

[15] Karttunen, L. & Peters, S. 1979. Conversational implicature. In C-K Oh & D. Dinneen (eds.) *Syntax and Semantics* 11: *Presupposition*. New York: Academic Press, 1 - 56.

[16] Kasher, A. 1976. Conversational maxims and rationality. In A. Kasher (ed.) *Language in Focus: Foundations, Methods and Systems*. Dordrecht-Hclland: Reidel Publishing Company, 197 - 216.

[17] Katz, J. J. & Langendoen, D. T. 1976. Pragmatics and presupposition. In T. G. Bever, J. J. Katz & D. T. Langendoen (1976).

[18] Keenan, E. O. 1976. The universality of conversational postulates. In *Language in Society* 5, 67 - 80.

[19] Kempson, R. M. 1975. *Presupposition and the Delimitation of Semantics*. Cambridge: Cambridge University Press.

[20] Leech, G. 1983. *Principles of Pragmatics*. London: Longman.

[21] Levinson, S. C. 1983. *Pragmatics*. Cambridge: Cambridge University Press.

[22] Levinson, S. C. 1987a. Minimization and conversational inference. In J. Verschueren & M. Bertuccelli-Papi (eds.) *The Pragmatic Perspective*. Amsterdam: John Benjamins Publishing Company, 61-129.

[23] Levinson, S. C. 1987b. Pragmatics and the grammar of anaphora: a partial pragmatic reduction of binding and control phenomena. In *Linguistics* 23: 379-434.

[24] Levinson, S. C. 1991. Pragmatic reduction of the binding conditions revisited. In *Linguistics* 27: 107-161.

[25] Lyons, J. 1977. *Semantics*. Volume I. Cambridge: Cambridge University Press.

[26] McCawley, J. D. 1978. Conversational implicature and the lexicon. In P. Cole (1978).

[27] Morgan, J. L. 1978. Two types of convention in indirect speech acts. In P. Cole (1978).

[28] Popper, K. R. 1959. *The Logic of Scientific Discovery*. London: Hutchinson.

[29] Sadock, J. M. 1978. On testing for conversational implicature. In P. Cole (1978).

[30] Searle, J. R. 1979. *Expression and Meaning*. Cambridge: Cambridge University Press.

[31] Sperber, D. & Wilson, D. 1981. Irony and the use-mention distinction. In P. Cole (1981).

[32] Sperber, D. & Wilson, D. 1986. *Relevance: Foundations of pragmatic theory*. Cambridge: Harvard University Press.

[33] Wilson, D. & Sperber, D. 1979. Ordered entailments: An alternative to presuppositional theories. In C-K Oh and D. Dinneen (eds.) *Syntax*

and Semantics 11: *Presupposition.* New York: Academic Press, 299 - 323.

[34] Zipf, G. K. 1949. *Human Behavior and the Principle of Least Effort*. Cambridge: Addison-Wesley Press.

[35] 沈家煊,1990,“语用学和语义学的分界”,《外语教学与研究》1990 年第 2 期。

[36] 许国璋,1991,《论语言》。北京:外语教学与研究出版社。

[37] 徐盛桓,1993,“会话含意理论的新发展”,《现代外语》1993 年第 2 期。

(原载《外语教学与研究》1995 年第 1 期)

评 析

会话准则及会话含义推导机制一直是语用学的研究焦点。语用学家们逐渐发现 Grice 的学说对许多会话含义无法解释。进入 20 世纪 80 年代以后,不少研究者从各个角度提出对该学说的修正。在众多新的会话含义理论中影响较大的当属新 Grice 会话含义理论和关联理论。

本文是对新 Grice 会话含义理论(作者称为会话隐涵)的述评。文章首先回顾了 Grice 的会话含义学说,介绍了国外学者围绕合作原则的普遍性、应用性和解释的充分性以及规约含义和会话含义的区分问题所进行的争论。作者在评价了 Grice 学说的局限性以后,重点阐述了 L. Horn 的数量原则和关系原则及 S. C. Levinson 的数量原则、信息原则和方式原则。文章认为,新 Grice 学说强化了语义学和语用学的互补关系,扩大了语用学的解释力,加深了对语言交际性质的认识。

对于新 Grice 会话含义学说国内学者已有评介,最早的文章发表于 1993 年。本文的特点在于论述比较清晰,对新 Grice 学说的理论背景、内容和意义都做了全面说明。但文章个别地方也值得商榷。比如,作者认为 Grice 所说的规约含义就是预设,实际上规约含义和预设的区别还是比较明显的,前者是不可取消的,而后者是可取消的。再如,作者认为,新 Grice 学说对管辖与约束理论关于回指现象的解释提出了挑战,这种说法也不尽准确。新 Grice 学说对于回指的解释只是对于管约论的一个补充,而且在解释各种回指现象,尤其是汉语的回指现象的时候,也遇到了相当大的困难。

含义分类标准评析

熊学亮

1. 含义的语义覆盖区域

含义(implicature)是 H. P. Grice (1961, 1975)率先提出的概念,指语言在使用时所产生的与语境有关的附加意义。然而 Grice 对含义的阐述和分类有语焉不详之处,因此在过去 30 年里,为数不少的语言哲学家费了不少笔墨来界定含义和其他附加语义。由于鉴别的标准和观点不同,很难达成共识。为此,笔者综合数家观点,从一个新的视角来对含义进行界定和分类。

语言的附加意义很多,假定下图 A 区的语义部分已经约定俗成,(至少部分)在字/词典里有定义,属直义部分,或者说在语义学的范围内可以得到描写(如同义、反义、上下义等关系);C 区的语

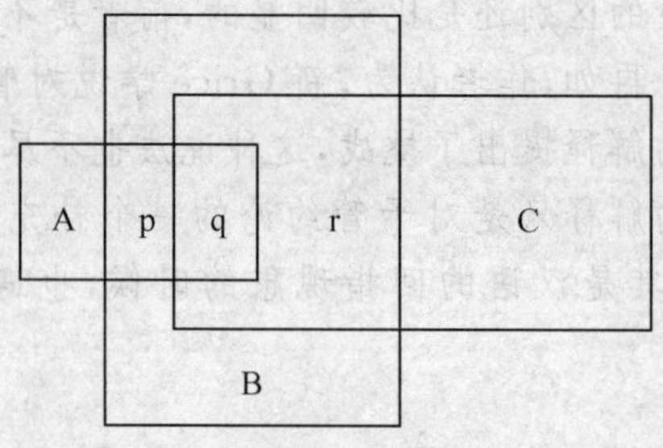

图 1

义是词语的种种联想、形象、象征、象似或比喻意义，比如说“不要在头脑里放电影了”这句话，比较形象地表达了“不要想事”的意思，“放电影”和“想事”之间的关系就是修辞性质的；含义要通过一定量的推理才能获得，因此假定只有B区的语义才属于含义范围。

在图1中，p、q和r表示的是附加语义复叠或争议区域，p是A和B(直义和含义)的可能相交区域，r是B和C(含义和其他语义)的可能相交区域，q是A、B和C(直义、含义和其他语义)三种语义的可能相交区域。“可能”是在定义不明的情况下产生的概念，如果有了明确的定义，这种可能性也就大大减少了。

2. 含义的分类

Levinson (1983: 131) 把 Grice (1975) 的含义归纳成下面几类：

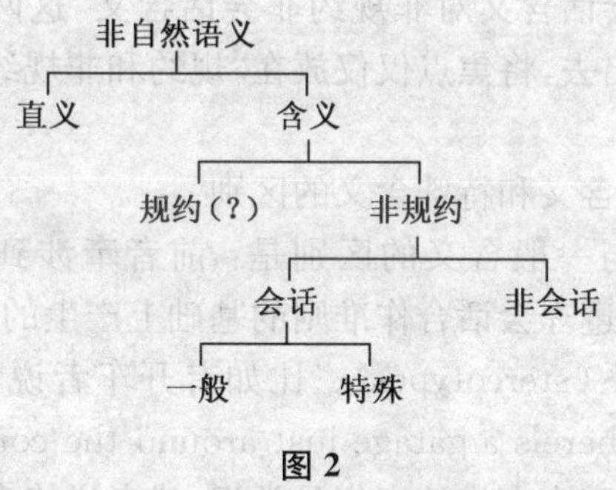

图2

Grice (1961)曾用“乌云”和“下雨”之间的联系来说明“自然意义”概念，自然意义是以人的经验为依据的。以这种意义为基础，Grice把“非自然意义”(meaning-nn)说成是带有意图的，那么直义是否也算是自然意义呢？假如以Levinson的分类为标准，非自然意义实际就等于“语言意义”(或语义)，因为语言意义是约定俗成的、是非自然的意义。不管怎样，我们先把非自然意义看成是语义，后面的工作就比较好做一些。

从图 2 可以看出，把语义用二分法切分四次，便产生了“直义对含义”、“规约含义对非规约含义”、“非规约会话含义对非规约非会话含义”以及“一般会话含义对特殊会话含义”四个对立体。由于直义(what is said)是语言的字面意义，当然不在含义理论的考虑范围之内。Sadock (1978：282—296)认为，Grice (1975：47)的“非规约、非会话”含义似乎是建立在美学、社会学、伦理道德学所涉及的若干非会话性准则之上的，为此，Sadock 认为 Grice 的“非规约非会话含义”提法不妥，因为类似“礼貌”等准则虽然是非会话性质的，但是在语言交际理论中并不能从左右会话的“合作”原则那里分离出去。为此，Sadock 第一刀把含义切分成“规约含义”和“非规约含义”两大类，然后再把非规约含义切分成“一般非规约含义”和“特殊非规约含义”两种。我认为这种切分法比 Grice 的要清楚合理一些，因为至少我们可以把语用学价值较低的“直义对含义”和“非规约会话含义对非规约非会话含义”这两个对立体从含义理论中排除出去，将焦点仅仅放在“规约和非规约”与“一般和特殊”两对矛盾上。

2.1　一般含义和特殊含义的区别

特殊含义与一般含义的区别是：前者牵涉到的语境量比较多，而后者是在遵守会话合作准则的基础上产生的，表示的是事物之间的常规关系(stereotypes)。比如有开车者说汽油用完了，听话人说：“Oh, there's a garage just around the corner.”在英国这个环境里，修车库内有汽油出售是常识，或者说修车库和汽油之间有某种常规关系，因此根据这种常识或常规推出的“你可以在修车库那里加油”就是这句话在那个语境里的一般含义。相比之下，如果有人问：“What on earth has happened to the roast beef?”听话人答：“The dog is looking very happy.”，听话人所说的话的含义就可能是“Perhaps the dog has eaten the roast beef.”。这种含义就是特殊含义。Grice (1975, 1978)在绝大多数场合把这种含义说成是违背量原则的结果，或者也可以说是违背关系原则的结果，但是我们也可以说这是遵守相关原则的结果，因为在一特定语境里，这种回答是相关的，听话人也是可以推出含义的。

由此看来，用是否遵守和违反合作原则为依据来衡量含义的一般性和特殊性有时是站不住脚的，因为在语言交际中，人和人之间的默契并不能完全用 Grice 的交际准则来涵盖，准则的遵守和违反之间存在着某种程度的交叉现象，比如有时说话者违反的是量准则，遵守的却是礼貌原则；有时违反的是方式准则，遵守的却是相关原则。但是如果我们用“语境量”作为衡量标准来区分一般含义和特殊含义的话，情况就会有所改观，这是因为语言交际中所使用的语言（即话语）的质量和所涉及的语境之间的比例，似乎也遵循着类似物理世界所特有的那种“能量守衡”反比定律：语境量大，话语的质和量就可以偏离常规值；语境量小，话语的质和量就相应地比较接近常规值。这里常规值指的是“把话说清楚、说明白”的标准，是交际中省力原则与信息需求的中和或平衡。有了这样的标准，我们就可以说，语境量多、偏离常规值的话语，产生的就可能是特殊含义；语境量少、接近常规值的话语，产生的就可能是一般含义。也就是说，偏离句义、与语言形式无关的意义就是特殊含义，与句义有一定关系，甚至和语言形式也有（部分）关系的就是一般含义。特殊含义的推导性质至今仍不太清楚，也无法进行形式化处理，故形式语用学家（即新格赖斯语用学家）把主要的精力放在一般含义的推导上。

2.2 一般含义和规约含义的区别

一般含义和规约含义有时是很难区分的。比如，说“I walked into a house.”的含义是“屋子不是我的”，而说“I cut a finger.”的含义是“手指是我的”。为了解释前面一句话，我们可以说它违反了量原则，因为如果屋子是我的我就不会这样说，这是需要推理后得出的一般含义；为了解释后面一句话，我们必须说手指和手，手和人之间有某种常规关系，割了手指一般总是指自己的手指，而不会是别人的，因而后面一句话里“a”在该句里的含义也是一般性质的。然而 an F 形式中的不定冠词的不确定性和距离似乎又暗示某种规约，这种规约虽不是直义，但是可以直接或间接地结合一定的语境协助推导一般含义，因此我们可以说，规约含义是介于一般含义和直义之间的语义。

规约含义和一般会话含义的关系不是互补（即非此即彼）的关系，两者之间的差异是以无向量（scalar）的形式存在的，区别是非常微妙的，有时辨别这两种含义也不太容易。因为如果以真值或满足条件为鉴别标准的话，规约含义应归语用学管；如果以自然意义和规约意义作为鉴别语用学和语义学的标准，规约含义似乎又要归到语义学的门下，难怪 Kempson (1975) 干脆建议把规约含义分流到会话含义、语义先设和逻辑蕴含范围内分别处理，因为她说 Grice (1975) 在讨论规约含义时，仅仅举了 but 和 therefore 两个例子，她认为这说明不了什么问题。Kempson 这样说，可能是忽视了话语指示（discourse-deictic）和社会指示（socially-deictic）两大规约含义范畴，Levinson 认为这两大范畴是语用学中必不可少的规约意义范畴。话语指示成分有 however、well、oh 等数量不少的话语标志词语，社会指示指的是词语所携带的社会含义，如"Tu es le professeur. "和"Vous etes le professeur. "这两句话在法语里表示的是一样的意思（或一样的真值），tu 和 vous 都是第二人称单数，但后者有"尊敬"、"距离"等规约含义，而前者没有类似含义。

一般含义是会话含义，因此 Horn (1988) 用来区别会话含义和规约含义的标准对我们来说有借鉴之处。Horn 是借用 Grice 会话含义标准来分辨规约含义的。Horn 认为，尽管规约含义和会话含义都与表达的适宜性有关，和真值无缘，但它们有着本质上的差别。规约含义与会话含义的差别在于：1）规约含义是语言约定俗成的一部分，因此无法预测（unpredictability）；2）规约含义在任何语境中不变，因此无法取消（noncancelability）；3）规约含义依附在词汇上，因此可以和语句分离（detachability）；4）规约含义不必推导（non-calculability）；5）规约含义酷似语用先设（pragmatic presuppositions, cf. Stalnaker, 1974);6) 规约含义的语用投射(pragmatic projection,即从小单位的含义推大单位的含义)比非规约含义的来得更加分明(well-defined projection properties, cf. Karttunen & Peters, 1979)。也就是说,不是直义的、与语句真值无关的、无法预测的、无法取消的、可以与语句分离的、不必推导的那部分语言意义,可以被视为语言的规约含义①。定义管定义,在理论上想给"真正"的规约含义定位却非易事,难怪 Levinson 把规约含义看成是语言启动后的半影(penumbra),而半影比起影子来,更加不好把握。

一般认为,语言的规约含义仅与词语意义有关,是词语意义的半影。可是 Horn 在鉴定规约含义时,又提到了语用先设(第 5 条标准)和语用投射(第 6 条标准)问题,而语用先设和一般含义一样,有时在某种程度上等于词义加上语境或交际双方的共有知识(或合作)。"先设"(presupposition)②是一种语义学和语用学的接面现象,这一概念是当代逻辑学创始人之一 G. Frege (1892)率先提出的,1960 年后在 Strawson (1950)那里得到了进一步的发展。尽管先设在当代语用学领域里的文献量最大,提出先设概念的不止一家,先设定义的方式也不尽相同,然而到目前为止,语义先设和语用先设的界限尚不绝对分明,先设的研究离告一阶段还差之甚远。但是我们至少可以用下面的标准来衡量这一与会话含义不同的语言现象:1) 先设是由一些特定的词语触发的;2) 先设是话语适宜所需的背景知识,因此一般是不可否定的;③3) 先设一般与语言结构关系比较密切;4) 语义先设同语用先设的区别一般是后者有时与 Frege 的组构原则(principle of compositionality/functionality)相悖,从而形成"语义投射问题"(projection problem)。下面我们就以这些标准为基础来区分规约含义和语用先设。

3. 规约含义和语用先设的区分

形式语用学的早期,人们认为真值语义学和会话语用学所涉及的对象可以穷尽所有的语义范畴，所谓的“先设”和“规约含义”可以分别归入语义蕴含（二价逻辑，见注释 3）和会话含义的范围（cf. Kempson, 1975; Wilson, 1975; Wilson & Sperber, 1979），这样一来，人们就没有必要再去区分什么语用或语义先设（cf. Frege 1892; Strawson 1950; Grice 1961）。Kempson 认为 Grice 的规约含义最多只能对付类似 even、also、but、therefore 之类的词语，故基本上可以从含义理论中一笔勾销了。

然而这种说法似乎太乐观了些。首先，先设不等于语义蕴含，比如下面例句中(1)的语义蕴含是(2)，先设是(3)，在句(4)里，否定掉的是蕴含(2)，而不是先设(3)。

(1) John managed to stop in time.

(2) John stopped in time.

(3) John tried to stop in time.

(4) John didn't manage to stop in time.

这里 manage 有[ATTEMPT]和[SUCCESS]两个义素，而 try 只有[ATTEMPT]一个义素，因此 manage 语义蕴含 try，manage to stop 语义蕴含 try and stop。在否定句里，否定掉的是 manage 的结果 stop，而不是过程 try，因此 try 作为 manage 动词的实施基础而保存下来，成为该词语的先设。由此看来，上例的先设是 manage 这个词语触发的，一般是不可否定的。

Karttunen & Peters (1979)认为，先设之所以无法被否定掉，是因为它是非真值性质的，因此不可能简化成类似 Russell (1905) 那种蕴含式的二价逻辑。然而先设毕竟是语言使用中语言结构的附加语义之一，或者说是语句或话语有意义或适宜[4]的基础。Gazdar (1979)认为语言成分或结构启动后有如下语义增值可能（meaning incrementation/augmentation）：

1. 语义蕴含（entailments）
2. 小句会话含义（clausal implicatures）
3. 无向量会话含义（scalar implicatures）

4. 先设(presuppositions)

一般说来,每一句话都应该有先设知识作为话语有效的基底,许多话语都有语义蕴含,相当一部分话语可以有小句或无向量会话含义。Gazdar 认为,上述序列的前项,在一定的语境内可以取消其后面的项目,因此并不是每一轮话语都必须包含上述所有的附加语义。在这四种附加语义里,先设被取消的可能性最大,这是因为先设在很大程度上是建立在"适宜"和"共有知识"前提之上的,一旦共有知识(或背景知识)与先设知识不一致,先设就会消失。假如 Bill came 是下例(5)的先设的话,在句(6)里这种先设就被 I don't know ... 这一小句含义取消了。

(5) John doesn't know that Bill came.

(6) I don't know that Bill came.

我们可以说"I don't know that Bill came because he didn't come.",但是不可以说"John doesn't know that Bill came because he didn't come."。

(6)中先设的取消,说明语用先设投射并不总是遵循 Frege"语言结构的意义等于其内部成分意义的组合"这一组构原则,一般会话含义也存在类似投射问题,因此先设和一般含义的相似之处是两者在特定的语境中都可以被击败(defeasible)或被取消,而规约含义是不可能被击败或被取消的。

就投射问题而言,Karttunen (1973)罗列了许多能触发先设或一般含义的词语,他说有些词语是通道(holes),可以让先设或含义穿过去,上升到主句或成为全句的先设或含义;有些词语是塞子(plugs),可以堵住这种上升,引起投射问题;有些词语是过滤器(filters),只能让一部分先设或含义通过。由于先设和一般含义都有"可取消"的特征,都有"投射"问题,因此 Karttunen & Peters (1979)把先设和规约含义等同起来处理,这是混淆一般含义和规约含义差别的做法。

为此,我用图表来对规约含义、一般含义和先设做一界定,下

表 1 含有四个鉴别特征，“＋”表示“有”，“－”表示“无”。

	与语境有关	与语言结构有关	与语言结构意义有关	有普遍性
规约含义	－	＋	－	－
一般含义	＋	－	＋	＋/－
先设知识	＋	＋	＋	＋

表 1

规约含义和语用原则有关，和语言结构的意义无直接关系，比如法语中 tu 和 vous 的规约含义实际上是一种文化规约，和词语的意义无关，而 manage 的先设是和该词语的意义有关的，因此规约含义因文化而异，先设可能是一种普遍现象。

一般含义和先设都与语境有关，它们和规约含义的主要差别是一个是否可以取消的问题，一般含义和先设在特定语境中可以被取消，而规约含义在任何语境中都是不可能被取消的，因此一般含义和先设就牵涉到一个语用一致性问题。

从“车库”推出“加油”这一一般含义，从 manage 推出 attempt and succeed 这一先设，至少在某种程度上是和文化有关的，因此有“＋”和“－”两种可能，这是一般含义和先设的区别之一。一般含义和先设的另一个区别是：先设与语境、语言形式和语言结构都有关系，改变了语言形式，先设就会发生变化，比如“分裂句式”(cleft sentence structure) It is X that ... 中 X 的话语有效基底 someone 或 something 是一个最重要的先设成分，而这种重要性是由该语言结构所决定的；而一般含义仅与语句的语义发生关系，受语境影响较大。由于先设受语言结构影响，先设的内容及数量(或命题量)在一般情况下比一般含义要更加清晰有序。

我认为，语句有意义性和先设之间的关系类似下图里图形(figure)和背景(ground)之间的关系，可以从认知心理学的“识别相对性”实验中得到佐证：在规定的时间内（如一秒钟），让受试者辨认图 4，受试者多半会迅速聚焦于中间白色部分，识别的结果就是一个花瓶或柱子；让受试者再次识别该图，焦点就可能移到黑色部分，感觉到的就是两个人脸的侧面黑影。

图形以黑色部分为背景，黑色部分如以白色部分为背景，也可以成为图形，因此图形和背景的差别不是色彩的问题，而是识别的速度问题，而速度问题又和图形的位置和覆盖区域大小有关。就速度而言，在快速识别中，把注意力指向白色区域几乎是一种自动过程，而把注意力指向黑色部分的话，识别者就需做出视点调整。如果我们把先设知识当做黑色背景，图形就是依赖该背景的语句，这是一个自动过程；而如果我们在再次识别中把白色区域当做背景，从白色区域推导黑色区域的过程就有些像在特定语境中从语句推导含义的过程。就覆盖区域而言，图 4 中黑色区域大于白色区域，意味着话语的先设和含义可以超过一项。然而在任何一轮语言交际中，在数量可能增生的若干先设知识项中总有一项是最为重要的，选择最重要的先设的依据是语言结构；在数量可能增生的若干含义中总有一则含义是最相关的，选择最相关的含义的依据是语境（具体或抽象），这种选择是受人的相关倾向左右的，是一种“奥卡姆剃刀”（Occam's Razor）现象。

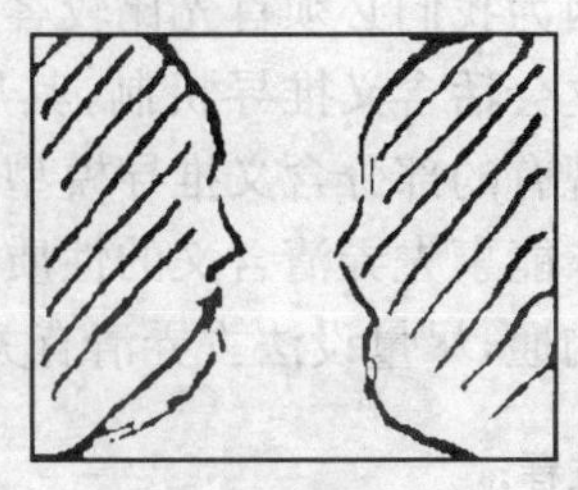

图 4

因此区别含义和先设的另一个标准是考虑背景和图形这一识别相对现象中的识别速度和区域大小问题、在语言交际过程中的认知主次顺序以及语义增生的控制依据。

4. 结束语

我们可以把过去 30 多年里国际上研究语言意义的语言哲学界分成两大阵营：一是激进语义学派，一是激进语用学派。激进语义学派不喜欢提含义概念，倾向于把语言附带的意义称作先设；激进语用学派不喜欢提先设概念，倾向于把语言附加意义当做含义来处理，这就导致了术语的紊乱，而术语的紊乱又引起了语义研究的紊乱，因此给含义和先设做一界定就显得相当重要。以前学术界有人喜欢区分语义先设和语用先设，这样做弊大于利，因此我建议不提语义先设，将一大部分原来所谓的语义先设分流到语用先设范畴，将原来语义先设逻辑性较强的部分分流到语义蕴含范畴，将逻辑蕴含，如[P→q] & (p→q)排除在外，这样一来，语言的附带意义就只剩下语义蕴含、语用蕴含（即含义）和语用先设了，比如 all 语义蕴含 some，some 语用蕴含 not all，some boys went to the party 的语用先设之一是 there was a party，等等。

本文所探讨的附加语义是一般性质而不是文学修辞性质的，因为我们必须首先比较客观地界定会话含义，以便更加明确地设立会话含义推导机制，其后才能考虑文学修辞意义的推导模型。现有的部分含义推导模型之所以有问题，主要是因为模型设计者未能事先弄清含义的性质，而本文的意图就是想与国内学术人士沟通，尽量设法去弄清有关问题。

注释：

① Sadock 把 Grice 提出的六条区分会话含义和规约含义的标准一一进行了考察，结论是："可取消性"标准的鉴别力最强，因为含义越是一般，就越难取消；"可计算性"鉴别力较弱，因为从语境的任何因素中都可以按合作原则推出任何含义；"可分离性"无效，因为用下义词去代替上义词，会话含义就会消失。

② 自 Frege 以后，Russell 和 Strawson 又提出了自己的先设观点，据 Levinson (1983)考证，先设研究从 1969 年开始方才进入如火如荼的境界。从事先设研究的主要代表人物有：Keenan (1971)、Kiparsky & Kiparsky (1971)、Lakoff (1971)、Katz (1972)、Karttunen (1973)、Stalnaker (1974)、Leech (1974)、Kempson (1975)、Wilson (1975)、Lyons (1977)、Prince (1977)、Sadock (1977)、Wilson & Sperber

(1979)、Gazdar (1979)、Karttunen & Peters (1975, 1979)、Atlas & Levinson (1981),20 世纪 80 年代以后,多数先设理论似乎已显得陈旧,魅力不再。另外,先设到底是来自句子、句子的使用或说话者有时并不十分清楚。

③ Russell (1905)提出的是二价逻辑(two-value logic),只有"真"和"假"两种可能,因此他不同意 Frege 的这种看法。Frege 的理论在 Strawson 那里发展成一种三价逻辑,除了"真"和"假"以外,还有"既非真也非假"的第三种可能。也有人把这第三种可能称为"真值空隙"(truth-value gap, cf. Keenan 1972)。

④ 激进语义学家倾向于把先设知识说成是使语句有意义的基础,而激进语用学家则倾向于把先设知识说成是使话语适宜(appropriate/felicitous)的基础,所涉及的对象的性质是一样的。

参考文献:

[1] Donnellan, Keith S. 1978. Speaker references, descriptions and anaphora. In P. Cole (ed.), *Syntax and Semantics*, Vol. 9, 47-68. Academic Press.

[2] Bransford et al. 1972. The abstraction of linguistic ideas: A review. *Cognition* 1: 211-249.

[3] Frege, G. 1892 (1952 translated). On sense and reference. In P. T. Geach & M. Black (eds.), *Translations from the Philosophical Writings of Gottloh Frege*. Oxford: Blackwell.

[4] Garner, R. T. 1975. Meaning. In P. Cole & J. Morgan (eds.), *Syntax and Semantics*, Vol. 3, 305-362. Academic Press.

[5] Gazdar, G. 1979. *Pragmatics: Implicature, Presupposition and Logical Form*. New York: Academic Press.

[6] Grice, H. P. 1961. The causal theory of perception. *Proceedings of the Aristotelian Society*. Supplementary Vol. 35.

[7] Grice, H. P. 1975. Logic and conversation, in P. Cole & J. Morgan (eds.), *Syntax and Semantics*, Vol. 3. 41-58.

[8] Grice, H. P. 1978. Futher notes on logic and conversation. In P. Cole (ed.), *Syntax and Semantics*, Vol. 9. Academic Press.

[9] Horn, L. 1988. Pragmatic theory. In Newmeyer (ed.), *Linguistics: The Cambridge Survey*, Vol. I. Cambridge University Press.

[10] Jackendoff, R. S. 1986. *Semantics and Cognition*. Cambridge University Press.

[11] Karttunen, L. 1973. Presuppositions of compound sentences. *Linguistic Inquiry* 4: 169-193.

[12] Karttunen, L. & S. Peters. 1979. *Conventional Implicature*. In Oh & Dinneen. *Syntax and Semantics*, Vol. 11, 1-56.

[13] Keenan, E. L. 1972. On semantically based grammar. *Linguistic Inquiry*, 3: 413-461.

[14] Kempson, R. M. 1975. *Presupposition and the Delimitation of Semantics*. Cambridge University Press.

[15] Lappin, S. 1991. Concepts of logical form in linguistics and Philosophy, in A. Kasher (ed.), *The Chomskyan Turn*. Basil Blackwell, 300-333.

[16] Leech, G. 1983. *Principles of Pragmatics*. Longman.

[17] Levinson, S. 1983. *Pragmatics*. Cambridge University Press.

[18] Mey, J. L. 1993. *Pragmatics*. Blackwell.

[19] Russell, B. 1905. On denoting. *Mind* 14: 479-493.

[20] Sadock, J. 1978. On testing for conversational implicature. *In P. Cole (ed.)*, *Syntax and Semantics*, Vol. 9, 281-314, Academic Press.

[21] Sperber, D & D. Wilson. 1986. *Relevance: Communication and Cognition*. Cambridge, Massachusetts: Harvard University Press.

[22] Stalnaker, R. C. 1974. Pragmatic presuppositions. In Munitz & Unger (eds.), *Semantics and Philosophy*, New York University Press, 197-214.

[23] Stalnaker, R. C. 1978. Assertion. In P. Cole (ed.), *Syntax and Semantics*, Vol. 9, 315-332. New York: Academic Press.

[24] Strawson, P. F. 1950. On referring. *Mind* 59: 320-344.

[25] Wilson, D. 1975. *Presuppositions and Non-truth Conditional Semantics*. New York: Academic Press.

[26] Wilson, D. & Sperber, D. 1979. Ordered entailments: an alternative

to presuppositional theories. In Oh & Dinneen (eds.), *Syntax & Semantics*, Vol. 11, Academic Press, 229 - 324.

(原载《外语教学与研究》1997 年第 2 期)

评　析

1967年哲学家H. P. Grice在哈佛大学所做的讲座中提出了如何区分意义(语义学)和用法(语用学)以及形式逻辑语言和自然语言之间的关系问题。Grice认为,自然语言的意义本身并不是模糊的、有歧义的,语言交际中所产生的各种非真值条件意义并不是自然语言本身的意义,而是人们遵守合作原则产生会话含义的结果。从此,会话含义及其推导机制成为国内外语用学家们研究的中心问题。但是建立会话含义推导机制的前提是把会话含义和其他含义区分开,因为会话含义只是语言交际中产生的各种含义(非真值条件意义)的一类。区分各种含义的问题在国外引发了热烈的讨论,但在国内并不太受重视。

本文主要探讨了4类含义的区分问题,包括一般会话含义、特殊会话含义、规约含义和先设(又叫做预设或前提)。文章提出用语境量作为区分一般会话含义和特殊会话含义的标准:语境量大,话语的质和量就可以偏离常规值(即把话说清楚、说明白),产生特殊含义;语境量小,话语的质和量就相应地比较接近常规值,产生一般含义。作者认为,规约含义和一般会话含义及先设的不同之处在于,它是无法预测、无法取消、可以与词语本义分离、无需推导的那部分非真值条件意义。先设和一般含义的区分在于,前者与语言结构有关,并完全具有跨语言普遍性,而后者与语言结构无关,在一定程度上具有跨语言普遍性。

本文在评述国外学者的含义分类标准的基础上提出了自己对4类含义的区分标准,论述比较清楚。但是个别例句似乎不妥,如从“车库”推出“加油”并非一般含义,而是特殊含义,因此作者提出的一般含义有时不具有普遍性的观点就值得商榷了。

关联理论
——认知语用学基础

何自然 冉永平

1. 背景

从20世纪80年代起认知科学一直处于为世人瞩目的学科前沿,越来越受到学界的重视。认知科学进入语言学领域产生了认知语言学,而在认知语言学的研究中,语言功能的认知研究,特别是语言在交际中的认知研究是当前认知语言学的重要内容,于是也出现了认知语用学。其基本理论基础便是 Sperber 和 Wilson 在《关联性:交际与认知》(1986/1995)的专著中提出的与交际、认知有关的关联理论(relevance theory),它是近年来给西方语用学界带来较大影响的认知语用学理论。他们所提出的关联理论将语用学的重点移到了认知理论上。所以,它是10多年来语用学方面最具影响的一本专著,给语用学带来了新的研究热点。

语用学研究的两大主题就是话语的生成与话语的理解。Grice (1975, 1981)会话含意理论模式以说话人为出发点,提出意向(intentional)交际的观点,设想说话时遵守合作原则,并设想在违反合作原则下听话人要推导出话语的含意。后来,在 Leech (1983), Levinson (1983), Kasher (1994), Horn (1988), Sperber (1983, 1986, 1993, 1995), Wilson (1983, 1986, 1993, 1995, 1996)等人的研究中,有关含意推导的话语认知理论得到了进一步的充实、修正和发展。在这些理论模式当中,最令人瞩目的是 Sperber 和 Wilson 所提出的可以取代合作原则的关联理论。从该理论提出至今,一些介绍、应用该理论的论文、专著不断面世。国外的一些语言学刊物如 *Lingua* 就曾出过两期专刊报道认知语用的研究成果,诸如"关联理论中的关联"、"关联与会话"、"关联与指称"、"逻辑联系语的关联性解释"、"关联的语法制约"等。此外,在荷兰出版的《语用学杂志》(*Journal of Pragmatics*)和比利时国际语用学会(IPrA)主编的杂志《语用学》(*Pragmatics*)上也有许多文章开始从认知的角度展开语用学理论与实践研究。英国伦敦大学学院(UCL)还专设了"关联网页"(Relevance List),就认知语用学的一些重大问题展开讨论与交流。在欧洲,语用学界还经常举办关联理论讨论班(Workshop)或研讨会(Seminar)。目前,关联理论、认知与话语理解等都是国际互联网上语用学界集中讨论的主要内容,最近在"关联网页"上,一些学者又对关联理论与乔姆斯基语法(Chomskyan Grammar)之间的联系展开了讨论。这些在很大程度上反映了当今语用学的发展趋势。

在认知科学,尤其是认知语言学的影响下,我国从事语用学研究的学者除了注意"说话人意义"(speaker meaning)之外,也开始注意或已转向"话语理解"(utterance interpretation)方面的研究。从 20 世纪 80 年代末开始,国内外语界的一些学术刊物上开始出现了介绍、引述关联理论的论文,也有部分文章涉及该理论的应用研究,如"关联理论述评"(张亚飞,1992)、"关联理论的交际观"(刘绍忠,1997)、"话语相关与认知语境"(刘家荣,1997)、"论语用推理机制的认知心理理据"(周建安,1997)、"关联原则及其话语解释作用"(张亚飞,1992)、"提问的相关性解释"(何刚,1996)等。但是,总的来说,我国学者似乎对认知语用问题还注意不够,还缺乏这方面系统、深入的且具开创性的探讨,甚至有的学者对作为认知语用学基础的关联理论不了解或误解。因此,在我国介绍和开展认知语用学研究,尤其是结合汉语研究十分必要。

2. 关联理论

《关联性：交际与认知》(1986/1995)这一专著出版的最初目的就是"给认知科学打下统一的理论基础"(封底的文字说明)。作者希望通过书中所提出的理论和方法,"找出我们所需要的所有有关语言交际的理论"。为此,该书在西方语言学界引起了人们的极大兴趣。S. C. Levinson (1989: 25)评论说,这是一本"大胆的、很有争议的书,作者试图将语用学理论的重点转移到认知的一般理论上来"。它主要不是讨论如何通过语用学理论去解决什么实际问题,而是概述出了一条总的认知原则——关联原则,在第二版中作者又将原来的一条原则修改为认知原则和交际原则两条。

自 Grice 提出会话含意学说以来,引发了有关语用推理和自然语言理解的研究。而关联理论关注的核心问题是交际与认知。它不以规则为基础(rule-based),也不以准则为标准(maxim-based),而是基于下面的观点(Sperber & Wilson, 1986/1995):话语的内容、语境和各种暗含,使听话人对话语产生不同的理解;但听话人不一定在任何场合下对话语所表达的全部意义都得到理解;他只用一个单一的、普通的标准去理解话语;这个标准足以使听话人认定一种唯一可行的理解;这个标准就是关联性。因此,每一种明示的交际行为都应设想为这个交际行为本身具备最佳的关联性。

关联理论究竟是怎么一回事呢?它是针对 Grice 的会话含意学说的。Sperber 与 Wilson 认为,有两种交际模式,一是代码模式(code model),二是推理模式(inferential model)。语言交际会同时涉及这两种模式,但在交际过程中,认知—推理过程是基本的,编码—解码则附属于认知—推理过程。

关联理论试图找出以下问题的答案:为什么交际双方各自的谈话意图会被对方识别?为什么交际双方配合得如此自然,既能产生话语,又能识别对方的话语?两位作者提供的答案是:第一,交际双方说话就是为了让对方明白，所以要求“互明”（mutual manifestness）。第二，交际是一个认知过程；交际双方之所以能够配合默契，明白对方话语的暗含内容，主要由于有一个最佳的认知模式——关联性。这就是说，要找到对方话语同语境假设的最佳关联，通过推理推断出语境暗含，最终取得语境效果，达到交际成功。试举一个例子：

(1) A：Do you want some coffee?

B：Coffee would keep me awake.

例(1)中的 B 到底是想喝咖啡，还是不想？A 需要明白 B 的用意。而要推断出 B 的用意，A 就要根据话语的字面意思，同时结合语境，提出一系列的语境假设：

a. B does not want to stay awake.（B 不想睡不着）

b. B does not want any coffee.（B 不想喝咖啡）

c. B wants to stay awake.（B 想熬夜） OR：B wants anything that will keep her awake.（B 想设法保持清醒）

d. B wants some coffee.（B 想喝咖啡）

要从这些假设中确定 B 的暗含意义，A 就要寻找话语和语境之间的最佳关联。关联性强的假设，推理时所付出的努力就小；如关联不足，推理所付出的努力就大。

语境假设就是认知假设。在话语明说（explicature）（见后面“4.2 明说与隐含”）的基础上，听话人凭借认知语境中的三种信息：逻辑信息（logical information）、百科信息（encyclopaedic information）和词语信息（lexical information）做出语境假设。由于人们的认知结构不同，上述三种信息组成的认知环境也就因人而异，对话语的推理自然会得出不同的暗含结果。

语境假设的过程要进行推理，而推理是一种思辨过程。大脑中的演绎系统就是大脑的中心加工系统本身，它根据不同的输入手段提供的信息进行加工，也就是综合获得的新、旧信息以及关联信息（即把新旧信息联系在一起的信息），做出推理；在言语交际中，说话人通过明示(ostensive)[①]行为向听话人展示自己的信息意图和交际意图，为推理提供必要的理据；听话人就根据对方的明示行为进行推理，而推理就是寻找关联。

Sperber 和 Wilson (1986: 158)提出的关联原则是："每一个明示的交际行为都应设想为这个交际行为本身具备最佳的关联性。"最佳的关联性来自最好的语境效果。因此，人们对话语和语境的假设、思辨、推理越成功，话语内在的关联就越清楚，就可以无须付出太多的努力就能取得较好的语境效果，从而正确地理解话语，获得交际的成功。

很明显，两位作者是想用这条原则来揭示语言交际的规律，通过推理获知话语的暗含意义，从而取代 Grice 通过遵守与违反合作原则来理解话语的含意。因此，Sperber 和 Wilson 在《关联性：交际与认知》(1986/1995)中提出了与交际和话语理解目的有关的一些基本结论。

(a) 交际改变说话者与听话者相互之间的认知环境。互明(mutual manifestness)的认知意义可能不大，但却具有重要的社会意义(Sperber & Wilson, 1995: 61)。

(b) 交际的目的不是为了"再现思想"，而是为了"扩大相互之间的认知环境"(Sperber & Wilson, 1995: 193)。

(c) 互知(mutual knowledge)是理解的结果，而非理解的先决条件(Garman, 1990: 366)。

(d) 关联的交际原则一般不允许单个的明示刺激(ostensive stimulus)导致多种理解(Sperber & Wilson, 1995: 167)。

(e) 关联的交际原则是理解话语的总概括(Sperber & Wilson, 1995)。

如何根据以上论述去分析交际的成功与失败？以上论述以及对交际的关联性解释产生了一个重要问题，即"理解能力"(uptake)是否决定交际的成功与失误。Sperber 和 Wilson 对此没有进行深入的论述。目前,伦敦大学的 Gary Holden 正在其博士论文"论交际失误"中对这个问题及其相关问题进行研究(Higashimori & Wilson, 1996)。

不过,Sperber 和 Wilson 的关联理论至今仍是一个很新的理论框架,其最终的评价尚不确定。这种理论一问世就有人欢呼,认为它可以解决语言学的许多问题,但同时也有人攻击它,说它太笼统、太模糊。但是,综观近十年在国外学术刊物上发表的有关关联理论的大量著述,这种理论在语用学领域似乎表现出其强大的生命力。一些利用关联理论框架写成的专著和论文在不断增加;利用关联理论框架来理解话语的语用学教科书[②]早已出版。更令人注目的是,Sperber 和 Wilson 的专著《关联性:交际与认知》已于1995年出了第二版。

3. 关联理论的几个新修正

下面的许多问题涉及《关联性:交际与认知》(Sperber & Wilson, 1995)第二版的一些变化与修改。第二版保留了旧版的基本内容,即第1章"交际"(communication);第2章"推理"(inference);第3章"关联性"(relevance);第4章"言语交际的若干问题"(aspects of verbal communication);补充了一些原文的注解并多了十几页的参考书目。最重要的是作者增加了一个总揽近年来该理论发展概貌的后记,包括一些内容或术语的变化与修正。其中的改动主要涉及以下几个方面。

3.1 关联原则

在《关联性:交际与认知》第一版中,Sperber 和 Wilson (1986: 158, 1995: 260)只提出了一条关联原则。而在第二版中,该原则就被改为第二关联原则,即关联的交际原则,另外还增加了一条原则——第一条原则,即关联的认知原则(1995: 260—266):

关联的第一(或认知)原则:人类认知常常与最大关联性相吻合;

关联的第二(或交际)原则：每一个明示的交际行为都应设想为它本身具有最佳关联性。

其中,前者与认知有关,后者与交际有关。关联的第二原则以第一原则为基础,而第一原则却可预测人们的认知行为,足以对交际产生导向作用。那么,为什么要提出两条关联原则,而不是原来的一条呢？或者说,“最大关联性”(most relevant)与“最佳关联性”(optimal relevance)之间有何区别呢？在“Questions on Relevance”(1996)一文中,Wilson 指出,将关联原则由原来的一条改为两条纯粹是一个术语问题,其目的是为了使大家注意最大关联性与最佳关联性之间的差异,而在早期的理论框架中,她和 Sperber 未能突出这一点。无论旧版或新版,书中所提到的关联原则主要指第二原则,即关联的交际原则。新版对关联原则的改动本身并无新意,不过它对关联原则做出阐释,从而有助于明确关联理论与认知的关系。

在《关联性：交际与认知》第一版中,他们区分了最大关联性和最佳关联性。最大关联性就是话语理解时付出尽可能小的努力而获得最大的语境效果(the greatest possible effects for the smallest possible effort);而最佳关联性就是话语理解时付出有效的努力之后所获得的足够的语境效果(adequate effects for no unjustifiable effort)。人类认知往往与最大关联性相吻合,因而,交际只期待产生一个最佳关联性。他们归纳出了以上两条原则,但当时只突出了第二条,并称之为一条关联原则。这引起了人们的一些误解(Higashimori & Wilson, 1996)。人们往往忽略了最大关联性与最佳关联性之间的差异,并以为他们只主张最大关联性这条单一的原则,管束交际和认知两个方面。因此,在新版中,Sperber 和 Wilson 就希望通过区分两条关联原则之间的差异,来消除这样的误解。

3.2 关联假设的修改

第一版指出了区分最大关联性和最佳关联性的原因(1986：

118—171)，在第二版的后记中作者又增加了另外一些原因(1995，后记：3.1—3.2节)。就认知而言，他们沿用了进化论的观点，认为人类的认知往往与最大关联性相吻合；可就交际而言，Sperber和Wilson关注的是，如果已知关联的认知原则，那么听话人应期待什么样的关联才算合理。因此，在第二版后记中，他们对原来的最佳关联性进行了修改，旨在解决第一版未涉及的问题。

不管听话人会产生什么样的需求，我们不可能总是希望说话人生成最大关联性的话语，他/她也许不愿意或不能够提供最关联的信息，或者以最恰当的方式呈现该信息，这一点是很清楚的。最佳关联这一概念的提出是为了研究，根据话语理解时所付出的努力和语境效果，受话者应该产生什么样的期待。根据关联的交际原则，每个明示的交际行为都应设想为它本身具有最佳关联性。在第一版中，Sperber和Wilson指出，寻找关联主要指最低限度的关联(即满足说话人的期待)，只要找到关联就不再找了。但在新版中，他们认识到，一个话语的关联性可以比期待的关联要大。为了取得完满的语境效果，在寻找关联的过程中，要进一步追求较高层次的关联。于是，Sperber和Wilson提出了修改以后的最佳关联假设(Sperber & Wilson, 1995：270)：

(a) 明示刺激(ostensive stimulus)具有足够的关联性，值得听话人付出努力进行加工处理。

(b) 明示刺激与说话人的能力和偏爱(preferences)相一致，因而最具关联性。

这是新版后记中所提出的最具实质性的修改(Jucker, 1997)。修改之前的最佳关联假设为(Sperber & Wilson, 1986：158)：

(a) 说话人希望向听话人明确表明的一组假设{I}具有足够的关联性，值得听话人付出努力对该明示假设进行加工处理。

(b) 明示刺激是说话人能够传递该假设{I}的最具关联性的刺激。

相比之下，修改以后的关联假设在某些方面比旧假设更具解释力。例如，在解释“等级暗含”(scalar implicatures)时，修改以后的关联假设解释得更清楚：

(2) Some of our neighbors have pets.

(3) Not all of our neighbors have pets.

(4) The speaker doesn't know whether all her neighbors have pets.

在绝大多数情况下，(2)暗含(3)、(4)，因为 some 既可以表示 not all，也可以表示说话人这一方对事件不太了解。但以上暗含是可以取消的，如加上 and maybe all，(4)的暗含意义就能被取消。人们很容易使用 Grice 的合作原则及其准则或者使用原来未修改的关联假设对这样的语用现象加以解释。可是，Grice 的解释未能明确在当时的情况下要求多少信息，也不能说明在何种情况下(2)暗含(3)，而不指(4)。此外，未修订的最佳关联假设还无法解释“some”与“some, but not all”不同暗含的关联程度，后者是最强的。下面是 Sperber 和 Wilson (1995：277)曾引用过的例子：

(5) a. Henry：If you or some of your neighbors have pets, you shouldn't use this pesticide in your garden.

b. Mary：Thanks. We don't have pets, but some of our neighbors certainly do.

(6) a. Henry：Do all, or at least some, of your neighbors have pets?

b. Mary：Some of them do.

以上例(5b)中的 some 没有 not all 或 the speaker does not know 这样的暗含意义。Mary 的某些邻居有宠物这个事实本身已具备足够的关联，就像旧版中的关联假设定义(但不是 Grice 的解释)能预见到的那样。再看(6b)，那里的 some 已具备足够的关联，因此，根据旧的关联假设定义，即使 Mary 在这个例子里已明确地暗示了 not all, Henry 都不会再进一步寻找关联了。可见，修订以后的关联假设比未修订的优越，因为它能说明大量的事实，而且比较简单、明确。

3.3 概念意义和程序意义

这两个概念在《关联性：交际与认知》旧版中是模糊的，而在新版中 Sperber 和 Wilson 则强调了区分概念编码（conceptual encoding）与程序编码（procedural encoding）的重要性。一个话语可以对两种基本意义进行编码（Wilson & Sperber，1993；Sperber & Wilson，1995）：概念意义和程序意义。它们相当于 D. Blakemore（1992）所区分的“表达意义”（representational meaning）与“程序意义”。前者对话语表达的明示信息和暗含意义都起一定作用，并通过增加话语的关联假设提高明示交际行为的关联性；后者却对理解明示信息和推理暗含意义在程序上进行制约或指引，使听话人付出较小的努力去获取更大的语境效果。为保证交际活动自身具备最佳关联，即保证明示交际活动中所有语言或非语言成分都有助于取得交际效果（即理解整个话语），或者有助于减少理解话语过程所付出的努力（即使话语容易理解），说话人必须让听话人获得足够的关联。为了给听话人在寻找关联、理解话语的过程中提供指引，Blakemore（1987）曾提出所谓理解程序的语义限制（Semantic constraints on relevance），即通过分析某些情态指示语（mood indicators）、话语小品词（discourse particles）或话语联系语（discourse connectives）揭示的施为用意（illcutionary force），对听话人在寻找关联、理解话语时所做的种种假设，在数量上加以限制，从而收窄范围，以便容易理解③。这种给听话人提供的理解程序指引可以增加明示交际活动的关联性，从而减少为理解而付出的努力。

3.4 话语的真假与关联性

在关联理论的框架下，客观的真假并不会影响语境假设的思辨过程，也不会影响在特定语境下得出的结论，所以“不理会（话语）的真实性并无大碍”（Sperber & Wilson，1995：263）。然而，作者始终觉得，假信息不值得占有，它会减弱认知效果，话语的真实性与准确地寻找关联有关。于是，作者对关联性的定义进行了一些革新（Sperber & Wilson，1985：114—115；1995：265—266)：

个人关联(类别)定义：

当且仅当个人假设与他所处的某种或多种语境*取得某些正面的认知效果*（旧版中斜体部分为：是关联的)，该假设才具有关联性。

个人关联(比较)定义：

扩充条件 1：个人假设具备的关联性可以是：当认知处于最佳过程时，*正面的认知*（旧版中斜体部分为：语境)效果往往较大。

扩充条件 2：个人假设具备的关联性可以是：获得较大*正面认知*（旧版中斜体部分为：语境)效果所付出的努力往往较小。

不过我们同意 Jucker (1997：112—119)的观点，这个改动似乎没有必要。既然是假设，就不一定强求在客观真实条件下的假设。真话的关联性固然大于假话的关联性，但真话之所以有较强的关联，并非因为话语的确是真，而是听话人认为这些话语是真。如果听话人的理解正好符合说话人的意图，而且这意图又比较符合实际情况，话语的关联性就会加强。

3.5　正面认知效果

在修改后的“个人关联”(relevance to an individual) (Sperber & Wilson，1995：265—266)这一定义中，作者介绍了“正面认知效果”(positive cognitive effect)这一概念，那么，它与“个人真实性认知效果”和“客观真实性认知效果”(Wilson，1996a)之间的差异有什么联系呢？与他们曾提出的论断(Sperber & Wilson，1995：264)“关联信息是值得保留的信息，而错误信息一般是不值得保留的信息，因为它会减损认知效率(cognitive efficiency)”之间又有什么联系呢?

Sperber 和 Wilson (Higashimori & Wilson, 1996)的最初目的是想获知关联性与认知效率之间的一种直觉联系(intuitive connection)。为此,在《关联性:交际与认知》第一版中,他们指出,关联性取决于语境(认知)效果和努力程度:语境效果越大,获取这些语境效果所付出的努力越小,关联性就越强。(无论正确的或错误的)关联信息是那些能够成功地进行处理的信息,它们可以产生或正确或错误的结论(语境效果)。

后记(3.3.1 节)中,他们还提出了以下问题:假设人们有一个错误信念(belief),且这个错误信念所提供的信息可以成功地进行加工,从而产生更多的错误信念,那么,这是否会影响认知效率,从而影响关联性呢?或者说这样的信息是不是只与听话人有关呢?

仅仅导致错误信念的信息不应该被看做是处理该信息的受话者的关联信息。为获取以上直觉联系,就必须区分两种认知效果:(1) 正面认知效果,比如正确的信念,有利于提高认知效率,这显然是关联性在起作用。(2) 其他的认知效果,比如错误信念,它们是不值得保留的,因而毫无关联性。《关联性:交际与认知》第二版在给"个人关联"下定义时,根据的就是正面认知效果和话语理解时所付出的努力程度:正面认知效果越大,获取这些认知效果所付出的努力越小,关联性就越强。因而,认知效率和努力之间成反比关系。

但须注意的是,只要错误信息产生正面认知效果,它仍可能具有关联性。故事、玩笑、假设等都可能对认知效率起作用。输入信息的真实性既不是关联性的必要条件,也不是其充分条件;起作用的是输出信息的真实性。

3.6 语境效果与假设的削弱

在第一版中,Sperber 和 Wilson (1986: 108—117)根据以下三种语境效果来给关联性下定义:(1) 语境暗含(contextual implication);(2) 现时语境假设的加强(strengthening of existing assumptions)；（3）现时语境假设的相互矛盾与否定(contradiction and elimination of existing assumptions)。在第二版(Sperber & Wilson, 1995: 294,注释d)中,他们提出了"第四种语境效果,即现时语境假设的削弱(weakening of existing assumptions)",那么,为什么要增加第四种语境效果呢?

Sperber 和 Wilson (Brown, et al., 1994: 37—57; Higashimori & Wilson, 1996)指出,如果现时语境假设得到加强或者受到削弱,都可能获取关联性。问题在于,根据关联理论框架,现时语境假设是在什么地方被削弱的呢?

这里存在两个不同的问题:(1)是否削弱现时语境假设有助于获取话语的关联性。Sperber 和 Wilson 对此持肯定态度,而且始终认为,现时语境假设的任何加强或削弱都对获取关联性起一定的作用。在对产生语境效果的语境化(contextualization)条件进行解释的同时,他们已对此做过阐述(Sperber & Wilson, 1995: 286, Note 26)。(2)是否应将现时语境假设的削弱与语境暗含、现时语境假设的加强以及现时假设的相互矛盾与否定一样视为一种不同的语境效果。Sperber 和 Wilson 都认为,现时语境假设不可能直接减损,只能将其当做另一语境效果的一种副产品(by-product),比如,现时语境假设的相互矛盾与否定,就会削弱所有依赖于该假设的语境暗含。因此,不应把现时语境假设的削弱当做一种独立的语境效果,它只对关联性起间接作用。

3.7 语用学与模块

原来 Sperber 和 Wilson (1986)将语用学视为涉及大脑中枢思维(central thought)、非特殊化(non-specialised)思维过程的一种推导系统。但在第二版中,他们对此又进行了修改,并指出:"在过去的10年中,越来越多的证据表明,应根据模块理论来分析所谓的大脑中枢系统"(1995: 293)。后来,Wilson (1996b)又重申了这一观点。那么,意义何在呢?在《心智模块》(*Modularity of Mind*)中,Fodor (1983)区分了模块与大脑中枢系统,并提出了

“认知科学第一虚有法则”（First Law of the Nonexistence of Cognitive Science）；该法则指出，思维过程其实太复杂，不可能弄清楚。Fodor 认为，语用问题就是一个涉及大脑中枢系统的问题，不属于认知科学范畴。可是，在《关联性：交际与认知》（1986/1995）中，Sperbex 和 Wilson 试图证明，即使语用问题涉及大脑中枢系统，我们也可以生成一些饶有兴趣的语用理论。

近年来，越来越多的学者反对将大脑中枢系统和模块系统明确分隔开来，并提出了有实际意义的心智模块理论（Hirschfeld & Gelman，1994；Sperber，1996）。Sperber（1996）直接提出了这一观点，并主张对模块进行有选择的、充分的描述；建议继续讨论模块语用学（modular pragmatics）概括性的恰当层次，例如，模块语用学应该讨论一般的明示交际（ostensive communication）呢？或仅仅以言语交际为目标呢？不管人们的意见如何，Sperber 和 Wilson 都认为模块语用学应该是一个推导系统（inferential system），而不是一个解码系统（decoding system）。他们一直反对将语用学视为语言模块的延伸。

4. 关联理论对 Grice 理论的修正与补充

4.1 Grice 理论面临的挑战

Grice 所提出的会话含意理论给新法语用学（new approaches to pragmatics）打下了理论基础，并成为当今语用学理论研究的一个新开端，这一点无人怀疑。但该理论仍存在许多明显的不足，留下一系列问题，它不能从根本上解释语言交际中话语的理解问题，比如支持合作原则及其准则的理据是什么这一点没有涉及，特别是关于合作原则及各准则的性质和来源模糊不清。交际中说话双方必须合作吗？说话人一定要做到表达真实、充分、相关和清楚明白吗？等等，人们还要问：合作原则及其各准则是否具有普遍性？如果是，那它们是人类天生就具有的吗？这些东西有没有文化特征？如果有文化特征，这些原则和准则是否会有这样或那样不同的地方呢？所有这些问题Grice都没有作答。可见，Grice会话含意理论缺乏足够的理论根据，整个理论框架显得较松散，缺乏严密性（Ziv，1988）。

根据Grice的观点，交际双方都应该知道交际的基本准则，即合作原则中的质、量、相关与方式准则及其次则，而且听话人要能够识别说话人是否明显违反了某一或某些准则与次则，而产生了含意。但Sperber与Wilson却认为，关联原则是对明示—推理交际的总概括，交际双方无须知道管束交际的关联原则，更不必有意去遵守它，即使人们想违反关联原则也不可能违反，因为每一种明示交际行为都应设想它本身具有关联性。听话人在话语理解的推理过程中，就需要使用这一假设。因此，在Grice的会话理论中，如果话语传递的是非字面意义，那么听话人就需要对该话语进行多级处理，即首先获取字面意义，再根据字面意义去推导含意，理解说话人意义或交际意图。而关联理论认为，听话人应该直接获取非字面意义，无须按照常规、付出努力对话语的字面意义进行加工处理，原因是字面意义不是说话人意欲传递的信息，它不具备关联性，也即不可能扩大听话人与关联原则一致的语境假设。

“相关准则”（maxim of relation）是合作原则中的一个十分重要的准则。尽管Grice本人对此进行过讨论，但该准则在会话含意理论中没能同其他准则一样受到重视，什么叫相关以及相关的特点、性质和它对交际过程的解释力等，在合作原则的四个准则中，Grice未能交代清楚，显得最模糊不清。正因为Grice的理论有这么多没有解答的问题，Sperber和Wilson在《关联性：交际与认知》（1986/1995）一书以及一系列文章中，从另一个角度表明了他们的见解，对Grice的话语含意理论和合作原则及其各准则进行了修正和补充。比如，Sperber和Wilson认为，人们交际时并不总是按“交谈所要求的目的和导向进行合作”的。他们不相信“说话必须真实”这条准则，而且根本不相信存在说话人必须遵守的准则。又如，按Grice的说法，隐喻和反语等是违反了某准则才产生

“含意”(implicature)的,但按 Sperber 和 Wilson 的说法,它们的含意属于语体学上的形象表达,并没有违反任何的交际准则。此外,Grice 关心的是交际中的暗含,而关联理论既关心交际中的暗含,也关心交际中的明说。

Sperber 和 Wilson 还认为,Grice 没有注意交际中的语境或语境假设(contextual assumptions)问题。交际过程中语境或语境假设是一个变项,不是事先确定的,是由说话人与听话人双方在交际时确定的。同时,语境也是推理过程的一个组成部分,因此,语境结构同样受语用总原则——关联原则的统辖,这个原则影响到对话语中明说和隐含两方面内容的理解。总之,作为认知语用学基础的关联理论与 Grice 语用学说相去甚远(详见何自然,1995)。Grice 的语用学理论受到多方面的挑战。

4.2 明说与隐含

Grice (1975)所区分的“明说”(saying)与“含意”(implicature)同 Sperber 和 Wilson 所提出的“明说”(explicature)与“隐含”(implicature)是不完全一样的。根据 Grice,明说就是话语直截了当地表达出一定的命题。为了弄清楚话语明说了什么,即明确地表达了何种命题,听话人必须对话语进行解码,以获取语义;而含意则与违反合作原则各项准则有关,需通过语用推理才能理解,Grice 的会话含意理论所关心的主要是暗含交际。而 Sperber 和 Wilson 的关联理论却对明说与隐含交际予以同样的重视。他们认为,从明说得出隐含意义,必须经过两个步骤:先得出隐含前提,然后再推导出隐含结论。Grice 的会话含意理论对明说与含意的解释不够完善,它不能说明以下例(8)所表达的言语行为类型和命题态度的信息,而例(7)这一话语则可传递该信息:

(7) Mary (sadly): Susan has gone away.

(8) a. Mary is saying that Susan has gone away.

b. Mary believes that Susan has gone away.

c. Mary is sad that Susan has gone away.

同样,说出这一概念是仅仅表达一种命题,还是传递一种交际命题,即承认该命题的真实性,Grice 对此没有交待清楚(Wilson, 1995)。Sperber 和 Wilson 提出的"明说"不只表示交际命题。它不但可以表示话语的命题,而且还能够指出言语行为类型和命题态度的信息,如上例(7),因此,它比 Grice 的"明说"这一概念更全面。Sperber 和 Wilson (1986/1995)认为,隐含是一些语境演绎(contextual deductions)。有时,可能要加上一些假想的前提,求得话语的关联性,获得合理的演绎。例如:

(9) A: Do you drink whisky?

B: I don't drink alcohol.

例(9)的暗含前提(implicated premise)应该是 Whisky is an alcohol,而暗含结论(implicated conclusion)则是: B doesn't drink whisky。Grice 会话含意理论中的"含意"很像这里的暗含前提,但是暗含前提具有不确定性。比如,这时 B 的明说话语的暗含前提除了 whisky is an alcohol 之外还可以是: Gin is an alcohol, sherry is an alcohol, grappa is an alcohol, vodka is an alcohol; 也可以是 There is no alcohol in B's blood。但 A 听了 B 的话之后,关联原则却使他推断出这样的暗含结论: B doesn't drink whisky。

虽然在有些情况下,Sperber 和 Wilson 都认为最好将 Grice 的含意视为一种明说意义,但关联理论中的"隐含"这一概念几乎还是模仿 Grice 的概念提出来的(Carston, 1988)。此外,对 Grice 而言,蕴涵(entailments)和暗含之间是相互排斥的;然而,Sperber 与 Wilson 则认为,蕴涵和隐含可以是一致的,如:

(10) a. Peter: Would you like to listen to my Rolling Stones record?

b. Mary: No. I'd rather hear some music.

此处,Mary 的话语暗示: Peter 的滚石乐唱片(Rolling Stones record)不是音乐,这就是 Grice 所指的会话含意。可是,该含意也是一种蕴涵,即 Mary 想听别的音乐而不想听 Peter 的滚石乐这一声明蕴涵了 Peter 的滚石乐不是音乐。因此，隐含也可是一种蕴涵。

5. 争鸣

5.1 Giora 的评说

很多学者曾经从不同的角度对“关联”做出过解释：(1) 关联就是一系列命题与话语主题(discourse-topic)之间的一种关系，它对话语的意义连贯(discourse coherence)与交际的成功起着重要作用，这一定义隐含在 Grice 合作原则的“相关准则”中，但 Strawson (1964)、Reinhart (1980, 1981)、Brown 和 Yule (1983)以及 Giora (1985)等人已在自己的论著中进行过明确阐释。(2) Berg (1991)等人从交际效率的角度将关联定义为与会话目的有关的有益性(usefulness)。(3) Sperber 和 Wilson 在 20 世纪 80 年代中期根据话语的注意焦点对关联进行了新的解释，认为关联信息就是那些值得听话人注意的信息，人类认知是以关联为基础的，每一个明示的交际行为一开始就要求对方加以注意，而听话人只会关注那些与自己有关联的信息，即那些不需要付出太多努力就会丰富自己语境假设的信息。

自从《关联性：交际与认知》一书面世以后，不少学者便将关联理论视为管束人类语言交际的惟一理论，但 Rachel Giora (1997, 1998)却对此持不同观点，她认为关联原则可以解释人类语言交际，但它并不是有关人类交际的惟一原则。在语言交际中，说话人与听话人不仅仅限于寻求话语的关联性，也需考虑话语的意义连贯问题。因此，关联理论不能完全取代有关话语或语篇连贯的其他理论，如 Grice 的会话含意理论；此外，Sperber 和 Wilson 提出的关联也不可能离开 Grice 合作原则中的“相关准则”以及 Giora 所讲的“信息需求”(informativeness requirement)等。

根据 Sperber 和 Wilson 的观点，话语连贯取决于关联，也即只要话语具备了关联，它在意义上就是连贯的。然而，Giora 认为，事实并非如此。当话语激活了听话人的一系列语境假设时,它就与听话人有关联,可是该话语不一定具有连贯性;同样,听话人可能会觉得某一话语前后所表达的意义很连贯,但对他来说却毫无关联性可言。所以,关联性并不等于连贯性。关联理论不能对话语的连贯问题做出令人信服的解释,Sperber 和 Wilson 也未对此做详细的论述。

话语连贯是一个独立概念,不是关联的一个衍生概念(derivational notion),关联并不总是与话语的连贯一致。在有的情况下,话语既关联又连贯,但也存在有关联而不连贯的话语。因此,在理论上应该将二者区分开来,不能仅仅根据关联原则去解释语言交际。寻求话语的关联,以尽量小的努力获取更大的语境效果,这并不是语境选择的惟一决定因素。听话人在选择语境假设时往往还会考虑话语中前后语段的意义连贯问题。Sperber 和 Wilson (1986/1995)认为,话语中词语间的衔接(cohesion)与意义上的连贯(coherence)都是为了取得话语的关联,主题关联(topic-relevant)的话语仅仅是关联性话语的一个次类,也就是说,主题关联是由话语的关联引起的,一旦某一话语具有关联性,它就是连贯的。但 Giora 对此提出了异议。连贯不是一个由关联性衍生出来的概念,它是一个独立概念。她曾引用 Sperber 和 Wilson 的例句去驳斥他们的观点,如下例(11)、(12):

(11) Bill, who has thalassemia, is getting married to Susan, and 1967 was a great year for French wines.

(12) Bill, who has thalassemia, is getting married to Susan. Both he and Susan told me that 1967 was a great year for French wines.

在很多情况下,例(11)和例(12)都是前后语段不连贯的、不可接受的话语。Giora 认为,关联理论无法对这种话语的不可接受性做出解释,需要连贯理论(coherence theory)的补充。

5.2 Wilson 的回应

人们在构建话语或语篇连贯理论时旨在：(1) 提供一个话语理解理论框架，对话语理解进行解释。这与关联理论的目的是一致的。(2) 提供一个话语评估的理论模式，以衡量话语的结构、可接受性或恰当性。关联理论没有这方面的明确目的。Sperber 和 Wilson 提出关联理论的主要目的与任务在于对话语理解进行解释。

对上述 Giora 对关联理论的主要异议，Wilson (1998)做出了反响。她指出，Giora 感兴趣的是话语连贯理论第二方面的目的，即话语连贯与连贯程度，包括话语的规范性(well-formedness)、恰当性(appropriateness)、可接受性(acceptability)或合意性(desirability)等。所以，他们与 Giora 在解释话语的根本出发点上存在分歧。

Giora 认为，关联理论的主要问题是它不能对话语的连贯性做出解释：(1) 对听话人来说，话语可能具有(最大)关联性，但他/她会认为该话语在意义上是不连贯的；(2) 话语可能不具有(最大)关联性，但听话人却认为它是连贯的。因此，不应该根据(最大)关联性去解释话语的连贯性，而且它也不足以对此进行解释。据此，Wilson 认为，Giora 将最佳关联的交际原则与最大关联的认知原则混为一谈。她和 Sperber 在很多地方，尤其在《关联性：交际与认知》的第一版中提到的关联原则其实指的是最佳关联的交际原则，而 Giora 所言的关联原则却是最大关联的认知原则。这一点曾引起很多读者的误解，没能注意这两条关联原则之间的区别(参见前面 3.1 或第二版后记)，Giora 也不例外。Wilson 本人也认为，以上例(11)、(12)在某种程度上来说是不可接受的，因为前后语段之间缺乏连贯，但 Giora 在对此进行解释时误用了“最大关联”，而 Wilson 认为应该根据他们所提出的“最佳关联”以及关联的交际原则去判断此类问题。Wilson 还坚持，衡量话语可接受性、意义连贯的标准应看它是否与关联原则一致。类似以上例(11)、(12)的不可接受性主要与所耗费的处理努力有关，而不是前后语段之间的分离。此外，通过关联理论的运作机制可直接感知话语中句段之间的联系。因此，虽然上例表面不连贯，但在一定的语境条件下是可接受的、与关联原则一致的，仍具有关联性。又如：

(13) a. Peter：What did Susan say?

b. Mary：You've dropped your wallet.

例(13b)带有歧义，可有两种理解：(1) 做连贯性解释，即Mary 直接回答了 Peter 的提问；(2) 做非连贯性解释，即前后没有连贯性，答非所问。Giora 认为例(13)是不合乎规范的(ill-formed)、不连贯的，因为它违反了"关联需求"(Relevance Requirement)，问与答在结构上是不相关的(此处的关联不同于Sperber 和 Wilson 所指的关联——笔者注)。可是，Giora 认为，以下例(14)是规范的、前后意义连贯的话语，因为问与答之间加上了明显的语言标记 by the way：

(14) a. Peter：What did Susan say?

b. Mary：By the way, you've dropped your wallet.

Wilson 则认为，虽然例(14b)带有语言标记，但它与例(13b)一样具有歧义，都可当做是一种直接回答。例(13)不合乎规范、前后意义不连贯，而例(14)是可接受的、具有连贯性的话语，那么，Giora 的理论根据是什么呢？Wilson 主张，应该根据最佳关联性以及关联原则去判断话语是否具有可接受性、连贯性。

5.3 笔者对关联理论认识的几点补充

Sperber 和 Wilson 根据人类认知的特点，指出人类认知往往力求以最小的心理投入，获取最大的认知效果，因此理解话语时，听话人只会关注、处理那些具有足够关联性的话语，而且倾向于在与这些话语最大限度的关联的语境中对其进行处理，并构建与这些话语有足够关联的心理表征。我们认为，这一解释更接近于人类这一认知主体的本质，既符合人类的认知心理，也更符合人类认知的基本事实。他们在探讨认知模式而提出关联理论时，摆脱了

Grice 构建会话理论时所进行的抽象的哲学思考。在 Grice 的推理模式中，语境是交际双方共知的、预先设定的，然而，Sperber 和 Wilson 在批判的基础上继承和发展了 Grice 理论，指出传统的编码、解码过程附属于认知的推理过程。他们更加强调了交际中语境的动态特征，将语境视为一个变项，包含一系列变化中的命题，关联性则是一个常项、一种必然。除了批判地继承了历时语言哲学的研究成果以外（这方面已有较多评说，此处恕不赘述），关联理论还吸收了当代认知科学、心理学以及行为科学的某些研究成果，如借鉴了 J. A. Fodor 等认知学家的研究成果，侧重探寻推理的心理机制；提出应该根据模块理论去分析大脑中枢系统，认为主体认知系统包括逻辑知识、百科知识与词汇知识，它们构成了人们的认知环境。该理论还包含了人类交际行为的"经济原则"（principle of economy），即交际中人们总希望以最小的努力，去获取最佳的交际效果。此外，关联理论还提倡说话人改变听话人的认知语境，这也符合人们的交际需要。可见，关联理论具有多源化的理论背景，比以往的语言交际理论获得了更多的理论支撑，其解释更具说服力。此外，关联理论的语境观不同于人们对语境的传统认识，语境被视为一个心理结构体，由一系列假设构成，话语理解时所进行的推理就是在语境假设与新信息之间进行的，语境假设的选择受关联原则的支配。

关联理论还具有以下几个方面的重要意义：(1) 从语言哲学、认知心理学、交际学等多学科的角度对语言交际做出解释，这无疑是一种有益的尝试。它为我们从事学科研究提供了方法上的指导；同时，将认知与语用研究结合起来，这是探讨自然语言交际的一种必然、一种归属，因此，Sperber 与 Wilson 的研究又为我们提供了方向性的引导。语用学何处去？关联理论为我们提供了重要的启示。(2) Sperber 和 Wilson 将语用研究的重点从话语生成转移到话语理解，并指出语言交际是一个认知—推理的互明过程，话语理解就是一种认知活动。总之，从认知科学的角度探究语言交际无疑是一种开创性的尝试,关联理论不仅是对 Grice 理论的修正和补充,它更重大的意义在于丰富了语用学理论,为语用学的发展做出了令人瞩目的贡献。(3) 把"关联"这一概念从语言符号学转移到认知心理范畴,为关联理论的研究开辟了更广阔的领域和提出了更合理的方法论。关联理论主要对交际中的自然语言进行认知心理的研究,因此,它向符号学提出了挑战,将语言解码与推理融为一体,去揭示语言交际,尤其是自然语言理解的一般规律。

然而,关联理论也有其自身的不足与不成熟的地方。根据关联理论,关联信息是从话语本身、听话人的认知语境、推理过程中提取的,然而,Sperber 和 Wilson 却没能涉及以下问题,如听话人是如何扩充自己的假设图式(assumption schemas),也即对话语做出某种可能解释的机制是什么?对任何一个新信息,人们都可能产生不同的语境假设,因为在处理新信息时,人们的大脑并非空空如也,总会带着某些已知的初始假设,说话人的话语就会使听话人的这些假设朝着不同的方向扩充,并需要从构成这些认知语境的一系列假设中去进行恰当的筛选。然而,各种假设是如何产生的?它们出现的顺序是如何确定的?或者说,为什么听话人对话语会首先产生某种理解而不是别的解释,而这种理解往往就是最具关联性的、自然的?关联理论未对这些问题进行深入的透视。然而,这些并非是关联理论特有的弱点,恐怕整个认知心理学都未能对这类问题做出圆满的解释。因此,关联理论也必然带有认知心理学的某些弱点与不足。

Sperber 和 Wilson 将话语的关联性看做一种必然,话语理解的结果由认知主体在具体交际过程中根据语境变项选择、确定。然而,关联理论并没有对这一结果的必然性与或然性问题做出清楚的解释,给人们的进一步研究留下了悬念。关联理论中的"关联"是一个相对的、有程度之分的概念,它取决于话语所获得的语境效果的大小与处理该话语所付出的努力程度,在同等条件下,语境效果越大,关联性就越强;处理时所付出的努力越小,关联性也越强。因此,语境效果与处理努力是制约关联性的两个正反因素。可是,关联理论似乎又告诉我们,听话人要获取话语所产生的语境效果决定他需付出多大程度的努力,而语境效果反过来又由努力的程度决定。这样,决定话语关联性的语境效果与处理努力就陷入了难以自救的矛盾循环之中,二者究竟哪一个决定哪一个显得有些模糊。此外,在 Sperber 与 Wilson 的解释中,“关联”这一概念如果不与某一特定意义的话语目的或目标联系起来,就显得很抽象,难以让读者实实在在地把握。

Sperber 和 Wilson 在对交际进行概括、论述时,旨在从宏观上建立话语理解的认知理论框架,为认知科学提供基础。由于出发点不同,关联理论就难免在有的方面论述不够深刻,比较笼统、模糊。它不像 Grice(1975, 1981)、Horn(1988)、Atlas & Levinson(1981)以及 Levinson(1991)等所提出的语用解释理论那样从微观上对语言交际进行探寻,包括具体的原则、规则,甚至提出按部就班的推理程序或步骤;而认为话语处理时人们只需根据关联的交际原则与认知原则,以关联为取向,同时可以发挥认知主体的能动性。

此外,由于 Sperber 与 Wilson 以人类认知为出发点,强调认知语境的作用,并指出关联假设是明示—推理交际的基本特征,关联原则是不可能违背的;而 Grice 的会话理论强调交际的规约性或常规性(social norms or conventions),交际中的合作原则及其准则是可能违背的。可是,在 Sperber 与 Wilson 试图替代 Grice 会话含意理论的同时,他们却忽略了交际的社会规约性或常规性,忽略了社会文化语境的作用,比如礼貌问题,就不能根据关联原则对此进行解释。在本质上,礼貌是一个社交问题而不是认知问题。语言运用的目的除了传递各种信息之外,说话人还需通过使用语言来维持或改变一定的社交关系、权力关系等,正因这样,Leech(1983)提出了礼貌原则(Politeness Principle)。但关联理论自始至终未涉及类似的社交语用问题。不少学者为此已有微词(如

Goatly，1994）。

6. 结束语

任何一种新东西的出现，总会有人欢呼，有人反对，Sperber 和 Wilson 提出的关联理论也不例外。但我们认为，任何一种理论的学术价值不在于它是否具有完备性或人人都去遵循它、利用它，而在于它是否引发了令人深思的问题并激发人们从新的视角对这些问题进行探讨。为此，作为认知语用学的一种理论基础，关联理论的目的达到了。

根据笔者所获取的最新语用学资料以及国际互联网上的有关研究显示，目前人们对关联理论的争论与评说仍在继续。正如 Wilson 和 Smith 在语言学杂志 *Lingua*（1993）的第 2 本关联理论专集的前言中所写道，“关联理论仍处在发展的初始阶段”，但关于这方面的大量论文，“说明了该理论的广度，它所具有的潜在的解释力，以及它未来的大好前景”。它至今仍是一个相当新的理论框架。

关联理论被证实是十分强有力的，它能解释大量有关语言理解和语言认知的问题，是认知语用学的理论基础。此外，它对认知科学、语言学、语言哲学等领域的影响都在不断增强。但是，它也像其他的科学理论一样，有它自身的弱点，但这些弱点只能看做是需要改进的起点，或者最终成为新的理论的基础。十多年前，关联理论取代了 Grice 的合作原则，这是因为关联理论除了能够解释 Grice 理论能够解释的现象之外，还能解释该理论不能解释的现象。不过，语用学在不断发展，也许终有一天关联理论会被其他更具解释力的理论所取代。尽管如此，关联理论从认知科学的角度对语言交际进行的研究无疑是一种有益的尝试，由此而引发的一系列问题值得人们进行深入探讨。

注释：

① 所谓“明示”(ostensive)，指明白示意。交际时，说话人用明白无误的“明示”手段表达自己的意图，听话人就能据此明示进行推理，即将信息按“明示—推理”的模式进行理解，从而做到双方“互明”对方意图，达到交际的目的。

② 如 Blakemore，D. 1992，*Understanding Utterances — An Introduction to Pragmatics*. Oxford：Blackwell。

③ 见第二版注释 21：297。此外，最近有学者提出，话语的理解过程还要考虑语法结构和其他固定的语法标记的限制，如 Randy J. LaPolla (1996)。

参考文献：

[1] Atlas，J. D. & Levinson，S. 1981. It-clefts，informativeness and logical form：Radical pragmatics. In P. Cole (ed) *Radical Pragmatics*. New York：Academic Press.

[2] Berg，Jonathan. 1991. The relevant relevance. *Journal of Pragmatics* 16：411 - 425.

[3] Blakemore，D. 1987. *Semantic Constraints on Relevance*. Oxford：Blackwells.

[4] Blakemore，D. 1988. The organization of discourse. In F. J. Newmeyer (ed.) *Linguistics: The Cambridge Survey*，Vol. Ⅳ. Cambridge，CUP：229 - 250.

[5] Blakemore，D. 1992. *Understanding utterances: An introduction to Pragmatics*. Oxford，Blackwells.

[6] Blakemore，D. 1994. Echo question：A pragmatic account. *Lingua* 94：197 - 211.

[7] Blass，R. 1986. Cohesion，coherence and relevance. *Notes on Linguistics* 34：41 - 64.

[8] Blass，R. 1990. *Relevance relations in discourse: A study with special reference to Sissala*. Cambridge，CUP.

[9] Brown，G.，et al. (ed.). 1994. Relevance and Understanding，

Language and understanding. Oxford University Press: 37 – 57.
[10] Brown, G. & G. Yule. 1983. *Discourse Analysis*. Cambridge: Cambridge University Press.
[11] Carston, R. 1988. Implicature, explicature and truth-theoretic semantics. In R. Kempson (ed.) *Mental representations*. Cambridge, CUP: 155 – 181.
[12] Davis, S. 1991. *Pragmatics: A Reader*. Oxford University Press.
[13] Garman, M. 1990. *Psycholinguistics*. Cambridge, CUP.
[14] Giora, Rachel. 1997. Discourse coherence and theory of relevance: Stumbling blocks in search of a unified theory. *Journal of Pragmatics* 27: 17 – 34.
[15] Giora, Rachel. 1998. Discourse coherence is an independent notion: A reply to Deidre Wilson. *Journal of Pragmatics* 29: 75 – 86.
[16] Goatly, Andrew. 1997. *The Language of Metaphors*. Routledge.
[17] Grice, H. P. 1975. Logic and conversation. In S. Davis, 1991: 305 – 315.
[18] Grice, H. P. 1981. Presupposition and conversational implicature. In *Syntax and Semantics 3: Speech Acts*, ed. P. Cole & J. Morgan: 183 – 198.
[19] Grundy, P. 1995. *Doing Pragmatics*. London: Edward Arnold.
[20] Higashimori, I & D. Wilson. 1996. Questions on Relevance, *UCL Working Papers in Linguistics*, No. 8.
[21] Horn, L. 1988. Pragmatic theory. In *Linguistics: The Cambridge Survey*, vol. Ⅰ. (ed.) F. Newmeyer. Cambridge University Press, Cambridge.
[22] Ifantidou, E. 1993. Sentential adverbs and relevance. *Lingua* 90: 65 – 90.
[23] Jucker, A. 1997. Review of "Relevance: Communication and Cognition" (2nd edition). *Journal of Pragmatics* 27: 112 – 119.
[24] Kasher, A. 1994. Modular speech-act theory: Programme and results. In *Foundations of Speech Act Theory: Philosopical and Linguistic Perspectives*. Routledge, London.

[25] LaPolla, Randy J. 1996. Grammaticalization as the fossilization of constraints on interpretation, from *UCL Working Papers* No. 8.

[26] Leech, G. N. 1983. *Principles of Pragmatics*. London: Longman Group Limited.

[27] Levinson, S. C. 1981. Pragmatic reduction of the binding conditions. *Journal of Linguistics* 27: 107 - 161.

[28] Levinson, S. C. 1989. A review of relevance. *Journal of Linguistics*, No. 2, Vol. 25: 455 - 472.

[29] Papafragou, A. 1995. Metonymy and relevance. *UCL Working Papers in Linguistics* 7: 141 - 175.

[30] Rouchota, V. 1994. On indefinite descriptions. *Journal of Linguistics* 30: 441 - 475.

[31] Sperber, D. & Wilson, D. 1986. *Relevance: Communication and Cognition*. Oxford, Blackwell.

[32] Sperber, D. & Wilson, D. 1995. *Relevance: Communication and Cognition*. Oxford, Blackwell.

[33] Wilson, D. 1998. Discourse, coherence and relevance. *Journal of Pragmatics* 29: 57 - 74.

[34] Wilson, D. & Sperber, D. 1991. Pragmatics and Modularity. In S. Davis: 583 - 595.

[35] Wilson, D. & Sperber, D. 1993. Linguistic form and relevance. *Lingua* 90: 1 - 25.

[36] Wilson, D. & N. Smith. 1993. Introductory remarks. *Lingua* 90: x.

[37] Wilson, D. 1995. Is there a maxim of truthfulness? *UCL Working Papers in Linguistics* 7: 197 - 212.

[38] Wilson, D. 1996a. Truth and relevance in communication and cognition, Paper Delivered at Keio International Conference on the Interface between Grammar and Cognition.

[39] Wilson, D. 1996b. Grammar, pragmatics and knowledge, Paper delivered at Keio International Conference on the Interface between Grammar and Cognition.

[40] Ziv, Yael. 1988. On the rationality of "relevance" and the relevance of

"rationality". *Journal of Pragmatics* 12：535-545.

[41] 何自然(1995)，Grice 语用学说与关联理论，《外语教学与研究》，第 4 期，23—27 页。

[42] 何自然(1997)，推理和关联，《外语教学》，第 4 期，1—10 页。

[43] 刘绍忠(1997)，关联理论的交际观，《现代外语》，第 2 期，13—19 页。

[44] 曲卫国(1993)，也评"关联理论"，《外语教学与研究》，第 2 期，9—13 页。

[45] 舒晓谷，冉永平(1997)，话语理解中的关联与语用解释，《外语教学与研究论文集》，重庆大学出版社，93—104 页。

（原载《现代外语》1998 年第 3 期）

评 析

近年来，语用学研究者从各个角度提出了对 Grice 会话含义学说的修正，其中影响最大的当属关联理论。该理论认为关联原则是语用推理的惟一机制，可以取代 Grice 的 4 个准则。

本文是对关联理论的述评。作者首先回顾了关联理论的研究近况，然后介绍了关联理论的主要内容。文章讨论了《关联性：交际与认知》一书的第二版(1995)对第一版(1986)所做的修改。这些修改主要涉及关联原则、关联假设、概念意义和程序意义、话语的真假与关联性正面认知效果、语境效果与假设的削弱、语用学与模块。作者在论述 Grice 会话含义理论存在的缺陷后，介绍了关联理论对 Grice 学说的修正与发展及国外学者关于话语连贯与关联的争论。文章最后讨论了关联理论的意义和不足，并提出关联理论就是认知语用学的理论基础。

国内对于关联理论的介绍最早是在 1988 年，进入 90 年代以后，评介文章逐渐增多。本文对关联理论的主要内容、关联理论对 Grice 会话含义学说的发展和关联理论自身的发展都做了全面评述，对我们了解国外语用学研究动向很有参考价值。但文章个别地方的观点值得商榷，比如作者多次提到，以关联理论为代表的认知语用学是认知科学，尤其是认知语言学发展的产物。其实我们一般理解的认知语言学和认知语用学没有什么关联，认知语言学研究的是语言的结构和意义如何体现人类的一般性认知能力，并非像作者所说的“重要内容是语言在交际中的认知研究”。

Austin 的言语行为理论：诠释与批判

顾曰国

一、Austin 的言语行为理论的哲学来源

言语行为理论是现代语用学的核心内容之一，源于 Austin 对三个哲学问题的探索。

一是日常语言与哲学研究的关系。Austin 持语言进化观点。他认为现存的语言形式是语言进化过程中幸存的强者，其中蕴藏着人们认为值得加以区分的所有差异和值得保存的种种关系(Austin, 1979: 175—204; 272—287)。这些差异和诸种关系是任何一位坐在书斋里的教授所冥思苦想不出来的。由此，Austin 假定，在未被证伪之前，自然语言中保存下来的区别与关系都是有价值的，可作为研究哲学问题的起点。①

二是行为研究的方法论。Austin 的最后几年(1955—1960)完全致力于行为的研究。遗憾的是 Austin 未能提出一整套行为理论。他的思想之所以引人注目在于他研究行为的方法论。在 Austin 看来，传统的行为理论抽象、空洞，过于简单化。他主张深入细致地研究行为的语言表达式，一方面从自然语言中汲取营养，另一方面谨防坠入语言设下的陷阱(Austin, 1979: 175—204)。试以"行事"(doing an action)为例。Austin 指出，"行事"是一种非常抽象的概括，常用来指实际上不同的种种行为。Austin 提倡逐一分析一个个具体的行为，而不应该满足于泛淡"行事"这个笼统

的模糊概念。在《为辩白辩》一文中 Austin 设问道："想、说以及试图做，这些算不算施事行为?"(同上，179)可见 Austin 当时对说话就是以言行事这个论点还没有充分的把握。[②]

三是 Austin 关于"述谓句"(constatives)和"施事句"(performatives)的划分。述谓句，例如"中国在亚洲"，其功能在于陈述或描写某一事实。施事句的功能在于以言行事，例如"我代表工会欢迎你们"，说这句话时说者在做"欢迎"这个行为。述谓句与施事句的主要区别是前者有真假值，而后者无真假值。施事句的值是"适切"(felicitous)与"不适切"(infelicitous)。例如，只有奥运会主席才有权宣布奥运会开幕或闭幕。他做的宣布行为是适切的。如果一位记者擅自登上主席台宣布奥运会开幕或闭幕，他的宣布是不适切的。

《如何以言行事》(以下简称《行事》)前七章主要是讨论述谓句与施事句的区别以及使施事句适切的必要条件和导致其不适切的各种因素。Austin 之所以对述谓句与施事句的区别感兴趣，是因为两者之别是他同逻辑实证主义抗衡的突破口。逻辑实证主义者认为凡不能证明其真假的陈述都是"伪陈述"(pseudo-statement)，是"毫无意义的"。Austin 反对无真假值就等于无意义这个实证观点。他指出有不少句子，如施事句，无真假值但却有意义——人们在以言行事。

不难看出，述谓句与施事句之分是 Austin 的言语行为理论的直接来源。然而至《行事》第七章末，Austin 却转了一百八十度，提出"现在是重新审察这个问题的时候了"(1980：91)。"这个问题"即述谓句与施事句的区分。至此，Austin 发现两者之分站不住脚。其因有四：

1. 有些施事句像述谓句一样也有真假值。例如"我提醒您这堵墙要倒了"，说者一方面在做提醒，另一方面也在做预测(预测墙要倒塌)。问题出自预测有真假值，我们要知道预测结果是否与事实相符，符者为真，反之为假。

2. 有些述谓句与施事句一样也有适切与不适切的问题。以“小张的母亲去英国了”为例。该句有个前提：小张有母亲。如果小张的母亲已故，却说“小张的母亲去英国了”，这个述谓句就用得不适切。

3. 施事句的适切性问题不是一个二值问题，适切与不适切仅代表适切性的两种典型情况。述谓句的真假值也不是一个二值问题，而是一个有程度变化的阶。试分析“北京和上海相距 1 490 公里”。乍看上去该句似乎只容许有二值：非真即假，非假即真。但细究起来却并非如此，因为哪一点分别代表北京和上海是不明确的、模糊的。然而在日常生活中这种模糊性是容许的。所以述谓句“北京和上海相距 1 490 公里”不是一个绝对真或绝对假的命题，而是一个大致上为真的命题。

4. 根据 Austin 的观点，施事句的典型句式为“我＋施事动词(现在时直陈式主动语态)(＋其他成分)”，诸如“我命令……”、“我请求……”、“我宣布……”等等。然而述谓句也可以用这种句式，如“我申明小张的母亲去英国了”。

概言之，述谓句与施事句并无实质上的差异。

二、抽象法与言语行为分析

摈弃述谓句与施事句之分，标志着 Austin 在言语行为理论的探索上有了新的飞跃。Austin 认识到在通常情况下，凡说者认真地说出话语(而不是在开玩笑或打比方)，即在以言行事。述谓句跟施事句一样，也能以言行事。Austin 指出：

一旦我们意识到我们研究的对象不是句子，而是在某一言语环境中说出来的话语时，我们就不可能不再看到陈述就是行事。(1980：139)

其后 Austin 的思想得到进一步的升华：

归根结底，我们所要阐释的惟一现象是在完整的言语环境中所做的完整的言语行为。(ibid，148)

Austin没有明确地定义完整的言语行为和言语环境是什么。据Cerf (1969)诠释,完整的言语行为不是指某一说者在某一言语环境中所说的全部话语的总和,而是指组成某一言语行为的各个方面。完整的言语环境指完成一个完整的言语行为所需要的全部环境因素。

那么如何确定某一言语行为为一个完整的言语行为呢? Austin没有涉及这个问题。他首要关心的是对一个完整的言语行为如何进行分析。Austin采取的是抽象法。让我们先看一下抽象的结果。Austin从一个完整的言语行为中抽象出三种行为,分别称为"说话行为"(locutionary act)、"施事行为"(illocutionary act)和"取效行为"(perlocutionary act)。通俗地说,说话行为指说出合乎语言习惯的有意义的话语;施事行为指在特定的语境中赋予有意义的话语一种"言语行为力量"(illocutionary force)③;取效行为指说话行为或施事行为在听者身上所产生的某种效果。分别举例如下:

甲(对乙):"我不让你去。"

说话行为:甲在说这句话时,"我"指甲自己,"你"指听者(即乙),"不让"意为"不允许","去"意为"离开说者所在地到另一地方"。

施事行为:甲说"我不让你去"时,甲实际上在反对乙去。

取效行为:(因甲反对乙去,乙果真不去了)甲通过说"我不让你去",甲阻止了乙去。

Austin还从说话行为中进一步抽象出另外三种行为:"发声行为"(phonetic act)、"发音行为"(phatic act)和"表意行为"(rhetic act)。发声行为即发出声音。发音行为指发出符合某种语言习惯的音节或词。Austin曾用猴子譬喻说明发声行为和发音行为的区别。猴子可以做发声行为而不能做发音行为。表意行为指把发出来的音节或词构成有意义的话语。

弄清楚抽象的涵义对于理解Austin的方法论是很重要的。

Austin 的抽象不是把一个完整的言语行为如同切西瓜一样分割成三块，再把其中的一块切成三小块。抽象实际上是在不同的层次上或从不同的角度来看某一事物。被抽象出来的行为之间不存在组合关系，而是蕴含关系。譬如，如果我们说表意行为是由发音行为组成的，那就误解了 Austin 的思想。我们应当说表意行为蕴含发音行为。用 Austin 的话说，做发音行为不一定同时做表意行为，但做表意行为必定同时做发音行为。

Austin 进行抽象的依据是语病和行为动词。Austin 把语病或其他谬误视为分析行为的非常有用的、积极的证据材料。例如，“地球衣服我太”是一句在通常情况下既不合汉语语法又无完整意义的话。然而光从发音这个层次上看，“地球”、“衣服”、“我”、“太”都是汉语词汇，这就为区分发音行为同表意行为提供了证据。

行为动词也是 Austin 分析言语行为的重要依据。他写道：

所有的 B 类行为[按指施事行为] 动词，或至少它们中间的一大部分，似乎出自精巧的安排，把我们的说话行为与话语所产生的效果……规则地分开。(1980：112)

我们用“反对”和“阻止”二词来说明上面引语的涵义。试比较“甲反对乙去”和“甲阻止乙去”。两者的区别表现在：(1) 行为完成的条件，(2) 行为动词所能概括的范围。“甲反对乙去”的完成条件之一是乙明白甲反对乙去这个意向，[④]而“甲阻止乙去”的完成条件之一不在于乙明白不明白甲要阻止乙去的意向(这是一个可择条件)，而在于乙实际上没有去这个效果。所谓行为动词所能概括的范围，我们可以用是否构成逻辑矛盾来说明。我们可以说“虽然甲反对乙去，乙到底还是去了”，这句话并不构成逻辑矛盾。然而如果我们说：“虽然甲阻止了乙去，乙到底还是去了”，这构成一对逻辑矛盾。因为如果“甲阻止了乙去”为真，则逻辑蕴含“乙没有去”，这与“乙到底还是去了”矛盾。换言之，施事动词不同于取效动词，表现在不能概括行为效果。Austin 实际上把自然语言中的行为动词归并成两组：施事动词和取效动词。在 Austin 看来，这两组动词的分化是语言进化的结果，因而用来作为划分两类行为的依据之一不是毫无道理的。[5]

三、施事行为的甄别与分类

说话行为、施事行为和取效行为三者中，Austin 津津乐道的是施事行为，取效行为则较少论及。Austin 之后的言语行为理论也完全侧重于施事行为，施事行为甚至成了言语行为的代名词。（Levinson，1983：236）因此，本文的重点也放在施事行为上。

我们知道，在通常情况下，"做一说话行为同时也在做施事行为"。（Austin，1980：98）如果施事行为还产生了行为效果，那么在做施事行为的同时还做了取效行为。这里有三个相关的问题要回答。其一：如何根据说话行为来确定施事行为？其二：如何把某一施事行为同其他施事行为区别开来？其三：种种施事行为是否应该合并成大类？在回答这三个问题之前让我们先澄清下面两点：

1. 施事动词与非施事动词　粗略地说，凡在说出某一动词时实际上等于正在做该动词所指的行为，该动词即为施事动词，不合此定义者为非施事动词。譬如，当一连长对战士说："我命令你们开火"，在说出"命令"时连长实际上正在命令，所以"命令"是一个施事动词。施事动词也可以充当非施事动词用。例如，"当时朱总司令命令我们开火"，说这句话时说者就不是在下命令，而是在转述朱总司令曾经做过的命令这个施事行为。

2. 显施事句与隐施事句　在本文的第一节中我们提到了施事句的典型结构：我＋施事动词（现在时直陈式主动语态）（＋其他成分）。Austin 把这种结构的句子叫做"显施事句"。显施事句中的施事动词显示出说者所做的施事行为。隐施事句指说者在做施事行为时没有使用施事动词来显示所做的施事行为。"开火"在适当的语境中就是一个隐施事句。说者没有明说他在下命令，而实际上他正在这样做。

现在我们回到前面提出的三个问题上来。首先让我们看一看如何根据说话行为来确定施事行为这个问题。当说话行为的语言表达式是显施事句时确认施事行为或言语行为力量并不构成问题。困难的是隐施事句。隐施事句和施事行为无一一对应关系。实际上同一隐施事句在不同的语境中可以用来做不同的施事行为。即使在同一语境中，同一施事句（甚至包括显施事句）可以同时用来做两个或两个以上的施事行为。尽管如此，Austin 认为，对于隐施事句的施事行为（一个或多个）我们总可以找到适当的施事动词和显施事句，把所做的施事行为明确地点出来。他常用的公式是：in saying X I was doing Y，即在说 X 时，"我"正在做 Y 这个施事行为。此外，说者在说隐施事句时所用的语调、句式结构、语气、说者与听者之间的关系等，都可以帮助我们确定施事行为是什么。

第二个问题——如何区分不同的施事行为——是一个很棘手的问题。Austin 没有提出较好的解决办法。由于他从语言入手研究行为，他把施事行为之间的区别转化为研究各种施事动词这个语言问题。换言之，他假定施事行为和施事动词有着一对一的关系。他建议查阅一部辞典，凭借语言直觉列出施事动词，然后把它们放到"我＋施事动词（现在时直陈式主动语态）（＋其他成分）"这个显施事句中检验，说得通者则表明一种施事行为。Austin 预测其统计总数大约不下 10 的 3 次方（1980：150）。这很可能不是一个严肃的估计。

假定 Austin 的估计是正确的，那么这上千个施事动词是不是意味着人们能以言做上千种事？这涉及到上文中提到的第三个问题，即施事行为的归类问题。Austin 归并出五大类，分别举例如下：

（1）评判行为类：对某事或行为做出裁决或评价，诸如仲裁、判决、估价等；

（2）施权行为类：实施权力、影响等，诸如任命、选举、命令、敦促等；

(3) 承诺行为类：承担义务、履行允诺，诸如答应、许诺等；

(4) 表态行为类：表明态度、褒贬等，诸如道歉、赞扬、祝贺、憎恶等；

(5) 论理行为类：在辩论或会话中做辩白、说理、让步等。

Austin 没有明说这五大类意味着人们能以言所做的五种基本行为(参见 Searle, 1976)。关于分类的标准问题将在本文第五节中讨论。

以上我们分别介绍了 Austin 的言语行为理论的哲学来源，抽象方法以及施事行为的甄别与分类。下文的重心移向对 Austin 理论的诠释与批判。

四、表意行为、说话行为和施事行为

在讨论 Austin 的抽象方法时，我们说 Austin 从一个完整的言语行为中抽象出三种行为，然后他又从其中的一个进一步抽象出三个子行为。这种从整体到个别、由大到小的抽象过程并没有反映 Austin 的思想发展的真实过程，而是代表了 Austin 思想成熟时放的一着“马后炮”。Austin 的抽象活动一开始是从对“说些什么”(saying something)的分析入手的。若要说些什么，首先要发出声音，这就是发声行为。但仅仅发出声音不够，要发出符合某一语言习惯的音节和词来，这就是发音行为。然而仅仅发出语音、词语来还不够，发出的音节、词语还得要有连贯的意义，这就是表意行为。表意行为所产生的意义包括“意念”和“所指”(Austin, 1980: 93)。发声、发音和表意构成了“说些什么”在通常情况下的意义。这种意义上的说些什么就是做说话行为(ibid, 94)。

不难看出，从发声行为到发音行为，再到表意行为，它们之间都存在着一定的差异：成功地做发声行为不一定导致发音行为，成功的发音行为不一定导致表意行为。由于这种差异才使这三种行为的区分有价值。那么我们不禁要问：成功地做表意行为是不是也不一定导致说话行为？目前为止，我们还找不到成功的表意行为不导致说话行为的例子。那么这是不是等于说表意行为与说话行为在内容上无实质的区别，只不过是对同一现象的两种不同的提法而已？这是质疑之一。

Austin 还告诉我们，做说话行为的同时一般情况下也在做施事行为（1980：98）。两种行为的差异在于跟说话行为相联系的是"话面意义"（the meaning of what was said），而跟施事行为相联系的是言语行为力量。话面意义与言语行为力量的区分在隐施事句中是很明显的。仍以"开火"为例。话面意义就是"开火"，而言语行为力量却是"命令"。问题出在显施事句上。例如，"我命令你们开火"，"命令"这个施事动词明确地点出了这句话的言语行为力量，可是"命令"也是说出来的话面意义的一部分。这就是说，在显施事句中话面意义已经包括了言语行为力量。那么在这种情况下还有什么必要区分说话行为和施事行为呢？这是质疑之二。

Austin 用直接引语转述发声行为，用间接引语转述表意行为（1980：95）。例如：

他说"开火"（转述发声行为）

他命令开火（转述表意行为）

在转述施事行为时 Austin 用的也是间接引语（ibid，102）。我们发现表意行为和施事行为的转述结果往往一样。这岂不是说表意行为等于施事行为？这是质疑之三。

三个质疑的焦点集中在意念加所指、话面意义和言语行为力量这三者的关系上：

施事行为 ………………………………………… 言语行为力量

说话行为 ………………………………………… 话面意义

表意行为 ………………………………… 意念加所指（＝意义）

有没有可能会出现意念加所指＝话面意义＝言语行为力量？如果有，则 Austin 苦心经营的三行为将三合为一。

回答这个问题之前让我们先弄清楚三者的内容是什么。《行事》没有对意念和所指以及话面意义做出明确的界说。在哲学上意义＝意念＋所指源于 Frege。“长庚星”和“启明星”的对比是大家所熟悉的区分意念和所指的例子。Frege 所说的意念和所指主要是对主词而言的。有时也用来谈论句子，但句子（主要是陈述句）的所指是句子的真假值。Austin 在《行事》中是否沿袭了 Frege 的意念和所指这两个概念，还难以下定论。L. J. Cohen (1969)认为 Austin 的意念和所指不同于 Frege 的。主要理由是：(1) Austin 的意念和所指是对整个话语而言的；(2) 在施事句中，Austin 所说的言语行为力量在 Frege 的理论中则成了句子的所指；(3) 根据 Frege 的观点，要知道陈述句的意义就必须知道陈述句的真假值，但是 Austin 在转述表意行为时用的是间接引语，而在间接引语中转述人与引语的真假值是无关的。

Cohen 的论证有个漏洞：Austin 的意念和所指并非对整个话语（a whole utterance）而言，而是对 Austin 所称的“rheme”而言的。所谓“rheme”就是由表意行为形成的语言形式。Cohen 应当首先证明 a rheme 等于 a whole utterance。

我们认为，Austin 之所以把表意行为同 rheme 联系在一起，是因为 a whole utterance 是出现在说话行为这个层次上的，也就是说，a rheme 是对 a whole utterance 的抽象。a whole utterance 因此比 a rheme 多些什么。这就涉及到话面意义与意念加所指的关系。话面意义包括哪些内容呢？根据 P. F. 斯特劳森(1973)的分析，话面意义可以分为 A、B、C 三种。设一说者在某场合说出某语言 L 中的一个句子 S。又设某听者 X，X 不知道说者的姓名、身份等，也不知道说话的时间、地点等，但 X 有关于语言 L 的全部知识。我们是否可以说 X 能完全理解句子 S 的话面意义？这当然得由 S 的性质而定。试以“真不是个东西！”为例。“东西”究竟指人还是指物，没有其他语境知识是难以判定的。只有排除这种语言本身固有的歧义，X 才能完全理解“真不是个东西！”这句话。Strawson 把在排除了语言的歧义之后为 X 所理解的话面意义称为“A种话面意义”。

又设S为“小李两小时之后离开这里”。显然，X仅仅理解A种话语意义是不够的。X得知道“小李”指的是谁，说这句话时当时的时间，以及“这里”指的是哪里，才能完全理解“小李两小时之后离开这里”。除了理解A种话面意义外，X还必须掌握专有名词、人称代词、时间方位词等所具有的所指意义。这种更高一层次上的理解所获得的意义，Strawson称之为“B种话面意义”。

A种和B种话面意义仍然不是话面意义的全部内容。除了B种话面意义外，完整的话面意义还应包括话面意义的使用涵义以及说者的意向。这种完整的话面意义构成Strawson的C种话面意义。

那么哪一种话面意义是Austin所说的话面意义呢？A种排除了所指意义，显然太窄了。C种囊括了话面意义的使用涵义和说者的意向，实际上已把Austin所说的言语行为力量包括进去了，这又太宽了。剩下来的便是B种话面意义。B种话面意义似乎比较切合Austin的用意。但问题还是出在显施事句上。如果说者说出了施事动词或其他表明说者意向的语言手段，如语气助词、副词、语调等，B种话面意义与C种话面意义之间的距离就被缩小，两者甚至会完全重叠。这一来话面意义与言语行为力量的区分也就失去了依据。

现在我们来看看，在表意行为层次上的意义属于Strawson的哪一种话面意义。A种话面意义嫌窄，因为它排除了所指意义。B种意义也不适合，因为它不包括言语行为力量。上文中我们已经指出，Austin在用间接引语转述表意行为时所用的动词往往是表明言语行为力量的施事动词。所以，表意行为层次上的意义要超出B种话面意义而进入C种话面意义。又因为话面意义应当包涵表意行为层次上的意义，话面意义因而也应超出B种话面意义，这又与Austin区分话面意义和言语行为力量相牴牾。

现在我们回到前面提出的关于意念加所指，话面意义和言语行为力量会不会完全重叠的问题上来。三种意义完全有可能重叠，当话语是显施事句时尤为如此。鉴于显施事句绝非个别现象，我们因此可以得出结论：Austin 对表意行为、说话行为和施事行为的划分有严重的缺陷。

目前对这种缺陷有两种态度：一种是否定，另一种是修正。Cohen 是持否定态度的代表人物。他认为，话面意义与言语行为力量的区分是站不住脚的，力量是意义的一部分，所谓言语行为力量实质上是一个空洞的概念。他的论证较长，本文无法细说。

持修正态度的代表人物是 J. Searle。Searle 不同于 Cohen，Searle 力图保存施事行为和言语行为力量，摈弃表意行为和说话行为这两个概念，以命题行为取而代之。所谓命题行为即表述一个命题的行为。命题的优点是中立于言语行为力量。不同的话语可以用来表达同一命题，但却可以具有不同的言语行为力量。这样命题异于话面意义，不会吞噬掉言语行为力量（详见 Searle，1968）。

总的说来，持否定态度的为少数，绝大多数成 Searle 的修正方案。一般公认施事行为和言语行为力量是两个有价值的概念，是 Austin 对言语行为理论的主要贡献。但肯定这一点的同时必须指出，Austin 对施事行为的本质的认识和对施事行为的分类远非尽如人意。这是下一节着重分析的问题。

五、施事行为的本质与分类

Austin 认为施事行为是“约定性行为”（conventional act）。《行事》多处强调这一特性（Austin，1980：103，105，107，115，119，121）。从提到该特征的上下文可以看出，Austin 把施事行为的约定性看做是施事行为不同于取效行为的区别性特征。所谓约定性即施事行为“至少可以通过施事句式明确地说出来”（ibid，103）[⑥]。我们可以说：“我命令……”、“我宣布……”等，却不能说：“我说服你……”、“我阻止你……”等。注意“可以说”和“不可以说”不是用合乎不合乎语法习惯来衡量的，而是用说是不是等于做来衡量的。认识到这一点我们就不难看出 Austin 思想上的漏洞。Austin 头脑中说等于做的模式是一些出现在仪式、典礼等高度程式化的语境中的施事行为。这些语境的确有一套约定的规则可循，甚至必须遵循。然而这些语境只占全部语境的一小部分，大部分语境是程式化程度极低的，约定性规则甚少，而且对话语的制约力微弱。究竟说些什么，用什么方式说，等等，说者有很大的选择余地。说者做了哪一种施事行为，话语的言语行为力量是什么，往往与说者讲话时的意向和目的紧紧地联系在一起。试分析下面的对话：

（发生在某一火车站上）

甲：让一让！

乙：怎么能这么说话？不让！

乙之所以对甲的话“感冒”，显然与甲说话的口吻有关。用 Austin 的话说，甲的话“让一让”带有“命令”这个言语行为力量，即在说“让一让”时甲做了命令乙让一让这个施事行为。不难看出，甲做命令这个施事行为不是遵循 Austin 心目中的那一套约定的规则的结果，而是与甲说话的意向密切相关的。

概言之，实际上只有一小部分施事行为是约定性的。Austin 关于施事行为是约定性的观点是片面的。

现在我们看一看施事行为的分类问题。Austin 的分类有以下三个主要缺点：

一是分类缺乏统一的标准。例如施权行为类以权力、社会地位、身份等为准绳，而表态行为类却以说者的态度为刻度，论理行为类则再次变换角度，考虑的是话语在会话中的相互关系。

二是 Austin 把对施事行为的分类等同于对施事动词的分类。施事动词与施事行为有着一一对应的关系不是一个事实，而是一个假设。要证明这个假设是正确的，不是一件容易的事，然而要否定这个假设却并非难事。例如英语动词 announce（公布）是一个施事动词,但不代表一种施事行为,只表明做某一施事行为的方式(参见 Searle, 1976: 8)。

第三个主要缺陷是类的内部内容庞杂混乱。试以表态行为类为例。其中包括感谢、道歉、赞扬、祝贺、吊唁、怜悯、憎恶、批评、抱怨、欢迎、告别、诅咒、祝酒等等。不用细说,这是一个大杂烩。

六、取效行为与因果关系

最后分析一下 Austin 的取效行为。人们常常告诫说,讲话要注意效果。这正是因为讲话会产生效果。Austin 把人们使用语言的这个常识提高到哲学上来阐述。他是这样引入取效行为这个概念的:

说些什么往往、甚至在通常情况下都要在听者、说者或其他人的感情、思想或行为上产生某些效果。(Austin, 1980: 101)

从这段引语中我们可以概括出取效行为的四个要素:说者→说些什么→听者→效果。假定一法官在法庭上正式宣布:"罪犯×××死刑,立即执行。"在场的有罪犯本人、行刑警察、罪犯的母亲、罪犯的受害者、罪犯的辩护律师、新闻记者等。"罪犯×××死刑,立即执行"这句话会在这些人身上引起不同的反应。例如:

1. 罪犯×××失声痛哭(感情效果);
2. 警察把罪犯押向刑场(行为效果);
3. 罪犯的母亲晕了过去(感情+行为效果);
4. 罪犯的受害者感到复了仇(思想效果);
5. 辩护律师输了官司(难以归类);
6. 新闻记者感到正义得到了伸张(思想效果)。

这个单子可以随着参与者的增加继续开下去。根据 Austin 的取效行为的定义,法官通过说"罪犯×××死刑,立即执行"做了单子上相应的取效行为。具体做法是这样的:先看一看产生了什么样的效果,然后找一个适当的动词来概括产生的效果(如果找不到这样的动词,可用"使某人做什么"来代替),最后把这个动词放入“通过说‘……’说者做了〈动词〉这个取效行为”。例如上面的第3例，我们可以用“吓晕了”这个动词来概括“罪犯的母亲晕了过去”这个效果。因此我们得到法官通过说“罪犯×××死刑，立即执行”吓晕了罪犯×××的母亲。“法官吓晕了罪犯×××的母亲”逻辑蕴含“罪犯×××的母亲晕了过去”。

略加思索，我们会发现有点不对头。法官在宣布判决时，难道真的想吓晕罪犯的母亲？难道法官真的想做单子上所列的全部取效行为？更有甚者，假如老李见邻居老张的房子着了火，便大声喊道：“老张，你房子着火了！”老张一听，心脏病剧发，当下一命呜呼。根据 Austin 对取效行为的定义，通过说“老张，你房子着火了”老李致死了老张，老李岂不冤枉！

出现上述违反常识和语言直觉的原因在于 Austin 犯了行为等于效果这个谬误。要判断说者是否做了某一取效行为，不能不考虑他的动机和意向，Austin 忽略了这一点。正如 Austin 指出的那样(1980：110)，效果可以是有意的，也可以是无意的，但是我们不能青红皂白不分，一味用效果来决定取效行为的性质。因为效果发生在听者一方，取效行为是说者所为，根据效果来确定取效行为，实质上是用听者的反应来定义说者的所为。

Austin 为什么会犯行为等于效果这个谬误呢？这与他用因果关系来解释效果的产生有关。Austin 把话语产生效果解释为因引起果。说者说出的话是因，听者的反应是果，前者引起后者。Austin 在《行事》第 113 页一个脚注中简要地说明了他的因果观：

说些什么在其他人身上产生效果，或引起事件发生，这种因果本质上不同于诸如施加压力那样的物理性因果，它得通过语言手段来执行，实质上是一人对另一人施加的影响。

为了方便叙述，我们把这种因果称为“影响因果”。影响因果有其正确的因素，但未能引起后人的重视。连 Austin 自己也不例外。《行事》第 119 页就引进了与影响因果相牴牾的另外一种因果。Austin 指出，取效行为可以通过非语言手段来完成，例如“恐吓可以通过挥舞棍棒或举枪瞄准……来达到。”影响因果所要求的语言手段不见了固然不论，挥舞棍棒或举枪瞄准不再是施加影响，实质上等于威慑！

在言语行为理论的文献中还可以见到其他形式的因果，在此不必细说了。用因果关系来解释言语效果的产生是把连续发生的单个事件用因果关系串起来，只要一触发因，果就自动产生出来，如下图所示：

以语言交际为媒介的因果关系链

说　者

↓（因果 1）

引起发音器官动作发出话语

↓

传播媒介（因果 2）

↓

听　者

↓（因果 3）

引发语言理解机制工作

↓（因果 4）

做出种种反应

因果 1、3、4 不同于因果 2。前者是内在因果，即因和果都发生在说或听者自身的内部。后者是物理性的外部因果。因果 1 和因果 3 是激发语言机制起作用说出或理解话语的。因果 4 用于听者理解话语后引起自身做出各种反应（即取效行为的效果）。

Austin 之所以能根据听者的反应来决定说者的行为，在于因果的传递性，如图中箭头所示。说者是因果链的开端，果的终极原因。听者的反应是说者引起的，所以应归功于说者。但是因果 1、2、3、4 不是同质因果，而是异质因果（见上段的分析），所以即使因果 1 和 2 起作用，因果 3 和 4 不一定起作用；即使因果 1、2、3 都起作用，因果4不一定起作用。例如，甲想跟乙借1 000元钱。甲对乙说："求你帮个忙，借我1 000元钱。"乙听到了这句话，也理解了这句话，即我们到了因果4的位置上。乙听懂了之后不一定愿意慷慨相助，这就使因果4失灵了。所以图中的因果链没有传递性。要使它有传递性，听者就必须像机器人一样的驯服，一接到指令，马上无条件地执行做出反应。这种理想中的听者，消极被动，在现实生活中是没有的。

概言之，Austin的因果流程，无论是影响因果或其他因果，都没有传递性，因为听者不是无意志的、听任说者支配的机器人。这就挖去了Austin的取效行为的哲学基础。我们并不否认话语能产生效果，这一点与Austin是一致的。但是"产生"除个别情形外不能用因果关系来解释，不能用效果来定义行为。正确的做法是：话语产生效果是一个说听者相互作用的过程。说者所为仅限于言语行为和其他辅助行为，效果是听者的反应，是听者所为。所谓"产生效果"是说听者双方的一种配合或合作。所以取效行为不是说者一人所为，而是说者和听者两人合为。

七、结语

今天，《行事》已成为世界文化遗产的一部分。我们对Austin的理论的诠释与批判不是对这位开拓者的苛求，而是为了更好地继承和发扬他的理论，把言语行为的研究推向更高的阶段。

Saussure把语言界说为一个封闭的形式系统，语言学隶属于符号学。Chomsky看到的语言是一系列合语法的句子，语言学是心理学的一部分。Halliday理解的语言是一组组可供选择的潜在系统，语言学是社会学和人类学的一支。Austin多少受到Wittgenstein的影响，把注意力集中在语言的使用上，把语言的使用视为一种行为。在这个基本认识上建筑起来的语言学从属于行为理论和社会心理学。诚然，Austin未能像Saussure、Chomsky和Halliday那样各自提出较完整的语言学理论，Austin的功劳在于开拓了从行为的角度来研究语言的使用这条道路。

注释:

① 语言进化观不同于 Sapir-Wolf 假设。后者是关于语言与思维和文化之间的关系的,而前者是关于语言与语言形式的存在和使用之间的关系的。现存的语言形式是语言使用者智慧的结晶。其存在和使用必定有其缘由和道理。Austin 对自然语言的分析正在于找出其缘由,学习其道理。

②《为辩白辩》最早见于《亚里士多德研究会汇编》,1956—7 卷,而 Austin 早在 1939 年就注意到了施事句。1952 年至 1954 年间 Austin 每年在牛津大学开设“言词与行为”专题讲座。这是《行事》的前身。因此,说些什么就是做些什么的思想早于《为辩白辩》。Austin 在这篇论文中表示疑问,足见这位开拓者对一个新思想的多年的反刍。

③ 施事行为是说者所为,言语行为力量是话语在语境中的一种功能。Austin 以及其他学者常用同一施事动词来转述施事行为和言语行为力量。这是因为话语在不同的行为层次上有不同的功能,言语行为力量是话语在施事行为这个层次上的功能。两者并非同一回事。

④ 施事行为的必要和充分条件这个问题很复杂,本文不拟评介。

⑤ 行为动词与行为的确定和划分之间的关系是哲学上的一个热点。有些人主张行为的确定和划分独立于行为动词。另一些人认为离开了行为动词便无法界说行为,失去了对一连串的事件进行合理分割的工具。Austin 在《行事》中回避了这个问题。

⑥ 这里我们不能简单地把“能够说出来”同 Searle 的“可述性原则”相提并论。我们把“约定性”理解成使说等于做的一系列外部规则,也就是 Austin 在《行事》第二章中提到的“公认的约定程式”。参见 P. F. 斯特劳森(1964)。

参考文献:

［1］奥斯汀,1980,《论言有所为》,许国璋译,载《语言学译丛》,中国社会科学出版社。

［2］涂纪亮,1987,《分析哲学及其在美国的发展》(下),中国社会科学出版社。

[3] Austin, J. L., 1980 (1962), *How to Do Things with Words*. Oxford: Oxford University Press.

[4] ——, 1979 (3rd ed.), *Philosophical Papers*. Oxford: Oxford University Press.

[5] Cerf, W., 1969, "Critical review of *How to Do Things with Words*". In Fann, (ed.) pp. 351-379.

[6] Cohen, L. J., 1969, "Do illocutionary forces exist?" In Fann (ed.), pp. 420-444.

[7] Davis, S., 1980, "Perlocutions". In Searle et al. (eds.), pp. 37-55.

[8] Fann, K. T. (ed.), 1969, *Symposium on J. L. Austin*. Routledge and Kegan Paul.

[9] Forguson, L. W., 1969 (1967), "Austin's philosophy of action". In Fann (ed.), pp. 127-147.

[10] Gu, Yueguo, 1987, "Towards a model of conversational rhetoric". Unpublished Ph. D. Thesis at the University of Lancaster.

[11] Levinson, S. C., 1983, *Pragmatics*. Cambridge: Cambridge University Press.

[12] Searle, J. R., 1968, "Austin on locutionary and illocutionary acts". *Philosophical Review*, vol. 77, pp. 405-424.

[13] ——, 1969, *Speech Acts*. Cambridge: Cambridge University Press.

[14] ——, 1976, "Classification of illocutionary acts". *Language in Society*, vol. 5, pp. 1-24.

[15] Searle, J. R., Kiefer, F. and Bierwisch, M. (eds.), 1980, *Speech Act Theory and Pragmatics*. D. Reidel Publishing Company.

[16] Strawson, P. F., 1964, "Intention and convention in speech acts". *Philosophical Review*, vol. 73, pp. 439-460.

[17] ——, 1973, "Austin and locutionary meaning". In *Essays on J. L. Austin*. Oxford: Oxford University Press.

（原载《外语教学与研究》1989 年第 1 期）

评 析

20 世纪 60 年代以前，由于逻辑实证主义的影响，语言意义的研究关注的是语句的真值条件。随着英国哲学家 J. L. Austin 的《如何以言行事》(*How to Do Things with Words*)于 1960 年出版，语言意义的研究开始摆脱真值条件语义学的束缚。Austin 提出的言语行为理论认为，人们使用语言不仅仅是在说话，更是在通过说话来实施某一行动，即以言行事。Austin 的言语行为理论后来经过哲学家 J. Searle 整理和发展，对语用学产生了重大影响。国内学者对于言语行为理论并不陌生，但 Austin 的完整学说往往是哲学界关注的对象，而语言学界对此讨论并不多，对 Austin 关于言语行为思想的发展历程似乎缺乏完整的认识。

本文是对 Austin 言语行为理论的评述和阐释。文章在分析了 Austin 言语行为理论的哲学来源后，介绍了 Austin 对构成言语行为的 3 种行为的区分，即说话行为、施事行为和取效行为，并讨论了 Austin 对于言语行为的分类。作者对 Austin 言语行为理论存在的问题进行了批判，指出 Austin 对表意行为和说话行为的区分、话面意义和言语行为力量的区分存在严重缺陷。此外，Austin 对于言语行为的分类缺乏统一的标准，把对施事行为的分类等同于对施事动词的分类，而且各类的内部内容庞杂混乱。

本文对 Austin 言语行为的理论评述和批判相当全面，详细分析了其思想形成过程和理论缺陷，对于了解言语行为理论很有帮助，但对于取效行为和因果关系问题的讨论值得商榷。按照大多数学者的理解，取效行为往往是不确定的，包括话语产生的所有效果，无论是有意产生的还是无意产生的。因此，作者认为 Austin 把行为等同于效果，忽略了说话人的动机和意向的批评可能源于对 Austin 的误解。

John Searle 的言语行为理论：评判与借鉴

顾曰国

1. 引言

本文为《John Searle 的言语行为理论与心智哲学》的续篇。前文力求客观地介绍，本文则侧重于评价。全文分四部分：第一部分从普通语言学的角度看言语行为理论的价值。第二部分介绍国外学者对 Searle 理论的评述。第三部分笔者结合汉语谈谈自己的粗浅体会。最后交代言语行为研究的最新动态与目前存在的问题。

2. 言语行为理论的价值

在前文里，我们开宗明义，点出了言语行为理论的基本前提，即言中有行，人们在日常生活里无时无刻不在以言行事。言语行为理论正是建筑在这个寻常、实在的语言事实之上的。这一理论的哲学意义超出本文的宗旨，将略而不谈。其语言学意义笔者认为主要包括以下三个方面：（1）语言研究新视角；（2）语言与社会、心理三合一的整体研究；（3）句义与语力的划分。

2.1　语言研究新视角

我们知道，本世纪以来，普通语言学总体上形成两大思想体系：结构主义和功能主义。结构主义占主导地位的是转换生成语法，功能主义最有影响的是系统功能语法。转换生成语法对语言的基本看法是，语言是一种心理现象，语言学属于心理学的一部分。系统功能语法对语言的基本看法是，语言是具有多元选择的社会符号系统（language as social semiotic），语言是一种社会现象。言语行为理论（根据 Austin 和 Searle 的早期观点）把语言视为一种行为现象，属于行为科学。如果说社会心理学重在研究人的社会行为，那么语言学则跨属于行为学和社会心理学。

对语言的基本认识的不同，导致了研究对象的殊异。转换生成语法重语言直觉，最终想在人脑的语言生理共性中找到人类语言的普遍语法。系统功能语法着眼于语言的潜在系统，致力于界定系统的功能和制约系统选择的各种要素。言语行为理论相比之下不关心语言自身的语法结构，也不热衷于语言的潜在系统，而要知道人们以言能做何事，如何去做，会产生什么效果。Searle 在 20 世纪 80 年代形成的心智哲学思想和语力逻辑表露出更宏伟的蓝图，言语行为理论最终要对人类可能做的所有言语行为做出界说。

上述粗略的对比表明言语行为理论不同于另外两者，突出地表现在它不能够对语言（作为一个符号系统）提供一套描写元语言，所以它不可能取代前两者。它为研究语言提供了一个新视角，所以它与两者持互补关系。Austin 是位分析哲学家，在他的哲学思想里看不到现代语言学对他有什么明显的影响，所以在他提出言语行为理论时，他没有依附于任何主义——无论是结构主义还是功能主义；他也没有把语言与言语做严格的区分。Searle 跟 Austin 不同，颇受转换生成语法理论的影响（例如他接受深层结构与表层结构的区分，e. g. Searle 1969：64，句法转换规则等）。从哲学家的角度看，言语行为理论是语言哲学的一部分，语言学对句法、词义、语调等的描写可用于对施事句、语力显示项的微观分析上。从语言学家的眼光看，言语行为超越了语音、音位、语素、句法、句义等传统的研究领域，是一块新天地，他们把言语行为研究划入新兴学科语用学。

2.2 语言与社会、心理三合一整体研究

言语行为理论从行为入手研究语言，这抓住了语言的动态特征。任何行为离不开施事人、时空间、行为动机、目的等。所以研究言语行为就不可能像研究语法那样无视说、听者，无视何时何地；用Austin的话说，要想彻底研究言语行为，就得“阐明”“在完整的言语环境中完整的言语行为”（Austin，1980 [1962]：148）。Austin说的完整的言语环境就是圆满、成功地做一言语行为所必须满足的一切条件。举例来说，A向B致乔迁之喜，A意在做“庆贺”行为，所要满足的条件包括：(1) B搬进了新居；(2) A与B至少相识；(3) A向B说了庆贺之辞；(4) A心底里为B感到高兴，等等。(1)与(2)是言语行为的社会条件，(4)为该行为的心理条件。如果这些条件有一个未得到满足，那么这个“庆贺”行为就做得不是那么圆满、成功。假如A嘴上说“恭喜！恭喜！”，而心底里想的却是B根本不该分到新房，那么“庆贺”这个行为就不能算圆满。Searle以英语“许诺”为例，归纳出9项条件。这9项条件是否得当，我们暂且不论，有一点是可取的，即以言语行为为轴心，把语言、社会、心理三方面融为一体。这样做减少了语言研究中过于抽象化、过于理想化的弊端，更接近于使用中的语言的实际情形。

2.3 句义与语力

扼要地说，句义指句子的话面意义，不包括比喻义等引申意义。语力就是句子在特定的言语环境里所具有的使用力量，也可以说是“语锋”——句子所具有的一种“锋芒”。例如，句子“你等着瞧！”在特定的语境里可以具有“警告”、“威胁”等“力量”（或“锋芒”）。句子在语境里当然还会产生其他意义，然而语力在各种可能产生的意义中占有至关重要的地位。例如，“我说说我的不成熟的看法”（摘自笔者现场录下的语言材料）。这是一位正局级干部在某次下属小组会议上说的话。话面上是“说说……不成熟的看法”，而实际上的语力等于是“指示”。其后，他的“不成熟的看法”成了某项计划的政策性文件。语力因此可以说是一种具有特殊的社会、心理效应的交际意义。引起人们对语力的重视与研究不能不算是言语行为理论的一大功劳。

3. 国外学者对 Searle 言语行为理论的评判

任何新理论的形成,要得以健康发展,就离不开客观、公正、敏锐的批评。言语行为理论也不例外。对 Searle 言语行为理论的评判散见于书刊杂志中的文章不能算少,但真正具有说服力且击中要害的为数并不多。值得有心者细读的有 Holdcroft (1978), Streeck (1980), Levinson (1981), Franck (1981), Kreckel (1981), Leech (1981),此外还有近几年出的三部论文集 Burkhardt (ed., 1990), Lepore & Gulick (eds., 1991), Searle et al (eds., 1992)。这三部论文集全面评价了 Searle 的思想,他的言语行为理论当然为核心话题之一。论文作者大多数为某领域的专家,因此文章颇具分量,对于深入研究者来说是不可多得的参考书。鉴于本文篇幅有限,我们只能按主题把诸家对 Searle 的言语行为理论的评说综合归纳于后。

3.1 言语行为的充分和必要条件与构成规则

言语行为理论始终强调出言在适当的语境里就是施行,即言中有行。然而出什么样的言并不能界定做什么样的行。要避开循环式定义,行的性质就应该由超语言因素来界定。Searle 提出的言语行为构成规则,其目的正在于解决这个问题。那么这个问题真正地得以解决了吗?回答是否定的。我们先回顾一下 Searle 的整个研究程序:(1) 言语行为⟶(2) 圆满、成功地做某一行为所必须满足的条件⟶(3) 从条件里抽象出语力显示项规则⟶(4) 语力显示项(+句子的其他成分)⟶(5) 言中有行。我们首先要问 Searle 是怎样确定起点(1)的。Searle 除了承袭先师 Austin 的理论外,还依据他对一般行为(包括言语和非言语)的认识(Searle 1984),以及他对某些言语行为的直观分析。起点的核心前提是言语行为是由一些构成规则生成出来的(就像下象棋由一系列象棋规则生成出来一样）。只要找出这些构成规则，那么就解决了言语行为是什么这个问题。

步骤(2)正是要找出言语行为的构成规则迈出的第一步。Searle 在寻求他的 9 项充分和必要条件时，再次承袭了 Austin 的做法，即对一个完整的言语环境进行解剖分析。由于 Searle 对言语行为并没有做广泛的调查研究，就连他的取样“许诺”行为，他也没有做全面调查，所以他得出的 9 项充分和必要条件经不住推敲、复验。例如，Falkenberg (1990)对真诚条件做了较深刻的分析。我们知道只要做许诺行为，无论是诚心地还是假意地，许诺人就不可避免地要表露自己的意图。如果是真诚的许诺，许诺人嘴上说打算做 A (Searle 的条件 6)，心底里也打算真正地去做 A。如果许诺是假意的，许诺人嘴上说打算做 A，心底里却不打算去做 A。Searle 的 9 项充分和必要条件是针对真诚许诺而言的。然而假意的许诺归根结底仍不失为许诺。Falkenberg 质问 Searle 假意许诺应如何处理？Searle (1969：62)指出对于假意许诺，我们只要把条件(6)改一改，由原来的“打算做 A”变成“承担起做 A 的意图的责任”。Falkenberg 认为此修改无补于事，相反暴露了 Searle 关于真诚条件的不足之处。Searle 的第 7 项本质条件说：“S 的意图……等于使 S 承担起做 A 的义务”，这实质上已经包含了真诚条件，因为无论是真心许诺还是假意许诺，许诺人都要承担起表露做 A 的意图的责任。

真诚条件说白了就是实施某一言语行为时所伴随着的心理状态。不难想象不是所有的言语行为都需要真诚条件，例如法官做出裁决宣布无罪释放，不管法官本人心里是怎么想的，都改变不了“宣判”的性质。但是心理状态与施事行为的类型确有着某种内在的联系。Searle 共区分出 4 种主要心理状态：信念、愿望、意图和情感，与之相联系的施事行为如陈述、请求、许诺、庆贺等等(Searle 1969：65；1975 第 2 章；1979 第 1 章；1983 第 1 章；Searle & Vanderveken 1985)。也就是说，若要做一陈述，施事人就不可能不同时表述某个信念,其余类推。Falkenberg 试图证明真诚条件对于划分施事行为起着比行为目的和适切方向更重要的作用。Falkenberg 的论证(此处略)尚欠说服力,但他提出的问题值得研究者注意。

步骤(3)Searle 从行为分析转到语义分析,得出 4 条规则,这 4 条规则既是关于语力显示项的使用规则,又是言语行为的构成规则。(注:步骤(2)得出的 9 项条件是具体的,这 4 条规则是抽象的,更具有普遍意义。)如前文所说,Searle 之所以能这么做,是因为有"可述原则"。既然言与行有潜在的、一旦需要可以明确表述的一对一的关系,分析行就等于研究言。Searle 的推理是无懈可击的,问题却出在推理的一些前提上。有以下 3 方面值得商榷:

其一是"可述原则"。语言里到底有没有这个原则? Searle 依据的是他使用语言多年的经验和他的哲学思辨。Forguson (1973:179),Warnock (1981:275),Recanati (1987 [1981]:219—224)一致认为有些语力在某些自然语言里(如法语)没有对应的语力显示项。Searle (1969:153)曾预料到这个问题,回答是人们总是可以根据需要造出对应的语力显示项来。Forguson 和 Warnock 反驳说这一来言语行为理论所要研究的不是自然语言而是可能语言。Recanati 则认为 Searle 的"可述原则"过于严厉以至于不切语言的实际。实际上行与语力显示项之间的对应关系是较模糊的。

其二,姑且假定这个原则的存在,Searle 的 4 条构成规则却偏离语言实际甚远。人们首先要问充分和必要条件有 9 个,规则却是 4 个,这是不是说一言语行为若符合 4 个规则,那么它亦同时满足了 9 个条件? 换言之,条件与规则之间的关系是什么? Harnish (1990:175—176)指出实际情形并非如此。仍以许诺为例。一个有缺陷的许诺可以符合 4 条规则而不满足条件 1,8,9。Alston (1991)逐一分析了 Searle 的 9 项条件以及 4 条构成规则后,也认为有几个条件(如第 4,5,6 条)并非是必要条件。

其三，Searle 写道："言语行为就是那些按照构成规则说出句子所做的行为"(1969：37)。"人类不同的语言，鉴于能够互译，可以被视为对相同的深层构成规则做不同的传统表现罢了"(1969：39)。也就是说，Searle 的 4 条构成规则是人类语言的共同构成规则。别说对人类语言而言，就连 Searle 的母语英语，这 4 条构成规则也不具有普遍意义。Kreckel (1981) 对英语里"警告"行为做了实际语言调查，他跟踪了两个英国家庭里的"警告"行为，他还把部分录音材料给当事人听并要他们对自己的话语做出评判。研究结果至少表明这一点，即 Searle 列出的 4 条构成规则即使在这两个家庭里也没有普遍性。

步骤(4)涉及到施事行为的语言实际表现形式。假定说者在说出"你等着瞧！"时，说者意在"警告"听者，那么该话语就具有"警告"这个语力。在交际过程中这个语力必须由某种方式——语力显示项——显示出来。Searle 对语力显示项并未做过广泛的研究。在这方面语言学家做了不少工作，如 Fraser (1975)，Verschueren (1980)，Leech (1983)，Wierzbicka (1987)。与语力显示项相关的有一个重要理论问题，即句义与语力的关系问题。对于隐施事句来说，句义与语力分得是很清楚的，如说"开火！"，句义里没有语力"命令"这层意思。但对于显施事句"我命令你们开火"来说，句义包含了语力，这样语力这个概念似乎失去价值。Cohen 早在 20 世纪 60 年代(1969［1964］)就认为语力是不存在的。Cohen 的论证缺乏说服力，但他引起人们对语力现象做更加深刻的思考。施事行为、句义、语力三者间的关系我们放在下节讨论。

步骤(5)严格地说不是研究步骤，是前 4 个步骤的目的。

3.2　行为、句子、句义、语力

让我们先用粗线条把这四者关系描述一下，得出一个总体印象，为下文逐步展开提供一个纲目。

公式 1	IA	=	F	(p)
	施事行为	=	语力	(命题)
公式 2	U	=	IFID	(sense)
	说出的句子	=	语力显示项	(所指+述谓)

公式 1 是施事行为 IA 与语力 F、命题 p(句子的逻辑意义)的逻辑关系式。公式 2 是实施该施事行为的语言表现形式。假定某一施事行为得到了圆满、成功的施行，那么实施该行为的句子 U 就具有语力 F，语力 F 通过语力显示项 IFID 传达给听者。命题 p 表明实施施事行为所涉及的事态。

Searle 指出，对于任一言语行为来说，总有一个可能用的句子，在适当的语境里，在句义的作用下说出这个句子，就正是在做这一行为。对于任一句子的句义来说，在适当的语境里(非比喻性地)说出含有该句义的句子，就正是在做某一特定的言语行为(见 Searle 1969：17—18)。Searle 的论点说白了就是，行为与句义之间存有潜在的一对一的关系，一旦语境条件得以满足，出言便等于施行。应该注意的是，一对一的关系不是指一个行为只能由惟一的一个特定句子去做，而是指总有一个潜在的句子可以用来做这个行为。一个行为可能由几个不同的句子来做，同样，一个句子可以用来做几个不同的行为。言与行的潜在关系概括如下：

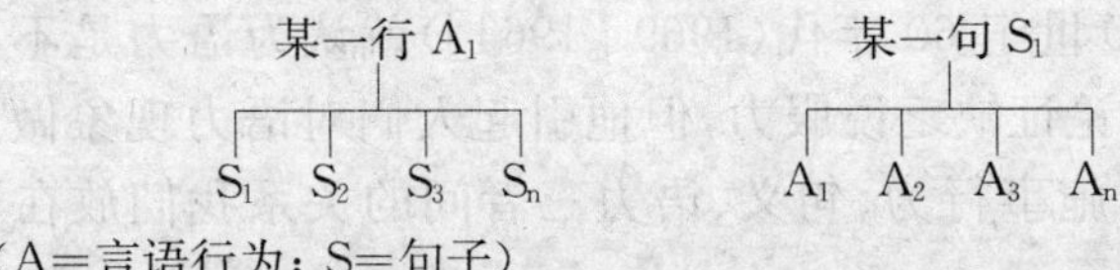

(A=言语行为；S=句子)

言与行的这种关系正是句子的使用功能。在实施过程中，到底是用 S_1 还是用 S_2 等来做 A_1，这得取决于言语环境。同样，一个句子实现的是 A_1 还是 A_2 等等，也要取决于言语环境。

根据 Searle 论述的言与行的关系，我们可以设计出一个完整的研究计划。对于语言 L(如汉语)，设 A 为潜在的言语行为的全

集，S 为可用于做 A 的句子的全集，那么语言 L 里言与行的全部潜在关系为

$A\{A_1 \cdots A_n\}$　　　　$S\{S_1 \cdots S_n\}$

$A_1\{S_1 \cdots S_n\}$　　　　$S_1\{A_1 \cdots A_n\}$

到目前为止，尚未有人从事如此宏大的研究工作。西方哲学家和语言学家把注意力集中在某几个言与行的关系上。以 $A_1\{S_1 \cdots S_n\}$为例。凭语言直觉，$\{S_1 \cdots S_n\}$不可能是个无限集，必定是个有限集，而且 $S_1 \cdots S_n$ 在语义上应当有一定的联系。Searle 认为言语行为是句义的功能，也就是说，S 的句义决定 A 的性质。例如，有真假值的陈述句"Searle 是一位出色的哲学家"，其意义就决定了说出这句话便是在做断言类行为，不可能是指令性行为（如我们不可能"命令 Searle 是位出色的哲学家"）。

Searle 所确认的言、行关系是可以通过实际语言调查加以证明的。从目前非常有限的研究结果（如 Holdcroft 1978）看，Searle 的观点颇有商榷之处。其一是言与行之间潜在的一对一的关系并不像 Searle 所推测的那样精确无误。在许多情况下一句话所实现的是何种行为是很模糊的，是有歧义的。其二，笔者认为句义决定行为实际上有两层涵义：(1) 句义界定行为的性质；(2) 句义帮助听者确认说者所做的行为。如果句义决定行为指的是前一种，那么这个观点是错误的。句义实际上不可能界定行为的性质。Searle 经常把这两种涵义混为一谈，是应该予以澄清的。还有一点应予以辨明的是话语实际语力与说者所用语力的区别。有时说者说出的话里并不具备他企图传达的语力，而有时说者不想传达的语力在他说出的话里却产生了。

3.3 言语行为理论与会话分析

会话分析是近十几年的热门课题之一。研究者们总想建立一个有效的研究模式。言语行为理论成了部分学者青睐的对象，例如 Sinclair & Coulthard（1975），Labov & Fanshel（1977），

Edmondson (1980)等。也有人一开始想这么做而最终放弃，转而反戈一击抨击言语行为理论的，如 Streeck (1980)。

现在学者的意见渐渐趋向一致，即试图在言语行为理论的基础上建立会话分析模式是徒劳的。Searle (1992)自己撰文指出，用言语行为理论的模式去试图解开会话之谜是找错了对象。这个失败当然是摧毁不了言语行为理论的，因为它本来就不是关于会话分析的理论，但却暴露了言语行为理论的一些不足之处。Austin 和 Searle 的言语行为理论都是建筑在一行只需一言这个前提上的，而在实际会话中却不是这样。一行往往要多言去完成。例如在汉语里做“邀请”这个行为，有时需要“请—辞、再请—再辞、三请—答应”这几个回合。另外，会话的展开涉及许多取效行为现象，而这些现象绝大多数学者往往视而不顾(见下文第 4 节)。言语行为理论要想成为会话分析的有力工具，自身在一些基本理论问题上必须做出修正。

4. 言语行为理论之我见

笔者对 Searle 的言语行为理论主要有两点保留意见。第一，Searle 的言语行为理论中心智哲学的不良影响应予以注意。进入 20 世纪 80 年代后，Searle 明显地把言语行为理论根植到他的心智哲学上，言语行为的本质和分类基础最终要到大脑的意向机制里寻找答案。笔者以为这种做法失之偏颇。Searle 在 1984 年英国 BBC Reith Lecture 里分析一般行为的结构时指出(1984, ch. 4)，行为有两个组成要素，一是生理要素，再一个是心理要素，后者驱动前者。例如，一个人走路，两腿前后挪动属于生理要素，人的大脑指使人的腿前后挪动是心理要素。Searle 依此类推，言语行为也有两个要素，发音器官的发声行为是生理的，大脑的意向活动是心理的，大脑的意向驱使发音器官去连续发出一串声音来。所以大脑的意向活动是言语行为的最终原因。

Searle 的两个要素分析是成立的，但他忽视了言语行为不同于一般行为的一个重要特征，即言语行为的社会性。在他得出行为的两个要素时，心中的行为模式是一个个人行为。而言语行为既是一个个人行为，同时也是一个社会行为。言语不同于一个人的两条腿，它是社会语团所共有的，而两条腿是走路人私有的。Austin 反复强调施事行为是 conventional（很难准确译成汉语，意思相近于约定俗成）。这就是施事行为的社会性。要论证这一点非本文所及。我们应注意的是不可盲目跟从 Searle，应当从社会心理、文化价值等方面去寻求言语行为的本质和分类标准。

第二，取效行为应予以重视。取效行为是一个完整的言语行为的不可缺少的部分，但从事这方面研究的人甚少。笔者以为出现这种局面的原因有以下三个方面：一是 Austin 和 Searle 对取效行为不重视；二是取效行为涉及许多超语言因素，语言学家不感兴趣；三是取效行为的研究一直停留在简单的因、果理论上。轻视取效行为也是言语行为理论难以用于会话分析的原因之一（对这个问题有兴趣的读者可参阅 Gu 1993a，1993b）。

5. 言语行为理论与汉语研究

言语行为理论能否用于汉语研究？笔者带着这个问题对 50 多个汉语施事动词做了初步观察。另外为防止脱离实际、闭门造车的弊端，笔者在北京部分医院现场采录了一些医生与病人的交谈，还在某高校采录了大学生宿舍里的语言、行政会议语言等。面对这些语言材料，笔者认为言语行为理论的基本框架可用于汉语研究。汉语跟英语一样也是言中有行。Austin 和 Searle 对完整言语行为的抽象切分法同样可用于汉语（当然抽象的结果不一定与英语完全相吻合）。Searle 对完整言语环境的分析，他的关于言语行为的 12 个区分面，均为研究汉语提供了有益的经验。关于显施事句与隐施事句、句义与语力的区分对于汉语也是适用的。

6. 言语行为研究展望

关于言语行为研究的起始，有人追溯到德国的现象哲学（详见 Burkhardt 1990）。Searle 自己并不认为他是继承了这个传统。言语行为研究真正引起哲学家的重视还得从 Austin 算起，至今已有30多年。总的经验教训是偏重理论研究，忽视实际语言调查。自上世纪70年代起语言学家陆续加入了哲学家研究言语行为的行列，关注到语言实际，但对言语行为的复杂性估计不足。近十几年来呈现出两个值得我们关注的研究动向：一是跨文化言语行为对比研究，如 Blum-Kulka，House & Kasper (1989)，从不同文化的角度来看言语行为，也许能更快识别言语行为的真面目；二是应用"典型引申理论"（prototype theory）重新考察言语行为的性质以及言与行之间的关系，值得有志者细读的有 Tsohatzidis (1990)。

参考文献：

[1] Alston, William P., 1991. Searle on illocutionary acts. In Lepore and Gulick, 57-81.

[2] Blum-Kulka, S., House, J., and Kasper, G. eds., 1989. *Cross-cultural Pragmatics: Requests and Apologies*. Norwood, N.J.: Ablex.

[3] Cohen, L.J., 1964. Do illocutionary forces exist? Reprinted in K.T. Fann, ed. 1969. *Symposium on J.L. Austin*. London: Routledge & Kegan Paul, 402-444.

[4] Edmondson, W.J., 1981. *Spoken Discourse: A Model for Analysis*. London: Longman.

[5] Falkenberg, Gabriel, 1990. Searle on sincerity. In Burkhardt, ed. 129-146.

[6] Forguson, L.W., 1973. Locutionary and illocutionary acts. In Berlin, I., et al., eds. *Essays on J.L. Austin*. Oxford: Clarendon Press.

[7] Franck, Dorothea, 1981. Seven sins of pragmatics: Theses about speech act theory, conversational analysis, linguistics and rhetoric. In

Parret, et al, eds. 225 - 236.

[8] Fraser, B., 1975. Hedged performatives. *Syntax and Semantics*, 3: 187 - 210.

[9] Holdcroft, David, 1978. *Words and Deeds*. Oxford: Clarendon Press.

[10] Kreckel, Marga, 1981. Where do constitutive rules for speech acts come from? *Language and Communication*, vol. 1: 73 - 88.

[11] Labov, William and D. Fanshel, 1977. *Therapeutic Discourse*. N. Y.: Academic Press.

[12] Lepore, Ernest and Robert Van Gulick, eds. 1991. *John Searle and His Critics*. Basil Blackwell.

[13] Leech, Geoffrey N., 1981. *Semantics and Beyond*. Amsterdam: John Benjamins B. V.

[14] Leech, Geoffrey N., 1983. *Principles of Pragmatics*. London: Longman.

[15] Levinson, Stephen, 1981. The essential inadequacies of speech act models of dialogue. In Parret et al. eds. 473 - 492.

[16] Parret, Herman, Marina Sbisa, and Jef Verschueren, eds. 1981. *Possibilities and Limitations of Pragmatics*. Amsterdam: John Benjamins B. V.

[17] Recanati, Francois, 1987. *Meaning and Force*. Cambridge: Cambridge University Press.

[18] Searle, John R. et al. 1992. (*On*) *Searle on Conversation*. Amsterdam: John Benjamins. B. V.

[19] Sinclair, J. McH and M. Coulthard, 1975. *Towards an Analysis of Discourse*. London: Oxford University Press.

[20] Streeck, Jurgen, 1980. Speech acts in interaction: A critique of Searle. *Discourse Processes*, 3: 133 - 154.

[21] Tsohatzidis, S. L. ed., 1990. *Meanings and Prototypes: Studies in Linguistic Categorization*. London: Routledge.

[22] Verschueren, Jef, 1980. *On Speech Act Verbs*. Amsterdam: John Benjamins B. V.

[23] Warnock, G. J., 1981. A question about illocutions. *Philosophia*,

10 (3－4)：275－281.

[24] Wierzbicka，A. 1987. *English Speech Act Verbs*. Academic Press.

（原载《国外语言学》1994 年第 3 期）

评　析

Austin 的言语行为理论的提出具有开创性意义，但其本身也存在不少问题，许多学者都对该理论有进一步研究和发展。其中，Austin 的学生，哲学家 J. Searle 对 Austin 思想的整理和发展在哲学界和语言学界影响最大，引起众多语用学家的关注。

本文是对于 Searle 言语行为理论的评价。文章提出，言语行为理论提供了语言研究的新视角，把语言与社会、心理结合起来进行整体研究，引起了人们对语力的重视与研究。文章介绍了国外学者对于 Searle 言语行为理论的批判，并提出自己的两个重要观点：(1) Searle 的言语行为理论忽视了言语行为的社会性；(2) 应该重视取效行为的研究。作者通过对 50 多个汉语施事动词的观察提出，言语行为理论的基本框架可以应用于汉语研究。作者指出，言语行为理论的研究大体上是偏重理论研究，忽视实际语言调查。文章认为，对于言语行为的研究有两个动向值得关注，一是跨文化言语行为的对比研究，二是应用原型理论重新考察言语行为的性质和言与行之间的关系。

国内对于 Searle 的言语行为理论的评介文章很多，本文的特点是内容全面深刻，对言语行为理论的价值、Searle 的理论存在的缺陷以及国外言语行为研究的趋势都有所涉及。不过，文章如能对 Searle 有关言语行为分类所存在的问题及间接言语行为的困境加以讨论，也许能使我们对其理论有更深入的认识。

汉语立法语篇的言语行为分析

张新红

1. 引言

提起法律语言,人们对它最深刻的印象就是其中复杂的法律术语和句法结构。事实上,作为法律文化载体的法律语言的复杂性已经引起越来越多的语言学家和法律界专家的关注。他们从语言学、应用语言学、翻译研究、社会学、人类学、心理学、法学、修辞学等角度(如 Conley & O'Barr 1990, 1998; Gibbons 1994; Bhatia 1983, 1993, 1994, 1995; Sarcevic 1997; Solan 1993; White 1982 等)对法律术语、法律语言的用词和用句特点和修辞特点、法律语言的简化问题、语言在法律和法律语篇中的作用等许多方面进行了卓有成效的研究,其研究成果丰富了人们对法律语言及其与其他学科之间的关系的认识和了解,并被运用到法律英语教学、法律文献翻译、法庭口译、法庭辩论技巧、声音识别、笔迹识别等许多实践领域中。由此可见,法律语言学已成为一门真正的应用语言学科。

不过,在已有的法律语言研究成果中,采用语用学理论和分析方法的研究还不多见(见 Trosborg 1995)。法律语言同其他社会方言一样,是人们根据社会文化环境和交际目的、交际对象等语用因素在长期使用中形成的一种具有特殊用途和自身规律的语言功能变体。法律语言变体及其产品——法律语篇——也是为交际目的而服务的，因此也是对语言的使用，尽管这种交际表现为专家间交际（communication between specialists），是专家对该语言变体的使用。因此，很有必要采用以语言使用为研究对象的语用学理论来探讨法律语言及其语用特点。

本文的研究对象是汉语法律语篇中的法律言语行为，研究目的是希望通过对法律言语行为的分析来揭示汉语法律言语运用的特点和规律。文章以言语行为理论和 Habermas（1981）和 Trosborg（1995）的评价及其对法律言语行为的论述为依据，研究了汉语法律语篇中的法律言语行为的功能、分类和分布。文章首先简要地讨论了法律语言的一般语用原则、语用特点和言语行为理论，然后分析了调节性法律言语行为的功能、分类，最后通过调查的手段描写了法律言语行为在汉语立法语篇中的实施情况。

2. 法律语言的特点

2.1 法律语言的语用原则

法律是体现统治阶级意志、由国家制定或认可并由国家强制力保证实施的行为规范的总和（潘庆云 1997）。英国哲学家大卫·修谟曾经说过："法与法律制度是一种纯粹的语言形式，法的世界肇始于语言，法律是通过语词订立和公布的。"语言是表述法律的工具，法律不能脱离语言而独立存在（引自孙红 2000）。为了保证法律的权威性、庄严性和强制性，在运用语言表述法律规范时必须遵守法律语言使用的总体原则，即严谨准确性原则、庄严规范性原则、简洁明了性原则和概括包容性原则（参见潘庆云 1997；孙懿华、周广然 1997；王洁 1999；关于法律语言的严谨准确性与概括包容性之间的辩证关系，参见张新红（待出））。这些原则都受制于法律本身的特点，是为了更好地服务于法律效力而产生的。

法律法规的主要作用之一是规范法律主体的行为，调节法律主体之间的人际关系。这种规范调节（regulative）作用主要是通过具有法律效果的言语行为（即法律言语行为）来实现的。因此，作为言语行为实施者的立法者和司法者的法律能力和语言能力之一就是准确、得体地使用法律言语行为，以便能够传达其所意图的法律效果。这里的得体其实是就准确使用法律言语行为而言的，不是 Brown & Levinson (1987)等人所谓的礼貌得体这一日常交际原则。法律也是人与人较量的工具，较量双方都使用法律作为武器为自己服务。其中一方必然会想方设法钻法律的漏洞以维护自己的非正当权益。为了不给这种人钻空子，立法者所使用的表述法律内涵的法律语言必须准确严谨。法律语言表述的准确性对司法者的断案、判决而言也非常重要。

国家制定的法律是人们必须普遍遵守的道德行为规则，具有普遍的约束力和至高的权威性、庄严性，其实施是以国家强制力为保障的。与此相应，法律语言使用者所用的语言表达式必须反映出法律权威性、庄严性和规范性。立法和司法语言一般只注意遵守准确、规范和概括性等原则，以便能够以最经济的语言涵盖尽可能多的法律内涵、传达尽可能多的法律信息。因此 Brown & Levinson (1987)等人所谓的礼貌得体这一日常交际原则在这种特别强调交际效率的言语交际中所起的作用不大。

下面我们结合这些语用原则，沿着从宏观到微观的思路探讨法律语言的使用特点。

2.2 法律语言的语用特点

法律语言同科技语言一样，并不具有特殊的语言材料或独立的语法体系，而是民族共同语在法律语境中的一个具有某种特殊用途的语言变体或语域。人们一般把这种语体称作法律语体（潘庆云 1997：4)或法律语篇。由于法律科学本身的特殊性以及法律长期在人们的政治、经济、科学和文化生活中所发挥的强大的规范和调节作用，造成了法律语言在实现其调节、规范作用的过程中也形成了一些自身的语体特点。法律语言的使用特点可以从语篇结构、句法选择和词汇使用三个层次来考察。

从语篇结构这个层次上看，法律语篇最突出的特点是它的高度程式化。法律语篇注重前后层次、埋伏照应、结构严谨、简详得当并具有严格特殊的程式(潘庆云 1997：6)。立法语篇是法律语篇的一种,它包括立法机关(例如中国的人大和人大常委)通过并发布实施的各项法律法规。为了更加准确地传达立法者的意图和法律法规的具体内容,以便司法者和执法者在用法的过程中能够正确理解和使用法律,在立法过程中必须遵照一定的立法方针,根据一定的立法技术,并且采用格式比较固定的语篇模式把立法结果记录下来。经过对比研究,我们发现英、汉立法语篇的结构大致相当,两类语篇都是由描写性成分过渡到规定性成分、由颁布命令和/或前言过渡到具体条文;其结构层次分明,都是采用从宏观到微观、从总论/总则到条文、从重要条文到次要条文的语篇结构(张新红 2000)。这种程式化语篇是保持法律规范的庄严性及其内容的严谨合理和准确规范的必要手段,能使法律规范的内涵得到最充分的体现。程式化的语篇结构的另一个优点是它可以给所涉及的法律条文、专业术语和概括性词语设定具体的阐释语境,减少曲解或误解法律条文和概括性词语的可能性,瓦解那些想钻法律漏洞者的企图。这种程式化也符合专业用法者的阅读习惯和阅读期待,可以使他们在理解和使用法律的过程中尽可能减少犯错误的机会。司法语篇也同样具有程式化的特点。司法语篇是国家司法机关依法制作或发布的有关处理诉讼案件的具有法律效力或者法律意义的司法公文(而非民用文书)。司法语篇的法律规范性和严肃性要求在其制作和使用上要符合一定的规范,即语言规范、内容完整、格式统一,例如上诉书、抗诉书、申诉书等,其制作均有相应具体规范要求(于绍元 1999：8—9)。

在具体的语言操作层次上,法律语篇多用结构紧密、说理完整的长句,常常使用并列结构和复杂的同位语成分,为了保证表述的严谨准确性,有时会放弃简洁明了性和可读性。例如英国的许多法律法规都是由一句话构成的,前面首先使用一个“Be it enacted ...”的颁布套语(enacting/promulgation formula),然后再一条一条地列出具体的法律内容。这样的法律条文必然很长，并带有各种复杂的附加修饰成分、插入语、并列结构和同位语等句子成分，有时虽然造成阅读和理解甚至使用上的困难，但是却能保证法律内涵的完整性、准确性和严密性。

在用词层次上，法律语篇使用的词汇主要有法律词汇和全民共同语中的一般词汇这两大部分。法律词汇都有特定含义和特定的适用范围，不能随意引申或用其他词语取代。法律词汇主要包括法律语体专用术语（如灭失、羁押、标的、具结悔过等）和人工法律术语（潘庆云 1997）。人工法律术语指进入法律语言之后被赋予了特定的法律涵义的民族共同语，如：委托、告诉、故意等。法律专用术语和人工法律术语的数量虽然不大，但它们的使用频率高、能量大，并且地位独特，构成了法律语言区别于其他语体的重要区别性特征（潘庆云 1997）。法律语篇中也大量使用全民共同语的一般词汇。如前所述，法律语体只是全民共同语的一个功能变体，尽管在词汇和语法两方面它有自己的区别性特征，但它并不具备一套完全独立的词汇和语法，因此不论是立法语篇还是司法语篇，都会大量使用民族共同语中的一般词汇来表达法律内涵、实施法律行为。

下面我们以言语行为理论及 Habermas (1981)的修正为理论框架，并参考 Trosborg (1995)对英文法律言语行为的分析，对法律语言中的法律言语行为进行分类和归纳。

3. 言语行为理论

言语行为理论的基本主张可以归结为一句话："说话就是做事。"说话人只要说出了有意义、可为听话人理解的话语(utterance)，就可以说他实施了某个言语行为。说话的方式可以是直接的，也可以是间接、含蓄的。言语行为是说话人表达意义的基本功能单位，也是语言使用研究的基本分析单位。

Austin (1962)主张区分有真假之分的句子和有适当与不适

当之分的句子，前者称为表述句(constatives)，其功能在于断言或陈述事实、报道事态；后者称为施为句(performatives)，它们不具有报道、描述或表述的功能，但却具有实施某些行为的功能。例如：

(1) Guangzhou is in the People's Republic of China.

(2) He is a criminal.

这两句话都是表述句，其中(1)是一个具有真值的句子，而(2)的真假则取决于 he 一词的所指：如果它的所指真的是个已经确定其犯罪事实并经过判决的、正在服刑期的罪犯，该句为真；如果不是，该句为假，即它对客观事实做了虚假的陈述。而下面两个语句就无所谓真假，只有适当与不适当之分：

(3) I *bet* you sixpence it will rain tomorrow.

(4) I *sentence* X to five years in prison.

在适当的语境中，说话人只要说出(3)，他就已经在跟人打赌了；说出(4)，法官就已经对 X 实施了判决行为。这些句子虽然在语法上都是陈述句，但它们并不是对某事态或事件做出了或真或假的陈述，而是在实施一些行为：(3)实施的是打赌行为，而(4)实施的是判决行为。

如上所述，施为句的实施有适当与不适当之分，要受一定的适切条件(felicity conditions)的制约。如例(4)，要实现判决 X 的法律言语行为，必须满足某些适切条件，如必须有一个犯罪嫌疑人可供判决；说话人必须是具备判决该犯罪嫌疑人资格的法官；该判决还必须符合一定的司法程序，等等。假如有个不具备判决资格的人说出了像(4)这样一句话，由于他不能满足相应的适切条件，因此他并不能完成该判决行为——他的判决行为是不适当的、无效的。

区别施为句与表述句的标准之一是看语句中是否含有施为动词(performative verbs)。Austin 把英语的施为动词划分成五大类，并认为前三类都是法律言语行为(Austin 1962：150—163)：

- 裁决类(verdictives):表达裁决或评价,如法官或裁判的裁决。
- 施权类(exercitives):表达权力的实施,如 to vote, to order, to bequeath, to resign 等。
- 承诺类(commissives):表达承诺或者宣布意图,如 to promise, to guarantee, to pledge 等。
- 阐述类(expositives):用于解释、阐述、论证,如 to affirm, to state, to deny 等。
- 表态类(behavitives):用于表明态度,如 to apologize, to thank, to complain 等。

Austin 后来还根据施为动词的有无把施为句进一步划分为显性施为句(explicit performatives)和隐性施为句(implicit performatives)。显性施为句即直接实施某个行为的语句,它们包含有施为动词。显性施为句中的施为动词是该语句所表达的言语行为或施为用意的名称或标示语(illocutionary force indicating device, 简称 IFID) (Searle 1969: 64),即有什么样的施为动词就有什么样的言语行为。上面的例(3)、(4)都是显性施为句,例(3)有施为动词 bet,因此是个打赌(言语)行为;(4)有施为动词 sentence,因此就是个判决行为。

隐性施为句就是间接实施某个行为的语句,其中不含标记其施为用意的施为动词。例如:

(5) There is a vicious dog behind you.

(6) I will kill you if you don't do that.

例(5)在多数场合下都被理解成一个隐性的(暗含的)警告,(6)是个隐性威胁。

Searle (1975)后来进一步发展了 Austin 提出的言语行为理论。他认为说话是一种受规则制约的实施行为的方式,实施言语行为有两种规则:调节性规则(regulative rules)和构成性规则(constitutive rules)。构成性规则是实施言语行为的基本规则,遵守这种规则本身就构成某种活动或行为。而调节性规则指的是交际者的活动，这种规则对言语行为的实施不是绝对必要的。他还认为有必要重新划分 Austin 提出的五类言语行为，因为 Austin 的分类其实是对施为动词的分类。此外，Austin 的分类是经验式的，没有统一的分类标准。下面是 Searle 在 Austin 分类的基础上以行为的命题内容、真诚条件和适从方向等为标准对言语行为做出的分类（Searle 1975：354—361；关于各类的命题内容、适从方向等的具体描述参见何自然 1997：92—94），其中前三类包含了许多法律言语行为：

- 指令类（directives）：其施为意图指说话人不同程度地指使听话人做某事。表达这类行为的动词有 command、request、beseech、allow、permit、ask、urge、demand、order 等。
- 宣告类（declarations）：宣告类言语行为能导致事态变化，其施为意图是使主题内容与客观现实相一致。英语中表达宣告行为的动词有 enact、declare、resign、name 等。
- 承诺类（commissives）：其施为意图是说话人对将来的行为做出某种程度的承诺，英语中表达承诺行为的动词有 commit、promise、threaten、pledge、offer、guarantee 等。
- 断言类（assertives）：其施为意图是对话语表达的命题的真假做出判断，如 assert 等。
- 表达类（expressives）：指说话人在表达话语命题内容的同时所表达的有关真诚条件的心理状态，如 apologize、boast、thank、deplore 等。

这些施为动词可以明确地标示所实施的言语行为的性质，属于 Searle 所定义的施为用意标示语中的一种，其他的还有与实施某一特定言语行为联系紧密的规约化手段。例如，shall 在法律语篇中的规约意义是表示“命令”或“义务”，其否定形式则表示“禁止”（见 Trosborg 1995；陈忠诚 1998）。这些 IFID 的存在对识别法律言语行为有非常重要的作用。

4. 法律言语行为的功能和类别

如同从事法律翻译一样，对法律言语行为的分类和分析一定要把法律因素考虑进去。尽管 Searle 比较成功地修正了 Austin 的分类，Searle 和 Austin 的分类都无法直接运用到法律言语行为的分析中。正如 Habermas（1981：428—429，转引自 Sarcevic 1997：135）所指出的，他们两人的分类都没有考虑到法律言语行为的规范调节功能。Habermas 特别批判了 Searle 对指令性言语行为的划分，认为他没能够分清有法律效力的调节性言语行为和一般的不具有法律效力的命令性、使役性行为。两者的施为意图虽然都是指使听话人做事，但是前者具有法律效力。并不是每个人都具有实施法律言语行为的权力，而这恰恰是实施言语行为的必要条件之一。此外，Searle 对指令性言语行为和宣告性言语行为的区分也有问题。任命、宣战、退位、解聘通告等宣告类言语行为其实具有和允许、命令、禁止等指令性言语行为一样的调节性质，都能产生法律效果。Austin 和 Searle 关于承诺类言语行为的分析在法律语篇（如合同、条约）中也行不通。在一般法律言语行为的实施中，如果说话人（如合同或条约双方）不付诸行动，也没什么大问题，顶多说他道德败坏、不守信用。但是在法律语篇中，如果说话人不把自己的允诺付诸实践，他就可能要吃官司。这两种允诺性质不同，需要区分开。

针对这些缺陷，Habermas（1981）提出了自己的言语行为分类：调节类（regulatives）、表达类（expressives）和述事类（constatives）等三类言语行为。他的分类考虑到法律言语行为和一般言语行为之间的区别，把所有法律言语行为都划归“调节性法律言语行为”范畴。也就是说，法律言语行为就是调节性言语行为。调节性法律语篇的主要作用就是通过制定法律法规来制约人们的社会行为，告诉大家什么事可以做，什么事禁止做，以达到一定的法律目的。

综上所述，我们可以认定，只有那些具有法律效力、能带来法律效果的言语行为才是法律言语行为，其主要功能是实现法律的规范调节作用，以便确立公民的权利与义务。法律言语行为主要包括颁布、废止、修正、命令、要求、授权、允许、禁止、承诺、判决（汉语法律言语行为）和 enact、command、repeal、entitle、amend 等（英语法律言语行为）。从 Searle 的言语行为理论的角度来讲，这些动词及其所标示的言语行为绝大多数是指令性的（包括命令、授权、允许、禁止），也有宣告性的（如颁布、废止、修正、判决）和承诺类（它们主要用于条约与合同之中，如承诺）。这些言语行为在法律语篇中的重要性主要在于它们不仅是说出来或写下来的话语，更主要是因为它们一经说出其实就已经实施了这些法律行为。从法律功能上来区分，我们可以根据法律功能把这些法律言语行为进一步区分为赋予权利的法律言语行为（如授权、允许）和规定义务的法律言语行为（如命令、禁止）。

此外，本文依据施为用意标示语的有无及其强弱把法律言语行为分成三大类：显性、规约性和隐性。这也就是说，法律言语行为也存在显性施事与隐性施事的问题。显性法律言语行为即有明显的施为动词的语句，它们的施为用意明确，一般不会引起歧义和误解。例如下面两个例句中的斜体部分（禁止、bequeath）即施事动词，标示了该法律言语行为的性质：

(7) *禁止*重婚、*禁止*家庭成员间的虐待和遗弃（《婚姻法》第三条）

(8) I hereby *bequeath* all my properties to my wife.

英语和汉语法律条文里使用最多的标示法律言语行为的语言手段是情态动词这种规约性 IFID，如“shall”、“may”、“be to”、“can”、“should”、“ought to”、“have to”、“必须”、“得”、“可以”、“应当”、“不得”等。请看下面的例子：

(9) The President, Vice President, and all civil officers of

the United States, *shall* be removed from office ....
(Article Ⅱ, Section 4 of the U.S. Constitution)

(10) In estimating, for the purposes of the foregoing provisions of this section, the amount of any expenses incurred by any party of the contract, the court *may*, without prejudice to the generality of the said provisions, include such sum as .... (Law Reform (Frustrated Contracts) Act, 1943)

(11) 外资企业必须在中国境内设置会计账簿,进行独立核算,按照规定报送会计报表,并接受财政税务机关的监督。(《中华人民共和国外资企业法》)

(12) 立法应当从实际出发,科学合理地规定公民、法人和其他组织的权利与义务、国家机关的权力与责任。(《中华人民共和国立法法》第六条)

(13) 在借贷、买卖、货物运输、加工承揽等经济活动中,债权人需要以担保方式保障其债权实现的,可以依照本法规定设定担保。(《中华人民共和国担保法》第二条)

其中的 shall(例 9)在英语法律语篇中已经成为规约化的表示责任和义务的语言手段,而 may(例 10)则是表示权利(允许)的规约化语言手段。"必须"和"应当"则是汉语法律语篇中表示责任和义务的规约化语言手段[①],而"可以"(例 13)则是表示权利(允许)的规约化语言手段。

英汉法律语篇中还大量使用隐性的、无标示语的法律施为行为,即没有明显的能够标示其性质的施为动词或规约手段,因此它们的言语行为性质和含义有时是模棱两可的。不过这也无需太过于担心,因为它们都是整部法律语篇的构成成分,其功能是发号施令(Trosborg 1995: 45),规定公民的权利和义务,其性质不外乎命令、禁止、允许等。这种没有标示语的隐性法律言语行为在法律语篇中使用广泛,值得进一步探讨。请看下例:

(14) 全国人民代表大会制定和修改刑事、民事、国家机构的和其他的基本法律。(《中华人民共和国立法法》第7条)

这一法律条文里虽然没有任何可以标示其行为性质的标示语,但把它放在整部法律这个语境并联系它的上下文,我们不难发现它是个赋予权力的言语行为,即把制定和修改刑事、民事、国家机构的和其他的基本法律的权力赋予全国人民代表大会。

需要特别注意的是那些总是出现在法律正文前面的"颁布"行为(也称"颁布套语")。它的出现标示了该行为具有"宣告"、"公布"性质,这是构成和施行一部法律的条件之一。这个颁布套语其实已经设定了整部法律语篇的宏观功能。该颁布套语构成该语篇的宏观施为用意(宏观功能)的施为部分,而那些法律条文则构成该施为行为的命题内容。从这个意义上讲,"颁布"这种构成性规则也是调节性法律言语行为(Trosborg 1995: 32)。

下面我们依据本节提出的法律言语行为的类别(显性、规约性和隐性)及其法律功能(赋予权利、规定义务)来考察法律言语行为在汉语立法语篇中的实施使用情况。

5. 汉语立法语篇中的言语行为:调查与分析

本节主要是对汉语法律语篇中显性和规约性法律言语行为的实施和使用进行调查和描写。隐性言语行为的施为用意具有不确定性,并且由于其中没有可以用来标示其施为用意或曰行为意图的标记,很难将之量化,因此无法在这里进行详细描写,只能留待日后另行研究。

5.1 数据收集

本节分析所使用的语料全部来自 1980 年以后制订或修正的中华人民共和国的法律,立法者是全国人民代表大会及全国人大常委会。这些法律既有实体法,也有程序法,包括《合同法》、《保险法》、《反不正当竞争法》、《公司法》、《海商法》、《劳动法》、《律师法》、《税收征收管理法》、《消费者权益保护法》、《行政处罚法》、《诉讼法》、《担保法》、《婚姻法》、《涉外经济合同法》、《外资企业法》和《立法法》[②]共16部。

我们对这些语料采用了电脑分析与人工分析相结合的方法。为了便于电脑分析，我们先从相关的权威性法律站点下载了这些法律的电子版本，并把它们转换成Microsoft Word格式的文件。要分析其中的法律言语行为，首先必须确定汉语法律语篇中有哪些常用施为动词和规约手段。为此，我们首先选择分析《公司法》中的施为动词和规约手段。根据上节对法律言语行为的分析，我们假设该语篇中的施为动词包括公/颁布、施行、允许、授权、有权、有……权、享有……权/权利、命令、不许、禁止、严禁、有……义务/责任、承担……责任等，其规约手段包括可以、应当、应、必须、得、不得、不能等，接着运用Microsoft Word软件里面的"查找"命令查找这些关键词语，并用该软件的涂色功能为这些关键词做上标记，然后我们把查找的结果按其法律功能分成规定权利类和规定义务类，它们分属于不同的法律言语行为类别。经过初步分析，我们发现这些关键词中有一些并不具备施为性，因此这类关键词在统计时被排除在外。请看下例"不能"的用法：

(15) 董事会会议由董事长召集和主持；董事长因特殊原因不能履行职务时，由董事长指定副董事长或者其他董事召集和主持。三分之一以上董事可以提议召开董事会会议。(《公司法》第48条)

"不能"在日常交际中是实施"禁止"言语行为的规约手段之一，但在法律语篇中却没有施为功能，而只表示"没有能力"，上面这例就是这种用法。"不能"在《公司法》中总共出现了8次，都表示"没有能力"，不具备施为功能，因此它们不能计入规约性法律言语行为之中。

还有一些关键词在该语篇中的用法有时是施为性的，有时却不具有施为性。这些不具有施为性的关键词在统计结果中也被排

除在外。例如下例中“授权”只是“机构”或“部门”的修饰语的一部分,并不具有让人做事的施为用意:

(16) 国有独资公司的公司章程由国家*授权*投资的机构或者国家*授权*的部门依照本法制定,或者由董事会制订,报国家*授权*投资的机构或者国家*授权*的部门批准。(《公司法》第65条)

根据以上分析,我们以权利和义务为坐标,把《公司法》中显性和规约性法律言语行为的分类及分布的统计结果列表如下(见表1),作为进一步考察汉语立法语篇中的法律言语行为的分析框架:

表1 《公司法》中的显性和规约性法律言语行为的分类及分布

1. *宣布行为(宏观施为用意)*
   公布(1)、施行(1)、严禁(1)
2. *显性法律言语行为*
   赋予权利
      有权(6)、(享)有……权(4)
   规定义务
      承担……责任(22)、有……责任(1)、有……义务(1)
3. *规约性法律言语行为*
   赋予权利
      可以(61)
   规定义务
      应当(136)、不得(59)、必须(46)、应(11)

从表1可以看出,《公司法》的宏观施为用意是通过“公布”和“施行”来实施的。在显性法律言语行为中,赋予权利的言语行为主要通过“有权”(出现了6次)和“(享)有……权”(出现了4次)这两个施为动词标示出来,而规定义务的言语行为主要通过“严禁”、“承担……责任”、“有……责任”、“有……义务”等施为动词标示出来,其频数除“承担……责任”为21次外,其余都是1次;在规约性法律言语行为中，表示赋予权利的陈述主要通过“可以”这个情态动词来标示，其频数为 61，表示规定义务的陈述则主要通过“应当”、“不得”、“必须”和“应”这 4 个情态动词标示，其频数分别是 136、59、46 和 11。从该表很容易看出，就所调查的《公司法》而言，无论是赋予权利还是规定义务，规约性手段的使用频数都比显性施为动词的使用频数高得多。

依据表 1 确定的法律言语行为的范畴，我们采用相同的方法对其他 15 部法律进行了调查，分析出各部法律语篇中的显性施为动词和规约性施为动词，详细分析结果见表 2。由于“有权”和“享有……权”、“有……权”、“有……权利/权益”的性质相同，都是表达赋予权利的施为动词，其作用都在于标示显性施为行为，所以我们在统计时把它们算作一类。同理，“承担……责任”、“履行……责任”、“有……责任”和“有……义务”都是规定义务和责任的施为动词，起标示显性施为句的作用，也可以划作一类。“禁止”和“严禁”都表示禁止，起规定责任义务的作用，因此也可以划作一类。

在所调查的 16 部法律中，具有法律效力的显性和规约性言语行为的总数是 2 204 个。就法律言语行为的使用情况而言，总共使用了 450 个(占总数的 20.4%)显性法律言语行为和 1 754 个(占总数的 79.6%)规约性法律言语行为，其中规约性言语行为占绝对多数。这说明，法律言语行为的实施主要是靠规约性语言手段完成的，至少就本调查而言是如此。

下面我们将根据法律言语行为的赋予权利和规定义务的功能，结合实例具体分析各类显性和规约性法律言语行为的实施情况。同上面分析的《公司法》一样，法律语篇的宏观施为用意都是通过“公布”和“施行”这两个具有规范调节功能的宣布性言语行为实现的。在原来已经制定的法律不能适应新形势的情况下，一般会修订或废弃原法律，这种修订和废弃功能主要是通过“修正”和“废止”这两个言语行为来实施的。这四个宣布性法律言语行为都

表 2　立法语篇中的显性与规约性言语行为的分类、频数与相对频数

行为类别	频数	合计	相对频数	合计
1. *显性法律言语行为*		450		.204
赋予权利		(251)		(.114)
有权/(享/具)有……权/权利/资格权力/权益	236		.107	
授权	6		.003	
允许	9		.004	
规定义务		(199)		(.090)
公布	28		.013	
施行	28		.013	
废止	3		.001	
禁止/严禁	11		.005	
有/承担/履行……责任/义务	129		.059	
2. *规约性法律言语行为*		1 754		.796
赋予权利		(484)		(.220)
可以	484		.220	
规定义务		(1 270)		(.576)
应当	783		.355	
不得	268		.122	
必须	136		.062	
应	78		.035	
其他	5		.002	

是显性的，但是由于它们并不具有赋予权利或规定义务的功能，因此被排除在下面关于显性法律言语行为的讨论中。

5.2　显性言语行为

从表 2 可以清楚地看出，起调节作用的显性法律言语行为总共有 450 个，在所调查的两类法律言语行为中所占的比例虽然不大(20.4%)，但是它们的种类却很丰富，既有能实现赋予权利功能的，又有能实现规定义务功能的。赋予权利这一功能的实现主要依靠“有权、有……权、享/具有……权/权利/权益/权力/资格”等施为动词，而规定义务和责任则主要靠“有……责任/义务、承担/履行……责任/义务”等施为动词来表达。

5.2.1　赋予权利

在立法语篇中，赋予权利的实施主体一般都是国家或地方政府的立法机构（如人大及其常委）。作为法律交际中的发话人，他们通过特定法律法规赋予交际对象（包括法院、检察机关、法人、公民等）以各种权利和收益。在显性言语行为中，主要是通过“有权/（享/具）有……权/权利/权益”、“授权”和“允许”这三种施为动词来完成权利赋予这一语用功能，达到调节目的的。其中“有权/（享/具）有……权/权利/权益”可以表现为“有权……”、“有……权”、“享有……权/权利/权益”、“具有……权力”或“有……资格”。请看下面的例句：

(17) 股东有权查阅股东会会议记录和公司财务会计报告。（《公司法》第32条）

(18) 公司股东作为出资者按投入公司的资本额享有所有者的资产受益、重大决策和选择管理者等权利。公司享有由股东投资形成的全部法人财产权，依法享有民事权利，承担民事责任。（《公司法》第4条）

(19) 本法第八条规定的事项尚未制定法律的，全国人民代表大会及其常务委员会有权做出决定，授权国务院可以根据实际需要……（《立法法》第9条）

在调查的16部法律语篇中，标示赋予权利的显性法律言语行为总共有251个，其中通过“有权/（享/具）有……权/权利/权益”这一范畴标示出来的有236个，占该类言语行为的94%；通过“授权”标示出来的只有6个，仅占2.39%；而通过“允许”标示出来的也只有9个，仅占3.58%。

5.2.2　规定义务

规定义务即以某种方式把法律义务强加给社会大众。法律规定的义务一般必须执行，有意忽视这种义务就可能受到法律制裁。因此，这类行为一般都带有强制命令色彩。我们在这里把表示义务和表示禁止的法律言语行为都划分到“规定义务”类，因为“禁止”的实质就是规定不允许做的事情，即交际对象有不做某事的责任和义务，否则就是违法，会受到相关法律的制裁。具体说来，能够实施规定义务功能的施为行为主要通过以下几个施为动词标示出来：有/承担/履行……责任/义务、禁止/严禁。其中“承担”和“履行”绝大多数时候必须与表示义务、责任的情态动词连用。例如：

(20) 禁止包办、买卖婚姻和其他干涉婚姻自由的行为。禁止借婚姻索取财物。(《婚姻法》第3条)

(21) 父母对子女有抚养教育的义务；子女对父母有赡养扶助的义务。(《婚姻法》第15条)

(22) 经济合同依法成立，即具有法律约束力，当事人必须全面履行合同规定的义务，任何一方不得擅自变更或解除合同。(《经济合同法》第6条)

在调查的16部法律语篇中，标示义务的显性法律言语行为总共有140个，其中通过“有/承担/履行……责任/义务”这一范畴标示出来的有129个，占该类言语行为的92.14%；通过“禁止/严禁”标示出来的只有11个，仅占该类言语行为的7.86%。

5.3 规约性言语行为

在规约性法律言语行为中，实施赋予权利这一功能主要依靠“可以”这个表示许可意义的情态动词。事实上，“可以”已经成了表达赋予权利的最常见的规约性手段。而实现规定责任义务这一功能的规约性语言标示手段主要有“应当、不得、必须”等情态动词，其中使用最广泛的是“应当”。

5.3.1 赋予权利

允许或赋予权利的意思是取消命令、要求或禁止，或者列出这些义务的例外情况(Sarcevic 1997：142)。英语把“may”用作规约性的赋予权利的手段,汉语则用“可以”。请看下面的例子：

(23) 律师可以设立合作律师事务所,以该律师事务所的全部资产对其债务承担责任。(《律师法》第 17 条)

在所调查的 16 部法律语篇中,表达赋予权利的规约性法律言语行为总共有 484 个,全部都是通过“可以”标示出来的。

5.3.2 规定义务

规定义务就是以某种方式把法律定义的义务强加给社会大众,这种强制性、命令性和不可违抗性的语言表现手段也很明显地反映出这些特点。英语主要靠 shall 一词来实现这个功能,而汉语的表现手段则比较丰富,有“必须、应当、不得”以及“应”。值得注意的是“应当”这个规约手段。在法律语境中,“应当”的含义与日常汉语交际中的含义很不一样。就汉语立法语篇而言,“应当”的含义已经转变成“必须”,即表示强制、强加,交际对象不再拥有日常交际中的选择余地。这也就是说,汉语立法语篇中的“应当”和英语法律语篇中的 shall 具有相同的表示命令、要求和强加的作用和语气,其作用就是实施规定义务的功能,并且它在立法语篇中的出现频率非常高。其他几个标示规定义务的情态动词的出现频率则比它低得多。例如：

(24) 变更或解除经济合同的通知或协议,应当采取书面形式(包括文书、电报等)。除由于不可抗力致使经济合同的全部义务不能履行或者由于另一方在合同约定的期限内没有履行合同的情况以外,协议未达成之前,原经济合同仍然有效。(《经济合同法》第 27 条)

(25) 律师事务所和律师不得以诋毁其他律师或者支付介绍费等不正当手段争揽业务。(《律师法》第 24 条)

(26) 设定和实施行政处罚必须以事实为依据,与违法行为的事实、性质、情节以及社会危害程度相当。对违法行为给予行政处罚的规定必须公布;未经公布的,不得作为

行政处罚的依据。(《行政处罚法》第 4 条)

(27) 提出仲裁要求的一方自劳动争议发生之日起六十日内向劳动争议仲裁委员会提出书面申请。仲裁裁决一般应在收到仲裁申请的六十日内作出。对仲裁裁决无异议的,当事人必须履行。(《劳动法》第 82 条)

在所调查的 16 部法律语篇中,标示义务的规约性言语行为总共有 1 265 个,其中使用最广泛的是"应当",共 783 个,占该类言语行为的 61.90%;"不得"次之,使用了 268 次,占该类言语行为的 21.19%。"应当"的简化形式"应"的使用频率最低(78 次),仅占该类言语行为的 6.17%。表达规定义务的规约手段还有"得"、"只能"以及"应"的反义词"不应"(其频数都是一次),但是由于它们出现的频率太低,还没有演变成标示规定义务的规约性手段,因此不在我们的考察范围之内。

6. 结语

法律言语行为的主要功能是实现法律的规范调节功能。本文主要考察了法律语篇中的具有规范调节功能的法律言语行为的类别、功能及其在法律语篇中的分布和实施情况。法律言语行为按其中施为动词的有无、施为用意的强弱可以划分成显性、规约性和隐性三大类。各类又可以根据其法律功能(即调节性功能)划分成赋予权利类和规定义务类。在显性言语行为中,赋予权利的功能主要是通过"有权"、"有……权"、"享有……权/权利/权益"、"具有……权力"、"有……资格"、"授权"和"允许"等法律言语行为实施的,规定义务的功能则主要通过"有……责任/义务"、"承担……责任/义务"、"履行……责任/义务"和"禁止"、"严禁"等来实现的。在规约性法律言语行为中,赋予权利的功能主要是通过情态动词"可以"这一个规约性法律言语行为实施的,规定义务的功能则主要通过"必须、应当、不得"以及"应"等几个情态动词实现的。我们认为,所谓法律语言的语用原则或语用规范在很大程度上其实就是对这些法律言语行为的正确运用。

由于还没有研究者对汉语法律语篇中的言语行为做过类似的分类和描写，加上本文关于汉语法律言语行为的分类和描写是尝试性、演示性的(illustrative)，因此可能没有穷尽其中所有的具有法律效力的言语行为。本文作者欢迎同行专家指出文中不合理之处，以便能够建立起一个更完善的关于汉语法律言语行为的分类标准，并据此识别出汉语法律语篇中所有能够实施法律功能的言语行为。

注释：

① 情态动词“应该”在汉语法律语篇中没有任何地位。我们下面所考察的10部法律中，没有一部用到“应该”，更不用说把它当做表示义务的规约性语言手段了。

② 所选法律的全称都有“中华人民共和国”这七个字，我们在这里采用了简称的方式，省略了“中华人民共和国”。例如，《保险法》的全称是《中华人民共和国保险法》，以此类推。此外需要交代的是，我们选择这些法律语篇作为语料的方法是随机抽取法，即从上百部新法中随机抽取了16部。

参考文献：

[1] Austin, J. L. 1962. *How to Do Things with Words*. Oxford: OUP.

[2] Bhatia, V. K. 1983. Simplification VS. easification: The case of legal texts. *Applied Linguistics* 4 (1): 42 - 54.

[3] Bhatia, V. K. 1993. *Analysing Genre — Language Use in Professional Settlings*. London: Longman.

[4] Bhatia, V. K. 1994. Cognitive structuring in legislative provisions. In John Gibbons (ed), *Language and tire Law*. London: Longman. 136 - 155.

[5] Bhatia, Vijak. K. 1995. Translating legal genre. In Mary Snell-Hornby, Z. Jettmarova & K. Kaindl (eds.) *Translation as Intercultural Communication*. Amsterdam & Philadelphia: John Benjamins Publishing Company. 203 - 213.

[6] Brown, P., and S. Levinson. 1987. *Politeness: Some Universals in Language Usage*. Cambridge, MA: CUP.

[7] Conley, John M., and William M. O'Barr. 1990. *Rules versus Relationships: The Ethnography of Legal Discourse*. Chicago: University of Chicago Press.

[8] Conley, John M., and William M. O'Barr. 1998. *Just Words: Law, Language, and Power*. Chicago: The University of Chicago Press Chicago and London.

[9] Fairclough, N. 1992. *Discourse and Social Change*. London: Polity.

[10] Gibbons, John (ed.). 1994. *Language and the Law*. London: Longman.

[11] Goodrich, P. 1989. *Legal Discourse*. London: The Macmillan Press Ltd.

[12] Habermas, Jurgen. 1981. *Theorie des Kommunikativen Handelns*, Frankfurt am Main: Suhrkamp.

[13] Madsen, Dorte. 1995. A model for translation of legal texts, in M. Snell-Hornby, Z. Jettmarova & K. Kaindl (eds.) *Translation as Intercultural Communication*. Amsterdam & Philadelphia: John Benjamins Publishing Company. 291-299.

[14] Sarcevic, Susan. 1997. *New Approach to Legal Translation*. The Hague: Kluwer Law International.

[15] Searle, J. 1969. *Speech Act: An Essay in the Philosophy of Language*. Cambridge: CUP.

[16] Searle, J. 1975. Indirect speech acts. In P. Cole & J. Morgan (Eds.), *Syntax and Semantics*, Vol. 3: *Speech Acts* (pp. 59-82). New York, NY: Academic Press.

[17] Solan, Lawrence M. 1993. *The Language of Judges*. Chicago & London: The University of Chicago Press.

[18] Trosborg, A. 1995. Statutes and contracts: An analysis of legal speech acts in the English language of the law. *Journal of Pragmatics* 23: 31-53.

[19] White, J. B. 1985. The invisible discourse of law, in *Heracle's Bow*:

Essays on the Rhetoric and Poetics of the Law.
[20] 《最新常用经济法律法规》编辑部(编)(2000),《最新常用经济法律法规》,北京：中国方正出版社。
[21] 陈忠诚(1998),《法窗译话》,北京：中国对外翻译出版公司。
[22] 杜金榜(2000),从目前的研究看法律语言学科体系的构建,《现代外语》,第1期,99—107页。
[23] 何自然(1997),《语用学与英语学习》,上海：上海外语教育出版社。
[24] 刘作翔(1999),《法律文化理论》,北京：商务印书馆。
[25] 潘庆云(1997),《跨世纪的中国法律语言》,上海：华东理工大学出版社。
[26] 孙　红(2000),国际条约语篇的语域透析,http://go.163.com/~linguistics.
[27] 孙懿华、周广然(1997),《法律语言学》,北京：中国政法大学出版社。
[28] 王　洁(1999),《法律语言研究》,广州：广东教育出版社。
[29] 于绍元(1999),《法律文书写作》,杭州：杭州大学出版社。
[30] 张新红(待出),准确性与包容性：法律语言的语用原则分析。
[31] 张新红(2000),文本类型与法律翻译,广州：第二次全国多语翻译研讨会宣读论文。

(原载《现代外语》2000年第3期)

评　析

以往的语用研究集中于日常话语中的言语行为，如邀请、恭维、请求、批评、道歉和拒绝，而对于书面语篇（尤其是法律语篇）中的言语行为的研究并不多见。

本文以 Austin 和 Searle 的言语行为理论以及 J. Habermas 对他们观点的修正为框架，并参考国外学者对于英文法律言语行为的分析，考察了汉语立法语篇中的言语行为。作者把法律言语行为定义为具有法律效力并能带来法律后果的言语行为，并据法律功能的不同，把法律言语行为分为赋予权利的法律言语行为和规定义务的法律言语行为。此外，文章依据施为用意表示语的有无及强弱把法律言语行为分成 3 大类：显性、规约性和隐性。作者通过对 16 部法律的语料分析考察了汉语法律语篇中显性和规约性法律言语行为的实施和使用，并对两类法律言语行为及施为动词和规约性施为用意表示语的出现频率进行了统计分析。

本文选择汉语立法语篇中的言语行为进行分析，视角比较独特。但是，正如作者所言，由于国内以往没有相关研究，许多问题有待进一步探讨，比如隐性法律言语行为等。相信随着研究的深入，对法律言语行为的分析会更趋完善。

“预设”新论

徐盛桓

一、导言

预设是语义和语用研究的基本课题。由于语法事实上不能独立于语义或语用，所以预设事实上也同语法研究有关。预设也有译为“前提”、“先设”的。

对预设的研究有广义、狭义两个角度。现在国内外有关预设的研究曾提出过诸如事实预设、可能预设、实际预设、所指预设、词汇预设、语用预设、语境预设等，最终都可以归结为广义、狭义这两个不同的角度。从广义上研究预设，是将预设看成是交际双方预先设定的先知信息。例如，王宗炎(1988)对预设的说明是“说话和写作时假定对方已知晓的信息”。例子是：

A：Are you going to the party tonight?

B：Yes，and I'll take Christina with me.

他说明，“这个对话有如下几个预设：A 和 B 都知道晚会的地点、晚会开始的时间、晚会的性质，以及谁是 Christina”。这种预设，实际上是语用—语境性质的预设。这一性质的预设，是由言语片断以外的信息提供的，我们在言语的片断里不一定能推出预设的内容。何自然(1988)在“前提关系”(徐按：这里的“前提”就是本文说的“预设”)一章中也谈到了这种广义的预设。例如，他曾举例说明，“天下雨啦!”有诸如“久旱无雨”、“连续阴雨天”、“讨论旅行计划”、“残冬将尽”等等的“共知前提”，即“同一话语可能因语境不同而暗示着不同的前提”。

从狭义的角度研究预设则认为，一个句子一经形成，预设就已寓于句义之中。换句话说，从对预设的推断和确定来说，预设是由言语片断而且惟一的也只是由言语片断来确定的，虽然从预设同原句的句义本来的关系来说，预设是句义得以形成的前提条件。这是语义—逻辑性质的预设，即以言语片断自身作为一个判断，从这一判断中逻辑地推断出另外一个（些）判断，并使这两种判断之间符合一定的条件关系，这时后一个（些）判断就被认为是前一个判断的预设。从这一角度研究预设，语言本身是自足的，不依赖于语境；而且，预设具有惟一性（惟一性不等于只有一个预设项，详下），不“可能因语境的不同而暗示着不同的前提（即预设）”。

本文从狭义的角度，亦即语义—逻辑角度来研究预设，认为预设是在句义中体现出或暗含着的某些客观事态、情况，作为句子所表述的整个事态、情况的事实基础。预设研究过去已有一些成果，本文拟提出新的分类，一些新的性质、特点、推断的方法及应用的设想。

二、预设的初步说明

从预设的推断来说，预设寓于句义之中；从句义的形成来说，句义又要建筑在预设的基础之上。人们用句子表述一个事态，心目中会预先设定一些客观事实作为表述的前提依据。例如：

(1) 张三的哥哥昨天又买了一张桌子。[①]

要使这个句子的句义得以形成，下面几点必须存在：

1. 存在张三；2. 张三有哥哥；3. 张三的哥哥以前买过桌子；4. 张三的哥哥昨天买了桌子。

把这四点对照着句(1)来看，可以看到两个方面：一方面，这四点客观事实有直接在句子中表述出来的(1,2,4)；也有未直接表述出来的(3)。但是,无论是否被直接在句中表述出来,这四点都是形成句义的客观依据。另一方面,从这四点之间的关系来说,3要以2作为前提条件即预设,2要以1为前提条件;4提供了张三的哥哥于昨天买了桌子的客观事实,但要将这一事实表述为句子所写的那样:"又买了桌子",就要以3为前提条件。

综合这两方面可以看到:一、有些客观事实是在句子中直接被表述的,成为句子陈述的事物、情况;有些客观事实并没有得到直接表述,它们的存在,只作为被陈述的事态的前提条件。二、在句中被直接地表述出来的那些客观事实,又可能有两种情况:一种是只作为被表述的事态,有待其他的客观事实作为它们的前提条件;一种是既被表述,同时又作为其他一些事态的前提条件,是"一身二任":既是句子内容的一部分,又同时成为句子预设的一部分。这种一身二任的预设,我们称为"绝对预设";纯粹作为其他被表述的事态的前提条件的那些预设,我们称为"相对预设"。现在,让我们回到(1)这个具体例子:

只做预设或兼做表述内容:
- 1. 存在张三 (绝对预设)
- 2. 张三有哥哥 (绝对预设)
- 3. 张三的哥哥以前买过桌子(相对预设)

只做表述内容:4. 张三的哥哥昨天买了桌子

绝对预设是每个句子必须有的,预设的内容确定,通常成为"存在性预设"(详下);相对预设是有些句子不一定有的,预设内容可能有某些游移性,通常成为"事态性预设"。下面先用几个例子做些简单的说明。

(2) 李四是学生。

句(2)的绝对预设是"存在一个李四",没有相对预设。

(3) 他又找了一遍,还是没有找着。

句(3)除有绝对预设("他")外,还有相对预设:"他以前曾找过。"下面句(4)语句虽然相同,但相对预设显然与句(3)不同:

(4) (我找过一遍),他又找了一遍,还是没有找着(引自《现代汉语八百词》)。

相对预设是“有人以前曾找过”,这表明相对预设的内容会在一定范围之内游移。

预设有一个特性:将原句变成否定句、一般疑问句,仍以原句的预设为预设。换句话说,一个句子所表述的事态,无论处于肯定、否定、被质疑的状态,其前提条件是维持不变的:

(5) 肯定:明天他再去北京。

否定:明天他不再去北京。

疑问:明天他再去北京吗?

预设:他曾去过北京

(6) 肯定:张杰为自己考了第一名而高兴。

否定:张杰并不为自己考了第一名而高兴。

疑问:张杰为他自己考了第一名而高兴吗?

预设:存在一个张杰,张杰考了第一名

之所以有这个特性,是因为形成句义的那些客观事实被分成了两部分:有一部分被表述出来(可能其中有些兼做预设);有一部分只做预设,这部分维持不变。试仍以句(1)为例:

(a) 否定:张三的哥哥昨天没有又买了一张桌子。

(b) 疑问:张三的哥哥昨天是不是又买了一张桌子?

被否定和受到质疑的,都只是“又买了一张桌子”,而无论是绝对预设还是相对预设部分都没有被涉及。因此,否定句、一般疑问句相对于原来的肯定句,其预设不变。特殊疑问句的情况略为复杂。问何人时则绝对预设不复存在,而相对预设略变:

(1) 张三的哥哥昨天又买了一张桌子。(预设参看前文)

(1′) 谁昨天又买了一张桌子?

预设:有人昨天买了一张桌子

这人在昨天之前曾买过桌子,或

另外有人在这人之前曾买过桌子

问何时、何地、何因等，则其预设同相对应的陈述句（肯定句）的预设不变。一个句子变为否定句和一般疑问句后其预设不变这一特性，是检验语义—逻辑性预设的推断是否正确的试金石。下面再举一些预设的例子：

(7) 有人开了房间里的灯。

预设：灯原是不亮的

(8) 陈莉忘了将手上的信交给赵林。

预设：存在一个陈莉

陈莉本来要将手上的信交给赵林

(9) 小李的朋友曾经到过外国。

预设：存在小李

小李至少有一个朋友

预设如何推断，将在下文第 5 节详述。

三、设项的性质

一个句子的预设可能只有一项，这一项就成为这个句子的完全预设；也有一些预设由若干项组成，所有这些项合起来才成为句子完全的预设，每一项称为一个"设项"。如句(1)有三个设项，合起来成为句(1)的预设，即：存在着一个张三，而张三至少有一个哥哥，而且这个哥哥在昨天之前曾买过一张桌子。由若干设项组成的预设，设项间有三点很重要的性质：传递性、包含性、归并性。

（一）传递性

设句子 A 的预设有若干项（1，2，3，……，N−1，N 项）

若设项 1 是2　　　　　　的预设

2 是3　　　　　　的预设

3 是 N−1　　　　的预设

N−1 是N　　　　的预设

N 是 A　　　　的预设

则　　N—1 必是 A 的预设
4 必是 N、A 的预设
3 必也是 N—1、N、A 的预设
2 必也是 4、N—1、N、A 的预设
1 必也是 3、4、N—1、N、A 的预设

换句话说，设项 1，2，3，4，……，N—1，N 也都是 A 的预设。试看下例：

(10) 请把张三家的后门关上。(用 A 表示)

设项 4：张三家的后门原是开着的，这又预设：

设项 3：张三家(指房子)有后门，这又预设：

设项 2：张三有房子，这又预设：

设项 1：有一位张三

或者可以说：有一位张三〈1〉是张三有房子〈2〉的预设；〈2〉又是张三的房子有后门〈3〉的预设；〈3〉又是张三房子的后门是开着的〈4〉的预设。用＜表示"是……的预设"：

1＜2＜3＜4＜……＜N—1＜N＜A(传递性 1)

反过来说，否定设项 1 必定否定 2，否定 2 必然否定 3，否定 3 必然否定 4……，即(用～表示否定)：

～1 必定～2 必定～3……必定～N 直至～A(传递性 2)，"传递性 1,2"就是传递性的具体内容。

(二) 包含性

设一个句子 A 的预设有若干项(1，2，3，……，N—1，N)

若 1＜2
2＜3
3＜4
4＜N—1
N—1＜N

则 2 包含 1；3 包含 2 也包含 1；4 包含 3 也包含 2 也包含 1；N—1包含 4 也包含 3 也包含 2 也包含 1；N 包含 N—1 也包含 4 也

包含 3 也包含 2 也包含 1。

用⊃表示“包含……”，即：N⊃N－1⊃……⊃4⊃3⊃2⊃1(包含性)

例如句(10)的设项〈4〉“张三家的后门原是开着的”包含“张三家(房子)有后门”〈3〉；〈3〉又包含“张三有房子”〈2〉；〈2〉又包含“有一个张三”〈1〉。被包含项的内容已包含在包含项里，因此从总体来说，被包含项的内容是羡余信息。但是，有时具体分析出各设项又有自身的价值，详可见下文第 6 节“应用举隅”。

(三) 归并性

若 N＞N－1＞……＞4＞3＞2＞1(＞表示“预设了……”)

若 N⊃N－1⊃……⊃4⊃3⊃2⊃1

则：1，2，3，4，……，N－1 都可以归并为 N(归并性)

仍以句(10)为例，设项 1、2、3、4 都可以归并为 4，这一项就是一个完全的预设。

四、预设同原句的条件关系

我们还可以从预设同原句的条件关系，来进一步揭示预设的性质。

以 A 表示原句所表述的事态、情况。

以 P 表示预设所表述的事态、情况。则：P 不存在，A 一定不存在；P 存在，A 可能不存在，也可能存在。

这就是预设同原句所表述的事态之间的条件关系。

仍以句(1)为例说明。如果不存在“张三的哥哥以前买过桌子(P)”这一情况，就不会存在“他昨天又买了桌子(A)”这一情况；但即使存在“他过去买过桌子(P)”这一情况，他却不一定“在昨天又买桌子(A)”。当然，如果张三没有哥哥，甚至根本不存在一个张三，那么“张三的哥哥昨天又买了一张桌子”更是无从谈起。

P 同 A 的这种关系，形式逻辑称为 P 是 A 的必要条件。用日常的话来说，就是“只有……才可能……”：只有张三的哥哥以前曾买过桌子，才可能说他在昨天又买了桌子。换句话说，预设是原句的必要条件。

现在谈预设的论述常常会列出如下的表：

"如前件(指原句——徐按)真，则后件(指前提)真；如后件假，则前件无所谓真假；如前件假，则后件仍真。"(何自然，1988)

这上面所说的真假情况，源于原句同预设之间的这种必要条件的关系。

五、预设的推断

上文说过，预设有绝对预设和相对预设，它们又分别对应为存在性预设和事态性预设。

存在性预设是原句所表述的事态得以存在的根源：首先是因为有事态的主体存在。这个主体，可能是句子述谓部分所表述的行为动作的施行者(如句(1))，可能是这类行为动作的被动承受者(如下文句(11))，也可能是被谓述部分所表述的状况说明的人物事件(如下文句(12,13))。

从语言形式来看，一般取句子的主语所表达的人物事件，即以这些人物事件的存在作为句子所表述的事态的存在性预设(为节省篇幅，下文在不发生误解的情况下有时可能简述为"主语")，但英汉语又各有一些特殊情况。英语不包括 there be 句的主语，因为这类句子本身就是存在句，判断某事物是否存在；也不包括无人称 it 句的主语[②]。汉语情况较为复杂，详下。

(11) 张三被李四打。/Zhang was beaten by Li. >存在一个张三

(12) 李四的弟弟是教师。>存在一个李四，李四至少有一个弟弟(英语句相仿，略)

(13) 横渡长江不容易。>存在"渡"(游泳)这一活动，存在长江(英语句相仿，略)

在例(14)中，英语句仍以句中施动者为主语，汉语则不然(主

语以双横线表示，谓语部分以单横线表示）：

（14）a. Very good cocktails this hotel made.

b. This hotel made very good cocktails.

c. 这件事‖校长完全不知道。

d. 校长‖完全不知道这件事。

a 句、b 句和 c 句、d 句都分别以 this hotel 和校长的存在作为预设，但 c 句就不是句子的主语了。像 c 句这样的句子，汉语以一个主谓结构作为谓语部分。这时要区分三种情况：

（一）句子主语是作为谓语的主谓结构中的动词的逻辑宾语，如句（14c），以主谓结构的主语为预设。

（二）句子主语是作为谓语的主谓结构中的动词的逻辑主语，这时谓语的“主谓结构”，只是形式上的主—谓；语义上其实是宾—动，以句子主语为预设。

（15）张三‖连村长也不认得。

句（15）有二义：a）村长不认得张三，其分析如句（14c）；b）张三不认得村长，其分析如这里所说的第（二）种情况。

（三）作为谓语的主谓结构中的主语，同句子主语有被修饰关系：

（16）这马|眼睛瞎。即：

（16′）这马的眼睛瞎。>至少存在一匹马，这马有眼，即句子主语及主谓结构的主语均作为预设。

请再比较：

（17）a. 台上坐着主席团。>至少存在一个“台”

b. 主席团坐在台上。>存在至少一个主席团

c. On the rostrum were sitting members of the presidium.

d. Members of the presidium were sitting on the rostrum.

c 句、d 句的预设则均为“主席团的存在”。

此外，如果句子是主从复合句，表条件、状态的分句所描述、说明的事物的存在，也是存在性预设：

(18) 虽然下雨，他还是来了。>当时下雨

(19) 那天要是不下雨，他本来是要来的。>那天下雨

一般说来，存在性预设都有可能安排在句首，这是方便作为全句表述的依据和基础。

事态性预设即相对预设，是原句所表述的事态得以成立的依据：原句的事态要以预设中的事态为基础。事态性预设中的事态可能有两种情况：(一) 是句子主语表示的人的思维活动、评价活动的对象；(二) 原句的事态，是预设事态的重复、延续、变化的结果等。由此可见，预设性事态总是发生在原句事态之前，有先时性。

事态性的预设可以从句子中的一些词语得到提示，这些词语就是有关论述中所说的“触发语”(trigger)。上述第(一)种情况的触发语如“后悔”、“忘记”、“为……而懊丧”等以及“表扬”、“批评”、“认为……好”等。如：

(20) 张三为李四的儿子考上了大学而高兴。>李四的儿子考上了大学(只表示事态性预设，下同)

(21) 张三批评李四迟到。>李四迟到。

第(二)种情况的触发语如“再”、“又”、“继续”、“变”、“改正”、“开始”等，总之，是表重复、延续、开始、变化、停止等的词语，如：

(22) 张三重申他的主张。>张三过去曾申明他的主张

(23) 赵青开始学英语。>他以前没有学英语

(24) 王五停止了唱歌。>王五原来在唱歌

第二种情况的事态性预设纯粹作为句子所表述的事态的基础，在句中并不表述出来。此外，有些这一情况的触发语所提示的预设，可能有一定的游移性：

(25) 张三继续跑第二个一百公尺。

这句话的上文可能是：“张三跑完了第一个一百公尺，现在”，也可能是：“李四跑完了第一个一百公尺。”这两种上文，都可以作为句(25)的预设，也就是说，我们可以将句(25)的预设看成是“有

人跑完了第一个一百公尺”,而这个“有人”,可以指张三本人,也可能指张三以外的人,造成了预设具体内容的不确定性。这是由这些触发语的多语义指向造成的。再如:

(26) 张三下午也去了。
- >张三下午之前曾去过
- >其他人下午之前曾去过
- >其他人下午去了

这一现象英汉语是一样的,英语例子不重复。

六、应用举隅

(一) 利用预设理解言外之意

(27) 九月九日如今又成为一个平常的日子。(蒋韵:《落日时节》)

这是小说第二节开头一句。“成为”表示九月九日曾经是一个不平常的日子;“又”表示九月九日过去又是平常的。这是通过事态性预设理解句中没明说的内容,省去了作家的许多笔墨,又给了读者广阔的想象天地。

(二) 利用预设进行有力的诘驳

(28) 甲:张三的哥哥昨天又买了一张桌子。

乙:你一定是弄错了,张三根本就没有哥哥。

(29) 甲:张三的哥哥昨天又买了一张桌子。

乙:你一定是弄错了,张三的哥哥昨天黄昏才从国外回来定居,他怎能又买桌子呢?

乙对甲的反驳,都从否定甲话语的预设入手,但否定的设项不一样:句(28)否定张三有哥哥,即否定其存在性预设;句(29)否定张三的哥哥过去曾买桌子的可能性,否定其事态性预设。否定了语句的预设,句子所表述的事态就没有了存在的依据和基础。这是一种有力的反驳。

(三) 利用预设进行技巧的交谈

把自己的话语建筑在一个自己设想出来并对自己有利的预设

之上,并使对方产生错觉,在不知不觉中接受了这一预设,这是言谈的一种技巧。

(30) 一对男女青年在舞会上刚认识。

男:明晚我们在什么地方见面?

女:明晚——也在这里。

"明晚我们在什么地方见面">"明晚我们要见面"。男青年希望这一预设不言而喻,使对方在不知不觉中接受了邀请。如果先问:"明晚我们见一次面好吗",他担心会节外生枝。

(四) 利用预设作为研究某些副词的手段

有些副词,在 Quirk et al(1985)中被认为用作下加状语,属提示中心副词,too。

(31) He enjoys Cantonese Opera, and I enjoy Cantonese Opera, too.

I enjoy Beijing Opera, and I enjoy Cantonese Opera, too.

I enjoy Cantonese Opera, and I write Cantonese Opera, too.

I like to read poems, and I enjoy Cantonese Opera, too.

过去,这种语言现象通常从"范围"和"中心"的角度来研究,如句(31)所示。上面我们曾经说明,事态性预设会有一定的游移性。从这一新角度来研究这种语言现象,会提供我们以新的切入口,得出一些新发现。而这一现象是各种语言共有的,如汉语的"也",俄语的 тоже;预设在各种语言也有共性,这就使我们研究这一现象有更普遍的意义,篇幅所限,这里就不详述了,待另文再述。

注释:

① 本文拟多用汉语例句,为的是让更多的文科学生看懂。在分析预设时,各种语言的共性大大多于特性。只有当外语的某些表达方式对预设产生影响时,本文才用一些外语例句。

② 用 there be 句表某事物是否存在,必定有发现这事物是否存在的人,试比

较汉语“有人在房间里”，其实说这话的人是说“我发现有人在房间里”。因此，这位发现者（往往是发话人）的存在是暗含的预设。无人称 it 句如表天气句，下雨刮风的始作俑者的存在是暗含的预设。

参考文献：

[1] 王宗炎，1988，《英汉应用语言学词典》，湖南教育出版社。
[2] 何自然，1988，《语用学概论》，湖南教育出版社。
[3] 金岳霖等，1979，《形式逻辑》，人民出版社。
[4] Quirk, *et al*, 1985, *A Comprehensive Grammar of the English Language*, London: Longmans.

（原载《外语学刊》1993 年第 1 期）

评 析

预设又叫前提或先设,是语用学研究的重要课题之一。本文从逻辑—语义的角度讨论预设问题。文章认为,若言语片段作为一个判断,从这一判断中可逻辑地推断出另外一个(些)判断,且这两种判断之间符合一定的条件关系,这时后一个(些)判断被认为是前一个判断的预设;预设是句子语义得以形成的前提条件,寓于句子之中。其中,句子中未直接表述、纯粹作为其他被表述事态的前提条件的预设叫做"相对预设";既被句子表述,又同时是其他被表述事态的前提条件的预设叫做"绝对预设"。绝对预设是每个句子必须有的,预设的内容确定,通常成为"存在性预设";相对预设是句子不一定有的,且预设的内容也不确定,通常成为"事态性预设"。

预设的一个特点是:将原句变成否定、一般疑问句,仍然以原句的预设为预设。一个句子可能有不止一个预设,可分别称为"设项"。设项间存在着"传递性"、"包含性"和"归并性"。此外,从逻辑上说,预设是原句所表述的事态的必要条件。预设还同一些词语和表面结构相联系,这些词语或结构称为预设"触发语"(本书中蓝纯的文章称之为"引发项")。

本文的内容在 Levinson 的 *Pragmatics* (1983)中差不多都已有论述。作者没有提及"可取消性",而 Levinson (1983: 186)认为,"可取消性"是预设的关键属性,所有预设理论都必须以此为试金石。此外,本文未论及在复杂句子中存在的"投射问题"(projection problem),也未提及 3 值逻辑或真值间隙(truth value gap),这些在沈家煊的文章中都谈到了。

现代汉语预设引发项初探

蓝 纯

1. 引言

语言学家所说的预设是指说话人在说出一句话时头脑中预先假定当然成立的命题。

但预设现象并非出自语言学家的杜撰，而是实实在在地存在于日常会话交流中。比如警察在盘问嫌疑犯时常会以这样的问题让对方措手不及："案发当天你是几点钟离开现场的?"这一貌似简单的问话实际上预设"案发当天你在现场"。

有时候人们会有意识地使用预设不成立的句子以求达到某种特殊的交际效果。有一次笔者与同事们谈起轰动一时的克林顿性骚扰案，一位同事 A 突然冒出一句："美国皇帝看来也不好当。"大家听了会心一笑。为什么会产生这样的效果？原来 A 的话预设"美国有个皇帝"，但众所周知美国只有总统，没有皇帝。说话的 A 实际上是通过这句话来影射克林顿，传达他的嘲讽。

有关预设的研究源于哲学家们对指称(reference)的本质的争论。这方面的主要文献有：Frege(1952)，Russell(1905)，Strawson(1950)和 Sellars(1954)。在此不再详述。

2. 预设的四个特性

从 20 世纪 60 年代后期开始，语言学家也逐渐加大了对预设现象的探讨。随着研究的深入，人们对预设的种种特性有了比较清楚的认识，主要可归纳为以下四条。

2.1　预设在否定句中仍然保留

这一特征为我们鉴别预设提供了一个简便易行的方法。例如：

(1) 我出门的时候把钥匙忘在家里了。

从这句话我们可以推出：

(1a) 我出门的时候没带钥匙。

(1b) 我出门了。

下面我们看看例(1)的否定句。

(2) 我出门的时候没把钥匙忘在家里。

从例(2)依然可以推出(1b)，但却推不出(1a)。由此可见，(1b)是例(1)的预设，(1a)只是例(1)的衍推。

2.2　预设在特定语境里可被消除

特定语境包括某些语篇语境和某些句内上下文。请看下例：

(3) 我梦见自己从北京回来，大包小包地拎了好些个礼物。

一般说来，"从北京回来"预设"曾经去过北京"，但搁在"我梦见"后面，这一预设就不复存在了。这是句内上下文取消预设的实例。

2.3　预设的投射现象

这是指简单句扩大为复杂句后，有的预设被继承，有的被抛弃的情况。我们先看简单句的预设被保留的例子：

(4) 老张一人喝了三瓶啤酒。

此句预设"有这么一个人叫老张"。

现在我们将例(4)降格为宾语从句：

(5) 听小王说老张一人喝了三瓶啤酒。

显然，例(5)继续预设"有这么一个人叫老张"。

再请看简单句的预设被复合句取消的例子，这实际上是预设的可消除性的一种表现。

(6) 老张不用为女儿没考上大学操心了，因为他的女儿考上了。

例(6)中主句的预设“老张的女儿没考上大学”被紧随其后的原因状语从句取消。解释预设的投射问题是摆在语言学家面前的一项艰巨任务。

2.4 预设由句子表层结构中特定的预设引发项引发

说话者在说出一句话时预先假设当然成立的命题很多，但这些命题并非都是语言学家所说的预设，只有那些由话语的表层结构中特定的语项引发的命题才可被称作真正的预设。例(7)带有很多预设，我们用箭头标出每个预设分别由哪个语项引发。

有这么一个人叫小王 ↑ 小王
小王没跟小芳道别 ↑ 后悔

(7) 小王 特别 后悔 这次 离开 北京 前 又 没跟小芳道别。

离开 ↓ 小王曾在北京停留
前 ↓ 小王离开了北京
又 ↓ 小王从前离开北京也没跟小芳道别

不难发现，能够充当预设引发项的表达法很多，例(7)中就出现了专有名词、事实动词、时间状语从句、状态变化动词和重述词等五种。

3. 现代汉语的预设引发项

笔者经过半年的努力，从日常生活会话中总结出九类常见的现代汉语预设引发项，下文将分别举例论述。符号≫表示预设，X≫表示不能预设。

3.1 特指描写(definite descriptions)

这是最明显、最常见的一类引发项。正如 Frege(1952：69)曾经指出的：“如果对某物做出断言，那么一个明显的预设就是所使用的简单或复杂的专有名词确有所指。”Strawson(1950)进一步给出了特指描写的定义：“在对某人、某物、某事、某地或某个过程做过断言的时候，我们经常使用某些表达法来提及或指称其人、其物、其事、其地或其过程……”

这种表达法就是我们所说的“特指描写”，Strawson 接着指出：“常见的这种表达法有：单数指示代词(this 和 that)，专有名词(e.g. Venice, Napoleon, John)，单数人称或无人称代词(he, she, I, you, it)，由定冠词加名词构成的单数名词词组(the table, the old man, the king of France)。”例如：

(8) 北京是座非常美丽的城市。

≫有这么一座城市叫北京。

必须指出，全称句子(即对某一类事物的全体做出断言的句子)不带指称预设。例如：

(9) 猫头鹰是夜间活动的动物。

X≫有这么一只说话者特指的猫头鹰。

3.2 事实动词

何为事实动词？我们不妨先看下例：

(10) a. 小王认定这家伙是个小偷。

b. 小王知道这家伙是个小偷。

c. 这家伙是个小偷。

不难看出，虽然(10a)和(10b)的表层结构相同，但只有(10b)预设(10c)。为了解释这一现象，得引入事实动词与非事实动词的概念，将能够预设其宾语的真实性的动词称作“事实动词”(如“知道”、“明白”、“懂得”)，不能预设其宾语的真实性的动词称作“非事实动词”(如“认定”、“打算”)。

“说”、“告诉”、“声称”等动词一般被归入非事实动词类，这是因为此类动词宾语的真实性很大程度上取决于主语的可信赖程度。例如：

(11) a. 小王告诉我今天晚上有电影。

b. 今天晚上有电影。

c. 小王没告诉我今天晚上有电影。

d. 今天晚上没有电影。

(11a)与(11b)，(11c)与(11d)之间的关系很大程度上取决于(11a)和(11c)的特定语境。假设小王是个影迷，其关于电影的所有消息均十分可靠，那么在这一条件下(11a)可被视作暗指(11b)，(11c)则暗指(11d)。但设想小王是个出了名的爱开玩笑的家伙，对他传播的各类消息都只能半信半疑，那么(11a)就很难暗指(11b)，(11c)也很难暗指(11d)了。

除了严格意义上的事实动词和非事实动词，似乎还有一类动词介于二者之间，这类动词的否定形式往往暗指其宾语的真实性，肯定形式则不然。例如：

(12) 她总是抱怨命运对她不公平。

不能暗示

(12a) 命运对她不公平。

事实上倘若说者说出(12)，听者除了听出说者的腻烦态度，甚至可以认为说者强烈暗示"命运对她公平得很"。而另一方面，(12)的否定形式"她从不抱怨命运对她不公平"除了表达说者的钦佩之意以外，还似乎暗示"命运的确对她不公平"。

3.3 状态变化

汉语中有大量的状态变化动词，如"开始"、"结束"、"离开"、"进来"等等，这些动词都预设句子谈论的对象原来处于与现在不同的状态。例如：

(13) 他开始吃素。

≫他原来不吃素。

3.4 重述词

重述词预设句中描述的动作或事件曾经发生过一次、两次或多次。例如：

(14) 克林顿第二次当选为美国总统。

≫克林顿曾经当选为美国总统。

另外一些重述词包括"再次"、"又"、"依然"、"不再"、"回到"、"收复"等等。

3.5 时间状语从句

Frege 早在 1892 年就注意到德语中的时间状语从句可以充当预设引发项，他举例说："After the separation of Schleswig-Holstein from Denmark, Prussia and Austria quarreled."，预设"Schleswig-Holstein was once separated from Denmark."。汉语中这样的例子也比比皆是。

(15) 小王进北大前，一直跟外婆住在乡下。

≫小王进北大了。

当然例外的情况也是有的，人们的普通常识就可以取消时间状语从句的准预设。例如：

(16) 老王在译著完成之前就去世了。

X≫老王完成了译著。

3.6 强调句型(cleft constructions)

英语中有两类强调句型，即 it-cleft 和 wh-cleft，都可以充当预设引发项。例如：

(17) It was Henry that kissed Rosie.

≫Somebody kissed Rosie.

(cf. unclefted: Henry kissed Rosie X≫ Somebody kissed Rosie)

(18) What John lost was his wallet.

≫John lost something.

(cf. unclefted: John lost his wallet X≫ John lost something)

汉语中有两种结构似乎可与英语的强调句型相比，并且也可充当预设引发项。这两种结构分别是"是某人做了某事/某人是在何时何地以何种方式做的某事"和"某人做的某事是……"。例如：

(19) 王军霞是在奥运会上拿的金牌。

≫王军霞拿了金牌。

(cf. unclefted: 王军霞在奥运会上拿了金牌。X≫王军霞拿了金牌。）

（20）小张从小李那儿拿走的是一本书。

≫小张从小李那儿拿走了什么东西。

（cf. unclefted：小张从小李那儿拿走了一本书。X≫小张从小李那儿拿走了什么东西。）

3.7　对比结构（comparisons and contrasts）

现代汉语中的对比结构可以通过重读强调来表示，也可以通过诸如“也”之类的副词来表示，还可通过“比起……来”、“跟……一样”这样的句型来表示。无论哪一种均可引发预设。例如：

（21）比起小王来，小张是个更出色的运动员。

≫小王是个运动员。

（22）他跟他爹一样倔。

≫他爹倔。

3.8　与事实相悖的条件从句（counterfactual conditionals）

此类引发项预设条件从句所叙述的情况与事实相悖，例如：

（23）我们要是早出发五分钟，就不会错过班车了。

≫我们没有早出发五分钟。

其他一些可以引导条件从句的词有“如果”、“假如”等等，但必须指出，如果条件从句所陈述的情况只是说者对将来的预测，那么该从句就不能算是与事实相悖的条件从句，不能引发预设。例如：

（24）你明天如果没什么要紧的事儿，就带孩子出去逛逛吧。

X≫你明天有要紧的事儿。

3.9　问句

一般说来，问句和与之相应的陈述句引发同样的预设。不仅如此，由于问句本身的结构特点，一般疑问句、选择疑问句和特殊疑问句还能引发一些特殊的预设。就一般疑问句而言，它所引发的这种特殊预设通常是无意义的，但并不妨碍其成为预设。请看下面一组例句：

（25）他是北京人还是上海人？

≫他或者是北京人或者是上海人。

(26) 你爱吃哪个牌子的面包?

≫你爱吃某种牌子的面包。

4. 结论

以上我们列举分析了九类在现代汉语中比较活跃的预设引发项。值得注意的是,它们在英语中均能找到对应的结构,一般说来,一个词或结构如果在汉语里能充当预设引发项,那么与它意义最接近的英语词或结构在多数情况下也能引发相同的预设。事实上,不仅汉语和英语存在这种吻合,很多其他语言之间也存在这种吻合。由此我们是否可以推论:在预设和引发项之间应该存在一种密切的、自然的联系。如果这一推论成立,它将为预设研究提供一个新的途径:我们将不必对预设引发项进行逐个的分析、解释;只要给出某个引发项的语义特征,我们就依据一套特殊规则推算出它将引发的预设。

参考文献:

[1] Burton-Roberts, N. (1989) *The Limits to Debate: A Revised Theory of Semantic Presupposition*, Cambridge: Cambridge University Press.

[2] Chierchia, G. (1995) *Dynamics of Meaning: Anaphora, Presupposition, and the Theory of Grammar*, Chicago: the University of Chicago Press.

[3] Frege, G. (1952) On sense and reference. In P. T. Geach and M. Black (eds.) *Translations from the Philosophical Writings of Gottleb Frege*, Oxford: Blackwell, 56 - 78.

[4] Gazdar, G. (1979) *Pragmatics: Implicature, Presupposition and Logical Form*, New York: Academic Press.

[5] Karttunen, L. & Peters, S. (1975) Conventional implicature in Montague grammar, *Proceedings of the First Annual Meeting of the Berkeley Linguistic Society*, 266 - 278.

[6] Karttunen, L. & Peters, S. (1977) Requiem for presuppostion, *Proceedings of the Third Annual Meeting of the Berkeley Linguistic Society*, 360-371.

[7] Katz, J. J. & Langendoen, D. T. (1976) Pragmatics and presupposition, *Language*, 52, 1-17.

[8] Kay, P. (1997) *Words and the Grammar of Context*, Stanford: CSLI Publications.

[9] Keenan, E. L. (1971) Two kinds of presupposition in natural language. In C. J. Fill more & D. T. Langendoen (eds.) *Studies in Linguistic Semantics*, New York: Holt, 45-54.

[10] Keenan, E. L. (1972) On semantically based grammar, *Linguistic Inquiry*, 3, 423-461.

[11] Levinson, C. S. (1983) *Pragmatics*, Cambridge: Cambridge University Press.

[12] Russell, B. (1905) On denoting, *Mind*, 14, 479-493.

[13] Sellars, W. (1954) Presupposing, *Philosophical Review*, 63, 197-215.

[14] Strawson, P. F. (1950) On referring, *Mind*, 59, 320-344.

[15] Strawson, P. F. (1952) *Introduction to Logical Theory*, London: Methuen.

(原载《外语研究》1999 年第 3 期)

评 析

本文是探讨汉语预设引发项的专文。作者认为,预设具有4个特性:在否定句中仍然保留,在特定语境里可被消除,具有投射现象,由句子表层结构中的预设引发项引发。作者列举了9类在现代汉语中比较活跃的预设引发项:特指描写、事实动词、状态变化、重述词、时间状语从句、强调句型、对比结构、与事实相悖的条件从句,以及问句,并对它们逐一进行了举例和分析。

本文是本书第三篇研究预设的文章,其独到之处是在国内首次提出了9类现代汉语预设引发项(presupposition triggers)。在《语用学》(Levinson, 1983)一书中,Levinson综合以往的研究,列出了英语中13类典型的预设引发项,本文的9项与其中的9项对应,这可说明预设具有跨语言的普遍性。然而我们感兴趣的是,汉语中为什么没有其他4项?作者未加说明,这4项分别是:具有隐含义的动词(implicative verbs)、判断动词(verbs of judging)、由重音表现强调的句型(implicit clefts with stressed constituents)、非限定性定语从句(non-restrictive relative clauses)。挖掘和分析英、汉语在这方面的差异,应是很有意义的。

话轮、非话轮和半话轮的区分

刘 虹

0. 引言

Sacks等开创的会话分析理论在确定会话研究的基本单位——话轮时，存在两个基本问题：一是话轮的定义不明确；二是只用话轮和反馈项目两个结构单位不能概括会话中所有的言语形式，即还有很多言语结构形式不属于它们中的任何一种。由于存在上述问题，所以在会话研究中产生一些不必要的分歧，人们常常为哪些言语形式属于话轮，哪些不属于话轮而争论不休。对于话轮和其他言语结构形式的识别和区分，是会话研究的基础，直接影响到会话分析的正确性，所以有必要进行深入的探讨。

本文用例使用下列标记符号：

[	重叠起始点
]	重叠终止点
＝	表示紧接上一个人的话语开始说话，中间没有停顿
(·)	0.2秒以内的瞬时停顿
(0.0)	以秒为单位的计时停顿
×××	表示音节延长
。	降调，不同于句号
?	升调，不同于问号
-	矫正前的喉塞音

→　　　　提请注意的地方
(……)　　录音不清的话语
(：：：)　听不确切的话语

1. 话轮

1.1　话轮的定义

话轮(turn)是 Sacks 等提出的理论概念，但并未对它下过定义。Edmondson(1981)用这个术语来表达两方面的意义：一是指在会话过程中的某一时刻成为说话人的机会；二是指一个人作为讲话人时所说的话。

但是问题并不这样简单，有时，一个说话人所说的话不止一个话轮。另外，会话中有些言语不属于话轮。那么怎样加以区别呢？国外语言学家往往靠直觉判断，没有明确标准，所以在区别话轮和非话轮时发生了一些分歧。

笔者认为，话轮是指在会话过程中，说话者在任意时间内连续说出的具有和发挥了某种交际功能的一番话，其结尾以说话者和听话者的角色互换或各方的沉默等放弃话轮信号[①]为标志。

这个定义包括了三个衡量话轮的条件：

1）具有和发挥了某种交际功能。

2）连续说出的，中间没有沉默等放弃话轮信号。

3）结尾发生说话者和听话者的角色互换，或者虽未发生这种角色互换，但是出现了沉默等放弃话轮信号。

这三个条件都是确定话轮的必要条件，缺一不可。

1.2　构成话轮的言语形式

Sacks 等(1974)提出，话轮可以用多种语言单位构成。在英语中，可以构成一个话轮的语言单位包括：句子、从句、短语和词。Sacks 等举了下面的例子(1974：702—703)。

用单词构成的话轮：

1）Desk：What is your last

name ⌈Loraine.
⌊Dinnis.

→ Caller：

→ Desk：What?

→ Caller：Dinnis.

用短语构成的话轮：

2）Anna：Was last night the first time you met Missiz Kelly?（1.0）

→ Bea：Met whom?

Anna：Missiz Kelly.

Bea：Yes.

用从句构成的话轮：

3）A：Uh you been down here

B：before ⌈havenche.
⌊Yeh.

→ A：Where the side walk is

B：Yeah.

A：Whur it ends.

B：Goes ⌈all a' way up there?

A： ⌊They c'm up tuh the：re.

A：Yeah.

笔者认为，话轮只能由单句、复句或句群构成。上述例子中的词和短语已不属于静态语言系统中的单位，在会话过程中，它们具有句调，在功能上表达一个完整的意思，所以从形式和功能两方面看，这些“词”和“短语”都是句子。

汉语中构成话轮的单句可以是主谓句，也可以是非主谓句，用主谓句构成的话轮在会话中占很大比例。但由于会话过程中的话语连贯性，主语常常会承前省略。如例(1)中的五个话轮均为主谓句构成的话轮，其中第2、3、4、5都承上省略了主语。

(1) 甲……刚才你们跑哪儿去啦。 1

→乙　上街啦。 2

→丙　上街啦。 3

→甲　上街刚回来呀。 4

→乙　刚回来。 5

构成话轮的非主谓句可以由一个词或者一个短语构成。例(2)中的2、3、4均是用独词句充当话轮。例(3)中的2和例(4)中的4均为词组构成的句子充当话轮。

(2) 甲　哎？薛敏现在走了是吧。 1

→乙　谁？ 2

→甲　薛敏啊？ 3

→乙　对。 4

(3) 甲　你们现在家安在哪个地方。 1

→乙　在青岛。 2

(4) 甲　今晚你干吗？ 1

乙　看电影去。 2

甲　跟谁去啊。 3

→乙　小王和张明。 4

话轮也经常以复句的形式出现。例(5)中的3、4均为复句充当话轮。

(5) 甲：你刚来啊。 1

乙：哎。 2

→甲：你是骑车来的还是走来的。 3

→乙：天下雨我没骑车子。 4

在会话中，话轮常常不止一个句子，而是由多个句子组合而成，形成一个语义连贯的句子组合体。我们称这种话轮为句群构成的话轮。如下例：

(6) → 甲：今天跑的地方太多了。到了那个市百一店以后就顺着南京路到外滩去。走过去。 1

乙：＝豫园没去啊。 2

→甲：＝啊？从那儿步行到城隍庙，从城隍庙然后到大世界，再楼上楼下跑。 3

→乙：＝噢：：：：伟大伟大。跑那么多。我一天也跑不下来。 4

例中的1、3、4均为句群构成话轮。

2. 非话轮

非话轮即指反馈项目。

反馈项目是听话者对说话者所说的话的反应形式，一般用来表示“我在听呢”、“我很感兴趣”、“你继续说吧”、“我同意你的看法”、“你说的跟我想的一样”，或者“你说的事我以前不知道”、“原来这样”等意义。听话者在发出这样的反馈信息时，说话者的话轮并未中断，即并未发生听话者和说话者的角色变换，所以根据衡量话轮的条件，反馈项目不能算作话轮。如下例：

(7) 甲：我觉得以后啊： 1

→乙：＝嗯。 2

甲：买就买个好的。别左买一个右买一个(·)啊：：？ 3

→乙：＝嗯。 4

甲：买完了以后，扔了吧，花钱买来的，舍不得。用吧，功能还不够。买就买个好的算了。 5

再［其他的不买。
好的嘛，问题是 6

乙：这样子喽：：

上例中的2、4都是非话轮，它们都是听话人发出的反馈信息，没有中断说话人的话轮，没有发生说话者和听话者的角色互换。其中的“嗯”均为听话者传达“我在听，你说吧”这样的信息，是在鼓励对方继续说下去，而不是相反——打断对方，索取话轮。

反馈项目在会话中虽然信息量不大，但是对于会话的顺利进行起着很重要的作用。讲话人在讲话时，总是注意捕捉反馈信息，时刻关注对方是否在认真听，是否感兴趣，或者是否听明白了等等。如果缺少这些信息，会话就很难继续进行。

反馈项目可分为言语性和非言语性两种。典型的言语性反馈项目有“嗯”、“哦”、“啊”、“对”、“是”、“是啊”、“是吧”等等。非言语性的反馈项目主要是点头，还有眼神、面部表情等。非言语性反馈项目通常伴随言语性反馈项目同时出现。

不同的言语性反馈项目的表达意义略有差异。大致可分为三类：

1）“嗯”

“嗯”通常所表达的意义是“我在听呢”、“继续说吧”，对说话者所说的话加以肯定的意味较弱。常常有听话者在“嗯”后加以反驳的例子，如例(7)。

2）“对”、“是”、“是啊”

这一类反馈项目所表示的意义主要是“你说得对，继续说吧”，“你说的跟我想的一样”，如例(8)：

(8) 甲：买了以后就可以收集一些具体资料。你如果没有具体的资料，老是抄人家的话那是［那

→乙：［对

甲：＝这个就效果就差一点

→乙：＝是啊。

3）“哦”、“啊”、“是吧”

这一类反馈项目所表示的意义主要是“原来是这样”，“我以前不知道”。如例(9)、(10)：

(9) 甲：他不是原来在加州吗？

乙：原来不在加州啊，在夏威夷。

→甲：哦。

乙：他爱人也带去了。

→甲：啊。

(10) 甲：说这个考清华的这个这个学生吧：：
夏天的时候人家在外面乘凉(·)他根本不去(·)
不出门的。

→乙：是吧？

甲：整天就关在家里(·)纱门纱窗关在家里。

→乙：哦是吧？

在会话过程中，有技巧的说话人常常会有意识地寻求反馈信息，以了解所传递的信息是否已经被听话人接收，从而决定是否继续说下去。如例(7)中的1、3后面说话者发出一个拉长音节的“啊”，就等于提醒听话者，“我要说了，你注意听啊”，或者等于询问听话者：“你在听吗？”得到乙的肯定的反馈信息“嗯”后，甲就接着往下说了。“别左买一个，右买一个”后面的“啊”具有更明确的提醒作用。在得到“嗯”的反馈后，又接下去说。这样能使说话人时刻了解和判断听话人对自己听说的话的接收及理解情况，从而决定是继续说下去，还是停止，还是回过来解释、重复、澄清，使听话人能够跟上说话人话语的发展。例(7)6中的“喽”也有这样的要求反馈的提醒作用。

对于哪些言语和非言语形式属于反馈项目，现在意见还不一致。表示同意的点头和表示赞同的语词属于反馈项目，意见比较一致，其他则有分歧。Duncan 和 Niederehe(1974：236)认为，反馈项目还可以包括由听者来完成说者的句子的现象，以及请求简短的澄清、重复等。而 Sacks 则没有把这些算作反馈项目。但 Duncan 和 Niederehe 对此也有疑虑。因为对于某些很长的反馈项目，特别是那些简明的复述，则不能确定它是反馈项目还是话轮。根据直觉，有些较长的反馈项目具有话轮的性质。有人反驳 Duncan 和 Niederehe 的观点(黄衍，1987)，认为由听者完成句子和听话者要求澄清事实以及简短复述都不算话轮，其理由有二：

一是反馈项目应该是简短的；二是反馈项目一般不提供内容上的新信息。但是，单纯以形式的简短和不提供新信息为标准来识别反馈项目是不完全的。

笔者认为，反馈项目具有六个基本特征：

1）由非话轮占有者发出；

2）不打断说话者的话轮；

3）没有索取话轮意向，而是鼓励说话者保持话轮；

4）形式上比较简短；

5）内容上不提供新信息；

6）不充当对答结构的引发语。

所有反馈项目都必须具有这六个特征，它们是确定反馈项目的必要条件，违反其中任何一条都不能算作反馈项目。但是这些条件必须综合起来加以运用。比如，由听话者发出的在客观上不打断话轮的言语形式并不都是反馈项目，附属话轮也具有1、2两个特点(参阅3.1)。另外，也不能只用4、5两个条件作为衡量反馈项目的标准。因为有的符合这两个条件的言语成分并不是反馈项目。如例(11)：

(11) 甲：这个30的男孩的，这个女孩的25。 1
乙：有这么个说法啊？ 2
甲：真的，我25不敢买。 3
乙：哦。 4
甲：她要问我给谁买。 5
乙：是吗？ 6
甲：对。 7

上例中的6比较简短，也没有提供新信息，但它不是反馈项目，因为乙的话“是吗”迫使甲中断原来的话轮，对6的提问做出回答，这违反了反馈项目的第2和第6两个条件，所以不应算作反馈项目。而4中的“哦”应该算作反馈项目。因为“哦”没有打断甲的话轮。甲在5中的话是接着3继续说的，没有中断，并且符合所有的反馈项目的条件,因此应看做是一个反馈项目。

运用这些条件,我们可以区别出像“嗯”、“啊”、“哦”、“是”、“对”这些常常充当反馈项目的词语,在什么时候不能算作反馈项目。以最常见的反馈项目“嗯”为例:

(12) 甲:《外语教学与研究》他也订了吗? 1
→乙:=嗯? 2
甲:=什么时候我到他这儿查点资料。 3
乙:=他都订的。 4
甲:=《语言教学与研究》他也订了。 5
→乙:=嗯? 6
甲:《语言教学与研究》他也订了。订得不全。 7

(13) 甲:嗯:小王离婚了,是吧? 1
→乙:=嗯。又结婚了。 2
甲:又结婚了吗? 3
→乙:嗯。 4
甲:跟谁呀。 5
→乙:嗯::: 6
甲:是上海的吗? 7
乙:不是上海人…… 8

例(12)中的6很明显是乙要求甲重述,甲正确领会了乙的意思,在7中重述了5中的话后继续话轮。这样6既打断了甲的话轮,又是对答结构的引发语,所以不属于反馈项目。例中的2与6性质相同,但乙要求甲重述的提问被甲忽视了。这种忽视往往是因为“嗯”在表疑问时语气相对较弱,有时是心不在焉的表现。乙在4中的话“他都订的”显然是回答1中甲的问题,说明乙在用“嗯”表询问时确实是心不在焉的,实际上他已经听到了甲的问题。所以在甲说过了3中的话之后,才回答1的问题。在正常情况下,在2后甲应该重述在1中说过的话。不能因为这种重述的缺失就把2中的“嗯”看做是一个独立的部分,而应该看做是没有回答的询问。

例(13)中的 6 是一个拉长音节的“嗯”,用平调说出,表示打算接过话轮,回答甲在 5 中的提问,但是由于一时没有想好如何表达,就用拉长音节的“嗯”作为接受话轮的信号。这与反馈项目没有索取话轮意图这一条件相悖,所以在这里“嗯”不属于反馈项目。

用这种方法,我们也可以区分出单独出现的“啊”、“哦”等反馈项目在不同情况下所具有的不同含义和不同功能。

3. 半话轮

在会话过程中,有些语言形式既不符合话轮的标准,也不具有反馈项目的几个特征,它们不属于这两种类型的任何一种。我们把这些言语形式进行分析,分为三类:附属话轮、未完成话轮、听话人完成说话人的话轮,统称为半话轮。之所以称为半话轮,是因为它们既具有话轮的某些特点,也具有非话轮的某些特点。下面就分别讨论半话轮与话轮、非话轮之间的区别,以及不同类型的半话轮之间的区别。

3.1　附属话轮

本文所说的附属话轮,即指那些在会话过程中有两个人同时开口说话,其中一方退出后所形成的未起任何交际作用的言语形式。如:

(14) 甲:上街刚回来呀::: 1

乙:刚回来。 2

→ 甲:┌他扯着 3

丙:└刚才我们两个人跑到你们那个三号楼就是那个招待所(·)进去他们不让我们进(·)说是过了九点半不能会客(·)我们两人就站在后窗直叫(·)叫了好半天(·)没有人(·)没人应(·)我想大概是还没回来。 4

乙:嗯。今天跑的地方太多了…… 5

(15) 甲：那可以了，就是说你调的话呢：：就是饭卡跟那个呢一起给我，而且只能在这个限额里面。 1

→丙：[不过那个的话：：[不会扔掉 2
饭票你有没有？ [早说有多
好你说。 3

丙：你有没有饭票啊。 4

乙：啊？ 5

→甲：[怎么早说多好。 6
丙：[有饭票吧。 7

乙：我呀？ 8

丙：没有饭票先拿点饭票去好了。 9

例(14)中的3就是一个附属话轮，是在2结束时甲丙两人同时自选，造成重叠后，甲马上退出形成的。甲的话被其他会话参与者完全忽视了，没有起到一般话轮的承上或启下的作用。再如例(15)。甲乙两人在商量调饭票的事，丙插入，但甲乙继续说话，没有理会他插入的话，丙再一次重复后，乙才要求他重复刚才所说的是什么。可见丙开始的话由于重叠而被忽视了。例(15)中的6也是这样。

这种重叠的言语形式在会话过程中几乎不起什么作用，在它发出时，另一个话轮正在进行，它与这一话轮在语流的时间链里完全重叠，或者说是融会在另一方的语流里。掌握说话权的一方可能完全未注意对方在说什么，或虽然注意到，或猜到对方说的可能是什么，但未做出明确反应。在这种情况下，未发生说话者和听话者的角色转换，所以用话轮的标准衡量，这种重叠的言语形式是话轮的附属物。本文将它称为附属话轮。

但是，有些重叠的言语形式应该算作话轮。在这种情况下，一方说的话虽然完全与另一方的话重叠，但是他们的话都被对方注意到并理解了，而且在会话中发挥了作用。如下例：

(16) 甲：哎？那么你就是饭卡要给我，那么 1

就┌就

乙：└对呀，我把饭卡给你，完了以后：： 2

以后：你就领我的：：

甲：你就是讲得太迟点了。 3

我昨天都：：，

因为他：要

┌（什么证明，大批已经买

→丙：│哎？我11月还没买，

└你要不了。）┐

要买啊 ┘ 4

甲：＝我已经很多很多买了。 5

上例中的甲和乙在讲饭卡的事，丙突然插入，使甲3中的“什么证明，大批已经买了”和丙4完全重叠。由于丙是有意强行打断甲的话，所以其音高音强都比甲大得多，致使甲的话听不太清楚，而丙的话却清晰可辨。所以丙这番重叠的话，完全起到了一个话轮的作用，这从甲对丙的回答中得到证明。所以丙的话算作一个话轮，而甲的话则成为附属话轮。

附属话轮和反馈项目一样，都不算话轮，因为它们具有一个共同的特点：发出附属话轮和反馈项目的会话参与者都没有取得说话权，没有发生说话者角色的变换。

但是附属话轮和反馈项目的不同之处在于：发出附属话轮者的目的是要索取说话权，但未获得成功；而发出反馈项目者则是鼓励对方保持说话权，继续说话。所以说两者的目的截然相反。

3.2 未完成话轮

在会话过程中，有时由于听话者强行打断说话者的话，或者误以为话轮完成，或者为了竞争话轮造成话轮重叠，重叠后，一个说话人马上退出，从而形成未完成的话轮。如例(17)中的2：

(17) 甲：嗯(·)他还他还想买一个好点儿的录音机，他老婆不让他买他就没办法了。

→ 乙：买录音┌机

甲：　　　　└就是说他太多了，他不是有四五个吗？

上例中，乙的话就是一个未完成的话轮，他的话被甲忽视了，没有起到交际作用。乙没有得到说话权，甲继续自己的话轮说话，所以未发生说者与听者的角色互换。根据衡量话轮的条件，乙的话不是话轮，而是半话轮。

但并不是所有的未完成话轮都是半话轮，就像有些重叠的言语形式不是附属话轮一样，有的未完成话轮应算作话轮。如下例：

(18) 甲：实际上咱俩儿调就可以了，我跟那儿（指膳食科）调干吗？费

（甲）┌那个劲

→乙：└哎？那么你就是饭卡要给我，

那么就┌就

甲：　　└对呀，我把饭卡给你，完了以后：：：你就领我的。

乙：你就是讲得呢讲得太迟了点……

上例中因为甲已经猜到乙下面将说什么，所以打断了乙的话轮，形成未完成的话轮，但是这个未完成话轮起到了一定的交际作用，并且发生了听话者的角色互换，所以乙的话应该算作话轮。

未完成话轮与附属话轮虽都属于半话轮，但有下面三点区别：

1）未完成话轮与另一方的话不完全重叠，而附属话轮则完全重叠；

2）未完成话轮是在说了一些话之后才被故意打断造成的，而附属话轮则是无意造成的；

3）未完成话轮在会话的时间序列上起衔接作用，而附属话轮在时间上不起衔接作用。

3.3 听话人完成说话人的话轮

当说话人说话时，听话人预测并说出说话人将说的话。在时间序列上二者重合，这种重叠的言语形式不应算作话轮。如

例(19):

(19) 甲:怎么会胖到这样了。挺舒畅的肯定是::。 1
乙:哎。心情舒畅。心[宽体胖] 2
→甲: [心宽体胖] 3
乙:嗯,也没什么事。 4

例(19)中的 3 是"听话人完成说话人话轮时的重叠",它不提供信息,会话中也未发生说话者和听话者的角色转换,不符合话轮的标准,所以不能算是话轮。

完成说话人话轮的重叠形式与附属话轮虽然在形式上很相似,因为都是与另一方的话完全重叠,但它不能算是附属话轮。它们的区别在于:

1) 这种重叠是有意识造成的,而附属话轮是无意中造成的;
2) 听话人在完成说话人的话轮时,常常无意索取话轮,而附属话轮则是为了索取话轮。

注释:

① 放弃话轮信号包括下面几个特征:
1) 在完成句尾使用升调或降调(特别是要求回答的疑问句的结尾);
2) 某一语法序列的完成;
3) 某一语义序列的完成;
4) 话轮构成单位完成时的停顿或沉默;
5) 末尾音节和句内重读音节的延长;
6) 附加具有响度的语气词,伴随语气词元音拉长后的停顿;
7) 语速减慢;
8) 音高和音强的降低;
9) 语义重复的语句;
10) 总结性语句;
11) 手势停止,身体姿势的变化,身体各部分紧张的放松。

参考文献:

[1] Coulthard, R. M. 1985. *An Introduction to Discourse Analysis*. place

name missing Longman.

[2] Duncan, S. 1972. Some signals and rules for taking speaking turns in conversation. *Journal of Personality and Social Psychology*, 23(2) 283-292.

[3] Duncan, S. 1974. On the structure of speakerauditor interaction during speaking turns. *Language in Society*, 3(2): 161-180.

[4] Duncan, S. and Niederehe, G. 1974. On signaling that it's your turn to speak. *Journal of Experimental Social Psychology*, 10: 234-247.

[5] Edmondson, W. 1981. *Spoken Discourse: A Model for Analysis*. Longman.

[6] Levinson, S. C. 1983. *Pragmatics*. Cambridge University Press.

[7] Sacks, H., Schegloff, E. A. and Jefferson, G. 1974. A simplest systematics for the organisation of turn-taking for conversation. *Language*, 50(4): 696-735.

[8] 黄衍，1987，话轮替换系统，《外语教学与研究》1987 年第 1 期：16—23。

（原载《外语教学与研究》1992 年第 3 期）

评 析

本文试图对会话分析中的单位做出比较清晰的分类，且大部分以汉语为例。作者提出了衡量话轮的3个必要条件：(1) 具有和发挥了交际功能；(2) 连续说出的、中间没有沉默等放弃话轮信号；(3) 结尾发生说话者和听话者的角色互换，或者虽未发生这种角色互换，但是出现了沉默等放弃话轮信号。

作者指出，构成英语话轮的单位只能是单句、复句或句群，不包括词和短语，因为在动态的语言中，词和短语具有句调并表达相对完整的意思，它们已是句子。构成汉语话轮的单位包括主谓句和非主谓句。

作者认为，反馈项目即"非话轮"。本文的反馈项目的内容比本书何安平和吴平两文提到的反馈语丰富，包括非言语性的表情和身势语。确定反馈项目有6个必要条件：(1) 由非话轮占有者发出；(2) 不打断说话者的话轮；(3) 没有索取话轮意向，而是鼓励说话者保持话轮；(4) 形式上比较简短；(5) 内容上不提供新信息；(6) 不充当对答结构的引发语。

凡不属于上述两种类型(话轮和反馈项目)任何一种的会话片段，作者认为属于"半话轮"，它们兼有话轮和非话轮的特点，并可进一步分为：附属话轮、未完成话轮、听话人完成说话人的话轮3类。

本文从形式、意义、功能3个方面界定了构成话轮的必要条件，并以此为基础廓清了话轮、非话轮和半话轮的区别。清晰的分类是任何研究的前提，本文的价值正在于此。此外，作者还提出说话人在会话过程中会有意识地寻求反馈，这一点何文和吴文都未提及。

需要指出的是，在实际操作中，上述"交际功能"、"放弃话轮信号"等条件可能不大容易确定。此外，会话分析因涉及语音特征

(包括语调、超音段特征等)、非言语特征等相当复杂的因素,所以比分析书面语要困难得多。本文的分类方法必须以标注完备的语料为前提,然而做一个标注完备的语料库是十分艰巨的任务,尤其是确定及标注语音特征往往带有标注者的主观性,极难操作。

英语会话中的简短反馈语

何安平

1. 引言

本文要讨论的简短反馈语(以下简称反馈语)是指在英语会话中听话者对当前说话者的话语做出简短的反应。在以往的研究里,这种语言现象被称为“副声道信息”(backchannel)(Duncan, 1972),或“在他人讲话时突然插入的评语”(interjection)(Ferguson, 1974),或“听话者的信号”(hearer's signal)(Bublitz, 1988)等等。尽管叫法不一,但共同的一点就是发出这类反馈语的人并不旨在打断当前说话人的话语,也不旨在与其他的听话者争夺话轮,其主要目的是表明自己是在以一种听话者的身份在配合当前说话者把话轮进行下去。Hatch(1992: 49—53)曾经阐述过产生这种反馈语的心理基础:“当我们开始谈话时,我们总是期待对方跟我们交流,期待着听话者对我们所说的话做出评价。我们把对方的这种表示称为副声道信号。这种信号能使说话者感到自己并不是在对着墙壁说话,而是人人都在参与交流。”可见作为一种正常交际模式,反馈语应成为双方或多方会话的不可缺少的一部分。研究英语本族人的这种话语行为的出现频率及制约它的社会因素(即什么场合多讲,什么场合少讲);了解发生反馈语的语言环境和语言特征(即什么时候讲,怎样讲比较合适);进而探讨它作为交际策略的多种语用功能;这一切都将有益于揭示话语交际行为的本质，同时对培养英语学生的口头交际能力也富于启示。

为此，本研究从LLC语库[1]里抽取了三种类型的会话(近十万词)作为分析的材料。它们分别为总词量大致相等的日常会话、公开讨论和电话交谈。其中每种类型又分成词数大致相等的两小类：相互熟悉的人之间的交谈和相互不熟悉的人之间的交谈，而且尽可能是男女都有参与的交谈。由于反馈语经常是在说话者的话语中间出现，这里主要讨论以同步话语出现的反馈语，如下图所示：

A：∘∘∘∘∘ * ∘∘∘∘∘ * ∘∘∘∘∘

B：　　　　　* ∘∘∘∘∘ *

在这里，圆点代表话语，两个星号之间的圆点代表同步话语。它表示B在对A发出简短的反馈语。以往有的研究如Duncan(1972)把听话者的提问语、反驳语、评论语、重复语等也统统列入反馈语类做分析，但本文对反馈语的界定主要采用Bublitz(1988：183)的模式，即只包括一些单词，如yes，yeah，OK，right和短语如I see，That's right以及一些属于副语言特征的声音词，如uh，mm，uhu，mhm，aha等等。根据以上定义，电脑运用OCP[2]软件系统首先从近十万词的LLC分语库中检索出2 011例同步话语，再从中确认同步反馈语706例(平均每千词有7.7次)。下面从三个方面展开分析。

2. 反馈语发生的语境特征

在英语会话中，听话者不时反出yes，uhu，aha之类的反馈语看起来似乎是很自由、很随意的事情。Bublitz(1988：183—184)曾经指出听者反馈语的出现位置极少受到限制，尤其是以同步话语形式出现的反馈语更是没有任何限制。然而，本研究却发现大多数反馈语的出现都与一定的语言环境有关并且受到一些语言规则的支配。最突出的规则就是：它们大都发生在话轮结构单位的交界处。话轮结构单位(turn-constructional unit)是 Sacks, Shegloff & Jefferson(1974: 695—753)对人类会话的经典研究中的一个重要概念。他们认为会话中的每个话轮都是由一个或多个话轮结构单位组成。每个话轮结构单位的边界(unit boundary)都可以成为转接话轮的合适时机(transition relevance place)。同步话语往往就在这个时候发生。但是 Sacks 等人却没有进一步阐述这些单位边界的语言标记以及这些标记如何对同步话语产生触媒作用,同时也没有把反馈语明确地列入同步话语范畴。笔者认为,从语言表现的形式出发,每个话轮结构单位的边界都至少具有语音、语法和词汇三个层面的标记,找出这些标记与同步话语(包括反馈语)之间的联系,就能够揭示反馈语发生的规律。下面是对706 例反馈语的语境特征的检索结果。

表 1 与反馈语出现相关联的语境特征(总例数: 706)

语境特征	出现次数	百分比
当前说话者话轮中的:		
句法单位结尾	564	79.9
语调组结尾	350	55.2
调核词之后	418	65.9
停顿之后	134	19.0
语篇结构词之后	134	19.0
与停顿同时出现	125	17.7

(1. 语调组结尾是指一个语调组的结束,调核词是指调组中被赋予语调变化的信息核心词。在 LLC 语库原文本已有"#"标出调组的边界,同时用"\,/,="在调核词的元音字母前标出降、升、平调;2. 语篇结构词(discourse items,见 Stenstrom: 1990)指一系列表示话语完结或话题转折或诱发听话者做回应的词汇,详见以下例句分析;3. 句法单位结尾指一个句子或短句或短语或单字句(如 Yes)的结束部位(见 Sacks et al., 1974: 725))

从表 1 看出,706 例反馈语中有近 80%出现在当前说话者话轮中的句法单位结尾；有一半以上是出现在语调组的结尾；有三分之二出现在调核词之后；还有近五分之一出现在停顿之后或者某些语篇结构词后面，又或者是与对方话语中的短暂停顿同时出现。③

(1) A：... ^ **this is something that could be running through your m^ ind** ＃ / *^ or* something on intonation
B： *^ ［\ m］ *
(LLC，S3. 2a：492－494)

(2) B：... had been in Dan's g\ift＃/ **it^ w\ould be like-that** ＃ *-* / I must^ put it| th\ at-way/
A： * ［＝mhm］ *
(LLC，S1. 2：237－239)

(3) A：... I'm^ quite"s^ ure **it's^ unsh∧akeble** ＃ -/* ^ unshakeable* in the ...
B： *((^ \ah＃)) *
(LLC，S1. 2：482－485)

(4) B：... 'd^ been in ((at))^ which | **Carter**/ **and** ((：**P∨eel**)) * had* -said＃ . /well now^ what...
A： * ^ y＝es＃ *
(LLC，S1. 2：17－19)

(5) B：... no^ longer was no longer in^ v\olved in it＃ --/ **and** * ^ wh\ile* /I I'm^ s\ure＃ that ...
A： * ^ y＝es＃ *
(LLC，S1. 2：245－246)

(6) B：... ^ how far were you ＃/［**@：m**］* . *［@：m］^ b\anking on this ...
A： * ((^ ye g\ods)) *
(LLC，S1. 2：851－852)

(7) B：^ what was she d\oing /^ w∨orking --/)

c：**being nanny-** * to-. * an English family who . . .

B： * ^\oh # /^ quite g\ood # *

(LLC, S2.10：878 - 882)

(8) A：. . . tell these g/uys #/ ((that we'll)) ^carry\ on # - /^ **you s/ ee** # / * - * ^and . . .

B： * y\ep # *

(LLC, S1.9：308 - 310)

(9) a：. . . he's a very heavy man **you know** *. Gooch I don't * know whether . . .

A： *^ y\es # /^ y\es # *

(LLC, S1.9：308 - 310)

(10) A：^**from S\ eahaven/ onwards** # * . * /. ^what has now h∨ppened #-/ can . . .

B： * ^ y/es # *

(LLC, S1.2：269 - 271)

除(5)和(6)之外，以上所有例句中的反馈语都发生在一个句法单位之后(见各例首行里的黑体部分)。其中有的是一个完整的句子，如(1)、(2)、(3)；有的是句末附加语，如(8)、(9)；还有的是名词或介词短语，如(5)和(10)。这些语法单位边界往往同时也是语调组的结尾(见诸例中星号＊之前的#标记)。一个调组的边界主要体现为有显著语调变化和重音突出的调核词出现，如(1)的m∧ind #；随后音幅下降，如(2)的like-that；调组结束之后往往还有短暂的停顿，如(3)的^ unsh∧akeable #-，等等。由于调核词通常位于调组的结尾部分或靠近结尾部分(Crystal & Davy, 1969：26)，所以有时凭借调核词(即载有最重要信息的词)的出现也可以预测到调组的结尾，如(2)的P∨eel。(5)至(7)的反馈语发生在一些有声的或无声的停顿之后(见＊号之前的--/and，@：m和-)。它们表明当前说话者的话语已经到了一个可停顿的节拍，可能是在期待对方的反应，也可能是在思考计划下面要说的话。(8)和

(9)的反馈语都发生在某些语篇结构词之后。Stenstrom(1990：137—176)曾将 well，yes，really，OK，you see，you know 等一些在英语口语中频繁出现的功能词归结为语篇结构词,其作用是标记会话中话轮的接替、组织会话的话语和提示话语单位的起始、发展、转折、结束等等。如(8)的 you see 和(9)的 you know 就是一种诱发听者做回应的口头语。无论在上述的哪一种情况下听者发出反馈语都会显得很合作。因为它们既表示出听者能及时对对方的话语做出积极的反应,也帮助填补了对方的沉默,从而使交谈继续下去。

从以上例子还可以看出反馈语言之前的语境特征往往是相互重复、相互并存的。统计结果显示,有 7.3%的句法单位边界同时也是调组边界;有 97.7%的调组边界同时也是句法单位的边界。即便是那 19%的语篇结构词中也有 83.3%和 60.8%分别位于句法单位和语调组的结尾。这就证明反馈语的出现并不是任意的或无规律可循的。它们绝大多数发生在对方话语中的某个信息单位的结尾,每个信息单位的结尾总是附有句法的、语音的、词汇的或者副语言特征的标记供听者来识别或预测。Bublitz(1988：184)有一点说得对,这就是"听话者的信号很少出现在当前说话者语句的一开头部分,因为这显然是多余的"。从一般话语语义结构的排列顺序来看,表达新的、未知信息的述语部分总是出现在主位部分之后,所以调核重音词也往往位于语调组的结尾部分。倘若新信息还未说出听者就发出反馈,这显然是不合常理的。它至少表明这反馈语说得不是时候,甚至还有可能引起原说话者对听者的怀疑：他到底听懂了我的意思没有?

3. 反馈语的语言特征

以往对反馈语的研究(见 Duncan，1973：36—9，Bublitz，1988：169—197)发现,反馈语所使用的词汇很集中也很有限,这一点在本研究中更得到了量化数据的证实。笔者用 OCP 软件系统提取 706 例反馈语的第一个单词，结果如下表：

表 2　反馈语的起始词频率表

（仅列出频率为一次以上的词并按递降次序排列）

yes	205	ah	10	exactly	2
m	189	that	8	hm	2
yeah	60	OK	7	how	2
oh	38	good	6	it	2
mhm	23	all	4	not	2
no	26	quite	4	sure	2
@m	17	really	3	well	2
I	15	uhuh	3	yep	2
right	13	aha	2	@	2
yup	10	and	2	did	1

再将频率最高的几个词归类便可得出：

1) YES 类（含 yes，yeah，yup，yep，表示赞同对方否定语的 no）	303 例	42.7%
2) UHM 类（含 uh，@，@m，uhm，uhu，aha）	238 例	33.7%
3) OH 类（含 oh，ah）	48 例	6.8%
合计：	589 例	83.5%

仅此三类就占了反馈语起始词总数的 83.5%，可见它们确实是最典型的反馈语词汇。根据 O'Conner（1967）、Brazil et al.（1980）、Halliday（1989）等人对英语语调功能的描述，即降调表示果断、肯定的语气，升调和平调表示非肯定、疑虑、期盼、接续等语气，可以进一步分析反馈语的多种语调功能。检索反馈语的语音特征，可得出以下数据：

起始词：86.8%重读，81.4%有调核重音 结尾词：91.8%有调核重音，其中70.1%降调，16.4%升调，13.6%平调

再分析前面的10个例子可以发现，降调类的反馈语如(1)的^[\m]，(8)的y\ep和(9)的'y\es都可以理解为听者对当前说话者话语的肯定或赞同；而升调和平调类的反馈语如(2)的[=mhm]，(5)的y=es和(10)的y/es则可能是听者在表示自己正在注意并已经接收到对方的话语信息，又或者自己是已经明白了对方的意思及意图。以感叹词ah和oh开头的反馈语如(3)和(7)则可以表现出听者对对方话语的内容感兴趣并希望对方继续说下去。总之，这些反馈语都是表明自己正在以听话者的身份参与对话，同时也表明自己愿意配合对方把话轮继续下去而不是终止对方说话。正因为如此，原持话轮者才不会感到自己的话轮受到威胁，从而也不必提高音调和加快语速来维持原有的话轮。相反地，他/她会保持短暂的沉默，让对方把反馈语说完自己再继续原先的话轮。在总共706例反馈语中，有近18%(见表1)就是属于这种情况，即反馈语是与对方的话语停顿同时出现，见(2)、(6)、(8)、(10)。它既表现出听话者能抓住时机做出反馈；又表明原持话轮者能容纳这种短暂的插话而不影响交际，因而体现出对话双方的相互合作态度。

值得指出的是，有很多同步话语，尤其以抢接话轮为目的的插话都会使用重复话语的方式来澄清或强化自己的意图。曾有研究表明这种频率会高达30.6%(见He，1996：155)。但是重复性的反馈语在706例中仅仅占了3.7%。这是因为反馈语作为一种会话中副声道的伴随信号并无必要加以强化。相反，如果连续大声地发出连串的反馈语则可能表明听话者对对方的话语已经很明白、很熟悉，甚至没有必要再听下去了(见Bublitz，1988：180)。这种暗示不感兴趣或不耐烦的反馈语很可能会导致交际的中断。

4. 制约反馈语的某些社会因素

人们对某些话语的使用频率往往会受到各种社会因素的制约,例如交谈场合的正规程度、交谈者之间的熟悉程度以及性别的差异等等。表3显示出在上述的三项社会因素变体中,反馈语的出现频率均有显著性的差别。

表3 反馈语在三种类型会话中的频率(总例数:706)

会话类型	总词数	出现次数	每千词频率
日常会话	31 134	357	11.5
公开讨论	31 827	120	3.8
电话交谈	28 841	229	7.9
P值			0.00*
df = 2　* = significant at p =< 0.004.			
熟悉人之间交谈	47 223	406	8.6
陌生人之间交谈	44 579	300	6.7
P值			0.00*
df = 1　* = significant at p =< 0.004.			
异性之间交谈			
女	25 411	202	6.1
男	33 016	108	4.3
P值			0.00*
df = 1　* = significant at p =< 0.004.			

(假设在同样词数的话语中出现的反馈语次数应大致相等,各种变体的反馈语频率均接受X的检验,所得的P值若标有*号,则表明有关的数据具有显著性的差别)

从会话的类型来看，日常会话中的反馈语出现得最频繁(平均每千词 11.5 次)，电话交谈其次(平均每千词 7.9 次)，公开讨论则最少(平均每千词 3.8 次)。可见反馈语的频率与会话场合的正规程度成反比。这种正规程度可以从话语篇章的话轮平均长度、语调组的平均长度以及话语中非语言声音特征(如笑声)等方面反映出来。试比较以下三篇来自 LLC 语库的三种不同会话场合语篇的统计结果：

表 4　三类会话形式的语篇对比

语篇代码	日常对话 TEXT 1.9	公开讨论 TEXT 5.4	电话交谈 TEXT 7.2
总词数	4 968	6 545	4 801
话轮总数	525	132	619
调组总数	1 466	1 390	1 414
笑声总次数	34	10	66
同步话语总次数	156	34	143
其中反馈语次数	51	10	34
平均话轮长度	2.8(调组)	10.5(调组)	2.3(调组)
平均调组长度	3.4(词)	4.7(词)	3.4(词)
笑声频率	7/1 000 词	1.5/1 000 词	13.7/1 000 词
同步话语频率	31.4/1 000 词	5.2/1 000 词	29.8/1 000 词
反馈语频率	10.3/1 000 词	1.5/1 000 词	7.1/1 000 词

(话轮平均长度＝调组总数/话轮总数，调组平均长度＝总词数/调组总数)

日常会话通常旨在交流信息和建立人际关系，属人们私下的随意交谈。如表 4 中日常对话的语篇 TEXT 1.9 就是几位中年男女教师在交流各自旅行的见闻和感受。交谈的气氛随和，平均每千词出现笑声 7 次。他们的交谈并无事前的准备，边想边说，故话轮较短(平均为 2.8 个调组),语调组也短(平均为 3.4 词),频繁出现的话语单位交接处为同步话语创造了较多的插话机会。听话者积极地揣摩对方的意思,频频做出对应和反馈,以使交谈继续进行下去,所以这类会话的反馈语频率最高(10.3/1 000 词)。

公开讨论式的会话则相反,它是一种事前有准备的,围绕着某个中心话题展开的讨论。如表 4 中的 TEXT 5.4 是一篇通过电台转播的四人讨论。三名记者和一名律师在讨论一宗事故。由于知道谈话的内容要公之于众,所以气氛较为正规严肃(平均每千词出现笑声仅 1.5 次)。而且由于对讨论内容有所准备,所以各人的话论都较长(平均为 10.5 个调组),语调组也长(平均为 4.7 个词),结果同步话语的频率最低(5.2/1 000 词)。也许听话者的注意力更多的是集中在如何阐述或强调与对方不同的意见上,所以赞同对方的反馈语也大为减少(1.5/1 000 词)。

电话交谈与前面两种又有所不同。它虽属两人之间的私下对话而非面对公众,但却是一种非面对面的交流。因此正规程度介乎前面两者之间。由于双方无法通过对方的眼神、面部表情或身势语来帮助预测和理解话语而只能依靠话筒声音的传播,所以语流中不能有太多或太长的停顿,否则对方会误以为交际中断。说话者的话语结构也不能太长太复杂,而且还不时夹有带声的停顿语以表明话未说完,而听话者则要频频地发出简短的反馈语,即便不是表示赞同,也要表明交流的渠道依然畅通,从而使对方继续说下去。所以表 4 中的 TEXT 7.2 所显示的话轮长度最短(平均为 2.3 个调组),平均调组长度为 3.4 词,而反馈语的频率则居中(7.1/1 000 词)。

此外,从表 3 还可以看出,在彼此熟悉的人之间的交谈中,同步反馈语的频率比陌生人之间的谈话要高(8.6/1 000 词>6.7/1 000词)。解释这种差异的原因之一可能是:在听陌生人说话时,听者在认知理解方面的心理压力会比与熟悉人交谈时大,因为彼此不了解,所以很难甚至无法去预测对方要说什么。结果,听者要花更多的精力来理解对方的话语和准备自己要说的话,从而减少了同步插话的机会(参考 Dunne & Ng, 1994: 47)。在异性之间的交谈中,表 3 显示出女性对男性说话时做出的反馈语要比男性对女性的多(6.1/1 000 词>4.3/1 000 词)。这组数字支持了以往一些对女性交际语言的研究结果(见 Coates, 1989; Holmes, 1991),认为在异性谈话中,女性似乎是更好合作的交谈者,她们往往显得比男性更加留意对方的说话,并且更经常地表示理解、肯定或赞同对方的话语。

5. 研究反馈语对英语教学的启示

曾有一项对美籍华人使用反馈语的个案调查结果显示:汉语会话中的反馈语频率比英语会话的反馈语要低得多,尤其以同步话语形式出现的反馈语则更少。另外,以操英语为主的华裔移民无论在用英语会话还是用汉语会话时使用反馈语的频率都比以操汉语为主的移民要高得多(见 Tao & Thompson, 1991: 209—223)。研究者因此注意到一种很有意思的现象:在儿童母语习得过程中,听者反馈语作为一种较高层次的会话技能通常是在最后的阶段才被掌握。然而在外语习得过程中,这种听者反馈语却往往成为最先被使用的会话策略之一。这就更加证明英语反馈语具有突出的语言特征和交际功能。由于反馈语能够同时表达出多种的语义功能,即表示自己正在留意对方的说话,表示自己有兴趣在听,表示自己听明白了,表示自己同意对方的话语,等等,因此它很容易被学习者当做英语交谈时最便当的听者对应策略:不管听懂和听不懂都说 uhuh, aha。然而,正如 Hatch(1992: 22)所指出,当学习者在与英语本族人交谈中因语言水平问题而感到无法理解对方话语时,往往会“窃用”听者反馈语来假装表示听懂了,以期先将对话继续进行下去然后再慢慢弄清意思,殊不知正是由于这种缺乏真正理解的反馈最终会造成交谈的更大麻烦以致中断交际。以往的英语教学对这种现象缺乏深入的研究和探讨,以致使一些学生在英语会话中使用反馈语过多或者用错了时候、用错了地方。本研究所揭示的一些英语反馈语的语境特征和语言策略如果能融入英语的听力课或口语课的教学中，不但可以加深学生对英语话语规律及其功能的了解，还可以提高学生的会话交际能力，如培养他们运用多层面的语言特征积极领会说话者的话语信息并且适时、得体地做出反馈等等。此外，探讨制约反馈语的各种社会因素也将有助于进一步开展跨语域、跨文化的话语行为研究。

注释：

① LLC 语库全称 London-Lund Corpus of Spoken English，是 20 世纪 80 年代由 London 大学和瑞典 Lund 大学合作建立的 50 万词并有语音语调注释的英语口语资料，详见 Svartvik & Quirk (1980)。

② OCP 全称 Oxford Concordance Program，是由英国 Oxford 大学电脑服务中心制作、能在多种语言语库上做多功能检索的软件系统。详情可通过 OCP@VAX. OXFORD. AC. UK 咨询。

③ 本文语音语调标记：/(语调组切分号)，* *(同步话语)，(())(听不清的话语)，[](非语言的声音)，#(调组结尾标记)，^(调头)，′(重读)，″(强调重读)，\，/，∨，∧，=(降调，升调，降升调，升降调，平调)，{}(次调核)，-(音量降低)，|(音量升高)。

参考文献：

[1] Brazil，D. C.，Coulthard，M. & Johns，C. 1980. *Discourse Intonation and Language Teaching*. London：Longman.

[2] Bublitz，W. 1988. *Supportive Fellow-Speakers and Co-operative Conversations*. Amsterdam：John Benjamins Publishing Company.

[3] Coates，J. 1989. Gossip revised：Language in all-female groups. In *Women in Their Speech Communities: A New Perspective on Language and Sex*. ed. J. Coates & D. Cameron，94－122. London and New York：Longman.

[4] Crystal，D. & Davy，D. 1969. *Investigating English Style*. London：Longman.

[5] Duncan, S. 1973. Toward a grammar for dyadic conversation. *Semiotica* 9: 29-46.

[6] Dunne, M. & Ng, S. H. 1994. Simultaneous speech in small group conversation: All-together-now and one-at-a-time? *Journal of Language and Social Psychology* 13: 45-71.

[7] Ferguson, N. 1977. Simultaneous speech, interruptions and dominance. *British Journal of Social and Clinical Psychology* 16: 295-302.

[8] Halliday, M. A. K. 1989. *Spoken and Written Language*. Hong Kong: Oxford University Press.

[9] Hatch, E. M. 1992. *Discourse and Language Education*. New York: Cambridge University Press.

[10] He Anping. 1996. *A Corpus-based analysis of Simultaneous Speech in English Conversation*. Ph. D. dissertation, Victoria University of Wellington.

[11] Holmes, J. 1991. Language and gender. *Language Teaching* 24: 207-220.

[12] O'Connor, J. D. 1967. *Better English Pronunciation*. Cambridge: Cambridge University Press.

[13] Sacks, H., Schegloff, E. & Jefferson, G. 1974. A simplest systematics for turn-taking for conversation. *Language* 50: 696-735.

[14] Stenstrom, A-B. 1990. Lexical items peculiar to spoken discourse. In *The London-Lund Corpus of Spoken English: Description and Research*, ed. J. Svartvik, 137-176. *Lund Studies in English* 82. Lund: Lund University Press.

[15] Svartvik, J. 1997. *External Examiner's report on a Ph. D thesis by He Anping entiled "A Corpus-Based Analysis of Simultaneous Speech in English Conversation" submitted to Victoria University of Wellington*. Lund, Sweden. Personal communication.

[16] Svartvik, J. & Quirk, R. (eds.) 1980. *A Corpus of English Conversation*. Lund: Lund University Press.

[17] Tao, H. & Thompson, S. A. 1991. English backchannels in Mandarin

communication: A case study of superstratum pragmatics interference. *Journal of Pragmatics* 16/3: 209 - 223.

（原载《现代外语》1998 年第 1 期）

评 析

本文利用 LLC 分语料库中近 10 万词的语料，分析了英语本族人在日常对话、公开讨论和电话交谈 3 类会话中听话者使用反馈语的情况。本文与本书中吴平有关汉语反馈语的文章相得益彰，给人以启示。但本文所依据的语料规模和内容都比吴文丰富。这种差异主要是汉语迄今未有现成的口语语料库所致。

本文的主要研究对象是同步反馈语，即出现在说话者话语中间的反馈语。在谈到反馈语的语境特征时，本文与吴文不同，不仅指出了反馈语出现的语音环境，还指出了语法和词汇环境，提到了话轮结构单位、调核词、语篇结构词等很重要的概念。通过使用专用软件进行分析，报告了反馈语在不同位置上出现的频率，如约 80%的反馈语出现在当前说话者话轮中的句法单位结尾。何文的发现还包括语篇结构词诱发反馈语。

对反馈语形式的分类，本文也不同于吴文。本文未分语气词和实词（语气词是汉语语法中特有的），对重复类反馈语着墨不多。文章着重分析了若干反馈语起始词的出现频率，其中表示赞同或否定的 yes 和 no 约占 43%。

有关制约反馈语使用的因素，吴文涉及性别、权势和熟悉程度，而本文未谈权势，却分析了吴文未论及的会话类型（即日常对话、公开讨论和电话交谈）。本文着重分析和比较了反馈语在各会话类型中出现的频率，并就性别和熟悉程度对使用反馈语的影响进行了跨类型的比较。

本文还用专门一节论述了研究反馈语对英语教学的启示。文章引述他人的发现，指出外语学习者作为听话者往往多用或用错反馈语，这种现象需要在教学中加以纠正，而深入研究英语反馈语的类型、语境特征、使用频率、分布等可大大加强我们在这方面的意识，有助于提高我们的外语教学水平。

本文未谈及权势因素对反馈语使用的影响，这是惟一的缺憾。

汉语会话中的反馈信号*

吴 平

1. 反馈信号的界定和类别

1.1 反馈信号的界定

会话中听话人对说话人提供的言语信号做出的反馈，即反馈信号，如“ng”、“啊”、“对”等等，对于会话的“互动过程”(interaction)会产生直接的影响，是使会话这种参与者的共同活动过程得以顺畅进行的重要因素。

反馈信号的界定可先参照 Clancy 等人的定义(1996：356)：反馈信号是指“当别的会话参与者取得发言权时，主要是充当听话人角色的会话参与者所发出的简短的言语反应信号”。这实际上是从两个方面对反馈信号进行界定：其一，反馈信号是由会话中充当非主要说话人角色的会话参与者所使用的；其二，反馈信号的形式一般是比较“简短”的。按后一项标准，“是”、“对”可以是反馈信号，“我同意你的观点”、“你说得对”等等就不在考察的范围内。主要说话人和非主要说话人的地位是相对的，在会话过程中经常发生转变。

此外，还需要补充一个界定标准，即反馈信号不应该包含新的

---

* 本文根据笔者的硕士毕业论文(中国社会科学院研究生院语言系 1998)压缩改写而成。

实质性的命题内容(Allwood 1993; Allwood *et al*. 1992)。这是因为反馈信号的功能是非主要说话人针对主要说话人传递的信息做出的反应,本身并不传递新的信息内容。例(1)中老师孟某说的"对"只是对学生所说的话表示收到或理解,是反馈信号。而接着说的"那就不对"是对学生放弃这种做法表示具体的评价,有新的命题内容,因而不是反馈信号。

(1) ((师生))

邓:我明知道,
自己没做好。
但是,
我还是放弃了。
→孟:对。
那就不对。

1.2 反馈信号的类别

反馈信号可以从形式、功能和分布三个方面进行分类。形式上,汉语反馈信号可分为语气词(如"啊")、实词(如"对")和重复(见例(2),→孟某的反馈是对邓某的话的重复)这三种基本类型,以及它们的复合形式(如"m 对"是"语气词+实词")。语气词的书写形式主要参照赵元任《汉语口语语法》(1968)第八章第六节中有关叹词的书写形式。

(2) ((师生))

孟:你意识到,
这个问题吗? /
邓:意识到了。
→孟:意识到了。

(3) ((邮友))

朱:就老纪特什么的,
→梁:ng=。
朱:有一点儿。

功能上,反馈信号也可分为三种基本类型(Allwood 1993),即表收到("我听着呢")、表理解("我听明白了")、表态度(同意、反对、疑问、惊讶等等)。它们相互间的蕴涵关系为:表态度⊃表理解⊃表收到,即表态度的一定也表理解,表理解的一定也表收到,反之则未必。我们一般根据上下文和语调来确定反馈信号的主要功能。

(4) ((师生))

孟：你觉得，

这个差距在哪儿？\

邓：还是在自己下的工夫。

→孟：ng=。

邓：比如说，

我的口语比较差。

→孟：ng=。

(5) ((邮友))

朱：邪着点儿说。

那钱=，

都不数。

→梁：ng=/。

……

朱：拿尺子量。

例(3)中的朱某在谈到自己的集邮藏品主要是"老纪特"类时，梁某所发出的语气词"ng="(拖长平调)主要是表收到，即表示"我听着呢，请接着往下讲"。例(4)中，教师孟某在学生邓某回答问题的过程中所使用的语气词"ng="则主要是表理解。例(5)中的"ng=/"为升调，是表惊讶这种态度。

反馈信号在一个语调单位(详见2.2)中出现的位置(分布)可分为三类：(1) 出现在上一个语调单位结束时(以下简称"调位尾")，如例(3)、(4)中的"ng="；(2) 出现在上一个语调单位的中间或结束前(以下简称"调位中")，如例(6)中的"ng="与"没法儿"在时间上重合；(3) 以上两类反馈信号如果后面紧接着出现反馈者的一个语调单位，如例(1)中孟某的"对"，就本身成为一个语调单位的起始部分(以下简称"调位首")。

(6) ((邮友))

朱：人家有道。

从=--

那个邮票内部，

拿出来这邮票。

你[没法儿]弄了。

→梁：[ng=]

2. 语料的采集和转写

2.1 语料的采集

我们采集的语料包括两组录音材料 A 组和 B 组。每一组的语料都是围绕着一个主要被调查人采集的，一位是男性（梁某），另一位是女性（邓某）。每组包括三份录音材料，两组共六份。其中，有五份录音材料的长度各为 30 分钟。另一份名称为“上下级”的材料，其长度略短，为 20 分钟。六份材料的总长度为 170 分钟。有四份录音材料是两个人之间的对话，另外两份则是三个人之间的会话，但主要还是在两人之间进行的，另一个人只是偶然插话。所有参与会话的人并不了解这项研究的目的，事先只被告知尽可能地遵从现实生活的实际情况进行交谈。详情见表 1[①]。

表 1

		会话参与者	性别	年龄	婚姻状况	文化程度	出生地	在京时间	普通话水平
A组	夫妻	梁×	男	97:32	已婚	大学	黑龙江	15 年	好
		郑××	女	97:34	已婚	大专	辽宁	27 年	好
	上下级	梁×	—	—	—	—	—	—	—
		王××	男	97:42	已婚	大学	陕西	13 年	略带口音
	邮友	梁×	—	—	—	—	—	—	—
		朱×	男	97:25	未婚	中专	河北	9 年	好
B组	好友	邓×	女	97:20	未婚	大学一年级	北京	20 年	好
		莫×	女	97:19	未婚	大学一年级	湖南	1 年半	好
		徐×	女	97:19	未婚	大学一年级	湖北	1 年半	好
	师生	邓×	—	—	—	—	—	—	—
		孟××	女	97:53	已婚	大学	吉林	32 年	好
	同学	邓×	—	—	—	—	—	—	—
		刘×	女	97:19	未婚	大学一年级	湖南	1 年半	好
		兰×	女	97:19	未婚	大学一年级	安徽	1 年半	好

每组三份语料，代表三种不同类型的语篇。其中，“夫妻”和

“好友”均是关系亲近的人之间的会话；“邮友”和“同学”是地位相近、但彼此不太熟识的人之间的会话；而“上下级”和“师生”则是有显著的地位差异的人之间的会话。根据社会语言学的研究(Hudson 1980; Trudgill 1984)，熟悉度(degree of familiarity)、权势(power)和性别(sex)这三个方面是确定不同语篇类型的重要变项[②]。

2.2 语料的转写

录音的转写主要是依据 Du Bois 等人(Du Bois 1991; Du Bois *et al*. 1993)的转写框架来做的。Tao(1996)较为详细地介绍了具体的做法。

这套转写规则的核心内容便是按照语调单位(intonation unit)进行分行转写，即一般情况下一个语调单位单独占据一行。一个说话人的一次说话机会(称作一个“话轮”turn)可能只包含一个语调单位，也可能包含一连串的语调单位。这套转写规则主要是针对英语会话的言语特点特定的。我们在运用过程中，也考虑到汉语的一些特点和本项研究的目的而做了一些调整。汉语疑问句主要借助句末疑问语气词，语调除升调外，可能是降调，也可能是平调。所以，我们对语料中所有表示疑问语气的语调单位均特别标注了表示调尾升、降等情况的符号。其次，由于反馈信号是本文研究的中文问题，我们对反馈信号的转写尽可能直观地反映出它在调型和音长等方面的特征。赵元任(1968: 368)在谈到叹词(即语气词)的语音特点时，强调它“没有固定的字调，但是有一定的语调”。因此，作为反馈信号的语气词，我们除了平调(不加标记)以外，对其他调型均做出标注。例如，“ng=\”中的符号“=”表示拖长音，符号“\”表示降调。此外，我们对有可能影响到反馈信号使用功能的其他言语特征，如停顿(表示做“……”)和重叠(表示做“[ ]”)等也都做出标注。

3. 考察结果与分析

3.1 反馈信号的使用频率

会话参与者交替发言的方式可称为“说话人的角色替换”(speaker change)(Clancy *et al*,1996: 359)。Clancy 等人(1996)比较了英语、日语、汉语三种语言中反馈信号的使用情况。调查结果是,在英、日两种语料中,反馈信号的数量在“说话人的角色替换”的次数中所占的平均比率分别是 0.37 和 0.40,均明显高于汉语的比率(0.10)。而我们的统计结果却表明,汉语反馈信号在“说话人的角色替换”中所占的比率高达 0.51。显然,这两种结果存在很大的差异[3]。这种差异的原因尚有待于进一步的研究。不过,我们应该注意到,反馈信号的出现频率会受各种因素的影响并由此呈现较大的差异。只有扩大统计的数量和范围,才能就不同语言的差异下结论[4]。

在反馈信号的形式类型中,语气词的出现频率最高,占 0.70。在 Clancy 等人(1996: 371)对汉语所做的调查中,语气词的出现频率也是最高的,但只占 0.47[5]。作为反馈信号,语气词在我们语料中的使用频率差异很大,其中出现最多的是“ng=”,占了一半以上(0.62)。其他语气词单独的出现频率均不到 0.01。“O=”的出现频率(0.06)虽然跟“ng=”相比十分悬殊,但要高于其他语气词的出现频率。在我们的录音对象中有三个在北京生活时间较长的人,其中一个和家人至少三代都生活在北京。她们在录音时都使用了“O=”这个反馈信号。录音结束后,我们又特别向她们本人证实了这一点。这一调查结果显然与胡明扬(1987)的调查结果有所不同[6],可能体现了近年来北京话语气词使用的变化。实词总的出现频率是 0.14。绝大部分的实词可以归入“对”类和“是”类这两大类。“对”类略高于“是”类。在“对”类中,单独一个“对”的出现频率占所有实词出现频率的 0.42。其次是“是啊”和“是吗”,分别为 0.14 和 0.11。在我们的语料中,复合形式的反馈信号总的出现频率是 0.06，具体有四种形式：(1)"语气词＋重复"，(2)"语气词＋实词"，(3)"重复＋实词"，(4)"实词＋重复"。而"实词＋语气词"和"重复＋语气词"这两种形式在我们的语料中未曾出现。可见语气词总是在前，而实词和重复的位置是不固定的。其中，"语气词＋实词"占了一半以上(0.56)。

反馈信号的功能主要是表理解，这类功能的出现频率是 0.50，占全部反馈信号的一半。其次是表态度(0.39)，再次是表收到(0.11)。

反馈信号的出现位置集中在调位尾，高达 0.88。调位中和调位首所出现的反馈信号并不多见，分别各占 0.06。根据 Clancy 等人(1996：372—373)对小样本汉语语料所做的统计，反馈信号出现在调位尾也是远远高于在其他两个位置，其所占的比率约为 0.80。Clancy 等人的统计还进一步表明，汉语中出现在调位尾的反馈信号的比率比英语的和日语的都要高。她们就此做出的分析是，这似乎说明中国人相对而言更不愿意在别人说话的中间插话，因为这样做是不礼貌的。我们认为用礼貌加以解释论据还嫌不足。在别人说话的中间使用反馈信号是否就是不礼貌呢？日本人在会话中常用"表收到"的反馈信号(多在调位中)可能恰恰是出于礼貌，以此增加听话人与说话人之间的会话融洽度。汉语反馈信号与英、日两种语言反馈信号的上述差异如果确实存在的话，其原因还有待探讨。

3.2 反馈信号形式、功能和分布之间的关系

这里着重介绍对形式与功能的关系进行考察的结果。首先，我们发现，反馈信号这方面关系的特点符合象似性(iconicity)理论中所说的量的象似原则。所谓"量的象似"(Haiman 1985)是指语言形式的量与概念的量之间存在对应的关系。具体地表现为：(1) 形式越长所含有的功能越强，例如，表同意，"对对对"是"对"的强式，"对对对对对对"更强，再如，表理解，"ngngng"是"ng＝"的强式；(2) 重读形式的功能较轻读形式的功能强，比如，"\是＝

啊”是“是啊”的强式(表同意)。其次,可以看出带有升、降调的反馈信号形式在功能方面所体现出的总趋势,即升调表疑,降调表信。例如,“ng=/”总是表示对对方的话语持有疑问的态度,而“ng=\”却表示相信或认同。再次,复合形式的反馈信号大多表现出前弱后强的功能模式。“前弱”是指复合形式中的前项多为语气词,而语气词所表示的功能总的来说相对较弱;“后强”是指复合形式中的后项总是实词或重复的形式,实词和重复所表示的功能都相对较强。

与实词和重复相比,语气词有一个显著的特点,主要说话人通常不把语气词的出现当做是听话人要求发言的信号。这时,他仍会继续讲话。这就使得会话中经常出现听话人的语气词反馈与主要说话人的下一个语调单位的起始部分重叠,而后者并无意放弃发言权的现象(见例(7))。这恐怕是因为大多数的语气词在主要说话人听来相当程度上只是表示对方正在“洗耳恭听”(表听到和表理解),因而不会产生听话人想要发言的念头。

(7)((邮友))

朱:从前年起,

我就没订票了。

→梁:[O=]

朱:[就只能]每年买。

(8)((邮友))

朱:因为你这个=,

盖销了。

梁:盖销的。

→朱:O对。

听话人通常也不认为自己所发出的语气词会打断主要说话人的讲话,因此,作为反馈信号的语气词会比实词或重复更经常地出现在主要说话人一个语调单位的中间或结束之前,如上面例(6)中的“ng=”。

实词的主要功能是“表态度”,其中最常见的功能又是表示“同意”⑦。此外,在汉语中升调不是表示疑问语气的惟一手段。降调也可以用来表示疑问语气,如带“吗”的表达“\是=吗”。反过来看,带“吗”的反馈信号也不一定表示疑问,如当“是吗”中的“是”弱读时一般表示的是表理解的功能。

与语气词和实词相比，重复这一类反馈信号一个明显的不同之处在于，当它出现后，又常常会在它的后面紧接着出现对它的反馈。我们称这种情况为“反馈的反馈”。在我们的语料中，凡是在重复后出现对该重复的反馈，这种情况竟占到全部重复的98%。从功能方面说，反馈的反馈主要是表示“确认”，如例(8)中的“O对”。

语气词和实词后面出现反馈的反馈的情况很少。这说明，对于听话人来说，语气词和实词所包含的“请求确认”的功能要远远低于重复⑧。

对反馈信号的功能和分布之间关系进行考察的主要结果是：(1) 反馈信号出现在调位尾时最常见的功能是表理解(0.55)，其次是表态度(0.35)，再次是表收到(0.10)；(2) 反馈信号出现在调位中时各种功能类型出现的频率由多到少依次为表理解(0.53)、表态度(0.28)和表收到(0.19)，这种频率分布与反馈信号在调位尾的出现情况较为相像；(3) 出现在调位首的反馈信号一般具有双重功能，即它们除了具有反馈信号本身的功能外还具有“要求发言”的功能(如下面例(9)中的“就是”)，反馈信号这时最常见的功能是表态度(0.52)，表理解次之(0.44)，表收到较少见(0.04)。此外，在这种情况下，原本处在非主要说话人地位的人转变成为主要说话人。

(9) ((夫妻))

郑：人家都是，
一个单位的。
好多人在一块儿。
→梁：(O)就是。
他们都是。
附近都是。

反馈信号的形式和分布之间的关系，考察结果表明，实词在各个位置上出现的情况均较为正常，使用频率不随位置的变化而变化；而语气词、重复和复合形式对出现的位置较为敏感。具体地讲，语气词更倾向于出现在调位中的位置，在调位尾出现的则相对偏少；重复和复合形式均倾向于出现在调位尾的位置上，而它们出现在调位中的比率均极低。

3.3　反馈信号与语篇类型

表2对每份会话材料中所含的语篇特征进行了归纳[⑨]。其中，“M”代表男性，“F”代表女性，“MF”表示会话的双方是一男一女。假如反馈信号与“熟悉度”、“性别”和“权势”之间存在着相关性，那么反馈信号在不同语篇类型中的出现比率就应该反映出这些相关性。

表2

	A　组			B　组		
	夫妻(A_1)	邮友(A_2)	上下级(A_3)	好友(B_1)	同学(B_2)	师生(B_3)
熟悉度	＋	－	－	＋	－	－
权　势	－	－	＋	－	－	－
性　别	MF	MM	MM	FF	FF	FF

通过表3所显示的数据，我们可以看出A组主要被调查人梁某在“夫妻”中使用反馈信号的频率(0.09)要明显低于他在“邮友”和“上下级”中使用反馈信号的频率(分别为0.43和0.31)，B组主要被调查人邓某在“好友”中使用反馈信号的频率(0.19)也是明显低于她在“同学”和“师生”中使用反馈信号的频率(分别为0.28和0.27)。这种频率分布的状况似乎说明，同一个说话人在与“熟悉度”较高的人的交谈中反馈信号的使用频率相对较低。

表 3

A组主要被调查人 梁 某			B组主要被调查人 邓 某		
夫 妻	邮 友	上下级	好 友	同 学	师 生
0.09	0.43	0.31	0.19	0.28	0.27

其次，根据我们的统计，实词在反馈信号形式类中所占的平均比率是0.14。但是我们发现“夫妻”和“好友”中的两个主要被调查人梁某和邓某使用实词的比率分别达到0.24和0.25，远远高出另两类语篇（见表4）。这就是说在与“熟悉度”较高的人的交谈中，人们更倾向于使用实词来作为反馈信号的表达形式。前面（3.2）已讲过，实词的主要功能是“表态度”。这说明，在“熟悉度”较高的会话中，会话参与者更习惯于使用能直截了当地表明自己态度的反馈信号。

表 4

材料名称	A组主要被调查人 梁 某			B组主要被调查人 邓 某		
	夫 妻	邮 友	上下级	好 友	同 学	师 生
实 词	0.24	0.15	0.09	0.25	0.08	0.03

“表态度”类反馈信号出现的比率改变，主要是由于“表疑问”的反馈信号的出现比率发生了显著的变化。根据我们的统计，“表态度”在功能类中所占的平均比率是0.39，其中，“表疑问”所占的平均比率只是0.05。而A组主要被调查人梁某在“夫妻”中使用“表态度”和“表疑问”的反馈信号的比率分别为0.64和0.32，B组主要被调查人邓某在“好友”中使用“表态度”和“表疑问”的反馈信号的比率分别为0.57和0.18，与平均比率相比均有明显的提高（见表5）。由此，我们可以这样认为，在“熟悉度”较高的会话中，会话参与者之间的交谈方式一般比较随意，因此便有可能更多地

使用表示“疑问”的反馈信号。

表 5

材料名称	A 组主要被调查人 梁　某			B 组主要被调查人 邓　某		
	夫　妻	邮　友	上下级	好　友	同　学	师　生
表 态 度	0.64	0.32	0.43	0.57	0.45	0.31
表 疑 问	0.32	0.00	0.00	0.18	0.03	0.00

根据我们的材料，没有明显的统计数据差异能证明反馈信号与“性别”之间存在一定的相关性。统计数据还表明反馈信号与“权势”之间不存在相关的迹象。

注释：

① B 组中的莫某、徐某和刘某幼时都是随军家属，虽出生在南方，但他们的父母和经常接触的人均为北方人。

② 有关“熟悉度”和“权势”的研究参见 Hudson(1980：122—128)。我们所说的“熟悉度”与 Hudson 所用的“亲密度”(solidarity)概念有所不同，例如，“邮友”中的梁某和朱某以前并不认识，所以彼此间“熟悉度”很低，但两人因有集邮的共同爱好，彼此间存在一定的“亲密度”。有关语言中“性别”差异的研究参见 Trudgill(1984：第 4 章)。

③ 由于 Clancy 等人把“续补语”(即后一个说话人补全前一个说话人尚未说出的剩余部分的言语)也算作是反馈信号，而我们不算，因此，两项调查结果的差距实际上还要大一些。

④ 与我们的语料相比，Clancy 等人用于英、汉、日三种语言对比的语料极为有限(英语录音材料的总长度是 44 分钟，日语的和汉语的则更短，都仅为 23 分钟)，并且汉语录音的对象多为讲英、汉双语的人。

⑤ Clancy 等人的反馈信号还包括续补语，所以实际的差别没有这么大。

⑥ 胡明扬(1987：83—84)的调查认为，“O=”不是北京话。

⑦ 在我们的考察过程中，我们把反馈信号“表态度”的功能又进一步分为“表同意”、“表疑问”、“表确认”、“表惊讶”和“表其他”这五种次类。

⑧ 下列中箭头所指的“是”便是对前一个反馈信号语气词“ng=”的反馈。((邮友))

朱：难以洗下来，

就是。

……背胶洗不下。

梁：ng=。

→朱：是。

⑨ “好友”和“同学”虽然是三个人之间的会话，但其中都包括了一个偶然插话的人。为了分析的方便，与偶然插话的人有关的“熟悉度”、“权势”和“性别”等方面的因素均不在我们的考虑之列。

参考文献：

[1] Allwood, J. 1993. Feedback and language acquisition. *Göthenburg Papers in Theoretical Linguistics*. Vol. 68. University of Göteborg: Dept. of Linguistics.

[2] Allwood, J., Nivre, J. and Ahlsen, E. 1992. On the semantics and pragmatics of linguistic feedback. *Journal of Semantics*, 9: 1-26.

[3] Clancy, P., Thompson, S., Suzuki, R. and Hongyin, T. 1996. The conversational use of reactive tokens in English, Japanese, and Mandarin. *Journal of Pragmatics*, 26: 355-387.

[4] Du Bois, J. W. 1991. Transcription design principles for spoken discourse research. *Pragmatics*, 1: 71-106.

[5] Du Bois, J. W., Schuetze-Coburn, S., Cumming, S. and Paolino, D. 1993. Outline of discourse transcription. In Edwards, J. and Lampert, M., eds., 1993. 45-98.

[6] Edwards, J. A. and Lampert, M. D., eds. 1993. *Talking Data: Transcription and Coding Methods for Language Research*. Hillsdale, NJ: Lawrence Erlbaum.

[7] Haiman, J. 1985. *Natural Syntax*. Cambridge: Cambridge University Press.

[8] Hudson, R. A. 1980. *Sociolinguistics*. Cambridge: Cambridge University Press.

[9] Sacks, H., Schegloff, A., and Jefferson, G. 1974. A simplest systematics for the organization of turn-taking in conversation. *Language*, 50.4: 696-735.

[10] Tao, Hongyin. 1996. *Units in Mandarin Conversation: Prosody, Discourse, and Grammar*. Amsterdam and Philadelphia: John Benjamins.

[11] Trudgill, P. 1984. *Sociolinguistics: An Introduction to Language and Society*. Middlesex: Penguin Books.

[12] 胡明扬,1987,《北京话初探》,北京:商务印书馆。

[13] 赵元任,1968,中译本:吕叔湘译,《汉语口语语法》,1979,北京:商务印书馆。

[14] ——,1980,《语言问题》,北京:商务印书馆。

(原载《当代语言学》2001 年第 2 期)

评 析

本文指出,反馈信号是别的会话者发言时,听话人“所发出的简短的言语反应信号”。从功能上来说,反馈信号可表示收到或理解信息,也可表示态度。这3种类型分别向前包容,即表示态度的同时表示理解和收到,而表示理解的自然也表示收到。从在语调单位出现的位置上来说,反馈信号可出现在上一个语调单位结束时(称为“调位尾”),也可出现在上一个语调单位结束前(“调位中”);如果反馈信号后面紧跟着反馈者的一个语调单位,则本身成为语调单位的起始部分(“调位首”)。从形式上分,汉语的反馈信号有3类:语气词、实词和重复。

作者收集了一男一女两位受试者的会话录音资料。男的会话是在与妻子、上级和邮友间进行的,女的会话是在与好友、老师和同学间进行的。吴平用John Du Bois创制的转写方式转写了录音材料,然后通过数据分析,报告了汉语反馈信号的使用频率,讨论了反馈信号形式、功能和分布之间的关系,探讨了熟悉度、权势和性别这3个变量对反馈信号使用的影响。有关最后一个问题,作者得出的结论包括:(1) 同一个说话人在与熟悉度较高的人交谈中反馈信号的使用频率相对较低;(2) 在熟悉度较高的会话中,会话参与者更习惯于使用实词直截了当地表明自己的态度;(3) 性别与反馈信号的使用没有明显的相关性;(4) 权势与反馈信号的使用也没有明显的关联。

作者用量化的方法研究汉语反馈信号的使用,题目新颖,且据笔者观察,所使用的方法在国内属首创。本文的研究方法可资借鉴。

本文存在的主要问题是:讨论所依据的样本太小,数据太少。大家知道,反馈信号的使用,包括类型和频率,个体间的差异很大,两个人的数据不足以消除这种差异对分析结果的影响。特别是由于数据太少,有关熟悉度、权势和性别这3个变量对反馈信号使用的影响不能得出令人信服的结论。此外,夫妻和好友、邮友和同学、上下级和师生,这3者之间都不能视为在熟悉度和(或)权势关系上等同,即使视作等同也有可能影响结论。

礼貌现象研究评介

高 航

礼貌本是人们社会生活中极其平常的一种现象，在社会语言学中也属于边缘研究对象。然而，自 1978 年 Brown 和 Levinson 发表了《语言使用中的一些普遍原则：礼貌现象》一文后，礼貌现象逐渐成为语言学、社会语言学、人类学、心理语言学、语用学等诸多学科的重要研究内容。研究者们从各个角度对于社会交际中的礼貌现象做了大量的实地研究和理论探讨。目前在对言语交际中的礼貌现象进行论述和解释的理论中，以 B & L 的“面子理论”和 Leech 的“礼貌原则”影响最大。不少外国学者采用这两种理论，对各种文化中的言语礼貌做出调查和描述。我国学者对这两种理论也有一些论述和评价，也有的以这两种理论为框架研究汉语中的礼貌现象。本文将对这两种理论及国内、国外关于这一领域的研究做一述评。

1. B & L 的“面子理论”

Grice 于 1975 年提出了“合作原则”(Cooperative Principle)，以解释言语交际中人们是如何互相合作，即遵守质、量、关联和方式四准则，以便于交际的顺利进行。但在实际交往中，人们在很多情况下并不遵守合作原则。那么违反合作原则的动机是什么呢？Brown 和 Levinson(1987)认为交际者出于对礼貌的考虑，才偏离合作原则。基于社会学家 Goffman 的面子行为理论，B & L 建立了自己的“面子理论”来解释言语交际中的礼貌现象。Goffman 认为，面子是社会交往中人们有效地为自己赢得的正面的社会价值，是个体按照社会赞许的标准表现的自我形象(1967：45)。社会交往中，交际者要互相照顾面子以便交际顺利地进行下去。

B&L 的面子概念建立在 Goffman 的定义基础上，但更为具体。他们认为，所有有理性的社会成员都具有面子(1987：61)。面子具有互相联系的两方面：消极面子(Negative Face)，即个人拥有行动自由、不受干涉的权利；积极面子(Positive Face)，即个人的正面的自我形象或“个性”，包括希望这种自我形象受到赞许的愿望。Brown 和 Levinson 进一步把面子定义为人们的基本愿望或需求，消极面子指人们希望自己的行动不受他人干涉，而积极面子指希望自己的想法或需求得到他人赞许。

在社会交往中，交际者必须时刻注意照顾或增加彼此的面子。通常来说，人们互相合作(而且也认为人们互相合作)来维持面子，这种合作建立在面子的易受侵害性的基础上。B&L 还认为，面子的内容在不同的文化中也不同(个人自由的确切限度有多大，表现在公众面前的个性的内容到底是什么)，但社会成员的公众自我形象或面子(包括消极和积极面子)及在交际中要向面子做出调整的社会需求，却是普遍的。

B&L 的礼貌理论的中心原则是，某些言语行为从本质上来说是威胁面子的(1987：24)，因此需要以委婉的方式表达出来。人们在实施这些威胁面子的言语行为时，要采取一些礼貌策略(Politeness Strategies)，以减少对面子的威胁。B&L 对于礼貌策略的讨论主要集中在减轻对听话人的面子威胁上。他们按照对听话人面子威胁的程度高低，即说话人采取补偿行为(Redressive Action)的多少，把礼貌策略分为不做威胁面子的行为、非公开的威胁面子、带补偿行为的公开的威胁面子和不带任何补偿行为的威胁面子。第三类礼貌策略中又区分消极礼貌(Negative Politeness)和积极礼貌(Positive Politeness)(1987：69)。

影响礼貌策略的选择的语境因素中，B & L 认为，说话人通过三个互相独立的变量，来确定威胁面子行为的严重程度。这三种变量是社会距离（Social Distance），即说话人和听话人之间的熟悉、亲密程度；相对权势（Power），听话人对于说话人所拥有的权势，即说话人可以把自己的意志强加于听话人的程度；某一文化中对于强加程度的绝对的评价（Aboslute Ranking）。说话人和听话人之间的社会距离越大，听话人对于说话人所拥有的权势越大，其言语行为本身强加于人的程度越大，那么该言语行为威胁面子的程度就越大，说话人就应该选择补偿性最强的策略。

在对于礼貌策略的讨论中，B & L 对于消极礼貌和积极礼貌的讨论最为详细。他们认为，消极礼貌指承认、尊敬对方的消极面子，即不干预对方的行动自由，而积极礼貌则指表明自己和听话人之间的共同点，满足对方的积极面子需求。

2. 对于 B & L 理论的评价

B & L 对于礼貌没有给出一个明确的定义，但从他们的论述中可以看出，B & L 的礼貌有三个含义。消极礼貌指针对听话者消极面子所采取的交际策略，表示尊重对方、承认对方拥有行动自由。B & L 认为，在西方文化中人们说起礼貌时，主要指消极礼貌（1987：129—130）。因此，消极礼貌和日常生活中“有礼貌”的含义最接近。礼貌的第二个含义是积极礼貌，指交际者为满足对方希望受到赞赏和同意而采取的交际策略，目的是创造亲密关系。礼貌的第三层含义，不是指具体的交际策略，而是指全面意义上对另一方面子的关注，与消极礼貌和积极礼貌相联系，说话者给予对方面子的照顾越多，他的行动就显得越有礼貌。由于 B & L 对于消极礼貌和积极礼貌的论述最为详尽，因此我们似乎可以认为 B & L 把礼貌当做一种策略性的照顾面子、避免冲突的行为手段（Kasper，1990：194）。这种类型的礼貌同实施言语行为以达到特定的交际目的有关。

B&L的礼貌理论论述详细、清晰，在学术界反响很大。自他们的理论提出后，社会语言学、语用学、人类学、心理学等各个学科的学者从不同角度，又结合B&L的理论框架做了大量的研究。在此过程中，B&L的理论有不少缺陷逐渐被揭示出来。目前对于B&L理论的批评主要集中在以下几点：

第一，很多学者对于他们提出的"面子"这一概念的跨文化普遍性提出质疑。目前对他们的"面子"概念的批评主要集中在消极面子。消极面子指个人希望拥有行动自由、不受他人干涉的想法，这一点似乎来源于西方文化中对于个人价值观念的重视。Matsumoto(1988)分析了日本文化中的面子概念，指出对于日本人来说，最重要的不是个人拥有自由或空间，而是个人在群体中相对于他人的位置，及个人被他人所接受。在社会交际中，人们必须承认并保持与别人的相对位置，而不是保存个体的自由空间。在日本文化中，维持面子和承认在交际语境中相对于他人的位置，及维持社会阶层的秩序紧密相连。因此日本文化中的面子和B&L理论模式中的面子概念大异其趣。顾曰国(1990：242)指出，B&L的模式不适用于分析汉语中的礼貌现象，因为汉语中的消极面子概念似乎不同于B&L对于消极面子的定义。如汉语中邀请、承诺等言语行为在一般情况下并不被认为是威胁面子的。Mao(1994)更详细地分析了B&L面子概念的两个来源：Goffman的面子概念和英语民间面子的概念。他指出，B&L忽略了面子概念来源于汉语这一重要事实，并指出B&L的面子与Goffman的面子有很大不同，后者强调的面子的公众性，在前者的定义中已不存在。Mao还引用社会心理学家和人类学家关于汉语中面子的研究，指出汉语中的面子和B&L的面子的差别。汉语中的面子(包括面子和脸两方面)指个体在所处社会群体中取得的良好公众形象，具有社会取向，依赖于社会中他人的判断，而B&L的面子集中于个体，是一种自我形象。同时汉语中的面子内容也没有B&L的消极面子。Blum-Kulka(1990：262)也指出，不同文化可能对于面子需求的定义不同。在以色列文化中,真诚、讲真话和礼貌并不矛盾,对于自己和他人的面子的补偿可以通过真诚地讲出一个批评性的、威胁面子的事实来实施。这一点与B&L的礼貌理论大相径庭。

第二,B&L理论框架中的积极和消极礼貌不仅仅是补偿程度不同的两种策略,从本质上来说也是不同的。B&L自己也承认消极礼貌的补偿范围局限于威胁面子行为本身,而积极面子的补偿范围要广泛得多。表示积极礼貌的言语在很多方面实际上就是关系密切的说话人之间的正常对话。或许二者的惟一区别是,积极礼貌策略中有夸张的成分,这一点是积极礼貌表达方式对面子做出补偿的标志。消极礼貌是针对听话者消极面子所做的补偿行动,是尊敬行为的实质。而积极礼貌是"熟悉"或"玩笑"行为的核心成分(1987: 129)。从B&L对于积极和消极礼貌的论述可以看出,二者在实质上相差很大,尽管B&L认为它们只不过是处于不同层次上的补偿措施。

积极礼貌涉及一个人积极面子的所有方面,而消极礼貌只涉及所要实施的具体的威胁面子行为。尽管两者都可以实施补偿功能,严格说来,只有消极礼貌才能看做是针对具体的威胁面子行为的补偿策略,而积极礼貌在威胁面子行为的语境下实施的是更广泛的面子补偿功能。即使不存在任何威胁面子的行为,积极礼貌仍经常出现。这样看来,积极礼貌和消极礼貌出自不同的动机,在功能上并不一样(Coupland et al, 1988: 254)。

第三,B&L的语料分析局限于单个的言语行为,脱离了具体的语境。在实际交往中,礼貌现象都是在话语序列(Discourse Sequence)实现的。因此,对于礼貌现象的分析必须面对语篇,而不能仅仅停留在单个的言语行为上。B&L似乎认为,他们所论述的礼貌策略是互相排斥的。通过分析单个的言语行为,B&L试图保持其理论模式在具体情境下预测的准确性。但实际上在话语中不同的礼貌策略常常是相互混杂的。

第四，前面我们谈到，B & L 认为人们都有积极面子需求，希望受到他人欣赏和赞同。但他们对于面子需求的这种描述过于简单化。在社会交际中，人们的面子需求相当复杂。正如 Tracy (1990：217)指出的那样，面子需求取决于情境、个性和文化。由于面子需求受情境影响很大，个体追求的面子在不同情境中是不同的。因此交际者需要决定向对方面子的哪些方面做出调整。对于对方在某一情境中不合适的面子需求做出调整，可能（或可能被看做）是对对方面子的一种威胁。同时，面子需求也存在着个体差异，这样就导致了人们运用不同的面子策略，或是相同的面子策略使用频率不同。关于人们的面子需求在很大程度上也取决于文化因素，这一点我们在前面已提到过。这也是 B & L 的面子概念的普遍性受到众多学者质疑的主要原因。

第五，B & L 提出的影响礼貌策略选择的三个语境变量过于简单化。这三种变量包括社会权力、社会距离和威胁面子行为本身所固有的强加程度。许多学者的研究表明，事情并非如此简单。在言语交际中，礼貌程度高并不一定意味着权力的缺乏或社会距离大。而且社会权力、社会距离并不是静态的概念，而是在话语交际中不断变化着的、动态的社会关系。Coupland 等学者（1987：257)指出，B & L 的理论模式只考虑到微观语境因素（Micro-contextual Factors)，未能全面描述制约交际过程、而又为交际过程所确定的复杂的社会过程。权力和人际距离，不应简单地看做是独立的变量，直接制约言语交际，而应看做是在交际过程中，在复杂的背景下不断磋商（Negotiated)的关系。这些变量在交际过程中常常和语境中的其他因素（如对于情境和普遍规范的理解、个人的角色操纵等）紧密相连。如在正式（Institutionalized)的情境下，人际权力和距离的重要性大大减小，而该情境下职业性和制度化的角色对于礼貌策略选择的影响起主导作用。

Coupland 等学者（1988）对医院中护士同老年病人之间的对话进行了分析，其结果表明了这一点。在护士给老年病人喂药时所说的话中包含的积极礼貌策略，并不是为了减小和病人之间的社会距离，以补偿要求病人吃药这种言语行为对面子的威胁，而是为了维护护士的面子，以证明护士作为一个体贴人的个人和一个能干的职业人员这种身份。在这种情境下，人际策略服务于更高层次的策略目的。另外 Tracy(1990：216)也指出在特定情境的特定角色中，对于礼貌(或面子)策略的选择是基于权利和义务，而不是对于距离、亲疏和权力的抽象相加。

第六，B & L 认为很多言语行为都是威胁面子的，而他们所列的威胁面子的行为几乎涉及言语交际的所有方面。这样看来，人类交际是危险的、充满敌意的活动。这是一种过于悲观的看法。

3. Leech 的礼貌原则(Politeness Principle)

继 B & L 的面子礼貌理论之后，Leech 提出了礼貌原则。对于 Leech 的礼貌理论，我国学者给予的论述和评价较多，如顾曰国(1990,1992)、陈融(1986,1993)、刘润清(1987)、徐盛桓(1992)和张韧(1994)。下面我们将首先简要叙述一下 Leech 的礼貌原则，然后将结合我国学者的有关评述做一探讨。

3.1 礼貌原则的提出及内容

Leech 从修辞的角度来研究语用学。他认为在交际过程中，交际者在试图达到交际目的的过程中，要受各种修辞原则的支配。Leech 又区分普通语用学和社会语用学(1983：10—11)。普通语用学要研究制约言语交际过程的会话原则，而社会语用学主要研究的是这些会话原则在不同的社会和文化中所发挥作用的不同。他提出的普通语用学的修辞原则中有两大修辞：人际修辞(Interpersonal Rhetoric)和语篇修辞(Textual Rhetoric)，它们各自由一些语用原则构成。礼貌原则是人际修辞中重要的组成部分(1983：15—17)。

Leech 提出礼貌原则的原因是，合作原则不足以解释言内之意(Sense)和言外之意(Force)之间的关系。他认为，合作原则有助于解释二者之间的联系，但无法解释人们表达自己意图时的间接性。礼貌原则能成功地解释人们说话时的间接性，因此，合作原则需要礼貌原则来补救（1983：80—81）。

3.2 礼貌原则的内容及对礼貌的界定

Leech 把礼貌原则表述为：尽量减少（其他因素相等的情况下）不礼貌信念的表达；尽量增大（其他因素相等的情况下）礼貌信念的表达。而礼貌和不礼貌信念则分别是对听话者或第三者有利和不利的信念。而有利或不利可以在一些相关的价值尺度上来衡量。这些尺度有代价—受益、赞扬—非赞扬、一致、同情等。

Leech 区分绝对礼貌（Absolute Politeness）和相对礼貌（Relative Politeness）。他所关心的是绝对礼貌，即脱离了具体的社会语境的礼貌，有消极和积极的两端。消极礼貌指减少不礼貌的言外行为的不礼貌程度，而积极礼貌指增大礼貌的言外行为的礼貌程度。与此相对，相对礼貌则是社会语用学研究的内容，即研究语言群体在具体运用礼貌原则方面的差异，而普通语用学完全可以只研究绝对意义上的礼貌（1983：83—84）。Leech 的礼貌原则主要由六条准则组成，即得体准则、慷慨准则、赞誉准则、谦逊准则、一致准则和同情准则（1983：132）。

从以上论述来看，Leech 并未对礼貌这一重要概念做出清晰的界定。他所说的礼貌不仅涉及言语表达方式，而且涉及说话者的信念。他认为，礼貌本质上是非对称的，即对听话者或第三者礼貌的行为相对于说话者就是不礼貌的，反之亦然。这里，礼貌指的是言语行为的内容。另外，他在论述得体准则时指出，言外行为的间接性越大就越有礼貌（1983：107—108）。可见，Leech 的礼貌概念涉及张韧（1994：11）所说的两个层次：形式礼貌与实质礼貌。总的看来，Leech 主要关心的是消极礼貌（减小不礼貌的言外行为的不礼貌程度），因此他对礼貌的看法也应属于策略性礼貌（Kasper，1990：194）。

3.3 对 Leech 的礼貌原则的评价

第一,Leech 的礼貌原则(包括六条准则)在直觉上易于为人接受。我国很多学者对此评价较高。如顾曰国(1990,1992)参照 Leech 的礼貌原则,提出了现代汉语中制约交际的几条准则,如贬己尊人准则、称呼准则、得体准则和慷慨准则、文雅准则、求同准则和德、言、行准则。陈融(1993)以问卷调查方式研究了在恭维话语回答时英汉礼貌策略的差异,发现说汉语的人更倾向于直接否定对方的恭维。陈融认为,Leech 的礼貌原则中的谦虚准则在英汉两种文化背景下有不同的重要性,这可以解释英汉在恭维回答方式上采用的礼貌策略的差异。徐盛桓(1992)也参照 Leech 的礼貌理论,提出了自己的理论框架:"注意自身、尊重对方、考虑第三者"。Leech 的礼貌原则主要论述的是绝对礼貌,即脱离了具体的社会、文化背景和语境的礼貌现象,是普通语用学研究的内容。但 Leech 做的关于普通语用学和社会语用学、语言语用学的区分是有问题的,正如 Verschueren(1984: 460)指出的那样,普通语用学的理论只有通过社会语用学和语言语用学的研究才能达到。那么,Leech 所提出的六条礼貌准则就只能看做是直觉上可行的,而缺乏实际基础。我们无法知道,这几条准则是否具有普遍性。

第二,Leech 的由六条准则组成的礼貌原则具有很大局限性,因为准则或规范一般只在特定文化中有效,对于理解礼貌这一具有丰富文化内涵的概念并无太大价值。而且这种理论缺乏解释性,我们可以根据这些准则来理解礼貌现象,但并不清楚为什么会有这些规则。

第三,Leech 根据言语行为的言外目的(Illocutionary Goals)和社会目的(Social Goals)的关系把言外行为的功能分为:竞争型、重合型、合作型和冲突型。在这四类言外行为中,主要是前两类涉及礼貌,其中竞争型言外行为(如命令、请求等)涉及的主要是消极礼貌,而重合型言外行为(如邀请、致谢等)涉及的主要是积极礼貌。而后两类中,合作型言外行为基本不涉及礼貌(如断言、指导等),而第四类冲突型言外行为(如威胁、责备)中,礼貌根本不可能(1983：104—105)。

Leech 的这种论述在直觉上是合乎情理的，而在实际语言使用中却行不通。礼貌本质上涉及的是人们的面子问题，而面子行为在交际中无处不在。因此在合作型言外行为中，其实也涉及礼貌现象。另外 Leech 所说的第四类言外行为完全可以用礼貌的方式来实施，如威胁、批评这类言语行为在很多情况下都用委婉、礼貌的方式来实施。在批评他人的观点时我们可以说，对方的观点值得商榷。这一点在外交语言中很常见。如“××国政府将重新考虑同××国的关系”，这类威胁是用很委婉的语言表达出来的。

Leech 还认为，像邀请这类指示性言语行为及赞扬、道歉这类表情性言语行为从本质上来说是有礼貌的，而某些言外行为(如命令)从本质来说是不礼貌的。这种观点混淆了言语层次和内容层次。一种言内行为的实施可以说是礼貌或不礼貌的，但这种行为本身却无法用礼貌或不礼貌来衡量。

第四，Leech 夸大了礼貌这一语用因素的作用。Leech 在他的人际修辞中，把礼貌原则和合作原则置于同等重要的地位，同样制约人们的日常交际，礼貌原则甚至比合作原则具有更高层次的调节功能(1983：82)，因为礼貌原则能保持社会平衡和友好的关系，而这些才能使我们认为，我们的谈话对象是合作的。我国学者刘润清(1987：45)也认为，礼貌原则比合作原则有更大的约束力，很难使讲话人违背它。但实际上，合作原则是人们在交际中彼此遵守的准则，这是说话人之所以能进行下去的先决条件。表面上对合作原则的违反，常常是在深层次上对它的遵守。而礼貌原则不具有这样的地位。表面上违背礼貌原则，很难使人推导出：对方在深层次上遵守礼貌原则(Brown & Levinson，1987：5)。另外，Leech 把礼貌当做言语中所有间接性和隐含性的动机，而忽略了在很多语境下间接和隐含的话语常常是不礼貌的。

第五，我国学者如刘润清(1987)和顾曰国(1990)都对 Leech 的得体准则和慷慨准则提出批评。刘认为按照得体准则(刘译策略次则)和慷慨准则(刘译慷慨次则)的定义去造句子,会得出违背礼貌原则的话。而顾(1990)则从行为动机层和会话表达层两个方面修订策略准则和慷慨准则。其实 Leech 这两条准则本身并无太大问题。Leech 在论述这两条准则时所关心的是言语表达形式(1983: 109),因而他对得体准则的定义为:尽量缩小听话人付出的代价,尽量增大对听话人的益处,应该理解为尽量减少表达使对方付出的代价的信念,尽量增大表达对对方有利的信念。这一点 Leech 在论述六条准则时讲得很清楚(1983: 130)。对慷慨准则的理解也是这样。

4. 小结

由于 B&L 和 Leech 的理论引发的大量的研究,已使言语交际中的礼貌现象成为社会语言学和语用学的一项重要研究内容,人们对此也加深了理解。然而迄今为止,尚没有一个完整的礼貌理论能对这一现象做出全面的解释,而且"礼貌"这一概念本身在很多著述中并没有得到严格的界定,存在着不一致的现象。

笔者认为,目前的研究大多集中于对听话人所采取的礼貌策略,而忽略了交际中非常重要的另外一方,即说话人。按照很多人的说法,礼貌是针对他人的。但我们认为,社会交际要进行下去,必须使各方的面子都要保持下去,因此说话人的面子需求不能忽略。这样看来,礼貌这一概念的内涵过于狭窄,可以包括在面子策略之内。在以后对礼貌现象的研究中,面子应是一个中心概念。我们应认识到面子在社会交际中的复杂性及人们对它的需求有多样性。在很多情境下,面子的不同方面常处于紧张关系之中,支持自己的面子意味着攻击他人。另外,同一个交际者有时也会有互相冲突的面子需求。这些在话语当中都应该有体现,我们要加强研究交际者在言语方面如何对不同的面子需求做出调整。笔者认为,在对礼貌的研究当中,还应严格区分策略性礼貌(Strategic Politeness)和指示性礼貌(Indexing Politeness)(Kasper, 1990:

194—196)。B & L、Leech 等人都把礼貌当做一种策略性的避免冲突的手段,这种类型的礼貌同实施语言以达到特定的交际目的有关。而指示性礼貌独立于说话人当前想达到的目的,是对社会权利的语言反映。社会权利由两种成分构成:宏观社会品质(包括固有的特征,如年龄、性别、家庭地位,及后来获得的社会品质,如阶层、称号、社会地位)和情境中的表现。各种语言中的称呼语就是指示性礼貌的最明显的一类例子。

参考文献:

[1] 陈融. 面子、留面子、丢面子——介绍 Brown 和 Levinson 的礼貌原则. 见:外国语,1986(2):17—21.

[2] 顾曰国. 礼貌、语用与文化. 见:外语教学与研究,1992(4):10—17.

[3] 刘润清. 关于 Leech 的礼貌原则. 见:外语教学与研究,1987(2):42—46.

[4] 徐盛桓. 礼貌原则新拟. 见:外语学刊,1992(2):1—7.

[5] 张韧. 礼貌的概念及其他. 见:外语教学,1994(1):10—16.

[6] Blum — Kulka, Shoshana. You don't touch lettuce with your fingers: Parental politeness in family discourse. *Journal of Pragmatics*, 1990. 14(2): 259 - 288.

[7] Brown, Penelope and Stephen C. Levinson. *Politeness: Some Universals in Language Usage*. Cambridge: Cambridge University Press, 1987.

[8] Chen Rong. Responding to compliments: A contrastive study of politeness strategies between English and Chinese speakers. *Journal of Pragmatics*, 1993, 20(1): 49 - 75.

[9] Coupland, et al. Politeness in context: Intergenerational issues. *Language in Society*, 1988, 17(2): 252 - 263.

[10] Goffman, Erving. *Interaction Ritual: Essays on Face-to-face Behaviour*. New York: Pantheon Books, 1967.

[11] Gu, Yueguo. Politeness phenomena in modern Chinese. *Journal of Pragmatics*, 1990, 14(2): 237 - 257.

[12] Kasper, Gabriele. Linguistic politeness: Current research issues. *Journal of Pragmatics*, 1990, 14(2): 193 - 218.

[13] Leech, G. N. *Principles of Pragmatics*. London: Longman, 1983.

[14] Levinson, S. C. *Pragmatics*. Cambridge: Cambridge University Press, 1983.

[15] Mastumoto, Yoshiko. Re-examination of the universality of face: Politeness phenomena in Japanese. *Journal of Pragmatics*, 1988, 12 (4): 403 - 426.

[16] Mao, L. R. "Face" revisited and renewed. *Journal of Pragmatics*, 1994(1): 451 - 486.

[17] Tracy, Karen. The many faces of facework. In: Howard Giles and Peter Robinson, eds. *Handbook of Language and Social Psychology*. New York: John Wiley Publishers, 1990: 209 - 225.

[18] Verschueren, Jef. Review article on *Principles of Pragmatics* by G. N. Leech and *Pragmatics* by S. C. Levinson. *Journal of Linguistics*, 1985, 21: 459 - 470.

（原载《解放军外国语学院学报》1996 年第 2 期）

评　析

“礼貌”是日常生活中司空见惯的现象，在 20 世纪 70 年代以前的语言研究中并未引起人们太多注意。70 年代末期语言学家们借鉴社会学中关于“面子”的研究，开始分析语言交际中人们如何通过各种礼貌策略来照顾彼此的面子需求以达到自己的交际目的。之后，言语礼貌成为社会语言学和语用学的重要研究内容，其研究深度和广度远远超过其他现象。礼貌现象的研究主要集中在策略性礼貌，把礼貌当做一种避免冲突的策略性的手段，它和实施语言以达到特定的交际目的有关。研究者们分析了各种社会文化中面子的概念、实施各种言语行为时的礼貌策略及其与语境因素之间的联系，并试图建立一些能够用来描写和解释礼貌现象的普遍框架。

本文评述了 Brown and Levinson 以面子为中心的礼貌理论和 Leech 的“礼貌原则”，并且结合各国学者对这些理论的评价指出它们存在的问题。对于以上两种礼貌理论的评介文章国内已有不少（最早的是在 1986 年），但本文内容较为全面，综合了国内外学者对于这两种理论的评价，并且提出目前的研究大多集中在对受话人所采取的礼貌策略，而忽略了交际中非常重要的说话人一方。文章还认为，礼貌概念的内涵过于狭窄，可以包括在面子策略内。

本文虽然材料充实，但由于篇幅所限，只讨论了两种主要理论，而没有对各种言语行为（如恭维、请求、邀请、道歉）中礼貌现象的研究予以介绍。这是本文的缺憾。

英汉书评中的礼貌策略比较

李经伟

一、礼貌策略

Brown 和 Levinson 有关礼貌的理论涉及三个基本概念：面子(face)、威胁面子行为(face threatening acts)和礼貌策略(politeness strategies)。面子分两种：积极面子(positive face)和消极面子(negative face)。前者指希望得到他人的认可、赞同；后者指不希望他人干涉阻碍个人的行动自由。在言语交际中，这两种面子都有受到伤害的可能性，因为许多言语行为在本质上是威胁面子行为的。例如，不同意或批评威胁对方的积极面子，请求或命令威胁对方的消极面子。威胁面子行为不但威胁听话人的面子，而且也会威胁说话人的面子。例如，给予或承诺限制讲话人的行动自由，威胁其消极面子；认错或道歉表明讲话人做错了事或说错了话，有损于个人形象，威胁其积极面子。交谈中只有满足上述两种面子的需要才能达到交际的目的。为保持人际关系的融洽与和谐，人们有必要采取礼貌手段来减弱威胁面子行为的侵害程度。针对威胁面子行为，Brown 和 Levinson 提出了礼貌策略的 5 个等级：

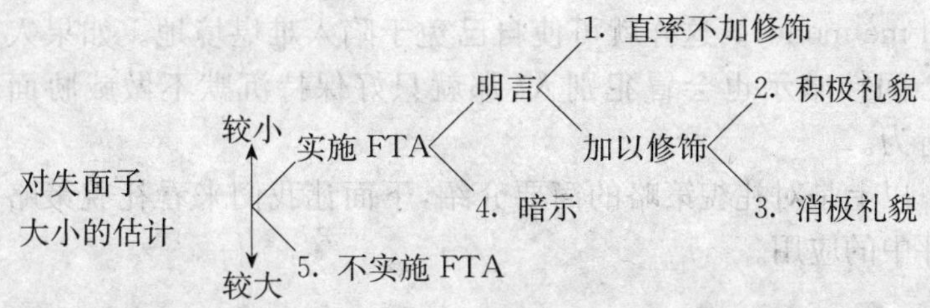

(*Brown and Levinson*, 1987: 60)

在决定选择哪一级礼貌策略之前，人们一般要对可能造成面子伤害程度的大小做出估计。威胁面子行为的大小取决于三种因素：权势、社会距离和言语行为本身所固有的强加程度。如果人们认为威胁面子程度较小，就会选择1(直率不加修饰性策略)；如果威胁面子程度较大，人们则放弃实施威胁面子行为，即选择礼貌策略5(不实施FTA)。根据威胁面子程度的大小选择适当的礼貌策略可使不礼貌的言语行为得到礼貌的解决。直率不加修饰性策略就是不拐弯抹角、直截了当地说明自己的意图。生活中确实存在一些不需讲客套的场合。在这样的场合，过于礼貌客气反而会给人产生见外生分的感觉。但有些时候，人们既要明确表明自己的意图，又要适当地对自己的话语加以修饰，由此而引出积极礼貌策略和消极礼貌策略。积极礼貌策略就是通过强调交际双方享有共同的兴趣和愿望来减弱或抵消威胁面子程度。消极礼貌策略则是通过强调尊重他人、不干预他人的行动自由来满足其消极面子的需要。如果说使用积极礼貌策略意味着说话人积极主动与听话人亲近靠拢，那么使用消极礼貌策略则表明说话人对听话人敬而远之。此外，比消极礼貌策略更礼貌、更间接的办法就是暗示，即实施威胁面子行为是隐蔽的、不公开的。例如，Gosh, I'm out of money. I forgot to go to the bank。对别人说忘记了去银行，手头缺钱，其意思是向对方暗示借钱。如果对方对此做出的反应是：Sorry, I'd like to help you out, but I'm a little short of cash myself。借钱者便可趁机说：Oh, I didn't mean I wanted you to

lend me money。这样就可使自己免于陷入难堪境地。如果人们担心间接暗示也会冒犯别人,那就只好保持沉默不做威胁面子的行为。

以上是对礼貌策略的简要介绍,下面让我们来看礼貌策略在书评中的应用。

二、礼貌策略在书评中的应用

讲究礼貌是言语交际中人人都要遵守的普遍原则。Brown 和 Levinson 关于礼貌的理论揭示了语言使用中的一般规律。它不仅适合于分析口头交际中的礼貌现象,而且也适用于研究书面语中的礼貌现象。本文拟就英汉书评中的礼貌策略做一初步探讨。①

书评是对一本书的质量、学术水平、理论观点以及使用价值等方面所进行的评价。它必然会涉及面子问题。肯定和赞扬属于正面评价,是对作者积极面子的维护。批评和建议属于负面评价,是对作者积极面子和消极面子的侵害。为了解决既要提出批评又要保护对方的面子这一矛盾,评论者必须采取必要的礼貌策略。当评论者认为任何负面评价都会引起不良后果时,他就会放弃实施批评这一威胁面子行为。如果评论者认为提出批评意见不会给对方的面子造成任何伤害,他就会坦诚直率地提出批评。书评中这样的例子很多。例如,"此书尚有许多问题需要阐释和补充"、"《巴氏》的编撰者过于侧重文学,有些篇幅过长,实难常用"。英文书评中此类例子有:This book also suffers from methodological shortcomings. The criteria for the selection of the seven interview subjects referred to in the book's title are very sketchy。

要么不做任何批评,要么直截了当地提出缺点和不足,这是采用礼貌策略的两个极端。当然,为求稳妥,书评者可采用积极礼貌和消极礼貌这样变通的策略。积极礼貌策略在书评中主要体现在三个方面:1) 先表扬后批评;2) 缩小批评,扩大表扬;3) 原谅错误与不足。现分别举例说明如下:

(1) 本书以介绍为主，但对各时期各家各派乃至一系列具体论著，也有不少精当的评论。只是在一些场合，作者持说似嫌过于谨慎，所发的议论因此显得空泛而不耐读，历史批判的精神于是也就显不出来，而充分发扬这种精神，我想应该是作者的本意。

(2) The introduction is easy to understand, but at times it is not sufficiently detailed or explicit.

以上两例均使用的是 yes, but ... 结构，先表扬后批评。但表扬的目的是为了进行一定的铺垫，作为对批评的缓冲。评论者的本意是要指出作者的不足，但又要顾及作者的面子。因此就使用了这种“糖衣药片”式的批评。

(3) 我们看到，《对外汉语教学语法探索》一书虽然存在一些缺点和粗疏之处，但是对我国对外汉语教学语法体系的创立及其发展过程做了正确的总结和评价，肯定了取得的成绩，指出了存在的问题，并在丰富的教学经验和深入的科学研究的基础上，提出了一个比较全面的改革对外汉语教学语法体系以及改进语法教学方法的新方案。

(4) Whereas her analysis will need some refining, it should interest theoretically oriented first-and second-language acquisition researchers of all stripes, especially those with an interest in UG effects on acquisition.

例 3、例 4 两例虽然是先批评后表扬，但批评只是一带而过，赞誉之词远远超过批评话语。批评虽可能对面子造成威胁，但随后出现的表扬足以将批评冲淡。这便是小批评大表扬，显示了评论者大力维护作者积极面子的用意。

(5) 改革总不是轻而易举的事。革新或更新常常伴随着疏漏。从这一点看，不足应是可原谅的。“邢编”也存在着某些粗糙可斟酌之处，指出这些不足并非苛求，而仅仅为了共同期待的目标。

(6) No book is totally without merit, but likewise no book is totally without blemish. This volume has numerous positive points, but is not free from failings.

在提出批评意见之前,评论者先对书中错误和存在不足表示理解,认为犯错误在所难免,应予以同情谅解。这是站在作者的立场上讲话,其目的是要建立作者、读者、书评者三方的共识:指出问题不是求全责备,而是为了加深对问题的研究讨论,促进学术交流。有了这样一个前提,批评也就谈不上对面子有多大伤害了。有时书评者还把书中存在的某些问题说成具有相当的普遍性。这也是有意减弱批评的锋芒,给作者留面子。例如:

(7) 忽视索引的编制,怕是我国语言学著作的一个通病。

(8) One minor shortcoming (actually quite common in the literature rather than peculiar to this book) has to do with Klein's statistical design.

既然大家都常犯此类错误,那么人人都可以原谅。这样对面子的伤害也就减到了最低程度。

以上列举的是积极礼貌策略。接下来让我们看看消极礼貌策略是如何在书评中应用的。消极礼貌策略包括使用:1) 模糊词语;2) 非人称结构;3) 含蓄条件句。现分别举例说明如下:

(9) 以括注的方式把"般""虎"列为异体似属不妥。

(10) 对动态助词"着"的分析略嫌粗疏。

(11) 每章后未附参考书目,也让人觉得有点遗憾。

(12) The title is somewhat misleading.

(13) One formulation of option entertained by Klein seems untenable.

(14) The fact that this hypothesis is not verified, is perhaps due to the rather loose operationalization of her two measures of proficiency.

以上例句中的"似"、"略"、"有点"、somewhat、seem、perhaps

都属于模糊词语，对批评话语起模糊限制作用。使用这类词语语气委婉，同时也给说话人自己留有回旋余地。模糊词语还包括观点预示词语。例如：

(15) 以我个人之见，这些疏漏主要有三个方面。

(16) 我们认为语素教学和词组教学有些强调过分。

(17) I think that the work presented in these two volumes is too impressionistic.

(18) I found the treatment of leadership lopsided.

例 15 至例 18 中画线部分预示书评者后面所做的评论只是个人的看法，不一定正确，以此来减低强加的程度。

英语中存在非人称结构，但汉语里却没有此结构。在书评中使用该结构是为了避免评论者与原书作者之间的正面抵触。例如：

(19) It is not convincingly shown how peripheral members influence more central members and why a member should innovate or adopt a change at all.

(20) It is generally suggested that the distinction between spoken and written discourse is not as clearcut as has often been claimed.

在例 19 中，评论者不正面指出 The author did not show how ...，而用 it 引出非人称结构迂回表达批评意见，显得比较婉转。在例 20 中，评论者不直接说 I suggest that ...，而是用 It is generally suggested that ... 来陈述观点，而且从句中还使用了被动结构：as has often been claimed，而没用主动结构 the author has often claimed。这说明评论者有意避开与被评论人直接交锋。使用不定人称代词也具有同样功能。例如：

(21) One might also inquire as to the significance of the subtitle.

(22) In all, one might wish for more studies that assess the

contribution of the students' native languages to the outcome.

以上两例中的不定人称代词 one 完全可以用第一人称代词 I 替代,但在这里后者不如前者显得礼貌谦虚。汉语里的"人"有时也是不确定的,如:"让人觉得有点遗憾"、"令人产生困惑"。

英语中的含蓄条件句用于批评或建议,语气委婉,使人易于接受。例如:

(23) More discussion of these factors would have made the volume more complete.

(24) It could have been written about in a more dialectical way by including authors whose views might differ from the ones expressed here.

如果把上述的说法改成直言:"有关问题讨论得不深入,看法片面",那么就成了直率不加修饰性批评。使用含蓄条件句的目的是给对方留以选择的余地,因为用这种句子实施的言语行为可以是批评,也可以是建议,还可以是个人愿望。这种多义多功能性为说话人提供了一种保护面子的"安全装置"。汉语里也有类似的说法(虽然汉语没有形态变化)。例如:

(25) 我国的社会语言学研究尽管起步较晚,但近年来也还是取得了可喜的成果。在这方面,本书似乎可加进更多的内容。

(26) 但也有个别篇目,例如《谈结果补语的意义》一文,还可以分析得再深入一些。

至此,我们讨论了书评中使用的四种礼貌策略:直率不加修饰、积极礼貌、消极礼貌、不实施威胁面子行为,唯独暗示策略没有涉及。其实,暗示批评在书面语中并不多见,至少在我们收集的语料里未曾出现。这或许是书面语要求文字简洁明畅,而言语曲折、意思隐晦必然影响文章的可读性。因此,书评一般不使用暗示来行批评之事。

三、英汉礼貌策略比较

(一) 英语和汉语在使用礼貌策略上既有相同点又有不同之处。在书评中实施批评这一威胁面子行为时,英汉采用的相同礼貌策略主要体现在以下几个方面。

1. 使用模糊词语

所谓模糊词语,可能是一个词,也可能是一个词组,其意义是含混模糊的,它表示说话人对人或事物持迟疑、不肯定或模棱两可的态度,其作用是减轻和缓和说话的语气。在汉语书评中出现的模糊词语有:似乎、好像、可能、显得、有点、稍、略嫌、恐怕等。例如:

(27) 评论简明扼要但略嫌不足。

(28) 以括注的方式把“般”“虎”列为异体,似属不妥。

有时在一句话中同时出现几个模糊词语。例如:

(29) 书中的有些例句显得有点不自然,似乎在日常会话中难以出现。

在英语书评中出现的模糊词语有:seem、appear、somewhat、more or less、minor、perhaps、probably、presumably。例如:

(30) The title of the book is somewhat lofty.

(31) The book is presumably subject to market forces and is published for profit.

使用这些词语可使所要表达的意思模糊化,给说话人留有余地,同时也可减少话语的刺激性。

2. 使用让步句子结构

使用让步结构肯定优点、指出不足,显得评论者注重礼貌,看问题全面,评论公允。例如:

(32) ……尽管如此,我们仍然认为,思维空间理论还是一种很有潜力的语义理论,它对语言研究、人工智能研究、哲学探讨等都很有启示。

(33) Although it does go beyond the mere presence of both spoken and written texts as objects of analysis, the question of the relationship between spoken and written discourse is explicitly raised by only a few of the papers.

例 32 表达的意思是优点缺点并存，虽有不足，但瑕不掩瑜。例 33 却是先肯定后否定，虽有成绩，但美中不足。虽然上述两例中评论者的侧重点不同，但都是用表扬来冲淡批评，显得礼貌公允。

3. 使用转折词语

在汉语书评中使用表示转折的词语有：但(是)、不过、然而、只是、当然等。例如：

(34) 但《现汉》在处理异体字时也存在着某些不足。

(35) 不过，该书毕竟还是作者的第一部较为集中地阐述思维空间理论的著作。它所论述的语言现象还是很有限的。

(36) 当然，《项目》部分也有不足之处。

英语书评中最常用的转折词语有：but、however。例如：

(37) PLLT is also replete with up-to-date research results in SLA. However, it makes no claim to provide a critical analysis of the reliability and validity of these results.

(38) This volume has numerous positive points, but is not free from failings.

使用这些表示转折的词语，其目的是实现先表扬后批评的策略。表扬在先是为后继的批评做铺垫，以减缓后者的冲击力。

4. 使用表示惋惜同情的词语

使用表示惋惜同情的词语引出批评话语也是维护他人面子的一种手段。例如：

(39) 可惜书末既无内容索引也无人名索引，读者利用起来颇感不便。

(40) Unfortunately, not all the contributions in Part Two are as wide-ranging and as challenging to commonplace understandings about language in the content area.

尽管例39和例40都是批评话语,但并不是强行施加。评论者站在原书作者一边,对失误或不足表示惋惜。因此,显得礼貌客气。

以上不难看出,英汉在实施礼貌策略时,对语言手段的选择存在一些共同之处。惯用的策略是:1)批评模糊化处理;2)先表扬后批评;3)缩小批评,扩大表扬;4)理解原谅不足。

(二)下面让我们再来看看英汉使用礼貌策略的差异。

1. 批评词语

在使用批评词语上,英汉表现出差别。英语用词比较自由随意,而汉语用词比较正式庄重。例如,在汉语书评中常出现的词语有:疏漏、疏误、疏失、粗疏、欠缺、缺憾、不足、有商榷的余地、值得斟酌等。在英语书评中常用的词语有:shortcoming、problem、failure、error、weakness、loose、missing、elusive、misleading等。

2. 人称

英汉在人称代词的使用上略有差别。尽管评论者是单个人,汉语自称仍倾向于使用第一人称复数形式。如"我们认为……"、"我们看到……",以此避免突出个人,以示谦虚。而英语却如实使用第一人称单数形式。如,I think ...、I found ...表示纯属个人看法,未必正确。另外,在对原书作者的称呼上,英汉也存在不同。汉语倾向用"作者"、"编者",但很少提及作者本人的姓名。而英语除使用 the writer, the author 外,还较多地使用作者的姓。如,Widdowson 或 Widdowson's book, Street 或 Street's analysis,有时也用全名。如,Malcolm Mckenzie 或 Malcolm Mckenzie's description。在汉语中如果直呼其名,有时会被看做是傲慢不尊重别人的表现,特别是评论名家的著作。而英语却不存在这方面的问题。这反映了两种文化的差别。

3. 批评的程度及数量

英汉在批评的程度和数量上存在显著差异。我们对 1994 年度四种杂志所登载的所有书评进行分析对比后发现，中文杂志上 26 篇书评中有 5 篇是全盘否定所评之书，无一句赞语，另外有 12 篇是全部肯定原书，无一句批评话语。英文杂志上 28 篇书评中全盘否定原书的没有，全部肯定原书的有 7 篇（见表 1）。这说明英语书评批判性强，而汉语书评批判性较弱，而且具有偏向两极的倾向：要么全部肯定，要么全部否定。在汉语书评中既肯定优点又指出不足的只有 9 篇，占其总篇数的 34.62%，而英语中这样的书评有 21 篇，比汉语篇数高出两倍之多，占其总篇数的 75%。这从一个侧面说明中国人把批评这一威胁面子行为看得过重，认为批评是对他人的极大不尊。因此，评论者言语谨慎，除非在不得已的情况下，一般不轻易批评人，对名家尤其如此。否则，会被认为是狂妄自大。在这一点上，英美人则似乎持不同看法。在他们看来，不管评论什么人的著作，只要是有益的批评，有实质性内容，都是可以接受的。对于他们来说，有批判的眼光，有不同的见解往往被看成是有思想、有见地、有创造性的表现。这恐怕跟西方社会强调个性有一定的关系。

表 1

杂志名称	篇数	全否定	%	全肯定	%	表扬+批评	%
《中国语文》	10	3		3		4	
《外语教学与研究》	16	2		9		5	
小计	26	5	19.23	12	46.15	9	34.62
Applied Linguistics	21	0		7		14	
Language Learning	7	0		0		7	
小计	28	0		7	25	21	75
合计	54	5		19		30	

此外，不拐弯抹角、不使用任何修饰性词语、直截了当地指出缺点和错误在英文书评中较常见。但在汉语书评中却不多见。根据我们收集的语料统计得出的结果是，中文 9 篇既有表扬又有批评的书评中共有 44 条批评，但其中只有 3 条是直率性批评，仅占其批评总条数的 6.82%，而英文 21 篇含表扬和批评的书评中有 101 条批评，其中直率性批评有 33 条，占其批评总条数的 32.67%，约三分之一。也就是说，英文中每三条批评中就有一条是直率不加修饰性批评。这远远超过汉语此类批评的数量(见表 2)。可以看出，在使用批评策略上，总体来讲，中国人较谨慎含蓄，而英美人较大胆直露，体现了两种不同的文化观念。

表 2

杂志名称	篇　数 (表扬＋批评)	批评条数	直率性批评条数	%
《中国语文》	4	27	0	
《外语教学与研究》	5	17	3	
小　　计	9	44	3	6.82
Applied Linguistics	14	78	31	
Language Learning	7	23	2	
小　　计	21	101	33	32.67
合　　计	30	145	36	

四、结语

应用 Brown 和 Levinson 的理论框架，对书评中出现的礼貌现象进行分析，我们发现，英汉在选择词语行批评之事时，既存在相同点，又有不同之处。相同的策略有：1）选择适当的模糊词语，使批评模糊化；2）使用让步句子结构，褒贬结合；3）使用转折词语，先表扬后批评；4）使用表示惋惜的词语，以示理解同情。不同之处是：1）汉语在选用批评词语上讲究正式庄重，而英语用词则比较自由随意；2）在人称的选择上，汉语倾向于使用复数人称来隐蔽个人观点，而英语则偏重于单数人称以强调突出个人看法；3）在批评的程度和数量上，英汉差别较大，汉语评论较含蓄，而英语评论较直露；英语书评批评性较强，而汉语书评批评性较弱。

英汉礼貌策略比较研究具有理论和实践意义，它既有助于揭示在不同文化背景中使用语言的差异和相同规律，同时又可为外语教学提供有益的启示。众所周知，掌握一门外语不仅仅要懂得语言系统规则，而且更重要的是要学会语言使用规则，只有这样才能达到交际的目的。合理恰当地使用礼貌策略是交际能力的一个重要组成部分。毋庸置疑，在外语教学中我们应当注重对学员进行这方面的培养。

注释：

① 本文例证均来自下列杂志1994年度登载的书评：《中国语文》、《外语教学与研究》、*Applied Linguistics*、*Language Learning*，不再一一注明出处。

参考文献：

[1] Brown, P., Levinson, S. C. *Politeness: Some Universals in Language Usage*. Cambridge: Cambridge University Press, 1987.

[2] Leech, G. N. *Principles of Pragmatics*. London: Longman, 1983.

[3] Johnson, D. M. Compliments and politeness in peer-review texts. In: *Applied Linguistics*, 1992(13): 1-16.

[4] Myers, G. The pragmatics of politeness in scientific articles. In: *Applied Linguistics*, 1989(10): 1-35.

（原载《解放军外国语学院学报》1996年第3期）

评 析

自从 Brown & Levinson 于 1978 年提出关于言语交际的礼貌理论以来，社会语言学家和语用学家们关注的是，不同社会文化中交际者是通过哪些礼貌策略来实施各种言语行为的，并且这些礼貌策略与语境变量(包括社会距离、社会权力和言语行为本身的强加程度)存在什么样的联系。这一领域中研究最多的是恭维、请求和道歉行为，而对于批评言语行为的研究并不多见。

本文在 Brown & Levinson 的礼貌理论框架内对比分析了英汉书评中的礼貌策略，发现英汉礼貌策略在语言手段上有许多相似之处，如使用模糊词语、让步句子结构、转折词语、表示惋惜同情的词语。但是在批评词语上，英语用词比较随意，而汉语用词比较正式庄重；在人称代词的使用上，汉语倾向于使用第一人称复数形式，而英语却使用第一人称单数形式。另外，汉语书评批判性较弱，或者全部肯定或者全部否定，而英语中的书评往往既肯定优点又指出不足，批判性较强；英语书评往往直率地指出缺点和错误，而汉语书评中直截了当的批评比较少见。

自从 20 世纪 80 年代礼貌理论被引入国内以来，礼貌现象在国内的语用研究中也是一个热点。但整体上看，理论探讨和印象式的评论较多，而实证研究并不多见。本文选择书评中的礼貌现象作为研究对象，充分地论证了汉语和英语中批评言语行为实施的礼貌策略方面的相同之处与不同之处，使我们认识到不同文化观念对礼貌策略的选择有重要影响。

使役方式选择与社会情景制约关系分析

李 军

1. 文献背景与调查设计

1.1 文献背景

情景因素与使役方式的运用具有密切的关系。Blum-Kulka等(1989)在英、美、澳、加、德、丹麦和以色列等七国根据给定的8个情景对请求方式的普遍性和请求方式与某些情景的关系进行了一项宏大的跨文化调查。受其影响,Song Mei Lee-Wong(1994)和大陆的张绍杰、王晓彤(1997)都对汉语的请求方式做了调查,他们的研究都取得了不小的成绩,但也存在着一些需要进一步探讨的问题。

首先是调查方法问题。第一,在Song Mei Lee-Wong和张绍杰等的调查设计中有大量的发话人身份不同的情景,但都让同一受试去做,会产生身份不真实的问题,影响了回答的可信性。第二,采用语篇填充方式,容易使受试受到调查者的提示和上下语篇的影响而采用同一种使役方式,影响了调查结果。第三,同一情景包含了多种情景因素,作者也反复使用同一情景调查来的数据来分析不同因素对使役方式的影响。这样在分析某一情景因素的作用时,未能排除别的情景因素的交叉干扰。

其次,是分析方法上的问题。Blum-Kulka等运用了比较科学的统计分析方法。但Song Mei Lee-Wong只计算了总体的正负相关情况，而没有对具体项目做统计分析。张绍杰、王晓彤仅运用了百分比和图示，没有进行相关假设检测。

再次，Song Mei Lee-Wong 和张绍杰等对汉语请求方式的调查所使用的情景较少，张绍杰、王晓彤只有 16 个情景，Song Mei Lee-Wong 使用了 30 个；情景因素分类比较简单，如 Song Mei Lee-Wong 只划分了社会权利、社会距离和难度三种，张绍杰增加了性别和年龄因素。他们对这些情景类型没有再做更细的分析，情景因素对请求方式的影响只有一个一般性的概括，掩盖了许多事实和规律，后文有详论。

由于这些因素存在，导致二者得出的主要结论相互矛盾，再者，他们对汉语使役倾向的文化成因解释也值得商榷。

1.2　调查设计

鉴于上述问题，我们改进了调查方案。第一，尽量采用真实身份调查，即根据指定的情景找具有相应身份的受试者来回答，或至少是身份相近、能在所给的情景中合理提出使役要求的人士。第二，尽量采用单一因素观察法，即在调查某一情景因素对使役方式的影响时，尽量排除别的情景因素的干扰，这在调查的实施和题目的设计上都能体现出来。第三，采用分析定类与定类关系的联列表统计方法，计算其相关值。

为此，我们设计了 63 个不同的情景题目，分别代表不同社会权力、不同社会距离、不同顺从情况、不同利益性质、不同难度及不同内容类别等方面的使役运用情况。在题目设计上，尽量保证单一情景因素的制约作用。例如为了调查难度对使役方式的影响，我们在相应的题目设计中排除了官职、亲属及陌生等因素的交叉影响。再如为了调查不同社会距离对使役方式的影响，我们在题目设计上保持各题目的难度大致相同，不会因难度不同的影响而干扰了不同距离的真实作用。如此类推。为了检测情景题目的有效性我们进行了预测，对情景题目进行了修改。为保证身份的真实，我们将 63 个情景题目分成 8 份试卷来进行调查，它们分别是领导试卷、警察试卷、教师试卷、秘书试卷、财会人员试卷、男性长辈试卷、女性长辈试卷、年轻人试卷等。在答题的方式上，我们不采用语篇填充方法，也不在答题说明中列举答题样式，因而这些做法都可能会对受试的回答施加影响。我们的答题说明，尽量不给受试以选择某一种使役方式方面的暗示，以便真实地反映受试在日常生活中所通常采用的使役方式的面貌。

本调查共调查了 455 个受试，共获得 18 640 个有效统计数据。

2. 统计分析

我们将影响使役性言语行为的情景因素划分成社会权力、社会距离、顺从程度和行动内容等。使役方式我们划分为三种，即直接方式、询问方式和暗示方式。直接方式是明确发出使役的要求。询问方式是询问受话人做出行动的意愿或可能性等等，从而表达出使役的用意，在形式上可以采取一般问句或者是附加问句的形式。暗示，即采用提及相关情况或前在事态的方式暗示使役的意图。

2.1 社会权力与使役方式的关系

社会权力是一种支配性的人际力量，我们从四个方面来分析社会权力的组成。其一是官权。其二是工作职权。工作职权是一种特定的工作支配权力，具有严格的职业和工作范围限制，如警察、会计、医生、教师等的职业权力。其三是权利与义务。这是交际双方之间临时形成的权利义务关系，如债权、人情债，等等，它们临时构成一种支配性的人际力量。其四是年辈的长幼。年龄的大小和辈分的高低在汉文化中具有重要的人际影响力。

2.1.1 官权大小与使役方式

官权对使役方式的影响，我们从上对下、下对上、工作场合、私事场合等维度来进行考察。上对下：公务场合包括情景 1、3、5，私事场合包括情景 2、4。下对上：公务场合有情景 10，私事场合有 11、9。

原始数据及百分比数据表

情景	直 接	询 问	暗 示	醒 示	辅 助	礼 貌
1	17(89%)	2(11%)	0	16(84%)	11(58%)	11(58%)
3	19(100%)	0	0	14(74%)	10(53%)	14(74%)
5	17(89%)	1(5%)	0	15(79%)	3(16%)	7(37%)
2	15(79%)	4(21%)	0	17(89%)	1(5%)	15(79%)
4	16(84%)	3(16%)	0	14(74%)	8(42%)	13(68%)
10	25(81%)	5(16%)	1(3%)	16(52%)	14(45%)	25(81%)
11	21(44%)	20(42%)	1(2%)	27(56%)	35(73%)	18(38%)
9	30(26%)	77(67%)	3(3%)	84(73%)	75(65%)	61(53%)

（醒示：指醒示语的运用；辅助：指辅助语的运用；礼貌：指礼貌词语的运用）

相关分析数据

上对下的使役方式与下对上的使役方式的区别情况：

$\chi^2=10.8$，$\chi^2>\chi^2_{0.05}(1)=3.841$（卡方值为10.8，大于自由度为1、显著性水平为0.05的卡方临界值3.841。后同）

相关系数：$\tau=0.2$。（τ 系数的计算是根据 Goodman 和 Kruksal 所创的 PRE 准则。后同）

上对下在公务场合与在私事场合使用使役方式的区别情况：

$\chi^2=0.541$，$\chi^2<\chi^2_{0.05}(1)=3.841$

下对上在公务场合中和在私事场合中使用使役方式的区别情况：

$\chi^2=18.66$，$\chi^2>\chi^2_{0.05}(1)=3.841$

相关系数：$\tau=0.196$

上对下与下对上在公务场合中使用使役方式的区别情况：

$\chi^2=0.517$，$\chi^2<\chi^2_{0.05}(1)=3.841$

分析：

(1) 官职大者对下属在公务场合基本上是使用直接使役方式，在情景1、3和5中，其百分比分别为89％、100％和89％，询问方式很少使用，百分比只有11％、0和5％。在私事场合，如情景2和4中，询问的比例有所上升，分别为21％和16％，礼貌词语的运用也有所增加，分别高达79％和68％，说明当官者对下属的尊重和让其自主的程度有所增加。但在这两种场合，有官权者对下属使用直接使役方式和征询使役方式并不存在显著的差别，统计分析表明，两种场合使用这两种使役方式的相关卡方值只有0.541，小于显著性水平为0.05、自由度为1的卡方临界值3.841，不具有统计学所承认的显著性区别，证明两种场合使用直接与征询使役方式的比例大体相同，均是直接方式占主导地位。

(2) 官职小者或无官者对上司，在公务场合，如情景10，直接方式的使用比例也非常高，达到81％，而在纯粹的私事场合，如情景9，则使用相当多的询问方式，占67％，直接方式只占26％。可见，在正常的工作场合中，执行正常的工作任务，下对上也使用直接使役方式，而离开了正式的工作关系，如情景11和9则以使用征询方式为主。统计分析表明，下对上在工作关系中与在私事关系中使用使役方式的这种差别具有显著性的区别意义，其相关的卡方值为18.66，大于显著性水平为0.05、自由度为1的卡方临界值3.841，可以否定这两种场合使用使役方式没有区别的原假设。

(3) 上对下所使用的使役方式与下对上所使用的使役方式具有统计学所认可的显著性差别，其相关的卡方值为10.8，大于自由度为1、显著性水平为0.05的卡方临界值3.841，也就是说，上对下多使用直接方式，下对上多使用征询方式，这种方式差别在统计学上具有显著性意义。上对下和下对上使用的使役方式不同，符合我们的生活经验，反映了中国文化中的普遍情形。但其中有一个特殊情况，即由于公务关系的影响，上对下与下对上在正式的公务场合中使用直接和征询使役方式的差别不具有显著性意义，其相关的卡方值只有 0.517，小于临界值 3.841，说明在工作场合，在例行的公事中，上对下与下对上的使役方式基本一致，根据我们上表中的调查数据，两者都是以使用直接使役方式为主，其比例均在 80%以上，而使用征询方式的比例均在 20%以下。

2.1.2 工作职责与使役方式

行使职权者对当事人：公务场合包括情景 20、63、21、22、6，私事场合包括情景 62、7。当事人对行使职权者的情景有 23、26、24、25、8、27。

原始数据及百分比数据表

情景	直 接	询 问	暗 示	醒 示	辅 助	礼 貌
20	64(96%)	2(3%)	0	20(30%)	45(67%)	63(94%)
63	64(96%)	2(3%)	0	35(52%)	10(15%)	64(96%)
21	64(96%)	0	0	26(39%)	17(25%)	64(96%)
6	35(97%)	1(3%)	0	29(81%)	2(6%)	20(56%)
22	27(82%)	6(18%)	0	3(9%)	9(27%)	28(85%)
62	26(39%)	32(48%)	0	42(63%)	22(33%)	44(66%)
7	22(61%)	14(39%)	0	27(75%)	13(36%)	23(64%)
23	30(77%)	0	3(8%)	30(77%)	25(64%)	22(56%)
26	47(90%)	3(6%)	0	24(46%)	29(56%)	37(71%)
24	23(59%)	3(8%)	7(18%)	24(62%)	14(36%)	21(54%)
25	20(38%)	11(21%)	19(37%)	30(58%)	7(13%)	18(35%)
8	36(38%)	52(55%)	5(5%)	90(96%)	42(45%)	33(35%)
27	53(56%)	29(31%)	7(7%)	83(88%)	52(55%)	49(52%)

相关分析数据

权职者在公务场合和在私事场合运用使役方式的区别：

卡方值：$\chi^2=24.18$，$\chi^2>\chi^2_{0.05}(1)=3.841$

相关系数：$\tau=0.265$

有权职者对当事人和当事人对有权职者使用使役方式的区别：

卡方值：$\chi^2=2.776$，$\chi^2<\chi^2_{0.05}(1)=3.841$

分析：

(1) 行使权职者对当事人，在公务场合，如情景 20、63、21、6 和 22，直接方式的使用占绝对优势，基本上是在 90%以上，甚少使用征询方式。这是因为其工作具有较强的要求与强制性质，受话人必须遵循，故少商量与询问。在私事场合，如情景 62 和 7，由于发话人的使役要求超出了工作的职权范围，故发话人使用直接使役方式的比例大大下降，而使用征询方式的比例明显提高。相关统计分析表明，这种由公务场合与私事场合所造成的使役方式运用上的区别具有显著性的意义，其卡方值为 24.18，大于自由度为 1、显著性水平为 0.05 的临界值 3.841。另外，在行使权职者对当事人的所有情景中，暗示的使用比例为 0，这是由于其工作性质要求其使役直接而明确所造成的。

(2) 当事人对有权职者，如情景 23、26、24、25、8 和 27，直接方式的使用也相当多，尤其是在对警察等执法人员的使役要求之中，如情景 23 和 26，其比例高达 77%和 90%。因为发话人提出的是正当的使役要求，是受话人应尽的职责，故倾向于直接提出使役要求。情景 8，由于师生关系具有固定的权威性，学生在提出使役请求时，相对会使用较多的征询方式，此情景中达到了 55%。但从总体上看，当事人对行使权职者和行使权职者对当事人在直接使役方式与征询使役方式的使用比例上没有明显的区别，统计分析表明，其相关的卡方值只有 2.776，小于临界值 3.841，不具有显著性意义。这也说明在当代中国行使权职者并不具有特别尊崇的地位，普通人对其也是倾向于直接提出使役要求。这与下级或无官权者对上司或当官者的使役方式具有明显的差别，证明官权和职权在中国文化中的支配力和尊崇程度是不能等同的。数据分析还表明，在当事人对有权职者的使役要求中，出现了暗示使役方式，而在行使权职者对当事人的使役要求中则无，说明当事人对有权职者的使役要求出现了含蓄的成分。

2.1.3 权利义务与使役方式

有权利者对有义务者，包括情景30、28、31、29，有义务者对有权利者包括情景33、32。

原始数据及百分比数据表

情景	直 接	询 问	暗 示	醒 示	辅 助	礼 貌
30	35(73%)	10(21%)	1(2%)	32(67%)	36(75%)	18(38%)
31	23(53%)	20(47%)	0	39(91%)	29(67%)	38(88%)
28	108(70%)	39(25%)	5(3%)	125(81%)	105(68%)	117(76%)
29	45(94%)	0	3(6%)	24(50%)	21(44%)	7(15%)
33	26(54%)	2(4%)	2(4%)	9(19%)	19(40%)	24(50%)
32	17(40%)	13(30%)	7(16%)	24(56%)	31(72%)	14(33%)

相关分析数据

有权利者对有义务者的使役方式与有义务者对有权利者的使役方式的相关水平：

$\chi^2=0.02$，$\chi^2<\chi^2_{0.05}(1)=3.841$

分析：

(1) 有权利者对对自己负有义务与责任的人在使役方式上以使用直接方式为主，如情景30、31、28和29，其比例均在50%以上。尤其是情景30，直接方式高达94%，而征询方式为0，这可能与社会上个体摊贩总是缺斤少两，买主对其不放心因而使役直接而强硬有关。在这些情景中，除29之外，征询方式的使用也占有一定的比例，尤其是情景31。拥有权利者对欠债人与欠人情者在使役要求上应该具有较强的支配优势，但调查中发话人仍使用了不少的征询方式，说明在汉文化中，拥有权利者对受债人，在正常的心境与环境下并不明显表现出自己的支配优势，不特意的骄横，而是表现出了对受话人的尊重。

(2) 负有义务与责任者对拥有权利者的使役方式也以直接方式为多，如情景 33 和 32，直接比例达到了 54%和 40%，征询方式的比例只有 4%和 30%，说明在正常的情况下，负有义务与责任者对拥有权利者在使役方式上也并不表现出特意的央求和卑屈。

(3) 拥有权利者对负有义务与责任者和负有义务与责任者对拥有权利者在使用直接方式与征询方式时，其区别的卡方值仅为 0.02，小于临界值 3.841，说明二者使用直接方式与征询方式的区别不具有显著性意义，二者的使役方式基本一致。这也表明了在现阶段的中国文化中，拥有权利者和负有义务与责任者在地位与心态上是平等的，并不表现出话语使役方式上的特别差别，这也与上面的分析是一致的。

2.1.4 年辈的长幼与使役方式

在此调查中，我们从不同社会距离中的长幼维度来考察年辈对使役方式的影响。年长者对年幼者有情景 12、16、13、15、14，年幼者对年长者包括情景 17、18、19。

原始数据及百分比数据表

情景	直 接	询 问	暗 示	醒 示	辅 助	礼 貌
12	22(96%)	1(4%)	0	20(87%)	7(30%)	5(22%)
16	10(63%)	3(19%)	2(13%)	15(94%)	8(50%)	6(38%)
13	25(93%)	0	0	13(48%)	13(48%)	
15	8(50%)	8(50%)	0	15(94%)	5(31%)	11(69%)
14	16(64%)	6(24%)	0	22(88%)	8(32%)	10(40%)
17	87(76%)	22(19%)	2(2%)	106(92%)	28(24%)	30(26%)
18	42(37%)	69(60%)	0	106(92%)	97(84%)	85(74%)
19	29(31%)	64(68%)	0	90(96%)	13(14%)	80(85%)

相关分析数据

亲属关系中年长者对年幼者的使役方式与年幼者对年长者的使役方式的区别：

$\chi^2=0.343$，$\chi^2<\chi^2_{0.05}(1)=3.841$

熟识关系中年长者对年幼者的使役方式与年幼者对年长者的使役方式的区别：

$\chi^2=11.08$，$\chi^2>\chi^2_{0.05}(1)=3.841$

相关系数：$\tau=0.097$

陌生关系中年长者对年幼者的使役方式与年幼者对年长者的使役方式的区别：

$\chi^2=11.21$，$\chi^2>\chi^2_{0.05}(1)=3.841$

相关系数：$\tau=0.112$

分析：

(1) 在亲属关系中，如情景 12、16 和 17，年长者对年幼者使用直接使役方式的比例与年幼者对年长者使用直接使役方式的比例都很高，而使用征询方式的比例都较低。统计分析表明，二者在使用直接方式和征询方式上没有显著性差别，其卡方值只有 0.343，小于临界值 3.841。这说明在汉文化中，亲属之间以直接使役方式为主，长对幼与幼对长都是直接请求对方，没有大的差别。幼对长也使用直接使役方式与汉文化中浓厚的亲情意识和亲人之间明显的责任与义务有关。长对幼应尽的义务与亲密的关系抵消了幼对长在使役时对长者的征询和让其自主选择的考虑，直接要求长者为自己做出某种行为成了自然而然、天经地义的事情。这与西方文化中，亲属之间也多使用征询使役方式有所不同。在礼貌词语的使用上长对幼和幼对长的使用比例都低，而第二人称的使用比例都高，进一步证明了亲属之间使役的直接和直率。

(2) 在熟识关系中，年长者对年幼者的使役要求以直接方式为主，如情景 13 与 15，直接使役方式分别达到了 93%和 50%。而年幼者对年长者，则以征询方式为主，如情景 18，征询方式的比例为 60%，直接方式只有 37%。统计数据表明，年长者对年幼者与年幼者对年长者在使用直接与征询方式上的这种区别具有显著性意义，其卡方值为 11.08，大于临界值 3.841。同时年幼者对年长者的使役要求礼貌词语的使用比例高于年长者对年幼者的使用比例，表明年幼者对年长者的尊重程度有了增加。

(3) 在陌生关系中，年长者对年幼者的使役要求以直接方式为主，如情景 14，直接比例高达 64%。年幼者对年长者的使役方式以征询方式为主，如情景 19 的征询比例为 68%。统计分析表明，在陌生关系中，年长者对年幼者与年幼者对年长者的使役方式具有显著性差别，其卡方值 11.21 大于临界值 3.841。同熟识关系一样，年幼者对年长者礼貌词语的使用比例比年长者对年幼者的使用比例高。

可见，年辈因素对使役方式产生了影响，年辈因素除在亲属关系中不起关键性的作用外，在非亲属的关系中，则是具有显著性影响的，长幼使用的使役方式明显不同，年辈高者对年辈低者具有年辈上的支配力，以直接使役方式为主，年辈低者对年辈高者或多或少总带有些尊重的情感，倾向于以征询使役方式为主。可见中国文化中年辈的作用。

2.1.5 总结

从上述分析可见，社会权力对使役方式的影响是巨大的，但却不是笼统地都起作用。一般来说，权力大者对权力小者，除了职责权力类型中的私事场合外，均是以直接使役方式为主，显示了上对下权力支配关系的普遍性。而权力小者或无权者对权力大者，除工作职责权力类型、权利义务权力类型及亲属关系等外，普遍以征询使役方式为主，它与上对下的使役方式在统计学上构成了显著性的差别，形成了上下不同的使役运用状况。

官职关系和年辈关系（除亲属）在中国文化中具有特殊的意义，上下、长幼的使役方式区别显著，在这两种权力关系中，权力的大小与使役的直接方式成正比，即权力越大，直接的比例越高，权力越小，直接的比例越低；而与征询使役方式成反比。

亲属关系在中国的人际关系中占有特殊的地位，亲属长幼之间的使役方式没有显著差别。同时亲属关系还能影响官权的支配作用，如情景 16，身为下属的叔叔对当上司的侄子亦使用有较高比例的直接使役方式。

公务场合对权力支配力的影响和对使役方式的作用同样显著。在正常的工作要求、工作关系与工作程序的影响下，官权关系中下对上的使役方式与上对下的使役方式不构成显著性区别；而离开了公务场合的限制，下对上的使役方式与上对下的使役方式则呈现出显著性的不同。同时，官权关系里下对上的使役方式也因公务场合与私事场合的不同而产生了显著性的差别。在工作职权类型中，公务场合的影响也得到了证明，有职权者在公务场合和在私事场合使用使役方式的差别具有显著性的意义。

张绍杰、王晓彤(1997：67)分析社会权力对使役方式的影响只将权力类型笼统划分成说话人权力高于听话人、低于听话人和与听话人平等三种，而不区分情景类型来研究，其结论是不管说话人的权力是高、是低还是与听话人平等，直接使役方式的使用比例都很低，而规约性间接使役方式，即征询方式的使用比例都很高，在 50%以上。Song Mei Lee-Wong(1994：501—503)也是笼统地按照这三个等级来统计，不区分各种情景类别及场景等因素的影响，其结论是发话人权力高或与受话人平等时以直接使役方式为主，权力低时以规约性间接策略为主。我们认为这种做法掩盖了权力影响使役方式的许多事实和规律，加之上一节所说的其在研究实施方案上的不足导致了其结论的偏颇。

2.2 社会距离与使役方式的关系

社会距离指交际双方之间的亲疏熟识程度。我们将社会距离分成亲属关系、熟识关系、相识关系及陌生关系四种，其社会距离相应增大。亲属关系有情景 12、17、34，熟识关系有情景 39、50、37、35，相识关系有情景 40、38、41，陌生关系有情景 43、45、42。

原始数据及百分比数据表

情景	直 接	询 问	暗 示	醒 示	辅 助	礼 貌
12	22(96%)	1(4%)	0	20(87%)	7(30%)	5(22%)
17	87(76%)	22(19%)	2(2%)	106(92%)	28(24%)	30(26%)
34	86(91%)	8(9%)	0	82(87%)	6(6%)	16(17%)
39	76(55%)	57(42%)	0	113(82%)	27(20%)	86(63%)
50	85(62%)	64(47%)	1(1%)	135(99%)	41(30%)	115(84%)
37	79(50%)	73(46%)	2(1%)	130(82%)	121(77%)	35(22%)
35	56(39%)	80(56%)	1(1%)	116(82%)	79(56%)	22(15%)
40	29(20%)	101(71%)	1(1%)	110(77%)	53(37%)	41(29%)
38	53(34%)	90(57%)	11(7%)	116(73%)	107(68%)	68(43%)
41	21(14%)	120(78%)	4(3%)	119(77%)	74(48%)	37(24%)
43	39(27%)	96(68%)	1(1%)	75(53%)	45(32%)	99(70%)
45	17(12%)	110(80%)	1(1%)	66(48%)	61(45%)	75(55%)
42	55(42%)	78(60%)	0	86(66%)	13(10%)	65(50%)

相关数据

相识与陌生两种距离在使役方式上的区别情况：

$\chi^2=0.216$，$\chi^2<\chi^2_{0.05}(1)=3.841$

亲属、熟识与生疏三种距离在所有情景中的使役区别情况：

$\chi^2=69.81$，$\chi^2>\chi^2_{0.05}(2)=5.991$

相关系数：$\tau=0.087$

亲属、熟识与生疏三种距离在行动类使役类型中的区别情况：

$\chi^2=89.85$，$\chi^2>\chi^2_{0.05}(2)=5.991$

相关系数：$\tau=0.113$

分析：

(1) 相识与陌生两种社会距离在情景40、38、41和43、45、42中，其运用使役方式的相关卡方值为0.216，远远小于显著性水平为0.05、自由度为1的临界值3.841,说明这两种社会距离对直接和征询两种使役方式的使用不产生显著的影响。故在以后的分析中,我们将这两种社会距离合并成一种:生疏。相识和陌生两种社会距离,在上述情景中,在醒示语和礼貌词语的使用上具有一些差别。醒示语和使用比例,相识关系要高于陌生关系,而礼貌词语的出现比例,陌生关系却比相识关系为高。

(2) 在亲属关系中,如情景12、17和34,直接使役方式的使用占绝对优势,分别为96%、76%和91%,征询方式使用得较少,只有4%、19%和9%,礼貌词语也较少使用。在熟识关系中,如情景39、50、37和35,直接使役方式与征询使役方式的使用比例基本上持平,都在50%左右。礼貌词语的使用比亲属关系有较大的增加。而在生疏关系中,征询方式的使用比例大大高出直接方式,在生疏关系的6个情景里,征询的比例几乎都在60%以上,而直接方式的使用基本上都在30%以下。

(3) 对于亲属、熟识和生疏三种社会距离,在表中列出的所有情景中,使用直接和征询方式的差别具有显著性意义,其卡方值为69.81,大大高于显著性水平为0.05、自由度为2的临界值5.991。说明随着社会距离的推远,使用直接使役方式的比例减少,而使用征询方式的比例增多;而随着社会距离的拉近,直接使役方式的比例增多,征询方式减少。就是在高直接方式的行动类使役要求中,亲属、熟识和生疏三种社会距离使用使役方式的差别依然具有显著性意义,卡方值达到了89.85。

可见,社会距离在汉文化中对使役方式的影响是非常巨大的,是影响发话人使役策略选择的又一重要因素,它以熟识关系为中介点,往上,即距离拉近,直接方式占优势;往下,即距离推远,征询方式占优势。

对于社会距离对使役方式的影响,张绍杰、王晓彤和Song Mei Lee-Wong的结论有些相互矛盾。张绍杰、王晓彤(1997:66)认为,交际双方的关系越近,使用直陈式的比例越高,使用规约性间接式的比例越低，反之亦然，这是对的。但同时又认为“汉语中倾向于较少使用直陈式请求方式，即使在亲朋之间，也尽量避免冒犯他人，因此使用率仅占有43％”，这与我们的日常经验是不相符合的。Song Mei Lee-Wong（1994：504）认为在社会距离远时，规约性间接方式是适宜的，而社会距离近时，祈使方式是常规，与张绍杰、王晓彤的结论相左。

2.3　对受话人顺从程度的估计与使役方式的关系

发话人估计受话人肯定会顺从自己的使役要求的情景有58、57、37，发话人对受话人是否会接受自己的使役要求无把握则有情景59、61、60。

原始数据及百分比数据表

情景	直 接	询 问	暗 示	醒 示	辅 助	礼 貌
58	73(78％)	14(15％)	1(1％)	84(89％)	8(9％)	22(23％)
57	66(57％)	43(37％)	1(1％)	86(75％)	51(44％)	3(3％)
37	79(50％)	73(46％)	2(1％)	130(82％)	121(77％)	35(22％)
59	48(42％)	62(54％)	1(1％)	87(76％)	56(49％)	1(1％)
61	29(25％)	78(68％)	2(2％)	86(75％)	46(40％)	7(6％)
60	7(7％)	77(82％)	1(1％)	76(81％)	28(30％)	24(26％)

相关分析数据

顺从与不顺从在使役方式使用上的相关情况：

$\chi^2=24.71$，$\chi^2<\chi^2_{0.05}(1)=3.941$

相关系数：$\tau=0.12$

分析：

从上面的统计数据可以看出，发话人估计受话人对自己的使役要求肯定会顺从时，使用直接使役方式的比例较高，如情景58、57和37，直接方式的比例均在50％以上，而使用征询方式的比例普遍较低。当发话人对受话人是否会顺从自己的使役要求没有把握或者估计受话人难以顺从时，使用征询方式的比例比较高，情景59、61 和 60 均在 50%以上，相反，使用直接方式的比例很低，平均不到 25%。相关分析表明，这两种估计情况对使役方式的影响是有区别性意义的，其卡方值达到了 24.71，大于显著性水平 0.05、自由度为 1 的临界值 3.841。可见，发话人对受话人是否会接受自己的使役要求的估计也成了影响发话人使役方式运用的重要因素。另外，发话人对受话人是否接受自己的使役要求没有把握时会使用相对较多的询问性辅助语，这些都体现了发话人在提出使役要求时的探询和委婉态度。

发话人对受话人顺从情况的估计给发话人使役方式造成的影响，张绍杰、王晓彤和 Song Mei Lee-Wong 的研究都没有涉及。

2.4　行动内容与使役方式的关系

2.4.1　行动难易程度对使役方式的影响

我们把行动内容的难易程度区分为难、一般和容易三种等级。难：包括情景 48、49、47，一般：包括情景 35、39、50，容易：包括情景 36、51、37、53。

原始数据及百分比数据表

情景	直　接	询　问	暗　示	醒　示	辅　助	礼　貌
48	35(25%)	94(66%)	2(1%)	109(77%)	103(73%)	26(18%)
49	43(29%)	91(62%)	1(1%)	115(79%)	124(85%)	66(45%)
47	50(32%)	81(53%)	2(1%)	117(76%)	99(64%)	87(56%)
35	56(39%)	80(56%)	1(1%)	116(82%)	79(56%)	22(15%)
39	76(55%)	57(42%)	0	113(82%)	27(20%)	86(63%)
50	85(62%)	64(47%)	1(1%)	135(99%)	41(30%)	115(84%)
53	69(47%)	67(46%)	2(1%)	127(87%)	95(65%)	18(12%)
36	128(79%)	31(19%)	0	141(87%)	26(16%)	124(76%)
37	79(50%)	73(46%)	2(1%)	130(82%)	121(77%)	35(22%)
51	124(78%)	26(16%)	1(1%)	142(90%)	72(46%)	18(11%)

相关数据

三种难易程度在要求受话人采取行动上的相关情况：

$\chi^2=64.05$，$\chi^2>\chi^2_{0.05}(2)=5.991$

相关系数：$\tau=0.075$

三种难易程度在要求受话人借出物品上的相关情况：

$\chi^2=16.69$，$\chi^2>\chi^2_{0.05}(2)=5.991$

相关系数：$\tau=0.02$

分析：

(1) 要求受话人采取行动的使役要求，难度大时，如情景49和47，发话人的使役话语以征询方式为主，其比例为62%和53%，直接使役方式只占29%和32%。使役要求的难度一般时，如情景39和50，直接方式的比例略高于征询方式的比例。而在使役要求容易执行时，直接方式的比例大大高出征询方式的比例，如情景36和51，直接方式的比例分别为79%和78%，征询方式的比例则为19%和16%。统计分析表明，要求受话人采取行动的使役要求，三种难易度在使役方式选择上的相关卡方值为64.05，大于自由度为2、显著性水平0.05的临界值5.991，区别具有显著性意义，证明难易度对发话人使役方式的选择产生了影响。在辅助语的使用上，难度大时，辅助语的使用比例也要高。

(2) 要求受话人借出物品的使役要求，难度大时，以征询使役方式为主，如情景48，其比例达到66%，直接方式只占25%。难度一般时，如情景35，征询方式的使用比例为56%，直接方式为39%。而使役要求容易时，如情景53，征询方式的比例为46%，直接方式达到47%。根据统计分析，这三种难易度在运用使役方式上的相关卡方值为16.69，也大于临界值5.991，说明在要求受话人借出物品的使役要求上，三种难易度对使役方式的影响同样具有显著性的区别意义。从相关系数上来看，三种难易程度对要求受话人采取行动的影响要比对要求受话人借出物品的影响要大。

2.4.2 行动利益对使役方式的影响

发话人使役要求的利益性质可以区分成有利于发话人自己、有利于受话人和有利于第三者三种。有利于发话人的使役要求：情景39、50，有利于受话人的使役要求：情景55、56，有利于第三方的使役要求：情景52、51。

原始数据及百分比数据表

情景	直 接	询 问	暗 示	醒 示	辅 助	礼 貌
39	76(55%)	57(42%)	0	113(82%)	27(20%)	86(63%)
50	85(62%)	64(47%)	1(1%)	135(99%)	41(30%)	115(84%)
55	85(90%)	0	0	53(56%)	42(45%)	4(4%)
56	101(88%)	0	0	46(40%)	71(62%)	0
52	75(80%)	11(12%)	0	80(85%)	33(35%)	1(1%)
51	124(78%)	26(16%)	1(1%)	142(90%)	72(46%)	18(11%)

相关数据

三种利益类型运用使役方式的区别情况：

$\chi^2=63.94$，$\chi^2>\chi^2_{0.05}(2)=5.991$

相关系数：$\tau=0.094$

分析：

(1) 有利于发话人自己的使役要求，如情景39和50，使用直接使役方式与征询方式的比例大致接近，分别为55%、62%和42%、47%，其中直接方式的比例略高。在礼貌词语的使用方面，有利于发话人自己的使役要求使用礼貌词语的比例明显高出有利于对方和第三方的使役要求所用的比例。

(2) 有利于受话人的使役要求，如情景55、56，直接使役方式的使用占绝对的优势，其比例高达90%和88%，这两个情景共调查了237人次，没有一人使用征询方式。礼貌词语的使用也极少，只有情景55出现了4次。而第二人称的使用比例则分别达到89%和85%，远远高于其他两类利益情况的使用比例，醒示语的使用比例也低于其他两类，只有56%和40%。这说明有利于受话人的使役要求，因其内容就是有利于对方的，按Leech(1983)的礼貌原则，即内容本身就是礼貌的，因而，在表现形式上，可以使用直接使役的方式，使用直呼对方的第二人称，可以省去礼貌词语，即少些礼貌和间接程度。这些调查结果与Leech的礼貌要求“尽量多给对方以好处，尽量少给自己捞好处”及礼貌的等级选择是一致的，在这方面中西文化有相似的地方。同时，发话人使用直接使役方式而不用征询方式，还与中国人的客气要求有关，对于有利于受话人的行动，由于对方的客气，中国人要尽量热情而持久地强迫对方接受，这才是有礼，相反，发话人询问受话人自己的接受意愿等，则会显得不够真诚和热情，令对方感到不舒服。在这方面，又与西方礼貌反对强加而要求给对方以自主选择的权利存在有较大的不同。

(3) 有利于第三方的使役要求，由于不带有利己性质，故发话人也使用较高比例的直接使役方式，在情景52和51中，分别达到80%和78%。同时，由于此类要求也不是有利于受话人的，因而同其他两类利益情形相比，发话人使用了较多的语气词和包括了交际双方在内的全称形式，二者分别达到43%、30%和21%、8%。使用语气词，包含了更多的商量和恳求意味，使用全称，以“我们”的形式出现，体现了交际双方的平等和对受话人的尊重，如“让我们去扶一下老太太吧”比“你去扶一下老太太”更有尊重色彩。

(4) 三种利益类型相比较，在使役方式的使用上，三者具有显著性差别，其相关的卡方值为63.94，大于自由度为2、显著性水平为0.05的卡方临界值5.991。根据上表的统计数据，三者严格遵循使役要求有利于发话人、有利于第三方和有利于受话人的利益先后顺序排列，发话人的使役要求越有利于发话人，使用直接方式的比例越小，越有利于受话人，使用直接方式的比例越高，征询方式则相反。也就是说直接使役方式的使用比例与发话人使役要求的利我性质成反比，与利他性质成正比，征询方式的使用比例与发话人使役要求的利我性质成正比，而与利他性质成反比。在礼貌词语上，使役要求的利我性质越高，礼貌词语出现的比例越高，反之亦然。

2.4.3 行动内容类别对使役方式的影响

我们将行动类别区分成发话人要求受话人做出具体的动作、要求受话人借出物品和询问受话人信息三类，其出现环境分为交际双方熟识和不熟识两种。要求受话人做出行动有情景 39、50、36、38、43，要求受话人借出物品有情景 35、53、37、40、45，询问受话人信息情景是 54、44、46。

原始数据表

情景	直 接	询 问	暗 示	醒 示	辅助	礼 貌
39	76(55%)	57(42%)	0	113(82%)	27(20%)	86(63%)
50	85(62%)	64(37%)	1(1%)	135(99%)	41(30%)	115(84%)
36	128(79%)	31(19%)	0	141(87%)	26(16%)	124(76%)
38	53(34%)	90(57%)	11(7%)	116(73%)	107(68%)	68(43%)
43	39(27%)	96(68%)	1(1%)	75(53%)	45(32%)	99(70%)
35	56(39%)	80(56%)	1(1%)	116(82%)	79(56%)	22(15%)
53	69(47%)	67(46%)	2(1%)	127(87%)	95(65%)	18(12%)
37	79(50%)	73(46%)	2(1%)	130(82%)	121(77%)	35(22%)
40	29(20%)	101(71%)	1(1%)	110(77%)	53(37%)	41(29%)
45	17(12%)	110(80%)	1(1%)	66(48%)	61(45%)	75(55%)
44	109(80%)	24(18%)	0	59(43%)	53(39%)	96(71%)
46	114(97%)	5(3%)	0	63(42%)	6(4%)	125(84%)
54	72(80%)	9(10%)	7(8%)	85(94%)	0	6(7%)

相关数据

要求对方行动、借出物品和提供信息三类类别在运用使役方式上的区别：

$\chi^2=65.02$，$\chi^2>\chi^2_{0.05}(2)=5.991$

相关系数：$\tau=0.077$

要求采取行动和提供信息在使役方式上的区别：

$\chi^2=39.34$，$\chi^2>\chi^2_{0.05}(1)=3.841$

相关系数：$\tau=0.155$

要求借出物品和提供信息在使役方式上的区别：

$\chi^2=72.99$，$\chi^2>\chi^2_{0.05}(1)=3.841$

相关系数：$\tau=0.244$

在熟识关系中，要求受话人采取行动和借出物品而运用的使役方式的区别：

$\chi^2=8.221$，$\chi^2>\chi^2_{0.05}(1)=3.841$

相关系数：$\tau=0.031$

在生疏关系中，要求受话人采取行动和借出物品而运用使役方式的区别：

$\chi^2=0.005$，$\chi^2<\chi^2_{0.05}(1)=3.841$

分析：

(1) 对于要求受话人采取具体行动的使役性言语行为，如情景 39、50、36、38 和 43，在交际双方关系熟识时，直接使役的方式较多，如情景 39、50 和 36，直接使役的比例分别达到 55%、62%和 79%，而征询方式的比例只有 42%、37%和 19%；在关系生疏时，则以征询方式为主，如情景 38 和 43，征询的比例分别为 57%和 68%，直接使役方式只占 34%和 27%。在辅助语的使用上，关系生疏时使用辅助语的比例高于关系熟识时，因为关系熟识，发话人可以少做行动使役的解释。

(2) 对于要求受话人借出具体物品的使役性言语行为，交际双方关系熟识时，直接使役方式和征询方式的比例基本上相当，如情景 35、53 和 37，其比例都在 50%上下。而当交际双方关系生疏时，征询方式的比例大大高出直接方式的比例，在情景 40 和 45

中，征询的比例分别为71%和80%，而直接方式的使用比例只有20%和12%。

(3) 对于询问信息的使役性言语行为，直接使役方式占绝对优势，如情景44、46和54的直接方式比例高达80%、97%和80%，征询方式的比例只有18%、3%和10%。其主要原因是由于使役本身就是询问信息，属于问句形式，发话人较少再询问受话人能否询问信息，如"您能告诉我到动物园怎么走吗"或"我能请问到动物园怎么走吗"，而是采用直接询问对方的形式，如"请问到动物园怎么走"，这属于直接要求对方提供信息，是直接使役方式。另外，在熟识关系中，如情景54，暗示、醒示语和第一人称的使用比例高于在生疏关系中的使用比例，如情景44和46中的比例；相反，在生疏关系中，礼貌词语的使用比例高于在熟识关系中的使用比例。

(4) 三种类别使用使役方式的区别：

第一，在全部情景中，要求受话人采取具体的行为动作、要求受话人借出物品和询问受话人信息三种类别在使用直接使役方式和征询方式时的卡方相关值为65.02，大于自由度为2、显著性水平0.05的临界值5.991，说明这三种使役类别对于直接使役方式和征询方式的选用是有显著性差别的。其中，询问信息使用直接方式比例最高，要求采取行动的次之，要求借出物品的比例最小，相反，在征询方式的使用上，要求借出物品的比例最高，询问信息的比例最小。在这三种类别之中，要求受话人采取具体行动与询问受话人信息的卡方相关值为39.34，相关系数为0.115；要求受话人借出物品和询问受话人信息的卡方相关值为72.99，相关系数为0.244，可见，要求受话人借出物品与询问受话人信息在使用直接使役方式和征询使役方式上的差别要比要求受话人采取具体行动与询问受话人信息的差别大。要求受话人借出物品、要求受话人采取具体行动和询问受话人信息形成了一个直接使役比例递增而征询使役比例递减的排列序列。

第二,要求受话人采取具体行动与要求受话人借出物品的使役差别,随社会距离的不同而有所不同。在熟识关系中,如情景39、50、36和35、53、37,要求受话人采取具体行动与要求受话人借出物品的使役差别具有显著性意义,两类的卡方值为8.211,大于自由度为1、显著性水平为0.05的临界值3.841。表明在要求受话人采取具体行动时,发话人使用直接方式较多,在要求受话人借出物品时,发话人的使役方式则以征询方式为多。而在生疏关系中,要求受话人采取具体行动与要求受话人借出物品的使役方式不具有显著性差别。两类的卡方值为0.005,远远小于自由度为1、显著性水平为0.05的临界值3.841。

对于行动内容对使役方式的影响,张绍杰、王晓彤和Song Mei Lee-Wong只粗略地提到了内容难度的作用,对于其他众多项目则没有进行研究。

3. 讨论

3.1 直接使役方式的价值及运用要求

直接使役方式是汉语中一种极为常用、非常重要的使役方式,它使役明确而直接,而且能显示使役要求的正当和正式。它在上对下的权力关系中,在亲属之间,在公务场合,在有利于受话人的使役要求中,在估计受话人肯定会顺从自己的使役要求等的情况下,得到了非常广泛的运用,是这些场合中常规的、占主导地位的使役方式,相反,如果在这些场合使用间接方式,则属于有标记用法,有可能会带上一些特殊的含义。同时在其他一些场合,直接使役方式也常出现。

汉语直接使役方式的使役强加力量可通过多种手段来进行调节。其一是礼貌词语的运用。调查数据显现,在直接使役方式使用比例高的场合,礼貌词语出现的比例一般也高。礼貌词语能表达对受话人的尊敬、对其恩德的赞誉,也能表达发话人的抱歉,因而能补充强加在礼貌上的不足,能补救发话人对受话人造成的不快。其二是辅助语的使用。辅助语能解释发话人提出使役要求的理由，能给受话人提供执行使役要求的前提条件及好处等等，发话人还可以通过辅助语来探询受话人做出行动反应的意愿及可能性等，为正式使役要求的提出奠定基础，并减弱使役提出的突兀。下面一些从实际调查中抽取出来的例子就是较好的说明："老刘，我亲戚下岗了，想找个事做，他这人老实听话，请帮个忙。"、"李里，这两天你有时间吗？我有急事要外出，想请你顶替两天工。回来我再顶替回你。"有了这些辅助语的解释和铺垫，使役要求的提出就顺利得多了，也容易为受话人所接受。相反，如果直通通地提出："帮我亲戚找个事做"、"顶我两天工"则受话人要难以接受得多。其三是语气词的调节。语气词"吧"等带有恳商、央求等含义，可以缓和直接使役的强迫。正是由于这些手段的作用，使直接使役方式能够在一个中国人可接受的直接性水平上普遍被运用。

直接使役方式在西方文化中一般被认为是一种粗鲁的、难以接受的使役方式，而在汉文化中却使用得极为普遍，其原因何在？Song Mei Lee-Wong(1994：509—510)认为是出于明确与清晰的需要及省力的原则，即以最简洁的形式达到最好的效果。这是从话语形式的表达效果上做出的解释，还没有揭示更深层的文化上的原因。我们认为，首先，中国文化特别强调个人的权势和地位，上下有别，长幼有序，这种权势能够造成直接使役方式的合法使用和地位低微者的正常接受。其二，汉文化亲属关系之间浓厚的亲情意识和义务感，能够自然地接受直接使役方式，并将之常规化。中国社会又是一个在亲缘基础上发展起来的社会，亲属关系常常能够加以扩大，从而更造成了直接使役方式的普遍使用。其三，是汉文化中的客气习惯使然，不强加不足以显示中国人的热情和好客。其四，是工作关系的优先要求。工作关系讲求直接、效率和规程，正式的工作场合可以将直接使役方式合法化。其五，汉语中有许多调节直接使役方式礼貌力量不足的手段，可以使直接方式普遍使用。当然，Song Mei Lee-Wong 提出的明确与效率方面的要求也是造成直接方式普遍使用的原因之一。

3.2 征询使役方式的价值及运用要求

征询方式，是发话人征询受话人接受使役要求的意愿、条件及可能性等等，从而表达出使役用意的使役方式，在形式上包括一般问句和附加问句。征询方式是一种商量、央求式使役方式，在正常情况下，语气较为缓和，与直接使役方式形成了对比。

在调查中，我们发现征询方式除表达使役用意之外，还具有多种功能。第一是探询功能。在不能肯定对方是否会顺从自己的使役要求的时候，在使役的难度较大需要询问受话人采取行动的可能性的时候，在发话人权势不够需要询问受话人意愿的时候，发话人往往使用征询方式来征询受话人的意见，探讨对方执行使役要求的可能状况，从而为发话人下一步的行动打下基础。第二是礼貌功能。征询使役方式具有显著的礼貌功能，征询方式是建立在商量、提议等基础上的，能体谅对方的难处，能尊重对方的意愿，能给予对方自主选择的自由，从而避免和减少了直接使役的强加和不快。在不利于直接强加的场合，在交际双方关系比较生疏的时候，发话人经常使用征询方式来达到礼貌请求对方的目的。在明知对方能顺从自己的使役要求的情况下，在具有条件直接使役对方的场合，发话人也可以不使用直接方式而采用征询方式来达到尊重对方的礼貌目的，显示对受话人的体谅和关心。调查资料还显示，征询方式的使用比例与礼貌词语的使用比例成反比，即在征询方式使用比例高的场合，礼貌词语的使用反而少，这是因为征询方式本身就具有礼貌作用，可以减少礼貌词语的运用。而在运用直接使役方式的时候，高比例的直接方式往往伴随有高比例的礼貌词语的运用，证明征询方式与直接使役方式在礼貌功能上是有所不同的。第三是央求功能。附加问句等征询使役方式还具有较强的恳请色彩，能增强使役的促效力量，它也属于一种力量强化型使役方式，但与直接使役方式的力量强化不同，前者是建立在征询和情感基础上的，后者是建立在威势基础上的。在发话人有求于对方的时候，在发话人的使役驱使力量不够的时候，及在发话人使役意愿迫切的时候，发话人经常运用附加征询方式来增强恳请的力量。如："你去嘛，好不好?"一般来说比"你可不可以去一下"的恳请力量要强。

征询方式也是汉语中一种非常重要的使役方式，具有非常广泛的使用领域。在发话人不具有绝对支配权力的场合，在不熟识的关系中，在使役要求难度大的时候，在对受话人是否接受使役要求没有把握的情况下，以及要求受话人借出物品和行动内容有利于发话人等的环境中，征询方式的使用比例非常高。另外，在发话人不想直接强加对方，而想表现出对受话人的尊重、友好和平等时，也经常使用征询方式来代替直接使役方式。

征询使役方式和直接使役方式在汉文化中是两种相互补充、同样重要的使役方式，一种是商量型的，一种是强加型的，各具自己独特的功能，各有自己的优势使用场合。在总体上来说，二者处于互补的分布之中，在有些情景中，以直接使役方式为主，在另一些情景中又以征询使役方式为主。但二者又不是绝对不可替代，在有些时候，发话人既可以使用直接使役方式，也可以使用征询使役方式，但二者所表现出来的人际关系色彩和发话人的使役态度是有不同的。例如你可以对同一个人说："您能不能批一个字?""您批个字"但二者所体现的人际关系或使役态度有不同。发话人往往根据其与受话人的关系和自己想表现出来的态度来综合考虑对二者的选择。征询方式和直接方式在汉文化中的地位同等重要。但张绍杰、王晓彤的结论是规约性间接策略(相当于征询方式——本文作者注)是汉语中最常见的也最礼貌的请求策略，在其调查的全部类型中，规约性间接策略的使用比例都在50%以上，并且提出"即使是在亲朋、夫妻之间也多使用规约性间接策略"，其比例达到 54.7；"地位高的说话人也使用较高比例的间接式"(1997：67)，比例达到53%。这种调查结论起码与我们的日常经验是不相符合的。Song Mei Lee-Wong 的结论恰好相反，她认为直接使役方式是汉文化中占绝对优势地位的使役方式，“与西方以规约性间接策略为主相反，研究表明，直接使役是最常用的主要策略”（1994：491）。她调查的结果是直接使役、规约性间接策略和暗示的使用比例分别占 73.4%、19.2%和 1.4%（1994：492），并且提出“中国人不喜欢迂回，直接表达是优先选择，询问受话人做某事的能力和意愿一般不被认为是请求的常规”（1994：511），因为它怀疑了受话人的慷慨，也与发话人的真诚相矛盾（1994：508）。这么一种结论也是有失公允的，我们在生活中经常询问受话人接受使役要求的意愿等等，非常自然，并不显得发话人不真诚，也并不表示受话人有不慷慨之嫌，而是非常有礼貌的使役方式。这两种相互矛盾的结论都不免偏颇，都有违汉文化的实际和我们的日常经验。这种结论的获得与他们的调查设计及分析方法的不足是有关系的。

3.3 暗示使役方式的价值及运用要求

暗示是通过陈述与使役有关的事态或情况等来间接发出使役用意的使役性言语行为。调查表明，暗示方式在汉语使役性言语行为中很少使用，平均比例大概只在 1%左右，不是一种常用的使役方式，这与 Blum-Kulka 等、张绍杰等和 Song Mei Lee-Wong 的调查结果大体一致，说明在中西方文化中暗示都不是主要的使役方式。暗示一般是在情况不明、发话人不愿明确提出使役要求或者是有所顾忌的时候使用。在场合类型上，在权力关系中的下对上的场合、社会距离里的相识情形中使用的比例要稍多一些，而在权力关系的上对下的场合，在有利于受话人的使役要求中几乎不使用暗示方式。

3.4 辅助语的运用

调查表明辅助语是汉语使役性言语行为的重要组成部分。辅助语具有重要的使役调节功能，它能解释使役提出的理由，说明使役的必要，提供给受话人以执行使役要求的补偿等等，因而能减少使役给受话人所带来的强迫和不快，能体谅受话人的难处，使发话人能够顺利提出使役要求，使受话人能够舒心地接受使役要求。因此，在许多场合，没有辅助语的帮助，发话人几乎难以合情合理地向受话人提出使役的要求，也难以使受话人做出发话人所希望的行动反应。

辅助语的使用主要与发话人需要说明的事项密切相关，而与权力、年辈等因素没有直接的联系。如果语境明确，发话人所要求的事项明白，则较少使用辅助成分。如在公务场合，由于事情明白，程序等清楚，故辅助语的使用比例低。在亲属关系中，由于亲人之间了解甚多，所要求的事项相互明白，故也较少使用辅助语。而在事情比较复杂，需要发话人较多地阐明有关情况的情景中，辅助语的使用比例相对就比较高。例如，在使役要求难度大时，辅助语的使用比例较高，而在使役要求容易时，辅助语的使用比例相对就低。再如，难度相同，要求受话人借出物品比要求受话人做出行动和提供信息使用辅助语的比例要高。原因在于发话人找人家借东西总要说明情况，阐明理由等等，而要求对方行动或提供信息双方对情景的互明程度要大一些。如情景 36，要求同事递几颗图钉，因情景就在眼前，双方明白，故少用辅助语。

3.5　醒示语的运用

醒示语是汉语使役性言语行为的又一重要组成部分，在所有情景中都有广泛的使用。其使用的原则是看在具体的语境中使役的对象是否明确，看是否要引起受话人对使役要求的注意和重视。醒示语除能引起受话人的注意外，还是重要的礼貌表现手段，一般来说，它是使役性言语行为中最先出现的礼貌形式，能奠定交际双方之间的关系和谈话的基调。醒示语的使用与发话人希望唤起受话人注意的动机直接相关，没有调查数据表明它对使用场合有特别的偏好。

3.6　礼貌词语的运用

礼貌词语在汉语使役性言语行为中也使用得非常普遍，而且比例较高。直接使役方式因其本身的礼貌程度不高，需要有礼貌词语来补充,因此汉语的礼貌词语总是较多地出现在直接使役话语之中。征询方式因其本身就有礼貌功能,礼貌词语的出现比例比较低,但只要发话人愿意,他也可以在使用征询方式的同时使用礼貌词语。正因为如此,一般认为上对下较少使用礼貌词语,下对上较多使用礼貌词语的感觉并不符合我们调查的实际。因为下对上较多使用征询使役方式,故使用礼貌词语反而少。在使役的利益性质上也是如此,因为使役要求有利于对方,使用了较多的直接方式,相应地礼貌词语的出现比例也高。在有利于发话人自己的使役要求中,因使用了较多的征询方式,因而礼貌词语反而少。这也与一般人的推测有所不同。

3.7 汉语使役性言语行为中的礼貌问题

使役性言语行为与礼貌的关系非常密切,从调查分析中我们发现,汉语使役性言语行为中的礼貌有自己的特点。下面我们从几个方面来做些讨论。

3.7.1 强加与礼貌问题

西方礼貌理论强调不要强加。1973 年 Lakoff 提出了三大礼貌原则:(1) 不要强加,即不要干预别人的事情。(2) 提供选择,即让听话人自己决定。(3) 友好相待,即双方建立起一种平等的、同志般的关系(引自祝畹瑾 1992:158)。Leech(1983:108)在讨论礼貌原则时也提出了间接程度等级问题,认为"同样的命题内容,礼貌程度随言外之力的间接程度增加,间接的施为行为倾向于更加礼貌"。何自然教授(1997:112)也提出"英语的祈使句一般不用来表达请求,因为那样很不礼貌"。然而,在汉文化的使役性言语行为之中,直接的强加在相当大的范围内都是可接受的使役方式,直接使役方式是中国人极为常用而且也是非常重要的使役方式,几乎在所有的关系和情景中都可以使用,只是比例有大小不同而已。"强加"作为礼貌的禁忌不是没有意义,而是受到了民族文化的调节,在不同的民族文化中具有不同的礼貌价值和针对性的调节手段。"强加"在汉文化中不具有决定礼貌价值的关键性意义。这是因为：中国人的权势观念很重，可以很自然地容许尊长者使用直接使役手段；中国人的亲情意识浓厚，亲人间的责任与义务天经地义，因而使役要求可以非常直接；中国人集体观念很重，个人的价值融会在集体之中，西方所主张的个人自由和个人权利在汉文化中表现得不明显，因而在集体活动中，在集体工作的运行和程序之中，使用直接使役方式并无犯忌之嫌。这些都是中国文化不同于西方文化的地方，从而也导致了强加在汉文化中的不同意义。再者，中国人的礼貌表现更重视礼貌词语、称呼方式及体谅对方难处的辅助语等的运用，它们对直接强加具有非常重要的礼貌补足与调节功能，甚至可以说，它们在礼貌调节上的作用超过了对使役方式本身的选择。试比较下面几组例子：

a：拿一下东西。

b：麻烦您拿一下东西。

大爷，请您拿一下东西。

c：你能不能拿一下东西？

a组是无礼貌手段调节的直接使役方式，b组是有礼貌手段调节的直接使役方式，c组是无礼貌调节手段的征询使役方式，可以看出，在语气正常的情况下，b组明显比a组有礼貌，也比c组有礼貌，可见，使用了礼貌手段的直接使役方式比没有使用礼貌词语的征询方式礼貌程度更高。我们承认征询方式的礼貌程度比无礼貌词语的直接使役方式的礼貌程度要高，但中国人可以将更多的礼貌考虑放在使役方式之外的礼貌手段的使用上，以礼貌调节手段去补充使役方式上礼貌程度的不足，由此可以将强加的直接使役方式变成很有礼貌的使役方式，可以在很大程度上让受话人愿意接受，并认为其有礼貌。加上了礼貌手段的调节，旨在强加的直接使役方式在汉文化中成了普遍能够接受并具有很高使用比例的使役方式。

我们的结论是，汉文化中，“强加”对礼貌不是没有负面的影响，尤其是纯粹的语气强度上的威势强加，但是，汉文化中有许多社会因素能够将强加合法化和常规化，有许多礼貌手段可以调节强加在礼貌上的不足，因而能够在很大程度上抵消强加的负面效果，能够在广泛的范围内使中国人容忍并自然地接受直接使役方式。这与西方以征询使役方式为主的文化习惯显著不同。

3.7.2 使役与面子问题

Brown & Levinson(1978)认为，面子是每个社会成员想为自己争取的公开的自我体现(the public self-image)，并将面子区分成正面面子(positive face)和负面面子(negative face)。正面面子指的是希望得到别人的欣赏和赞许，负面面子则是行动的自主，即具有行动的自由和不被强加的自由。某些言语行为内在地影响交际者的面子，因为它们的性质与受话人或发话人的面子要求相矛盾。Brown & Levinson依据西方文化所建立的面子理论是否符合中国的现实呢？

正面面子要求，即希望得到别人的欣赏和赞同，在汉文化中同样具有意义，汉文化中个人的尊严和价值需要得到别人的尊重。但负面面子要求，即不被强加，拥有个人行动与决定的自由，在西方文化中表现得特别突出，也特别敏感，而在中国文化中却并不具有普遍的意义。在中国，个人并不拥有绝对的权利和行动自由，影响受话人的行动自由也并不一定威胁和伤害到受话人的面子，相反在很多情况下都可以被受话人接受。在我们的调查资料中，直接使役方式使用得非常普遍就是证明。汉文化中真正能威胁受话人面子的，能使受话人丢面子的，只是那些明显让受话人感到羞辱、难堪，明显有伤受话人尊严的使役行为，这些行为可以是发话人恶意使用的，也可以是因为场合、时机等的不适合而造成的。而友善的、求助的、有利的、合理的直接使役行为，如“请帮一下忙”、“喝，喝，再来一杯”等，不会伤害到受话人的人格和尊严，因而也就不构成面子威胁。在我们看来，有伤受话人面子的使役性言语行为需要具备以下一个或几个条件：(1) 发话人的用意是恶意的、羞辱性的。(2) 语气明显是指使性的，令受话人感到明显的压迫和屈辱。(3)发话人的态度是非友好的。(4)使役是明显针对受话人现有想法和行动的反面强制,带有否定受话人愿望和行动的性质。(5)使役不存在正当的理由,而只是发话人的要威风、弄权势。总起来说,就是受话人的自尊心受到了伤害,人格不被尊重,才会引起受话人有失面子的感受。只要态度和善、环境合适,发话人使用直接使役方式就无伤害对方面子之虞。负面面子观念在中国文化中只具有不被羞辱、不使难堪、不伤自尊的要求,而不包含一般意义上的行动自由和不被强加的自由,或者说,中国人只有尊严的要求而不存在西方以自我决定和行动自由为中心的负面面子要求,负面面子观念不存在于汉文化之中。尊严是中国式面子概念的核心,尊重是中国人礼貌行为的本质。只要是尊重了对方的言语行为,强加亦不构成面子侵害;而缺少了对受话人的尊重,赞成和欣赏也会走向反面,即伤害了受话人的面子。

在中国文化中,对于使役性言语行为的使用,发话人顾虑的不是给受话人造成的面子损失,而是怕给对方添加麻烦;发话人照顾的不是对方的行动自主权,而是体谅对方执行自己使役要求时的不便和难处。因此,发话人总爱使用辅助语来解释自己提出使役要求的原因、苦衷及迫不得已等等;爱使用辅助语来推测和陈说受话人的种种难处,以显示对受话人的理解和体谅;爱使用辅助语来给对方提供补偿,以平衡其心理;爱使用各种手段来减少使役要求的量度,以减少给对方造成的麻烦;爱使用礼貌词语来表达对受话人的友好和尊重。对于面子,发话人考虑的是态度不逊给受话人造成的尊严损失和自己的使役要求不被受话人接受时自身的自尊心的损失。因而在提出使役要求时尽量做到态度友好,尽量缩小使役的要求,尽量减少对方为难的感受。在接受一方,受话人首先顾虑的不是自己行动自由的丧失,而是拒绝与怠慢发话人使役要求时给发话人造成的脸面损失和双方人情关系的破裂,因而,一旦受话人听到了发话人的使役请求就往往负上了一种责任意识和人情负担,不能接受发话人的使役要求时更是身心难安。可见,受话人敏感的不是自己的面子损失，而是对方的情面和双方的人情关系，对人际关系和谐的考虑成了超出对自身自由考虑的第一位的因素。因此，一般来说，受话人愿意将接受发话人的使役要求作为首要选择，万一条件不允许，也要诚惶诚恐地做出解释，并愿意尽其所能为发话人想办法。

参考文献：

[1] Blum-Kulka, Shoshana, House, Juliane & G. Kasper (1989): *Cross-cultural Pragmatics*: *Requests and Apologies*, Norwood/New York: Ablex.

[2] Brown, P. and S. Levinson (1978): "Universals in language usage: Politeness phenomena", in Goody, E. N. (ed.) (1978): *Questions and Politeness*: *Strategies in Social Interaction*, CUP, Cambridge.

[3] Leech, G. (1983): *Principles of Pragmatics*, London: Longman.

[4] Song Mei Lee-Wong, (1994): "Imperatives in requests: Direct or impolite observation from Chinese", *Pragmatics* 4: 4. 491 - 515.

[5] 何自然(1997)《语用学与英语学习》，上海外语教育出版社，1997 年。

[6] 李军(1998)"汉语使役性言语行为的话语构成及其功能"(上)、(下)，《语文建设》1998/5、1998/6。

[7] ——(2000)"面子理论在汉文化中的考察"，对外汉语教学研究会中南分会厦门研讨会交流论文。

[8] 张绍杰、王晓彤(1997)"'请求'言语行为的对比研究"，《现代外语》1997/3。

[9] 祝畹瑾(1992)《社会语言学》，湖南教育出版社。

(原载《现代外语》2001 年第 4 期，收入本论文集时，作者做了修改)

评 析

在众多有关礼貌策略的研究中，对请求言语行为（或称使役行为）的探讨最为引人注目。研究者们对许多文化中的请求行为进行了调查，发现不同语言中的请求行为具有某些相同的语用结构，但是在礼貌策略方面也存在明显的差异。

本文采用问卷方式收集语料，调查了汉语中使役方式的运用与语境因素之间的关系，发现社会权力、社会距离、发话人对受话人顺从情况的估计、使役要求的难度、使役的利益性质及使役的内容类别等对使役方式的选择都会产生影响。文章论证了直接使役方式和征询使役方式的作用，指出它们是汉语文化中两种互相补充、同样重要的使役方式，各自具有自己独特的使役功能，各有自己的优势使用场合。作者认为，Brown & Levinson 的消极面子的观念在汉语文化中并不存在，汉语中面子概念的核心是尊严，尊重是中国人礼貌行为的本质，汉语文化中正常的使役行为不构成对受话人消极面子的威胁。

本文的问卷调查方式较以往研究更加严密，设计了 63 个情景，分别代表不同社会权力、不同社会距离、不同顺从情况、不同利益性质、不同难度及不同内容类别等方面的使役方式运用。调查没有采用以往研究中经常使用的语篇补充测试，并且在受试的选择方面采用真实身份调查方法。此外，本文的研究结论对于通常认为汉语中较多使用规约性间接式、较少采用直接请求方式的观点还提出了质疑。

“语用否定”考察*

沈家煊

1 “语用否定”和“语义否定”

“语用否定”是相对“语义否定”而言的。“语义否定”是否定句子表达的命题的真实性，即否定句子的真值条件（truth conditions）。例如，句子“张三有三个儿子”的真值条件是张三这个人确实有儿子，而且儿子的个数至少是三个。这些条件是这个句子为“真”必须满足的条件。过去讨论否定句大多局限于语义否定，例如说否定句“张三没有三个儿子”否定的“焦点”可以不同：有三个儿子的是李四而不是张三、张三有的是三个女儿而不是三个儿子、张三的儿子是两个而不是三个、张三根本没孩子。这种种情况都是对真值条件的否定。狭义的语义学又叫“真值条件语义学”，它认为句子的语义内容就是句子的真值条件。

“语用否定”不是否定句子的真值条件，而是否定句子表达命题的方式的适合性，即否定语句的适宜条件（felicity conditions）。“适宜条件”就是为达到特定的目的和适合当前的需要，语句在表达方式上应该满足的条件。例如：

(1) 甲：昨天晚上跟你在一起的那个女人岁数不小了吧？

* 本项研究得到国家社会科学基金资助。蒙徐枢先生对初稿提出十分有益的修改意见，特此致谢。

乙：她不是什么"女人"——她是我妻子！

乙的意思显然不是要否定跟他在一起的那个人是女人。在真值条件上，乙跟妻子在一起是真的，则乙跟女人在一起也是真的。乙否定的是甲那种提问"方式"的适宜条件，即甲用"女人"来指称晚上跟他在一起的那个人不合适。为什么不合适？按照 Grice (1967, 1975)提出的会话原则中的"适量准则"，当甲说乙跟一个女人在一起时"隐含"着那个女人不是乙妻的意思，Grice 称这种隐含意思为"会话隐涵"(conversational implicature)。因为甲如果明明知道那个人是乙妻而仍然说乙跟一个女人在一起，那就是违背了会话的适量准则。甲一般不会违背适量准则，乙也知道甲不会违背适量准则，所以有了以上的隐含义。另一方面，受社会文化因素的制约，一个不是乙妻而晚上跟乙在一起的女人不免有"第三者"之嫌，这可以说是一种"约定隐涵"(conventional implicature)，即在一定社会文化中约定俗成的隐含意义。正是这种会话隐涵和约定隐涵使得乙无法接受甲的问法。因此，否定语句的适宜条件往往就是(但不全是，见 2.5 节)否定语句的隐含意义或言外之意，即非真值条件的意义。语用学或广义的语义学把各种非真值条件的意义作为研究对象。关于语用学和(狭义的)语义学的分界问题，可参看 Levinson(1983)第一章和拙作(1990)。

2 各种语用否定

上面说过否定语句的适宜条件往往就是否定语句的隐含意义。隐含意义有多种多样，下面分几种类型来谈。

2.1 否定由"适量准则"得出的隐含义

否定由"适量准则"指导出来的"会话隐涵"是很常见的一种语用否定。"适量准则"就是要求说话人按特定的目的和当前的需要提供足够量的信息。这条准则涉及一个"量级"(scale)。概括地讲，对一个量级〈X_1, X_2〉而言，如果〈$X_2 > X_1$〉，则说出"X_1"隐含着"非 X_2"。拿例(1)来说，对量级〈女人，妻子〉而言，说出"女人"隐含着"非妻子"。①X_1 与 X_2 有语义上的单向衍推关系,即 X_2 衍推 X_1。如果妻子为真,那么女人也为真,反之则不然。语言中这样的量级词语比比皆是,如:〈一些,全部〉、〈有时,总是〉、〈暖和,炎热〉、〈应该,必须〉、〈A,A 和 B〉、〈马,白马〉,等等。否定一个量级中的 X_1 有两种情形,一种是否定 X_1 本身的语义(真值条件),也就是"语义否定",一种是否定 X_1 的隐含义"非 X_2",也就是"语用否定"。试比较:

(2) a. 王彦芳不是女人,是男人。(语义否定)

b. 她不是什么"女人",她是我妻子!(语用否定)

(3) a. 今天天气不暖和(冷得很)。(语义否定)

b. 这天气不是"暖和",是"炎热"。(语用否定)

(2a)是否定"王彦芳是女人"的真值条件,(2b)是否定说"她是女人"的适宜条件,即否定隐含义"她不是我妻子"。(3a)是否定"今天天气暖和"的真值条件,(3b)是否定说"这天气暖和"的适宜条件,即否定隐含义"这天气不炎热"。Jespersen 早在 1924 年的《语法哲学》中论述否定时指出,语言的"一般规则"是:"不"(not)表示"少于、低于"(less than),不表示"多于、高于"(more than),如"不暖和"是低于暖和的程度,而不是高于暖和的程度。但他又指出,有时也可以例外地表示"多于、高于"的意思。从今天的眼光看,Jespersen 所说的"一般规则"就是 Grice 的"适量准则":说出"暖和"只是隐含(不是本身有)"不是高于暖和"的意思,所以"不暖和"一般表示"低于暖和"。所谓"例外"就是遇到不适量的情形:把"炎热"说成"暖和"不适宜,正是因为"暖和"有"不是高于暖和"的隐含义。下面是这类语用否定的其他例子:

(4) ……不是什么"有点儿不合适",而是十分冒昧,十分唐突,十分荒谬。(谌容:懒得离婚)

(5) 他不是"喜欢"打麻将——都走火入魔了。

(6) 不是基本属实,是完全属实。

(7) 你不是"可以"参加——你必须参加!

(8) 这个月你又迟到了一两次。

我没迟到“一两”次，我就迟到了“一”次。〈一次或两次，一次〉

(9) 那是我最后一次见到高洋。

什么叫“你”最后一次见他（＝不是“你”最后一次见他）——“咱们”最后一次见他。（王朔：玩的就是心跳）

(10) 乖，听话，快喝牛奶！

我不喝“牛奶”，我要牛奶加巧克力。

(11) 自从去年秋天辞去了教职，就拿写稿子挣碗“粥”吃——“饭”是吃不上的。（老舍幽默文集：文艺副产品）（“挣碗饭吃”的说法不适宜）

下面的例子是“不”字单用，对自己刚说的（不适量的）话加以修正：

(12) 他希望，不，他主张我和油田的一个什么人对换工作。（桑晔、张辛欣：北京人）

(13) 我对于陶渊明的诗和生活自信是相当了解，不，不仅了解，而且也还爱。（郭沫若：题画记）

(14) 她丢了脸，不，不但丢了脸，而且就得认头做个车夫的老婆了。（老舍：骆驼祥子）

(15) 本来，我是可以让你上车，把你捎带一程。不，也许不止你一个。（欧阳山：柳暗花明）

英语中常见的例子：②

(16) “Some” men aren’t chauvinists——“All” men are chauvinists.

（不是有些男人是大男子主义者——男人都是大男子主义者。）

(17) Around here we don’t “like” coffee——we “love” it.

（我们这一带对咖啡不是“喜欢”而是“嗜爱”。）

这类语用否定可以在否定词后面（否定范围内）加上“只”、

"仅"、"just"等字样，这样一加，语用否定也就变成了语义否定，因为这些字的意思正是由适量准则得出的隐含义：

(5′) 他喜欢打麻将。(会话隐涵：只是喜欢而已)

他不只是"喜欢"打麻将——都走火入魔了。

(17′) Around here we don't just "like" coffee——we "love" it.

这类语用否定常用来取得某种戏谑的效果，例如：

(18) [对我的能力]你是半信半疑。

我可不是半信半疑——我是完全怀疑。(姜昆、唐杰忠相声：歌与舞)

(19) 朋友们都说这面好吃，不对，是非常非常的好吃。(统一牌方便面电视广告词)

(20) 赵辛楣……只说假如战争不发生，交涉使公署不撤退，他的官还可以做下去——不，做上去。(钱钟书：围城)

(21) 一年老令君大书县治之前，曰"三不要"，注之曰："一不要钱，二不要官，三不要命。"次早视之，每行下添二字："不要钱"曰"嫌少"，"不要官"曰"嫌小"，"不要命"曰"嫌老"。(筠廊偶笔)

有人把这种语用否定看做一种修辞手段(层进式故作否定)，但上面有许多例子很难说是故意的"修辞"。概括地讲，这类否定都是针对表达方式的"不适宜"(不适量)而加以修正。也有人认为语用否定就是否定一个引述性成分，以上例子中被否定的成分大多加有引号。但是引述性否定不见得就是语用否定，例如(22)是语义否定不是语用否定：

(22) 辛楣笑道："……同有一个情人的该叫'同情'。"……[鸿渐道：]"我不爱她。我跟你同病，不是'同情'。"(钱钟书：围城)

还有人认为语用否定就是"辩解"式否定，但辩解式否定也不都是语用否定。如"他不是故意推托，是真有困难"、"他不是偷懒，是真的生病了”是辩解，但不是语用否定而是语义否定。

2.2 否定由“有序准则”得出的隐含义

Grice 提出的会话的“有序准则”的内容之一是按特定的目的和当前的需要在先说后说、顺说逆说、正说反说之间选择适宜的表达方式，不同的方式有不同的隐含义。否定这样的隐含义也是常见的一类语用否定。例如：

(23) 去年崔兴汉去苏联访问，宾馆的一位服务员说：“我看您像日本人。”他纠正她：“不，应该说日本人像中国人！”苏联姑娘可能至今也不知个中的微妙区别。（金河：黄桃，《东北作家》1988.2.）

从真值条件讲，甲像乙为真，则乙像甲也为真。但语序的差别有一定的隐含义，“中国人像日本人”是以日本人为标准，“日本人像中国人”是以中国人为标准，这就是“个中的微妙区别”。下面是汉语和英语中类似的例子：

(24) 中国的足球健儿没有屡战屡败——他们是屡败屡战。（中央电视台体育评论）

(25) 我不是为了建立家庭才结婚，是结了婚才有家庭的。（谌容：懒得离婚）

(26) They didn't have a baby and then got married — they got married and then had a baby.
（他俩不是怀孕、结婚，是结婚、怀孕。）

(27) For a pessimist like him, the glass isn't half full — it's half empty.
（在他这么悲观的人看来，杯子里不是有半杯水，而是缺半杯水。）

“屡战屡败”隐含以失败告终，这正是(24)那位评论员要否定的意思。(25)是“我”要否定“结婚前想过理想的家庭是什么样的”，而这就是“为了建立家庭而结婚”的隐含义。(26)是个经常引用的英语例子，它否定的是“未婚先孕”这一隐含义。③(27)否定的隐含义可从“pessimist”的反对义中寻找。再看下面的例子：

(28) 老师讲课你怎么听不懂呀?

我不是听不懂,是老师讲得太快。

(29) 我该走了,对不起,让你说了这些不愉快的话。

不,应该我说对不起,让你听了这些不愉快的话。(谌容:懒得离婚)

(30) 四凤:妈,你为什么不相信自己的女儿呢?

侍萍:可怜的孩子,不是我不相信你,我是太不相信这个世道上的人了。(曹禺:雷雨)

(28)是笔者跟正在上学的女儿之间的对话,女儿实际否定的是她听不懂的责任。(29)恰好相反,是把责任往自己身上拉。(30)是为不相信自己的女儿辩解。

(31) 我研究过,不是佛变化,是人变了。——人的眼睛出了问题。(桑晔、张辛欣:北京人)

(32) 语言没有变,是人改变了语言。

(33) 现在的学生程度不齐,要求不一,教书不容易!不是教书,是教学生啊。咱们够格儿吗?(杨绛:洗澡)

(31)的前文一直在讲佛的变化:最早的佛“秀骨清明”,过去的佛“朴拙持重”,现在的佛“面丰体广”。这里否定的是佛“自己”发生变化。同样,(32)否定的是语言“自身”在变。(33)“不是教书”是否定教书“容易”。下面是两则笑话,(34)跟(28)相似,是把责任或过错推给他人,(35)则跟(29)相似,是说话人主动承担责任。

(34) 王文成公封新建伯,戴冕服入朝,有帛蔽耳。某公戏曰:“先生耳冷?”公笑曰:“我不耳冷,先生眼热。”(冯梦龙:古今笑)

(35) 卢公暮年丧妻,续弦祝氏,甚少艾。然祝以非偶,每日攒眉。卢见而问曰:“汝得非恨我年大耶?”曰:“非也。”“抑或恨我官卑耶?”曰:“非也。”卢曰:“然则为何?”祝曰:

"不恨卢郎年纪大,不恨卢郎官职卑;只恨妾身生太晚,不见卢郎年少时。"(谐丛)

所以有戏谑效果,是因为有语用否定没有否定句子的真值条件。

2.3 否定风格、色彩等隐含义

同一事物用不同的词语来表达,差别可以是风格或色彩上的隐含义。否定这样的隐含义并没有否定真值条件,因此也是常见的一种语用否定。例如:

(36) 罪犯为什么专扎漂亮女人的臀部?

[不是臀部]是屁股。

哦,屁股就屁股。(电影:龙年警官)

(37) 我们没有"接吻"——我们"亲嘴"来着!

(38) 他不是什么"非正常死亡"——他是自杀!

(39) 她说她爱听静静的音乐。什么"静静的音乐"呀(=不是什么"静静的音乐"),就是电影里的情歌。(杨绛:洗澡)

(40) 这一吵吵得店主来了,肉里另有两条蛆也闻声探头出现。……店主取出嘴里的旱烟筒,劝告道:"这不是虫呀,没有关系的,这叫'肉芽'——'肉'——'芽'。"(钱钟书:围城)

(41) I'm not "coloured" — I'm black!

(我不是"有色人种"——我就是黑人!)

(42) She isn't Lizzy, if you please — she's Her Imperial Majesty.

(对不起,她不是"莉茜",她是伊丽莎白女王陛下。)

风格、色彩上的隐含义"约定俗成"的程度比较高,不妨看做"约定隐涵"的一种。词义的约定俗成是个程度问题,下面两个例子代表两个极端的情形:

(43) 他几乎没有星期日,只有星期七。(第三个黄金点上的困惑,《文汇月刊》1989.6.)

(44) 不接待！……不接待！接待“华人”，不接待“中国人”。（王铁梁：闪光的标牌，《北京文学》1990.5.）

(43)是讲一个舞蹈教练坚持每天练功，星期天也不休息。这里否定的是“星期日”的约定隐涵“休息日”。这个隐含义约定俗成的程度极高，已经作为一个义项列入字典（见《现代汉语词典》）。也许我们还真有必要造一个词（如“星期七”）来指称没有休息日含义的星期日。(44)是讲一些大饭店接待华侨和港台澳同胞，不接待大陆同胞。“中国人”跟“华人”对举并联系特定的上下文才有了“大陆中国人”的隐含义，这个隐含义还丝毫没有约定俗成的迹象。下面这个例子约定俗成的程度居中：“小姐”一般适宜于指称年轻的未婚女性，但那位“胡小姐”大家还是称她“胡小姐”：

(45) 胡小姐当然不是什么“小姐”。她从前的丈夫或是离了，或是死了，反正不止一个。……她已到了“小姐”之称听来不是滋味的年龄。（杨绛：洗澡）

这一节和 2.2 节讲的语用否定有一个共同点，那就是不像 2.1 节讲的语用否定那样涉及一个“量级”，前后两个命题或概念也没有“单向衍推关系”，而是在真值条件上“等值”，试比较：

(1) 她不是什么“女人”——她是我妻子！

(46) 她不是我“爱人”——她是我“老婆”！

(1)是否定由“适量准则”得出的隐含义，“女人”和“妻子”构成一个“量级”，即“妻子”衍推“女人”；(46)是这一节讲的否定风格色彩的隐含义，“爱人”和“老婆”在所指上“等值”。另外像“日本人像中国人”跟“中国人像日本人”、“教书”和“教学生”等也都是“等值”关系而不是“衍推”关系。

2.4 否定“预设”意义

语用否定还能否定句子的“预设”（presupposition）。“预设”就是说出一句话时预先假设当然成立的命题，其特点是句子被否定后通常被保留。例如：“张三的妻子病了”跟“张三的妻子没有病”都预设“张三有妻子”；“张三很后悔搞语言学”跟“张三不后悔搞语言学"都预设"张三搞语言学"。有人把预设看做一种特殊的真值条件,即句子被否定后仍然成立的真值条件。但是,语用学家大多认为,与其将预设看做句子的真值条件,不如看做说出一个句子的适宜条件,理由如下:当B是句子A的真值条件时,凡是A为真的场合B也必定为真。例如,句子"张三有三个儿子"如果为真,它的真值条件"张三有儿子"也必定为真。然而,当B是句子A的预设时,凡是A为真的场合B不一定为真。例如在下面这个例子中,"张三搞语言学"这一预设被明白地否定了:

(47) 张三才不后悔搞语言学呢——他搞的是文学。

下面这个著名的英语例子更能证明预设的语用性质(非真值条件):预设的成立与否取决于语境或背景知识。

(48) a. If the President invites George Wallace's wife to the White House, he'll regret having invited a black militant to the White House.

(如果总统邀请 Wallace 太太去白宫的话,他会后悔(还)邀请了一位黑人斗士。)

b. If the President invites Angela Davis to the White House, he'll regret having invited a black militant to the White House.

(如果总统邀请 Davis 去白宫的话,他会后悔邀请了一位黑人斗士。)

"总统邀请了一位黑人斗士"是"总统会后悔邀请了一位黑人斗士去白宫"的预设,但这个预设在(a)里成立,在(b)里却不成立。因为熟悉美国70年代政治的人知道,George Wallace 是有名的种族主义者,Angela Davis 则是著名的黑人斗士。(a)里的"black militant"不大可能指 Wallace 太太,(b)里的"black militant"则多半指 Davis。正是这种背景知识决定了预设的取舍。下面是语用否定中否定预设的例子:

(49) 鲍小姐谈不上心和灵魂。她不是变心,因为她没有心。

(钱钟书：围城)

(50) ……想了好久，决定写“牛天赐传”。为什么？不能说，说破就不灵了。内容？还是不能说，没想出来呢。(老舍幽默文集：《牛天赐传》广告)

(51) 结构主义并没有过时——它还没有真正开始。

(52) 我没有把磁带洗掉——它本来就是空白的。

(53) 你没有“忘记”今天是星期六——今天是星期四。

(54) 亚里士多德也好，罗素也好，都没有严格阐明自然语言的逻辑，因为自然语言根本没有严格的逻辑。

(55) [坐火车逃难]上哪儿去呢？不，还不是上哪儿去的问题，而是哪里有火车呢？(老舍幽默文集：不远千里而来)

(56) 人家牛顿先生看苹果落地就想起那么多典故来，我看见苹果落地——不，不等它落地就摘下来往嘴里送。(同上：自传难写)

(57) 要出卖你的不是张三，不是李四，也不是王五——根本就没有人要出卖你。

(58) 有益的，有害的，受欢迎的，不受欢迎的，她都不觉得是灰色的。世界本来就是灰色的。(谌容：懒得离婚)

这些例子否定的预设大致有以下几种：

“结构主义已经过时”预设“结构主义有过开始阶段”；

“磁带没有洗掉”预设“磁带上录有东西”；

“我忘了今天是星期六”预设“今天是星期六”；

“坐火车逃难上哪儿？”预设“有坐火车的地方”；

“要出卖你的是张三”预设“有人要出卖你”；

“她觉得世界全是灰色的”预设“世界除了灰色还有其他色彩”。

英语中“manage to do”预设“try to do”，下面这个例子就是否定这个预设：

(59) John didn't “manage” to solve the problem — he was given the answer.

(约翰不是“设法”解答了问题——答案是现成的。)

西方有一则笑话,在餐厅里顾客对服务员说:“这碗汤我不能喝。”服务员换上一碗汤,顾客仍然说:“这碗汤我不能喝。”于是又换上一碗汤,仍然说不能喝。问:“为什么不能喝?”答:“因为没有勺。”之所以可笑是因为顾客实际否定的是迟迟没有明说的预设。总之,我们认为“预设”也是句子隐含义的一种,而不是句子的真值条件。关于预设的语用性质,可参看 Levinson(1983)第四章。

2.5 否定语音或语法上的适宜条件

以上讨论的语用否定都是否定句子的隐含意义、预设意义或风格色彩上的含义,也就是说,这些非真值条件的意义违反了一定场合下说出某句话的适宜条件。适宜不适宜是相对而言的。例如下面两个例子,(60)是原先的用词“不贴切”(不适宜),(61)是换一个说法“更绝”(更适宜):

(60) 他们当年很好是吗?

用“好”形容他们的关系不贴切,他们既缠绵又疯狂,当年看见他们的人无不感到惊心动魄。(王朔:玩的就是心跳)

(61) 他的名片竟然粘在了汽车大梁上,以至于被偷窃的汽车是根据这张名片才找到的。颠倒一下主宾位置,说成汽车粘在名片上,更绝。(王蒙:精神侏儒的几个小镜头,《读书》1992.12.)

如果用语用否定来表达,可以说成:

(60′) 他们当年的关系不是“好”,而是既缠绵又疯狂,……

(61′) 不是他的名片粘在汽车上,而是汽车粘在名片上。

句子表达方式的“适宜”不仅是个程度问题,而且在范围上也不限于上述这些方面。下面的例子是否定语句在语音或语法上的适宜性,显然不涉及句子的真值条件,因此也属于语用否定(见

Horn 1985)：

(62) 爸，你又买了两袋“péi”陵榨菜呀？

我没有买“péi”陵榨菜——我买的涪(fú)陵榨菜。

(63) 哦，你有便秘(mì)。

我没有便秘(mì)，我有便秘(bì)。

(64) 她不是什么领“jiān”主演——是领“衔”主演。

(65) 你用这根笔写吧。

我不用这“根”笔写——用这“支”笔写。

(66) 爸，我要写作业了。

你别“写”作业，要“做”作业。

(67) I didn't trap two mongeese —I trapped two mongooses.（注：mongoose(獴)的复数形式因人而异，为 mongooses 或 mongeese）

这些例子说明，语用否定并不限于通常讲的几种与否定有关的修辞手段。语用否定可以从各个方面否定句子表达方式的适宜性。句子表达的命题可能是真的，但遣词造句的方式或发音方式是不适宜的。这也启示我们，所谓“修辞”就是根据“当前的目的和需要”来选择“合适的”表达方式，而不是对语言进行刻意的修饰和加工(吕叔湘 1987b)。由此也可看出当今语用学跟传统修辞学的联系和区别。

3 形式和功能上的考察

3.1 语用否定都是“引述性否定”

前文说过，引述性否定不都是语用否定；但语用否定确实都是引述性否定，即否定一个引述性成分，也有人称之为“元语”(metalinguistic)否定，因为语用否定是否定某种“说法”的适宜性。被否定的引述性成分在口头表达时有特殊的重音，在书面上常加引号。有时前面加上一个虚指的“什么”；用了“什么”，即使不用否定词也能表达否定的意思：

(4) 不是什么"有点儿不合适",而是十分冒昧,十分唐突,十分荒谬。

(9) 什么叫"你"最后一次见他——"咱们"最后一次见他。

(68) 什么"爱人爱人"的——她是我老婆!

被否定的引述性成分一般是别人刚说过的话,但也可以是自己刚说出而又觉得不适合的话;可以是已经明说的,也可以是未曾明说的,还可以是大众普遍接受的"名言警句":

(12) 他希望,不,他主张我和油田的一个什么人对换工作。(纠正自己的说法)

(51) 结构主义并没有过时——它还没有真正开始。(前文隐含结构主义已经过时的意思)

(32) 语言没有变,是人改变了语言。("语言总在变"是普遍接受的"真理")

3.2 语用否定都是辩解式否定

前文说过辩解式否定不都是语用否定,但是语用否定确实都是辩解式否定。这在形式上表现为否定之后一般要有一个接续的表示申辩或解释的肯定小句,[④]而语义否定不受这一限制:

(3) a. 今天天气不暖和。(语义否定)

b. 这天气不是"暖和",是"炎热"。(语用否定)

汉语的辩解式否定大多用"不+是"表示,特别是和"是"一前一后合用(吕叔湘 1987a)。因此语用否定也大多用"不是"否定,用"不"直接否定动词或形容词不是没有,但很受限制,试比较:

(69) 他不是/*不"喜欢"打麻将——都走火入魔了。

(70) 他们不是/*不"可能"退席,是"必定"退席。

有时用"不"否定是为了取得戏谑的效果,例如前面(34)例说"我不耳冷,先生眼热",比说"不是我耳冷,是先生眼热"更有戏谑性。西方语言中语用否定在形式上有类似的限制,否定词缀不能用于语用否定,例如英语:

(17) Around here we don't like /* dislike coffee — we

love it.

(71) It's not possible / * impossible for you to leave now — it's necessary.

(你不是现在可以走了,是必须走了。)

比照英语,汉语"不喜欢"可以是"not like",也可以是"dislike","不可能"可以是"not possible",也可以是"impossible",词和词缀的界线不像英语那么明确,这大概是语用否定在"不"后要加"是"的一个原因。⑤

3.3 语用否定和后续肯定代表一个"言语举动"

先来看连词"但"和"而"跟语义否定和语用否定的关系。在否定一个 p 后续肯定一个 q 时,如果能用一个连词把一前一后连接起来,对 p 的语义否定可以用"但"或"而",对 p 的语用否定只能用"而":

语义否定:~p,但/而 q

语用否定:~p,而 q

(72) 这不是个关系到原则的大问题,但/而是个一般问题。(语义否定)

这不是个"一般"问题,而/ * 但是个关系到原则的大问题。(语用否定)

(73) 我不是一直在上海住,但/而是在上海住过几年。(语义否定)

我不是在上海住过"几年",而/ * 但是一直在上海住。(语用否定)

大家知道,"但"表示让步转折,"而"表示对立或对比转折。只有当 p 和 q 构成一个量级〈p, q〉而且 p>q 时,"非 p"和"q"才有让步转折的关系,而语用否定恰恰是 q>p,或者 p 和 q 不构成一个量级。我们发现,用"但"连接的句子总是涉及一个 p>q 的量级:

(74) 她不漂亮,但是她很聪明。

(75) ? 她不漂亮,但是她很吝啬。

(74)可以说成“她不是又漂亮又聪明,但至少是聪明”,涉及的量级是〈漂亮和聪明,聪明〉。(75)难以成立是因为“漂亮”和“吝啬”两个属性很难像“漂亮”和“聪明”一样构成一个“集合”。德语和西班牙语跟汉语一样分出两个连词,例如德语(76)和对应的西语(77):

(76) Das ist nicht sicher, aber(但) das ist wahrscheinlich.
(不是肯定如此,但多半如此。)
Das ist nicht bewusst, sondern(而) ganz automatisch.
(不是自觉的,而是完全自动的。)

(77) No es cierto, pero(但) es probable.
Eso no es consciente, sino(而) totalmente automático.

语用否定只能用 sondern/sino,不能用 aber/pero。英语只有一个连词,“but”,法语也只有一个“mais”,但已有人(Anscombre & Ducrot 1977)从功能和形式上分出两个“but”和两个“mais”。功能上就是让步转折和对立转折的差别,形式上的差别主要是,当“but/mais”相当于“而”时,句子必须是“紧缩”的形式,具体表现在两方面:一是连词后不能重复出现前面的主语,甚至谓语动词;二是在重复出现主语和谓语动词时不出现连词,例如英语(78)和对应的法语(79):

(78) He isn't tall, but very tall. (but 后不能加 he is)
He isn't tall — he's very tall. (but 不能出现)
*He isn't tall, but he's very tall.
(他不是长得“高”,是非常非常地高。)

(79) Il n'est pas grand, mais très grand. (mais 后不能加 il est)
Il n'est pas grand — il est très grand. (mais 不能出现)
*Il n'est pas grand, mais il est très grand.

根据句子是不是紧缩形式就能辨别“but/mais”是“而”还是“但”:

(80) John wasn't born in Boston but in Philadelphia.（紧缩形式）

（约翰不是波士顿人，而是费城人。）

(81) John wasn't born in Boston, but he was born in Philadelphia.（非紧缩形式）

（约翰不是波士顿人，但他是费城人。）

德语的"sondern"和西班牙语的"sino"也必须用于紧缩句（见(76)(77)）。讲汉语语法都讲到"但"连接小句或句子，用在复句或语段中，"而"连接词或短语，用在单句中，在这一点上是体现了语言的"共性"。用"而"连接的表转折的汉语句子跟其他语言一样也必须是紧缩形式：

(82) 张三不是北京人而是天津人。（"而"后不能加"他"）

张三不是北京人，他是天津人。（"而"不能出现）

*张三不是北京人，而他是天津人。

(83) 张三不是北京人，但(他)是天津人。

语言的这个共性可以用"言语行为"(speech acts)的理论来说明。Austin和Searle的"言语行为"理论把每说出的一句话看做言语活动中的一个"行为"或"举动"。陈述、提问、命令、许诺、辩解等等都是言语"举动"。用"但"连接的两个句子代表两个言语"举动"，可以分别出自两人之口；用"而"连接的转折句只是一个言语"举动"，出自一人之口。汉语里一个句子(sentence)是单句还是复句不易分清，而一段话(utterance)是一个还是两个言语"举动"在具体会话中容易分清：

(84) 不是肯定如此，但多半如此。

甲：不是肯定如此。　　　乙：但多半如此。

(85) 不是多半如此而是肯定如此。

*甲：不是多半如此。　　　乙：而是肯定如此。

(84)是语义否定，前后是两个言语"举动"，可分别出自甲乙之口；(85)是语用否定，前后是一个表示辩解的言语"举动"，一般不出自两人之口；如果是乙把甲未说全的话接着说全，那也只是甲乙共同完成"一"个言语"举动"。因此我们说语用否定和后继肯定一定代表一个言语"举动"。下面这个例子中，那个否定句和后继的肯定句分别是两个言语"举动"，因此一定是语义否定：

(86) 你们搞错了，你不是我姐姐。

可你是我弟弟。我认出来了。（王朔：玩的就是心跳）

有个英语例子(87)，看上去跟(86)相似，但实际否定的不是真值条件"我是他女儿"，而是否定隐含义"我认他是我父亲"，句子只构成一个言语"举动"，出自一人之口，因此不是语义否定而是语用否定：

(87) I'm not his daughter — he is my father.

（我不是他女儿——他（虽然）是我父亲。）

有人把语用学看做广义的语义学的一部分，把各种非真值条件的隐含义看做广义的语义的一部分，那么笔者刚才所说的最后一句话或最后一个言语"举动"——"不是语义否定而是语用否定"——恰恰成了本文考察的"语用否定"的又一实例。

注释：

① 口语中"我女人"、"他女人"可指"我妻子"、"他妻子"，这是词义缩小的问题，不在讨论之列。

② 本文所举的外文例子大多转引自 Horn(1985)和 Anscombre & Ducrot (1977)。还有一些是文献中经常引用和讨论过的。

③ Kempson(1988)认为这样的例子前后两小句的真值条件不同，因为如果相同的话整个句子就有语义矛盾。我们采纳 Horn(1985)的观点，真值条件相同，隐含意义不同。这也是 Grice 的观点。跟其他概念一样，得承认"真值条件"也是个模糊概念。

④ 有少数例子是肯定在前，否定在后，如(11)和(44)二例。

⑤ "没(有)"用于语用否定不像"不"这么受限制，因为它肯定不是词缀。见(8)、(32)、(43)、(62)等例。

参考文献：

[1] 吕叔湘主编(1980)《现代汉语八百词》"而"、"但"条，北京，商务印书馆。

[2] 吕叔湘(1987a)疑问·否定·肯定,《语文近著》,上海教育出版社,45—62页。

[3] 吕叔湘(1987b)我对于"修辞"的看法,《语文近著》,上海教育出版社,209—210页。

[4] 沈家煊(1990)语用学和语义学的分界,《外语教学与研究》第2期,26—35页。

[5] Anscombre, J.-C. & O. Ducrot (1977) Deux *mais* en français? *Lingua* 43, 23-40.

[6] Austin, J. L. (1962) *How to Do Things with Words*. Oxford: Clarendon Press.

[7] Gazdar, G. (1979) *Pragmatics*. New York: Academic Press.

[8] Grice, H. P. (1967) Logic and conversation: The William James lectures. Harvard University, MS.

[9] —— (1975) Logic and conversation. In Cole, P. & J. L. Morgan (ed.) *Syntax and Semantics* 3: Speech Acts. New York: Academic Press.

[10] —— (1978) Further notes on logic and conversation. In Cole, P. (ed.) *Syntax and Semantics* 9: Pragmatics. New York: Academic Press.

[11] Horn, L. (1985) Metalinguistic negation and pragmatic ambiguity, *Language* 61, No. 1, 121-174.

[12] Jesperson, O. (1924) *The Philosophy of Grammar*. London: Allen & Unwin.

[13] Kempson, R. (1988) Grammar and conversational principles. In Newmeyer, F. J. (ed.) *Linguistics: The Cambridge Survey* Vol. 1, Cambridge: Cambridge University Press, 139-163.

[14] Levinson, S. C. (1983) *Pragmatics*, Cambridge: Cambridge University Press.

[15] Searle, J. R. (1969) *Speech Acts*, Cambridge: Cambridge University Press.

(原载《中国语文》1993年第5期)

评　析

早在20世纪20年代语言学家们就已经注意到否定词的双重性。比如在The water is not warm中,否定词对语句The water is warm的真值条件(水至少是温的)进行否定,表达的意义是“水还没有达到温的程度”,但是在The water is not warm, it's downright hot中,否定词并不否定语句的真值条件,而是否定语句的会话含义(水是温的,不是热的),表达的意义是“水不仅仅是温的,完全是热的”。传统的否定被称作描述性否定或真值条件否定,而非真值条件否定一般被叫做元语否定。80年代以后否定词的双重性逐渐引起语用学家们的注意,因为它涉及语义学和语用学的分界问题。此外研究者们还关注,对于元语否定是否存在一个统一的解释,元语否定的理解是否都需要经过双重处理。

本文把元语否定称作语用否定,而真值条件否定称作语义否定,认为语用否定是对语句表达的适宜条件进行否定。文章通过大量的汉语和英语语料考察了5类语用否定,包括否定由数量准则产生的会话含义、否定由方式准则中的顺序次则产生的会话含义、否定风格和色彩等含义、否定预设意义、否定语音或语法上的适宜条件。文章提出,从功能和形式上看,语用否定都是引述性否定和辩解式否定,语用否定和后续的肯定代表一个言语举动。

本文在国内最早运用国外语用理论系统研究元语否定,全文语料丰富、分类详尽,但并未涉及否定词的性质和元语否定的理解问题。如果文章能在具体描写的基础上提出对于元语否定的解释,也许能对解决国外学者关于这一问题的争议有所贡献。

语用推理与"都"的句法/语义特征*

蒋 严

1. 引言

现有的以"都"为研究对象的文献从句法和语义两个方面对含有"都"的句子做了详尽的分析描写并提出了多种理论上的解释①。然而，这些文献往往未能全面考察"都"所牵涉到的复杂的语用因素及其对词义分析、句法描写和语义解释的影响。另一方面，虽有不少文章对相关的语用因素做了初步的描写②，却未能从语用推理过程上做进一步的探讨，也未能从现代语用学理论的角度加以系统化。本文针对上述不足，在关联理论的框架内考察"都"的语用因素，并据此重新评估现有文献就"都"的特征所做的句法及词义上的定义和结论。

* 本文所报告的研究工作属香港理工大学资助的研究项目(＃0351 - 302 - A3 - 720) Studies on the Context - Dependent Properties of Chinese。文中的部分内容曾在香港理工大学中文及双语学系(CBS)的语言学讲坛(the Polylinguists, 1995)、香港城市大学中文、翻译及语言学系与香港语言学会(LSHK)合办的 International Symposium on the Referential Properties of Chinese Noun Phrases, 1996 及 CBS 与 LSHK 合办的 Interface between Syntax and Pragmatics, 1996 研讨会上宣读。笔者感谢与会者的批评和建议，其中特别要向何元建、宁春岩、潘海华、石定栩、王志洁和徐烈炯致谢。另外要感谢一位在上述 Symposium 之后对本文原稿提出精辟见解的匿名审稿人。本修改稿中的任何舛误均由笔者自负责任。

2. "都"所作用的对象及其位置[3]

2.1 文献简述

对"都"的语义上的不同定性决定了对其作用对象的不同规定。现代句法、语义理论的一种观点认为,"都"是个量化副词(adverb of quantification),对句中某个名词组做全称量化(universal quantification),使后者具周延解(distributive reading)。[4]汉语描写语法一般把"都"定义为范围副词,总括(totalize)某个名词组,得到周延解。[5]这两种定义术语略有不同,实质并无区别。另一种看法不认为"都"直接具量化作用,而是把它定义为周延算子(distributor 或 distribution operator),其作用也是使有关名词组具周延解。[6]第三种观点把"都"定义为加合算子(sum operator),它作用于语句命题所反映的事件(event),规定事件 E 为不少于一定数量的一组事件 e_1、e_2、e_3…、e_n 的加合。[7]由于谓语的语义结构含有事件论元(event argument),谓词 PRED 便能与不同的事件相匹配,得到$\cup\{e_{PRED1}, e_{PRED2}, \cdots, e_{PREDn}\}$,同一谓词被分配给不同的事件。更因谓词在形式语义学中被表达为相关个体的集合,故可进而得出事件 e_1、e_2、e_3…、e_n 与个体 x_1、x_2、x_3…、x_n 的匹配。另一方面,如果语句论元由全称量化名词组或复数名词组充任,则其论域中的个体集合必然是 PRED 所定义的个体论域的子集,即$\langle[x_i, x_i \in SUBJ], ([y_i, y_i \in OBJ])\rangle \subseteq PRED$,其中 SUBJ、OBJ 和 PRED 皆为集合。[8]这样,"都"虽不直接作用于名词组,却往往也能导致后者的周延解。[9]

综合上述几种观点,"都"可以直接或间接地作用于语句的有关名词组,使其具周延解。然而,究竟如何界定这个相关名词组,却没有一致的看法。这是我们要考察的第一个问题。

2.2 对"都"的作用对象的界定

"都"的位置很固定,只能出现在谓词的左边。在多数情况下,"都"作用的对象是出现在其左边的名词组,后者可以是主语、主题

(topic)、焦点(focus)、“把”的宾语或是表范围的状语中的名词组，举例如下(黑体部分为“都”作用的对象)：

(1) **每个人**都看了一本书。 (主语)

(2) **这些书**他都看过了。 (主题)

(3) **张三**这两门课都修过了。 (焦点)

(4) 李四把**每本书**都看了一遍。 (“把”的宾语)

(5) **每天**小王都得去上班。 (状语中的名词组)

(6) 他**在夏威夷海边的所有沙滩上**都留了影。

(同(5))

有争议的是一些例外的情况，一些论著认为“都”的作用对象还可出现在谓词的右边。笔者认为这种观点不能成立。让我们把相关例句分成三类，逐类考察。

第一类为马真(1983)、兰宾汉(1988)及李行德等(1989)所论及，例句如下：

(7) 小李都买呢子的衣服。

(8) 他没吃别的，都吃的馒头。

(9) 他都写的小说。

(7)—(9)中，“都”右边的名词组都指谓(denote)某类事物。倘若它们真的是“都”的作用对象，则其语义必须具周延解。也就是说，每类事物论域中的每个个体都要与谓词匹配。但这显然不是(7)—(9)的正确语义。以(7)为例，小李并没有把所有的呢子衣服买去，他只是买了其中的部分，但呢子衣服却是他所购买的衣服的全部。也就是说，(7)有一个预设(presupposition)，该预设的具体内容视特定的语境而定，可以是(10)或(11)：

(10) 小李在某段时间买了一些东西。

(11) 小李在某段时间买了一些衣服。

(7)的预设提供了一个集合 S1，即{x? x＝小李在 ti 时段所买的东西}。这才是“都”所真正作用的对象。“都”使 S1 周延，让其中的每个个体与谓词匹配。由此得到的(7)的逻辑语义，可表达如下：

(12) $\forall x((C(x) \wedge B(m, x)) \rightarrow W(x))$.[10]

［索引：$C(x) = x$ 为衣服；$B(x, y) = x$ 买 y；$W(x) = x$ 为呢子的衣服；$m =$ 小李。］

借助(12)可以看到，(7)的预设中的 S_1 只是集合 $S_2 = \{x \mid x =$ 呢衣服$\}$ 的一个子集。“都”作用的对象为 S_1，不是 S_2。前者并不出现在语句(7)中，而是出现在隐含着的预设中。(8)、(9)的分析同(7)。

第二类为马真(1983)、兰宾汉(1988)、李行德等(1989)及徐杰(1985)所论及[11]：

(13) 我都通知他们了。

(14) ＊我都通知小王、小李、小赵了。

(15) 小王、小李、小赵，我都通知他们了。

(16) 他们我都通知了。

(17) 我都去过这些地方。

(18) ＊我都去过黄山、泰山、华山。[12]

(19) 黄山、泰山、华山，我都去过这些地方。

(20) 这些地方我都去过。

(13)及(17)中位于谓词之后的复数代词都可周延，似乎应被看成是“都”所作用的对象。然而，将有关代词换成专名的合取式时却得不到相应的语义。另一方面，(13)和(17)中的复数代词不能理解为指示语(indexical)。也就是说，代词的指称对象或是在前文中出现过，或是业已存在于交际双方的互享知识(mutual knowledge)之中，是语句预设的一部分，而不能根据非语言环境来临场确定(例如通过手势来指出有关个体)。这告诉我们，这种代词只能是话语回指词(discourse anaphora)。[13]倘若代词指称的对象已在句首出现，如(15)和(19)，则谓词后的代词只能理解为复现代词(resumptive pronoun)，可以省略。笔者认为，(13)和(17)之所以成立，是因为“都”所作用的对象实际上是谓词后面的代词的先行词(antecedent),而不是这些代词本身。所以"都"所作用的对象仍然不在谓词之后。[14]与此相印证的则是(14)与(18)的不成立。至于(16)和(20)中的代词,它们既可以是话语回指词,在一定场合下也可以是指示语。

第三类情况在下列论著中讨论过:吕叔湘(1980)、马真(1983)、苏培成(1984)、徐杰(1985)、程美珍(1987)、兰宾汉(1988)、王还(1988a)、李行德等(1989)、史锡尧(1990)、He(1994)、J. Li(1995)及 X. Li(1996):

(21) 你都喜欢吃什么?

(22) 他都买了些什么礼品?

关于这类句子中"都"能否作用于谓词之后的疑问代词,徐杰(1985)认为这种疑问代词不是总括对象,"总括对象因讲话人不知道而在语言形式上隐去了。这是建立在表疑问的疑问代词不表达概念、不可能成为总括对象的观点基础上的"。徐杰也提出了另一种可能:"如果认为这里的疑问代词在这个特定的语境中,也表达概念,也就是谓语动词的施事或受事,那么结论自然就是这里表疑问的疑问代词充当范围副词的总括对象。"但他还是倾向于支持第一种说法。

在讨论徐文的观点之前,让我们先比较一下下列句子的语义差别:

(23) A:你昨天在超市买了什么?
a. B:什么也没买。
b. B:我就买了份报纸。
c. B:我买了蔬菜、水果和牛奶。

(24) A:你昨天在超市都买了什么?
a. B:我买了蔬菜、水果和牛奶。
b. B:? 什么也没买。
c. B:? 我就买了份报纸。

例(23)的问句不含"都",表明 A 不知道 B 是否买过东西,所以(23a、b、c)都是可接受的回答。而例(24)问句含有"都",表明A的问话已假定B买过东西,而且不止一种。[15]正是因为有了这个预设,(24b、c)才显得不恰当(infelicitous),原因是它们与问句的预设相悖。这表明说话者做出了错误的假定。所以笔者认为,这里的"都"所作用的对象存在于预设之中。徐杰(1985)通过变换分析揭示了这一点:

(25) a. 这几天你都干了些什么?

b. 这几天你干的事都是什么?

(26) a. 到那儿你都见谁了?

b. 到那儿你见的人都是谁?

(27) a. 你都喜欢吃什么?

b. 你喜欢吃的东西都是什么?

(28) a. 他都买了些什么礼品?

b. 他买的礼品都是些什么礼品?

但笔者不同意徐杰的观点,即"总括对象因讲话人不知道而在语言形式上隐去了"。相反,讲话人完全知道"都"作用对象的论域,只是想进一步了解这个集合中的子集甚至是子集中的个体。另外,"表疑问的疑问代词不表达概念,不可能成为总括对象",这个提法似乎不够准确。凡是提问,总要假定一个确定的集合作为疑问词的范围,且假定该集合不为空集。不能因未能确定其子集或个体数而认定有关的疑问词不表达概念。[16]不过,如果本节的论点成立,我们确实可以断言表疑问的疑问代词不能成为"都"的对象。原因为何,尚不十分清楚。[17]试比较下列句子:

(29) 谁想买房子?

(30) 谁都想买房子。

(31) 哪些人来看房子?

(32) *哪些人都来看房了?

(33) 在历次表决中,哪些议员都投了反对票?

(34) 哪个班的学生都考上了大学?

(29)中的"谁"属疑问代词的疑问用法，而(30)中的"谁"作为"都"的作用对象只能是疑问代词的任指用法，相当于"任何人"。(32)中的"哪些人"作为疑问词组，不能成为"都"的对象，所以该句作为问句不成立。"哪些人"一般也无任指用法，所以作为陈述句，该句亦不成立。(33)中"都"的作用对象为"历次表决"，而非"哪些议员"。(34)中的疑问代词为"哪个班"，但"都"的作用对象为"哪个班的学生"，前者仅是后者的修饰语。再看以下各句：

(35) 我想知道谁买了什么。

(36) 我想知道谁都买了什么。

(37) 卖糖吧，就能告诉人家什么糖里都有什么。

(35)和(36)的 $wh_1 \cdots wh_2$ 结构导致了配对式的逻辑依存关系(paired reading)，即 wh_2 的解依赖于 wh_1 所取的值。(35)的解可以是(38a)或(38b)：

(38) a. wh_1 wh_2

$x_1 \longleftarrow y_1$

$x_2 \longleftarrow y_2$

$x_3 \longleftarrow y_3$

…

b. wh_1 wh_2

$x_1 \longleftarrow y_{1-1} \wedge y_{1-2} \wedge y_{1-3} \wedge \cdots \wedge y_{1-n}$

$x_2 \longleftarrow y_{2-1} \wedge y_{2-2} \wedge y_{2-3} \wedge \cdots \wedge y_{2-n}$

$x_3 \longleftarrow y_{3-1} \wedge y_{3-2} \wedge y_{3-3} \wedge \cdots \wedge y_{3-n}$

…

按(38a)来解释(35)，每人买的东西仅一件，而(38b)则显示每人买的东西不止一种。可(36)和(37)却都只能按(38b)来理解。这说明它们各含有一个预设。(36)的预设是"每个人都买了**一些东西**"，(37)的预设是"每种糖里有**各种成分**"。"都"所作用的对象应该是预设中的有关成分，即上述预设中的黑体部分，而不是 $\mathbf{wh_1}$ 或 $\mathbf{wh_2}$。

最后，我们看一下疑问代词做无定(indefinite)解释时的情况：

(39) 我知道汤里都有些什么。

(40) 你干的都是些什么！

(39)意为“我知道汤里有许多东西，而且还知道它们是些什么”。(40)意为“你干的那些事情，它们都是些什么！”显然，我们仍可以认为“都”的对象在隐含的预设中，而不是谓词右边的具无定解的疑问代词。

综上所述，笔者认为，在语句的表面层次上，“都”的作用对象不能在右边，只可能在它的左边。但“都”的对象也可能不出现在语句的表面，而是居于预设之中，而预设本来就是隐而不现的。

存在于预设中的“都”的对象与“都”的关系不是一个单纯线性的位序关系。从语句理解的角度看，听话者可能在处理有关语句之前就已假定某个体集合 S 的存在，也可能是在听到“都”之后才意识到 S 的存在，也可能是在听完全句后才回溯得出预设。也就是说，听者对说话者话语中的预设的接受方式不一而足，可以根据彼此的互享知识预先假定，也可以在理解句子的过程中顿悟。从这个意义上说，“都”与它的居于预设之中的作用对象间并无固定的位置关系。如果有的理论坚持把动态地得到的预设一律表达为居于语句最左边的逻辑式，那么“都”的对象倒是一律在其左边了，但这不过是理论内部的规定而已。[18]

这样说还没有穷尽所有的情况，试看以下的两个例句：

(41) [李四吃什么]都跟我无关。

(42) [谁写的书]我都看。

Cheng (1995)认为上述两句中的“都”所作用的对象为禁区(island)[...]内的疑问代词。但 Cheng & Huang (1996)修订了 Cheng (1995)的观点，把禁区中的语义表达为一个命题的集合，作为“都”的作用对象。这样，我们就可以把(41)和(42)的语义做如下扩展：

(43) {[李四吃 a]，[李四吃 b]，……}都跟我无关。

(44) {[a 写的书],[b 写的书],……}我都看。

上述分析涉及语句的逻辑语义表达问题。这进一步说明,“都”的作用对象的界定是一个集句法、语义和语用为一体的综合过程。单纯地从句法角度去考察“都”的对象是在左还是在右、是否统领(c-command)“都”,只能得出片面的结果。

3. “都”的隐含对象的语用充实

3.1 语用充实

现在我们集中讨论一下第 2 节所涉及的语用问题。“都”作用的对象如果存在于预设之中,就需要通过语用过程来充实句义,补出预设及“都”的对象。就是“都”的对象出现在语句中,同样也有一个语用充实的问题。在有的情况下,“都”可能有不止一个候选对象,语用推理是解歧并选出正确的作用对象的关键。有关例句如下:

(45) 南京、武汉、重庆,夏天都很热。

(46) 她们在桌上都写了字。

(47) 她们在海边都留了影。

在(48)中,“都”的候选对象已有两个,但“都”还可以置语句中的可用对象而不顾,偏偏选择预设中的对象:

(48) 大家知道她们俩在汤里都放了些什么。

a. 都→她们俩(语句中的对象)

“大家知道她们俩各自在汤里放了一些东西。”

b. 都→汤里(语句中的对象)

“大家知道她们俩在[可以是好几种或好几锅]汤里放了一些东西。”[也可以是在一大锅汤的许多处放了东西。可以是两人一齐放的,而不是各自放的。]

c. 都→她们俩在汤里所放的不止一件的东西(预设中的对象)[“什么”重读]

“大家知道她们俩在汤里放了些东西且知道这些东西

都是什么。"

再看以下各句:

(49) 一个馒头他都吃了。

(50) 五个馒头他都吃了。

(51) 五个馒头他都一口口地慢慢吃了。

(52) 强盗、小偷、吸毒犯都去找过他。

(53) 医生、会计师和律师都有很高的收入。

(49)中"都"的作用对象是一个个体,不是集合,无法周延。但根据常识,"馒头"可以分割成更小的部分,兼之动词"吃"又提供了分割馒头的方法,这两种语义/语用信息帮助我们把"一个馒头"表达成它的部分的集合,成为"都"的作用对象。[19]但这并不意味着凡是有部分—整体关系的名词遇到"都"时都必须做上述语义表达。(50)就不需要,原因是"五个馒头"已成一集合,足以作为"都"的对象。不过(51)的情况又有不同。这里由于有了"一口口地慢慢吃",强调的是"五个馒头"的量而不是数,所以"都"的作用对象应该是由吃五个馒头时的每一口馒头为个体所组成的集合。这又说明语用信息是决定语义表达及确定"都"的对象的重要环节。与之相关的是(52)和(53)的情况。(52)中的"强盗、小偷、吸毒犯"是一个集合的集合,内含三个子集。"都"的对象是这个集合的集合并令其周延。但其中的每个子集不必周延,只要有至少一个个体满足谓词的语义即可。而且根据语用知识,(52)中的各子集也不可能周延,因为那不是我们所理解的语义。[20]可是(53)中的各子集则应周延,起决定作用的一是语用信息,二是谓词的语义内容。

3.2 关联理论简介

上一节的讨论结果需要从语用机制上做更系统化、理论化的描写和解释。我们在此选用关联理论(relevance theory)作为讨论框架。[21]关联理论认为,从句法输出的语句的逻辑表达式往往是不确定的(underdetermined),据此得到的句子的语义可能不完整,也可能是几种句义并存,还可能是模糊不明的。省略的成分需要补齐,代词的所指需要确定,歧义的结构需要解歧,等等。通过语用充实(enrichment),可得到句子的显义(explicature),即明确完整的句义。通过进一步的语用推理,可以得到句子的寓义(implicature),还可以进而得到更高一层的显义,比如说话者对显义或寓义所取的命题态度(propositional attitude)。当然,并不是每句句子的解释都必定要经历**不确定义⇨显义⇨寓义⇨高级显义**这几个推理环节的。有的句子本身语义明确,有的句子在使用过程中不伴有寓义或不反映特别的命题态度。可以说,不管在上述几个环节的哪一段,语用推理不再继续时,就是句子在特定的使用场合中所承载的命题义(propositional content)的确立。这就需要我们进一步明确语用推理的机制,如何运作,何时启动,何时停止。

3.2.1 交际关联原则

建立在认知心理学基础上的关联理论认为,在言语交际中,听者在语境中理解话语。语境被定义为假定(assumption)的集合。每条假定以命题形式出现,后者又由概念以一定的逻辑结构组成。概念可以包含三种信息:与逻辑推理相关的逻辑信息、与造句相关的词汇信息以及百科知识。在处理新的话语时,新语句所含的假定或加强原有的某个或某些假定、或与某假定相抵触并取而代之、或两者互相作用,得出更新的假定。这些结果称作语境效应(contextual effect)。每个假定中所含的概念中的百科信息以及听者记忆中的信息又可联想衍生出更多的假定,滚雪球般地引出更多的语境效应。这个过程可以无限地进行下去。然而,语境效应的获得是以认知上的处理心力(processing effort)的付出为代价的。如付出大量的处理心力以换取微末的语境效应,则得不偿失,得到的信息的关联度就小。反之,如以适量的处理心力获得丰硕的语境效应,得到的信息关联度就大。也就是说,每一分心力都要花得物有所值,都要赢得足够的效应。关联理论用语境效应和处理心力这对此消彼长的因素来定义关联这个概念。可是言语交际的事实告诉我们,关联度最大的信息是难以得到的。要想获得最佳效益(即尽可能少的心力与尽可能多的效应),就需要听者权衡所有的语境效应和与之匹配的处理心力,经过比较筛选,最后才能做出抉择。但前面说过,语境效应可以无限地衍生,没有穷尽。[22]听话者也无法坐等20年选出他所能得到的最佳效益后再回话。基于上述考虑,Sperber & Wilson (1995/1986)提出了言语交际的关联原则:

(54) 第二关联原则(又名交际关联原则):[23]
每个明示(ostensive)的交际行为都传递了一个推定(presumption),即自身所传递的信息是尽量关联的(optimally relevant)。[24]

(55) 尽量关联推定(Presumption of optimal relevance):
(a) 说话者所明示的语言刺激信号是足够关联的(relevant enough),值得听者付出心力加以处理。
(b) 就说话者的认知能力和可供选用的语言信号而言,说话者所明示的语言刺激信号是最为关联的(most relevant)。[25]

关联原则并不是有理性的交际双方必须有意识、有目的地贯彻执行的规范性原则。它只是对言语交际双方无意识地遵守且无法逃避的潜在规律的描写性条款。受该原则制约的结果便是,理性的听者可以假定自己付出最少的处理心力而得到的第一个关联义便是尽量关联的意义,无须考虑其他可能的意义(通常他不会意识到其他可能意义的存在)。否则的话,同样受关联原则制约的说话者就不会选择这个语言信号了。由此推论,每个话语最多只有一种解释是合乎交际关联原则的。当然,这不保证所有的言语交际都能顺利无误地进行。有时交际的一方或双方对互现(mutually manifested)信息做了错误的假定,误解就会产生。[26]但这种交际的失误与关联原则无关,不对其构成反例。

3.2.2 语言编码信息:概念信息与程序信息

以上讨论的是语用推理的过程及制约因素。另一方面,语用推理的起始点是对语句进行解码(意即对句子结构做逻辑语义表达)后得到的逻辑式,这是最基本的概念表达式(conceptual representation)。语用推理的各阶段得出的结果乃是充实了的概念表达式。只有弄清编入(encode)语言单位的信息到底是些什么,才能知道概念表达式是如何构建起来的。Wilson & Sperber (1993)和 Espinal (1996)详细讨论了交际信息的各种类别。我们在此所关心的只是其中的一部分。根据 Wilson & Sperber (1993)的观点,语言编码信息(linguistically encoded information)可以分成两类:概念编码(conceptually encoded)信息和程序编码(procedurally encoded)信息。概念编码信息指语言单位被编入的内容是概念。它可以帮助建立语句所表达的命题或高级显义。程序编码信息指语言单位含有一些与概念不同的内容。它可以发出一些指令,指导语句的理解方式,从程序上制约语句理解的推理过程,给听者提供语用捷径,让听者更有效地以较小心力获得较多效应。程序编码信息可以多方制约概念表达式的构建。它可以制约显义或寓义的达成,前者又包括对命题和高级显义在理解上的制约。从语言内容的编码方式看,概念信息与程序信息及它们各自的次类并不一定与语言单位一一对应,界线分明。有时一个语言单位里既含有概念信息,也含有程序信息。这样,有些语言单位就可以从多方面影响概念表达式的建立。

3.3 “都”的编码信息及其对显义的贡献和制约

现在我们回到对“都”的讨论上来,根据关联理论对“都”的特征做理论上的定性。笔者认为,“都”这个词编入了两种信息。“都”的概念编码信息是其逻辑语义内容。这在目前有几种定义,我们已在 2.1 节中介绍过。至于何者较为接近真理,这属于形式语义学的专题,笔者将另行撰文讨论。另一方面,“都”还具有程序编码信息,它综合了前面考察的句法和语用诸因素。“都”的概念信息要求它与一个且只有一个名词组发生作用。如果找不到后者,则“都”的概念信息与逻辑式的其余部分之间就产生了张力,相应的逻辑式就不是合格式，无法得出正确的概念表达式。“都”的程序信息要求“都”不把其右边的名词组作为可能的对象，只在其左边或预设中搜寻其对象。如有多个候选对象，则由语用推理结合语境来决定。在并联原则的制约下，语用充实确定“都”的作用对象，伴之以其他可能的修残补缺、去芜存菁的工作，最后得到句子的完整逻辑式及最初的概念表达式。这是个从不确定义到显义的过程。“都”的编码信息和受关联原则制约的语用推理是相辅相成的两个方面。

4. “都”的多义和一义

与现有的同类研究报告特别是汉语描写语法的结论相比，以上的考察只涉及表总括的“都”，未及“都”的其他用法。按现有文献的划分，“都”的其他用法主要有以下四种：[27]

(56) “都”的其他用法

(a) 与“连”同用，组成“连……都”结构，表多层意义（将在下面罗列）。

(b) 与“比”同用，组成“比……都”结构，表“甚至”或“更甚”。

(c) 表“已经”义。

(d) 与“是”连用，组成“都是”，在表原因的判断句中表示确认。

以上各类“都”还起强调语气作用。

笔者要提出的观点是：(56)中的“都”与前面讨论的“都”属同一种用法，即表总括的用法。“都”在(56)中的各种意义都不是“都”本身的语言编码信息，而是“都”和与它同用的词在语言使用中所带来的显义或寓义。既然我们已在上一节承认了“都”与语用推理的紧密联系，我们就可进一步通过语用推理来推出各种有关的显义和寓义。因此，笔者认为，从语用理论上讲，只有一个“都”，不存在几个“都”的词义。[28]下面让我们逐个考察一下(56)的各项。

首先讨论“连……都”结构。有关例句收录于下：

(57) 连我都认识他，不要说别人了。

(58) 连我都不认识他，不要说别人了。

(59) 他连磁碟都买不起，别说电脑了。

(60) 他连电脑都买了，别说磁碟了。

(61) 他连电脑都没买，怎么编程序？

按崔希亮(1994)的看法，“连……都”结构在交际中可以传递四个信息。以(57)为例，第一是“我认识他”；第二是“我认识他这件事有点不同寻常”；第三是“我认识他这件事是最不可能发生的”；第四是“别的人都认识他”。[29]但它们不全是“都”的语义造成的。“连”也扮演了重要的角色。

崔永华(1984)认为“‘连’字的一个意思是表示‘加合’，意思与‘和’相通。所不同的是，‘连’只说出添加项，而不说出被添加项”。我们可以由此认为“连”的概念编码信息在于它不是二项连词(binary connector)，而是一个多项连词(n-ary connector，n>2)，它使右边的添加项与隐含的被添加项组成一个有序的集合。[30]此外，Paris (1979)和崔希亮(1994)把这种个体的集合看做是语用分级(pragmatic scale)。[31]这个分级存在于预设之中。Paris (1979)认为“连”的作用是把一个或数个最不可能具有某种特性 P 的成分给予某一类具有某种特性 P 的谓语成分。也就是说，“连”的添加项在语用分级中居于一末端，处于最不可能具某种特性 P 的位置。这是“连”的程序编码信息，它制约着对命题意义的理解。例如在(57)中，“我”就是最不可能认识他的人。既然“我”都认识他，那么在语用分级中可能性大于“我”的其他个体就肯定也认识他了。所以整个集合中的个体都认识他。“都”在此的作用对象不是“我”，而是整个集合。再看(58)，有关的语用分级中“我”是最不可能不认识他的。既然“我”都不认识他，那其他人肯定不认识他。所以，整个集合的个体都不认识他。“都”的作用对象也是整个集合。可以说，肯定句中的“都”使语用分级中的所有个体周延，令其都具有特性P。否定句中的“都”亦使语用分级中的所有个体周延，令其都不具特性P。另一种说法是否定将语用分级倒置，[32]使“连”的添加项居于最可能的末端。既然最可能认识他的“我”都不认识他，那不要说其他人了。按这种说法，“都”同样作用于整个集合。

崔希亮(1994)指出，语用分级可以是自然分级，也可以是心理分级，视语境而定。根据交际关联原则，听者所得到的预设应该是尽量关联的，内含的语用分级也应是尽量关联的，具体的选择由语用推理来决定。就是自然分级，末端的确定也可由交际者主观决定，并不一定是自然的起始点或尽头。在例(59)中，磁碟是最不可能买不起的。既然磁碟都买不起，更不用说是更加可能买不起的电脑了。结论是“他”买不起从电脑到磁碟的整个语用分级中的个体。(60)中电脑是最不可能买得起的，既然买了电脑，遑论磁碟了。(61)有点特殊。买电脑是编程序的首要条件。电脑是最不可以没有的。既然连电脑也没有买，那么程序肯定编不了。换句话说，有关的语用分级是以“……程序、……电脑”为序的。最不可以没有的电脑都没有，其他东西肯定得不到。

在上述分析中，“都”的语义始终恒定不变。“连……都”结构传递的“最不可能”和“不同寻常”这两个信息并不是“都”导致的。前者是“连”及其触发的语用分级所赋予命题的显义，后者是根据语用分级和命题义而进一步得到的寓义。另外，凡涉及语用分级且对其末端做出判断时，都会有“甚至”或强调语气的作用，但这不是“都”所固有的语义。

“连……都”结构中的“连”可以省略不用，[33]但这不意味着“都”在这时也具有“连”的作用。略举数例如下：

(62) 你都搬不动，我更不行了。

(63) 你怎么问都不问我一声？

(64) 一本书他都不看。

(65) 手都疼了，他还在练扣球。

上述各句有“都”而无“连”。通过前面讨论过的语用推理，可以补出“连”,得到“连……都”的语义。没有必要为这种用法另立一项。

现在我们讨论“比……都”结构。相关例句如下:

(66) 小李比小王都高。

(67) 小李比小王高。

(68) 小李比小王都矮。

(69) 长江比黄河都长。

(70) *长江不比黄河都长。

(71) 小张(并)不比他们都聪明。

一般的比较句是比较“比”的两边的项,如(67)。“比”是一个二项连词,加了“都”之后,语义就起了变化。虽然比较的还是“比”的左右两个项,但“比……都”结构引入了一个预设,即存在着一个语用分级。在这个分级中,“比”右边的项居于一个末端,“比”左边的项本不是该语用分级的成员。“比……都”句告诉我们,如果把“比”左边的项嵌入该语用分级,它可被置于最末端。至于是上限还是下限,则完全由谓词的语义决定。(66)的语用分级由矮至高。“小王”处于该分级的上限端。该句是说“小李”可以居于“小王”之上。(68)的“小王”则居于下限端,“小李”可居于“小王”之下。既然(66)中的“小李”比“小王”还高,则“小李”肯定比其他比“小王”矮的人都要高。所以,“都”作用的对象不是“小王”,而是包括“比”右边的项的整个语用分级这个集合。从语用推理的角度看,“比”连接两个项,“都”要求作用于一个复数体且该复数体应该是比较时的参照对象。因此,语用推理补充一个集合,作为“都”的作用对象。由于“比较”总是蕴涵着等级的差别,所以“都”的对象必定是个语用分级。总之,“都”在这里的用法仍属总括用法。本身不具“甚至”、“更甚”的语义。再看(69)—(71)。与(69)相比,否定句(70)就不能带“都”,因为虽然可以判定一个个体 a 与不包括 a 的语用分级 S 相比,a 的特征不超过 S 的上限末端或不低于其下限末端,但是并不能随之推断 a 的特征也不超过或不低于 S 的所有其他成员。这样,“都”无法作用于整个集合 S。但个体 a 当然可以同一个复数体 Y 做比较,如(71),这时“都”便有了集合 Y 这个作用对象。

下面我们来讨论含“都”的句子所表现出的“已经”义。先看有关例句:

(72) 都十二点半了,怎么还不下课?!

(73) 都(是)中学生了,一封信也写不好。

(74) 天都黑了,他还在工作。

(75) 河里的水都结冰了,他还赤着脚干活。

笔者不认为“都”在这里的意义是“已经”。如果“都”已表示“已经”,那为什么在“都”后面还可以再加上一个“已经”呢?这不成了同义反复了吗?Huang (1996)注意到在这些句子中“都”与“了”的呼应。“了”在这里是句末助词,吕叔湘(1980)认为其作用是肯定事态出现了变化或即将出现变化。但后半句对“都……了”结构不适用,因为这种句子都表示业已完成或形成的事态。Huang (1996)认为“了”引致了一个有序集合的建立。[34]该集合的成员为一个个事件。这也就是说,“了”表示某事态的发生或形成。从说话人的观点看,不管该事态实际发生在何时,都是说话人的视角中最近的事态。在此之前,还应该有一些相关的事态的发生。如果“都”与“了”共用,则说话人有意将最近发生的、在句中描述的事态与在此之前的一系列相关事态相提并论。尽管先前发生的事态并没有被明确提及,听者还是能补出一个有序的集合,该集合以时间为纬线排序。最新发生的事自然排在末端。这样又构成了一个自然语用分级。含有“都……了”的句子既肯定了末端的事态,同时也肯定了语用分级中所有的事态的发生。这些事态的全体都是“都”的作用对象。“已经”的意义并非来自“都”,而是来自“了”的概念编码信息,即它表达的时态信息。“了”表达了完成态的信息,所以有类似“已经”的显义。但“已经”的意义始终没有在概念表达式中出现,所以可以用“已经”这个词再明确一下事件的完成。

回顾(56a—c),三种句子都涉及语用分级。(56b)是比较句,与其他两种结构的语义不同。但(56a)和(56c)则有相通之处。它们都提到了末端的项而隐去了其他的不止一个的项。只是(56c)仅涉及与事态的时间有关的分级,而(56a)的范围则不限于此。所以(56c)都可以转化为(56a),但转化的步骤不完全一致。(74)、(75)可以在句首直接加上"连"。但(72)和(73)却不行,原因是"连"的右边需要有附加项,而这两句都以"都"为首,只能调整为语义大致相同的结构:

(76) 连十二点半都到了,怎么还不下课?!

(77) 连中学生都当上了,一封信也写不好。

最后我们来看(56d)的情况。有关例句如下:

(78) 都是我不好,让家务把你拖垮了。

(79) 这事都怪我,事先没联系好。

(78)涉及"都"与"是"的合用,其中真正表"确认"义的实际上只是"是",与"都"无关。所以(79)就无"确认"义。鉴于含有"都"的句子是表原因的判断句,"都"需要有复数作用对象。通过语用推理可建立一个预设中的集合,该集合由各种可能的原因组成。这就是"都"的作用对象。说话者不需要真正知道各种原因的存在,只需笼统地预设一个原因的集合,然后把全部可能的原因都归至一个起决定性作用的原因。[35]

通过以上讨论,笔者试图说明"都"只有一种用法,并无一词多义的情况。毕永峨(1994)讨论过"抽象分析法"和"多义分析法"的区别。以汉语中与逻辑推理有关的副词为例,如"才"、"就"、"又"、"也"、"都"、"再"、"各"等,如采用本文的讨论术语,则"抽象说"认为它们各自都有一个核心意义,在使用中可引出多种语境变体,使有关命题带有特定的显义和寓义,但本质上仍是一词一义。而"多义说"则认为该类词项各具一个核心意义,从中衍生出多个相对独立的语义。笔者关于"一个都"的结论应算作"抽象说"的一个版本。

5. 结语

本文着重探讨了“都”所涉及的语用因素和语用过程。这一方面与“都”的句法和语义研究互为补充,使我们能更好地把握全局,另一方面也为语用学理论的建设和应用提供了较详细的素材。笔者认为,在继续描写和解释的同时,需要把有关的结论纳入形式语用学的逻辑表达机制,使其精确化。而这个工作的前提又是对“都”的逻辑语义做全面准确的研究。㊱对“都”的研究又可以指导我们对其他的逻辑副词做深入、详尽、准确的考察,最终得出对汉语逻辑副词较为全面的认识和解释。

注释:

① 句法方面的主要论著有 Lee (1986)、Chiu (1990)、He (1994)、Cheng (1995)、Hsieh (1995)、J. Li (1995)、X. Li (1996)和 Zhang (1997);形式语义学方面的主要论著有 Huang (1995)、Huang (1996)和 Lin (1996)。汉语描写语法方面也有许多著述,我们将在下文中不时引述,在此从略。李晓光(X. Li)新近完成的 UC-Irvine 博士论文也是研究“都”的专著,但笔者尚未见到。另外,Mok & Rose (1997)从语义/语用的角度提出了新颖独特的假设。其主要讨论偏重语义方面,而与其论点相关的语用问题却未能详述。

② 这方面的工作主要是在汉语描写语法范围内做的,有关著述我们将在以下段落中引述。

③ 本节及下文涉及的形式语义学的预备知识可参考蒋严、潘海华(即出)。

④ 参见 Lee (1986)、Liu (1990)、Gao (1994)及 Cheng (1995)。此外,Chiu (1990)把“都”处理为游离(全称)量词(floating quantifier),它原本居于谓词左边的相关名词组之前,两者构成“都”-词组 *Dou*P,由“都”任中心语。其后“都”从中游离出来,移至 IP 或 VP 以内。

⑤ 如吕叔湘(1980)、王还(1983)、马真(1983)、徐杰(1985)、程美珍(1987)、兰宾汉(1988)、徐颂列(1993)等。

⑥ 参见 Liu (1990)及 Lin (1996)。其中 Liu (1990)认为“都”有时是个全称量词(与“每”合用时),有时是个周延算子(与复数名词合用时)。

⑦ 这个理论由 Huang (1996)提出。另外 X. Li (1996)认为“都”是个全称量词,其量化对象既可是全称量化名词组和复数名词组,又可是复合事件。有关事件语义学(event se mantics)的详细介绍可参见 Parsons (1990)和 Landman (1997)。

⑧ 〈〉表有序集,()表有选,A⊆B 意为集合 A 是集合 B 的子集。

⑨ 我们在下文中会讨论语句论元的论域为独元集(singleton)时对个体可能的分割。

⑩ 据李行德等(1989),在逻辑表达上略有改动。

⑪ 例句主要引自徐杰(1985),略有改动。

⑫ (18)不具(19)的语义,但可理解为“连我都去过黄山、泰山、华山”。我们将在下文讨论“连……都”结构。

⑬ 马真(1983)认为这种代词总是有定的,是复指词。这与我们的观点有一致之处。

⑭ 至于是否可以断定“都”的对象一定在其左边,我们将在下文讨论。

⑮ 参见马真(1983)、王还(1988b)和中川千枝子(1993)。

⑯ 这一点得益于匿名审稿人。

⑰ Liu (1990)认为“都”只能作用于广义特指的名词组(G-specific NPs),后者的定义如下:如有 NP 在辖域解释(scope interpretation)时可依存于其他 NP,且在宾语位置上不能令主语的 NP 依存于它,则此 NP 属非广义特指的名词组(non-specific NPs),其余的 NP 均属广义特指名词组。具体地说,广义特指名词组在汉语中包括专名、代词、方位词组、光杆名词组、带指示性限定词的名词组、光杆数量名词组和逻辑名词组。非广义特指的名词组包括疑问词和以下列限定词起首的名词组:限制性的数量限定词如“至少”、“不到”,近似性限定词如“十多个”、“十几个”,比例性名词组(趋向于比例较小的)如“三分之一”。详细释例请参见 Liu (1990)。

⑱ 这个观点是根据匿名审稿人的评语加以发展而成的。

⑲ 参见王还(1983, 1988a)和 X. Li (1996)。

⑳ 参见李行德等(1989)。

㉑ 对关联理论做详尽介绍的教科书有 Blake more (1992)。最重要的著作当属 Sperber & Wilson (1995/1986)。Sperber & Wilson (1995: Postface)及 Higashimori & Wilson (1996)对关联理论有所修订。

㉒ 这与德·索绪尔提出的联想关系有相似之处。

㉓ 第一关联原则(又名认知关联原则)与言语交际无关,在此从略。
㉔ “明示”与“非明示”的区别见 Sperber & Wilson (1995/1986)和 Wilson & Sperber (1993)。
㉕ 注意“足够关联”(enough relevance)、“尽量关联”(optimal relevance)和“最大关联/最为关联”(maximal relevance/most relevant)的区别和联系。
㉖ 关于互现(mutually manifested)信息与互享知识(mutual knowledge)的区别以及择前者弃后者的原因,请参见 Sperber & Wilson (1995/1986:第一章第 3 节)。另可参考 Clark (1996:第三章)的有关讨论。
㉗ 选自吕叔湘(1980)、苏培成(1984)、史锡尧(1990)和中川千枝子(1993)。
㉘ 当然,从汉语教学的观点看,把“都”分成几个用法会带来许多教学上的便利。这应与理论上的探讨有所分别。
㉙ 崔希亮(1994)对这几种信息有特别的定名。
㉚ 应该指出的是,“连”的句法特征与其他连词很不一样。此外,Paris (1979)认为“连”不是介词,并根据 Zuber (1972)把它叫做“准量词”(quasi-quantifier)。Shyu (1995)认为“连”是形容词或副词。
㉛ 语用分级这个概念最早是由 Fauconnier (1975)在研究形容词最高级、any 及 even 的句法/语义时提出的。
㉜ 参见 Fauconnier (1975)和 Paris (1979)。
㉝ 这与 Paris (1979)的观点相同。Shyu (1995)认为如果“连”后面跟的是单数名词,则可将“连”省略,如是复数则不可省。但这种说法不能涵盖例(63)。另外在对比句中,“连”即使在复数名词前也可省略:(i) 我这些书都念完了,还会没看过那本?
㉞ Huang (1996)的术语略有不同。
㉟ 这与史锡尧(1990)的观点相同,但术语有异。
㊱ 这方面已有的研究成果是 Huang (1996)、Lin (1996)及 Mok & Rose (1997)。

参考文献:

[1] Blakemore, Diane. 1992. *Understanding Utterances: An Introduction to Pragmatics*. Oxford: Blackwell.

[2] Cheng, Lisa Lai-Shen. 1995. On *dou*-quantification. *Journal of East Asian Linguistics* 4(3): 197 - 234.

[3] Cheng, Lisa Lai-Shen. and James C.-T. Huang. 1996. Two types of donkey sentences. *Natural Language Semantics* 4: 121-163.

[4] Chiu, Bonnie. (1990). A case of quantifier floating in Mandarin Chinese, Paper presented at the Second North America Conference on Chinese Linguistics, University of Pennsylvania.

[5] Clark, Herbert H. 1996. *Using Language*. Cambridge University Press.

[6] Espinal, M. Teresa. 1996. On the semantic content of lexical items within linguistic theory. *Linguistics*, Vol. 34, 109-131.

[7] Fauconnier, Gilles. 1975. Pragmatic scales and logical structure. *Linguistic Inquiry* 6(3): 353-375.

[8] Gao, Mobo C. F. 1994. *Dou* as a wide scope universal quantifier. *Australian Journal of Linguistics* 14: 39-62.

[9] He, Yuanjian. (1994). Full interpretation in "*dou*" quantification in Chinese, paper presented at International Conference on Chinese Linguistics 3, Hong Kong.

[10] Higashimori, Isao and Deirdre Wilson. 1996. Questions on relevance. In *UCL Working papers in Linguistics*. Vol. 8, 111-124. Department of Phonetics and Linguistics, University College, London.

[11] Hsieh, Ruohmei. 1995. *Dou* and universal quantification in Chinese, in *Proceedings of the 6th North American Conference on Chinese Linguistics*, Vol. 1: 85-99.

[12] Huang, Shizhe. 1995. *Dou* as an existential quantifier, in *Proceedings of the 6th North American Conference on Chinese Linguistics*. Vol. 1: 114-125.

[13] Huang, Shizhe. 1996. *Quantification and Predication in Mandarin Chinese: A Case Study of Dou*. Ph. D. dissertation, University of Pennsylvania.

[14] Landman, Fred. 1997. *Events and Plurality: The Jerusalem Lectures*. ms. LSA Summer Institute of Linguistics, Cornell University.

[15] Lee, Thomas Hun-tak. 1986. *Studies on Quantification in Chinese*,

Ph. D. dissertation, UCLA.

[16] Li, Jie. 1995. *Dou* and wh-questions in Mandarin Chinese. *Journal of East Asian Linguistics* 4(4): 313 - 323.

[17] Li, Xiaoguang. 1996. *Dou* as event quantifier, in *Proceedings of the 7th North American Conference on Chinese Linguistics/4th International Conference on Chinese Linguistics*. Vol. 1: 169 - 186.

[18] Lin, Jo-wang. (1996). Aformal semantic analysis of *dou* "all", Paper presented at the 5th International Conference on Chinese Linguistics, National Tsing Hua University, Taiwan.

[19] Liu Feng-hsi. 1990. *Scope Dependency in English and Chinese*, Ph. D. dissertation, UCLA.

[20] Mok, Sui-sang. & Randall Rose. 1997. The semantics and pragmatics of *dou*: A non-quantificational account. In *The Referential Properties of Chinese Noun Phrases*, ed. Liejiong Xu, 141 - 166. Paris: CRLAO, Ecole des Hautes Etudes en Sciences Sociales.

[21] Paris, Marie-Claude. 1979. Some aspects of the syntax and semantics of the "*lian ... ye/dou*" construction in Mandarin. *Cahiers de Linguistique Asie Orientale*. No. 5, 47 - 70.(汉语普通话中的"连……也/都",罗慎仪节译自法文稿与英文稿略有不同,《国外语言学》1981年第3期,50 - 55页转11页。)

[22] Parsons, Terrence. 1990. *Events in the Semantics of English: A Study in Subatomic Semantics*. The MIT Press.

[23] Shyu, Shu-ing. 1995. *The Syntax of Focus and Topic in Mandarin Chinese*. Ph. D. dissertation, USC.

[24] Sperber, Dan. and Deirdre Wilson. 1995/1986. *Relevance: Communication and Cognition*. Oxford: Blackwell. Second Edition.

[25] Wilson, Deirdre and Dan Sperber. 1993. Linguistic form and relevance. *Lingua* 90, 1 - 25.

[26] Zhang, Ning. 1997. A binding approach to eventuality quantification in *dou* constructions. In *The Referential Properties of Chinese Noun Phrases*, ed. Liejiong Xu, 167 - 207. Paris: CRLAO, Ecole des Hautes Etudes en Sciences Sociales.

[27] Zuber, Ryszard. 1972. Structure présuppositionnelle du langage. Saint-Sulpice de Favieres: Association Jean-Favard.

[28] 毕永峨(1994),"也"在三个话语平面上的体现:多义性或抽象性,中译本:胡壮麟译,《功能主义与汉语语法》,戴浩一、薛凤生主编(1994),79—94 页,北京语言学院出版社,北京。

[29] 程美珍(1987),关于表示总括全部的"都",《语言教学与研究》,第 2 期,27—36 页。

[30] 崔希亮(1994),从"连……也/都"结构看语言中的关联,《九十年代的语法思考》,邵敬敏、刘大为主编,185—196 页,北京语言学院出版社,北京。

[31] 崔永华(1984),"连……也/都……"句式试析,《语言教学与研究》,第 4 期,30—44 页。

[32] 蒋严、潘海华(即出),《形式语义学导论》,中国社会科学出版社,北京。

[33] 兰宾汉(1988),副词"都"的语义及其对后面动词的限制作用,《语言教学与研究》,第 2 期,46—51 页。

[34] 李行德、徐烈炯、魏元良(1989),上海话 *ze* 的语义及逻辑特点,《中国语文》,第 4 期,264—272 页。

[35] 吕叔湘主编(1980),《现代汉语八百词》,商务印书馆,北京。

[36] 马真(1983),关于"都/全"所总括的对象的位置,《汉语学习》,第 1 期,另载陆俭明、马真(1985),《现代汉语虚词散论》,98—105 页,北京大学出版社,北京。

[37] 史锡尧(1990),副词"都"语义语用综合考察,《汉语学习》,第 4 期,6—10 页。

[38] 苏培成(1984),有关副词"都"的两个问题,《语言学论丛》,第十三辑,57—61 页。

[39] 王还(1983),"All"与"都",《语言教学与研究》,第 4 期,24—28 页。另载王还(1993),159—164 页。

[40] 王还(1988a),再谈谈"都",《语言教学与研究》,第 2 期,52—53 页。另载王还(1993),165—167 页。

[41] 王还(1988b),三谈"都",《世界汉语教学》,第 2 期。另载王还(1993),168—170 页。

[42] 王还(1993),《门外偶得集》(增订本),北京语言学院出版社,北京。

[43] 徐杰(1985),"都"类副词的总括对象及其隐现、位序,《汉语学习》,第 1 期。另载徐杰(1993),《汉语描写语法十论》,77—87 页,河南教育出版社。

[44] 徐颂列(1993),表总括的"都"的语义分析,《语言教学与研究》,第 4 期,75—86 页。

[45] 中川千枝子(1985)汉语副词"都"的语境分析及语气分析,中译文:荀春生译,《日本近、现代汉语研究论文选》,大河内康宪、施光亨主编(1993),309—322 页,北京语言学院出版社,北京。

(原载《现代外语》1998 年第 1 期)

评 析

本文在关联理论的框架内考察"都"所涉及的语用因素和语用过程,并试图对"都"的句法和语义性质做出统一的解释。句法上,本文认为,不能仅从语句的表面来确定"都"所作用的名词词组及其位置,因为"都"的作用对象有可能不出现在语句的表面,而是居于预设之中。以往认为"都"所作用的名词词组可出现在谓词右边的观点是不准确的,因为这些名词词组有可能不是"都"真正的作用对象。如果"都"所作用的对象隐含在预设中,或在语句表面存在不止一个候选对象,这时需要通过语用推理才能确定。如本文第(48)例:"大家知道她们俩在汤里都放了些什么",其中"都"作用的对象是预设:"她们俩在汤里所放的不止一件的东西",而不是句子表层中的"她们俩"或"汤里"。

语义上,作者认为"都"只具有表"周延"和"总括"的意义,并不具备"更甚"、"已经"或其他意义。与"连"、"比"、"是"等连用的"都"字句均隐含了"语用分级"(沈家煊称之为"语用等级"),"都"的总括意义最终尽可通过推理获得。这就是说,"都"只有一种用法,而不是以往所认为的一词多义。

本文 3.2 节对关联理论的阐释简单明了。其中"语用充实"、"概念信息"和"程序信息"等概念在国内语用学文献中并不多见。作者从语用角度分析"都"的语义和用法,论证精辟透彻,为彰显语用学的解释力提供了一个很好的范例。

文章指出,"都"作用的对象只能是在谓词的左边,不能在右边,并认为这是"都"的程序信息要求使然,而这程序信息"综合了前面考察的句法和语用诸因素"。这里的句法和语用诸因素在文章中未能明晰化,有关在左边的断言尚可商榷,尤其考虑到疑问代词、指示代词等在句中位置的特殊情况,"都"与它们连用时,其作用对象不能不受到影响。

语用法的语法化*

沈家煊

0. 释题

就像“syntax”既指“句法”——用词造句的法则，又指“句法学”——研究句法的分科，“pragmatics”也一样既指“语用法”——语言在具体语境中使用的法则，又指“语用学”——研究语用法的分科。[①]一般地说，用词造句的法则是必须严格遵守的规则(rules)，违反了这样的规则造出来的句子就“不合语法”，而语言使用的法则是指明倾向性的原则(principles)。违背这样的原则，结果不是造成不合语法的句子，只是使用这样的句子“不合适”而已。所以说，句法是受规则支配的，语用法是受原则指导的(Leech 1983)。

本文所说的“语法”是按狭义理解的，即构词和造句的规则，包括构词法和句法。如果按广义来理解，如“生成语法”的“语法”实际是指语言结构的全部规则，除了构词法和句法，还包括语音规则和语义规则。

“语法化”(grammaticalization)是指一种变化过程，即语法的形成过程。从事“语法化”研究的人认为，构词造句的规则并不是“任意”规定的或约定的，而是“有理可据的”(motivated)。由于时

---

* 本文原为王宗炎先生从教55年纪念文集《语文研究群言集》而写。

间的推移,现今的语法规则,有一些的“理据”已变得模糊不清,难以追寻,但不能否认最初确是有理据的。“语法化”的研究要弄清语法范畴和语法成分是如何产生和形成的,例如“主语”这个范畴是怎么形成的,介词和连词这样的表示语法功能的“虚词”是如何从实义词演化而来的。

有不少语法现象是语用法“凝固化”的结果。它们原先是语言使用的一些带倾向性的原则,即语用法。这些用法广为使用、反复使用的结果就是它们逐渐固定下来,约定俗成,变成了语法规则。有人把“语法化”限定为语用法凝固为语法的过程(Hyman 1984),但是语法的来源可能不仅仅是语用法。关于国外对“语法化”的研究的全面情况可参看拙文(1994a)。

对“语用学”的定义和范围至今还缺乏统一的认识。泛泛而说,语用学是研究语言和语境(context)之间的关系,而语用学的一个最狭窄的定义就是:语用学是研究已经语法化了的,即在语言结构中表示出来的那部分语言和语境间的关系(Levinson 1983:9)。按照这个定义,语用学研究的就是语用法的语法化。把语用学的范围尽量扩大,不见得有利于语用学作为一门语言学分支学科的独立地位。几十年来语用学研究最令人鼓舞、最有成效的方面恰恰是在语用法的语法化研究上。下面先举两个国外的研究实例,再举三个国内汉语研究的实例来说明这一点。

1. 构词法的语用理据

看英语中如下构词现象:

not possible	impossible
not necessary	* innecessary
not some	none
not all	* nall
not sometimes	never
not always	* nalways

not or　　　　　　nor

not and　　　　　* nand

星号 * 表示不合构词法。为什么会出现这种构词上的不对称现象？Horn (1972)和Grice“合作原则”中的“适量准则”和他建立的一种语用等级——现在常称作“Horn 等级”——来做出解释。自然语言中有数量或程度差别的同类词语可排列成一个由强到弱的等级，如：

〈necessary, possible〉

〈all, some〉

〈always, sometimes〉

〈and, or〉

按照“适量准则”的内容之一——提供的信息要足量——会话者可以传递和推导出这样的隐含义，即说出一个弱项时隐含着相应的强项不成立。例如说出他“可能”(possible)参加隐含着他不是“必定”(necessary)参加，说出“有些”(some)人参加隐含着不是“所有的”(all)人都参加。因为说话人如果明明知道是所有的人都参加而仍然说“有些人参加”，那就违背了“适量准则”，而通常情形下说话人是不会违背“适量准则”的。听者相信这一点，说者也相信听者相信这一点，所以会得出这样的隐含义。推导出这样的隐含义不是逻辑上的必然，因为在特殊的情形下这样的隐含义可以被推翻。例如会话双方都知道某项活动只要有人参加，领导就会来讲话。在这种情形下，即便是实际上所有的人都参加，在问及参加情况时可以回答“有人参加”而没有“不是所有的人都参加”的隐含义。由于这样的隐含义是在会话中凭借“适量准则”这样的语用原则推导出来的，所以专门叫做“会话隐含义”(conversational implicature)，“隐含义”是个简称。上述的不对称现象实际就是在这样的语用原则指导下某一类词语的用法“凝固”之后在构词上的体现，具体可用如下一条构词法则来表述：

如果一个概念在会话中可按“Horn 等级”和 Grice 的“适量准

则”推导出来，那么这个概念就不需用一个独立的词来表达。

正因为“not necessary”、“not all”、“not always”、“not and”这些概念都可以在说出“possible”、“some”、“sometimes”、“or”时按上述方式推导出来，所以词汇中就不需要“innecessary”、“nall”、“nalways”、“nand”这样的词存在。这个例子说明构词法是语用法“语法化”的结果。

2. 抄近路得出的隐含义

先比较以下两个英语句子：

(a) Why didn't you read in bed? [提问/(间接)建议]

(b) Why not read in bed? (建议)

按照 Austin (1962)和 Searle (1969)的“言语行为论”，说出(a)时的“所为”是“提问”，但有时这个问句又可以用来“建议”。现在通常说(a)的直接“语力”(illocutionary force)是“提问”，它的间接“语力”是“建议”。然而(b)虽然也是问句的形式却只有“建议”的语力。注意(b)的语法形式是固定的，例如不能在“why not”的当中再插入什么成分。为什么会有这样的区别？

Morgan (1978)提出“抄近路得出的隐含义”这样一个概念，说明如下。可以把(a)这个问句的间接语力“建议”看做是这个句子的隐含义，它是根据一定的语用原则，比如说“礼貌原则”或“委婉原则”推导出来的。向别人建议做什么往往有不自谦之嫌，我们在提建议之前常常先来个“恕我冒昧”就是这个原因。因此出于礼貌或委婉的考虑，在建议别人做某事之前最好先问一问对方没有这么做的原因，例如要建议别人躺着看书，最好先问问他没有躺着看书的原因。于是问句(a)就经常有了“建议”这一间接语力。这样的语用法普遍使用和反复使用的结果就逐渐固定下来，就是说在听到(a)这样的问话后，听者不再需要凭借语用原则经历一个推导过程，而是一下子就直接得出“建议”的理解，这就是所谓“抄近路得出的隐含义”(short-circuited conversational implicature)。这种隐含义进一步固定下来就会对原来的语句形式产生反作用，于是就有了(b)这样的紧缩问句形式专门用来表达“建议”，“建议”成了(b)这种句法形式的固有语力。这个过程可以图示如下：

形式 a ——→ 形式 b

形式的演变滞后于意义的演变，这是“语法化”的一般规律之一(见 Hopper 1991)。这个例子是证明句法是语用法固定化结果的经典例子。

3. “常规关系”和“一价名词”

看以下句法现象：A 组可以用中心名词的修饰语“N 的”来指称整个名词性短语，如“小王的”可以指称“小王的书包”，B 组不能用“N 的”来指称整个名词性短语，如“小王的”不能指称“小王的爸爸”。

A 组　小王的书包あ→あ小王的
　　　塑料的拖鞋あ→あ塑料的
　　　兔子的窝儿あ→あ兔子的
B 组　小王的爸爸あ→* あ小王的
　　　塑料的弹性あ→* あ塑料的
　　　兔子的尾巴あ→* あ兔子的

袁毓林(1994)提出“一价名词”的概念来解释这一现象。“一价名词”的定义是：在表示某种事物的同时还隐含了该事物跟另一事物之间的某种依存关系。“一价名词”主要包括以下三类：

亲属称谓　爸爸：一个人，他是某人的男性亲代
属性名词　弹性：一种属性，它是某种物质的结构性质
部件名词　尾巴：一种东西，它是一个动物的组成部分

正像动词有“配价”(valence)一样，“一价名词”也有一个从属于它的配价名词，在上述例子中，“小王”是“爸爸”的配价名词，“塑料”是“弹性”的配价名词，“兔子”是“尾巴”的配价名词。也就是说，“爸爸”、“弹性”、“尾巴”是“一价名词”，而“书包”、“拖鞋”、“窝

儿”不是“一价名词”。“一价名词”支配从属于它的配价名词。袁文发现的规律是，当“N的”中的N是受中心名词(一价名词)支配的从属名词时，“N的”不能用来指称整个名词性短语。

一个事物跟另一个事物之间的某种依存关系是人在认识世界的过程中在头脑里建立起来的“常规关系”(sterotypical relations)之一。我们在凭借语用原则传递和推导隐含义时往往要依靠这种“常规关系”。例如：

He turned on the switch and the motor started.

这个句子的隐含义之一是“马达的启动是由打开开关造成的”。Grice提出的“适量准则”包括两个内容，一是不要说少了，即提供的信息要足量；二是不要说多了，即提供的信息不要过量。推导这个句子的隐含义是依据“适量准则”的第二个内容“不要说得过多”。因为会话双方都具有开关和马达之间“常规关系”的知识，即马达通常装有一个开关来启动它，我们就不需要把上述隐含义明说出来，说出来反而是多余的。[②]这里根据“不过量”准则推导隐含义必须凭借对“常规关系”的共识，因此研究各种类型的“常规关系”成为当今语用学和认知科学的一个重要方面。“一价名词”和它的从属名词各自代表的事物之间的依存关系也是一种“常规关系”，这种“常规关系”在汉语语法中的体现(也就是“语法化”的结果)是存在“一价名词”这一个次范畴，它在句法上有一系列不同于一般名词的特殊表现(具体参看袁文)。

4. 双音副词“好不”的形成和用法

看北京话里表示程度的副词“好”和“好不”分布上的不对称：

A组　好不蛮横あ＝あ好蛮横
　　　好不糊涂あ＝あ好糊涂
　　　好不狼狈あ＝あ好狼狈

B组　好不安分あ＝#好安分
　　　好不讲理あ＝#好讲理

好不公平あ＝#好公平

A组的贬义词既可用“好”加强，又可用“好不”加强，意思一样；B组的褒义词不能用“好”加强，如果用“好”加强，一定要按反语理解（所以加标记#），如“好安分”是很不安分的意思。③褒义词前出现“好不”实际是“好”修饰“不＋褒义词”，仍然是贬义得到加强。以“蛮横”和“讲理”为例：

好不＋蛮横　　好＋不讲理

拙文（1994b）从语用上寻找造成这种不对称的原因，具体涉及“礼貌原则”和反语的“引述理论”。先说“礼貌原则”。B组的褒义词是一类特殊的褒义词，大多是表示在特定社会和文化中的道德规范或行为准则的，它们包括“安分、争气、讲理、公平、人道、知足、识相、道德、知趣、晓理、识时务、识抬举、通人情、守妇道、懂交情、得人心”等等。其中有些词语，如“安分”和“守妇道”等明显带有特定社会性质的烙印。还有一些词语是表示人们在社会活动中对行为结果的某种期待，例如“值得、上算、经济、习惯”等等。这两类词一起构成一类特定的带有社会性的褒义词，它们跟其他褒义词（如“热闹、自在、漂亮”等）的区别在于，它们对“礼貌原则”最为敏感。“礼貌原则”要求，用言语进行评价活动，特别是涉及社会规范和道德标准时，对坏的要说得委婉，对好的要说得充分（参见 Brown & Levinson 1978）。一般而言，对缺点的批评是一种有损对方面子的行为，不宜直接使用贬义词，而用“不”加相应的褒义词来代替。例如，不直接说“蛮横”而说“不讲理”。相反，对优点的肯定应直接使用褒义词，不宜用“不”加相应的贬义词。例如，对方如是通情达理的人，就不该用“不蛮横”来评价他。这种用法上的不对称可图示如下：

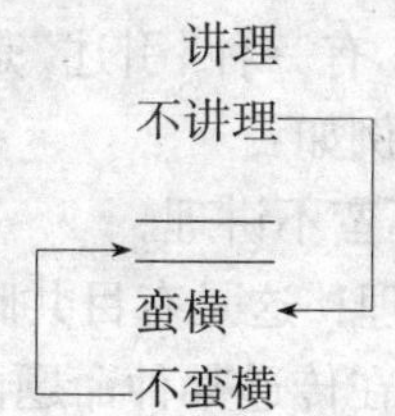

“不讲理”隐含“蛮横”的意思，而“不蛮横”不隐含“讲理”，而是隐含一个中性义。在“礼貌原则”的作用下，“不讲理”的使用频率大大高于“不蛮横”，结果是“不讲理”形成一个复合词，“不”是构词上的否定前缀，而“不蛮横”保持词组的地位，“不”是句法上的否定词。因为有了这种结构上的区别，前面再加上程度副词“好”，自然就会形成上面列出的“好＋不讲理”和“好不＋蛮横”的对立。

“礼貌原则”还未能解释“好蛮横”跟“# 好讲理”之间的对立，即为什么“好讲理”一定要做反语理解才能成立。作为一种修辞手段，反语常见的是用正面的词语来表示反面的意思，很少用反面的词语来表示正面的意思。我们常用“你真聪明”来表示“你真笨”，用“你真讲理”来表示“你蛮不讲理”，但很少用“你真笨”来表示“你真聪明”，用“你真蛮横”来表示“你真讲理”（需要特殊的语境才能这么用）。一般的修辞书把反语定义为“正话反说或反话正说”，没有指出反语使用的这种不对称，有的书虽然指出了这种不对称，却没有对此做出任何解释。

Sperber & Wilson (1981)从语用角度来解释这一现象，提出了反语的“引述理论”。他们认为，使用反语是按字面意义“引述”一个词语并对其表明一种（讽刺的）态度。“引述”是相对“陈述”而言，两者的区别见于以下例子：

(a) 我已通知小李来开会，他五点钟到。他说是四点到，但他总是迟到一小时。

(b) 我已通知小李来开会，他五点钟到。他总是迟到一小时，所以他要六点才到。

“他五点钟到”这句话在(a)里是说话者自己的陈述，在(b)里是说话者引述小李的话。有一种“引述”是“回声引述”，乙的应答好像是甲说的话的回声，例如：

甲：我这个人从来不蛮不讲理。

乙：哼，你不蛮不讲理！这是有目共睹的。

总之，引述的用意不在传递某种命题内容，而是表示已听到或听懂对方的话并同时表明一种态度，如这里是表示讽刺的态度，不以为然的态度。

反语的不对称用法可以这样来解释：在用言语进行评价，特别是评价人的社会行为时，经常要引用按文化定义的行为规范或道德标准，也经常要提到我们对行为结果的正常期待。因此，当有人明显违背行为规范和道德标准，或当我们的正常期望落空时，我们就常用讽刺的口吻引述这些规范、标准和期待，例如说："你好讲理呀!"、"这样做好值得呀!"等等，于是表示社会规范、道德标准和正常期待的褒义词就经常成为引述的对象；相反，对不道德、不规范、令人失望的行为的批评总是针对某些具体的人或事，因此贬义词语一般不会是引述的对象。

双音副词"好不"的形成是一个"语法化"的过程：

好　不蛮横(反语用法)⇒好不　蛮横⇒好不　热闹

这个式子表示，"好不"这个双音副词的形成源自"好"这一单音副词的一种语用法，即"引述＋讽刺"的反语用法。由于"不"和"蛮横"的联系比较松散(见上，这也是源自语用法)，这种用法在变得频繁后，"好"和"不"就逐渐结合在一起形成"好不"。我们设想这种演变过程最初发生在贬义词上，因为如前所述，反语用法的"好"一般用于正面词语，而贬义词用"不"否定后接近于正面词语。待"好不"形成后，受"好不"修饰的词就不再局限于贬义词，扩展到"自在、漂亮、热闹"这样一些一般的褒义词或中性词。支持这一设想的证据是袁宾(1984)提供的历史材料，拙文(1994b)没有谈到，这里补充说明。袁文统计了 25 种近代汉语著作中"好"和"不"连用的情况。按年代顺序，《西游记》之前的 16 种著作中皆不见双音副词"好不"的用例，《西游记》之后的 7 种明清著作，双音副词"好不"和"好＋不 XX"并存。这 7 种著作中，除《西游记》外，各书双音副词"好不"的用例一律多于"好＋不 XX"，而《西游记》一书却是后者的用例(为 15)多于前者的用例(为 7)。这说明考察《西游记》中双音副词"好不"的用例可以知道它最初的使用情况。考察这 7 处用例发现其中6例都用的是贬义词,只有一例是褒义词。[④]

这一节说明,句法上"好"和"好不"的分布规律是"礼貌原则"的运用和反语的语用法"固化"的结果。

5. 极性词和语用等级

"极性词"(polarity words)是指语法中只能用于肯定句或只能用于否定句的词。例如,下面英语句子中的"ever"和"a finger"一般只用于否定句,"still"和"would rather"一般只用于肯定句:

Max doesn't ever work.

*Max ever works.

He didn't lift a finger to help.

* He lifted a finger to help.

Someone is still holed up in this cave.

*Someone isn't still holed up in this cave.

Max would rather stay at home.

*Max would not rather stay at home.

拙文(1995)讨论了汉语中一些表示周遍意义的词语,有的只能用在肯定句,有的只能用在否定句,如果用反了会出现三种情况:不合语法、不合原来的语义、不合语用法。分别说明如下:

(一) 不合语法(用*标示)

一字不识

*一字识

一天没休息

*一天休息

一声不吭

*一声吭

见一个爱一个

*见一个不爱一个

有一件交代一件

＊有一件不交代一件

这些句子都表示“周遍义”，如“一字不识”是所有的字都不识的意思。动词前的“一”限用于否定句，“一……一……”限用于肯定句。用反了就不合语法。

（二）不合原来的语义（用＃标示）

再大的困难他也能克服（周遍义）

＃再大的困难他也不能克服（非周遍义）

最简单的题他也不会做（周遍义）

＃最简单的题他也会做（非周遍义）

“再……也……”、“最……也……”这样的词语也能表示周遍义，如“再大的困难他也能克服”是他能克服一切困难的意思。如果把肯定句变为否定句，或把否定句变为肯定句，句子仍然合乎语法，但是失去了原来的周遍义，例如“再大的困难他也不能克服”是有一部分困难他不能克服。

（三）不合语用法（用△标示）

连他的敌人也佩服他（周遍义）

△连他的敌人也不佩服他（不合常情）

连看电影都没兴趣（周遍义）

△连看电影都有兴趣（不合常情）

乔姆斯基自己也不懂 GB（周遍义）

△乔姆斯基自己也懂 GB（不合常情）

“连……也/都……”这样的词语也能表示周遍义，如“连看电影都没有兴趣”是对一切都不感兴趣。如果把肯定句变为否定句，或把否定句变为肯定句，句子仍然合乎语法，也仍然具有周遍义，只是这样的用法不合常情，即不符合语用法，因为我们一般的“预设”是：他的敌人是最不可能佩服他的人；看电影是最有趣味的事；乔姆斯基最了解生成语法。

借用 Fauconnier（1979）提出的语用等级（跟上面说的“Horn 等级”不太一样），能统一说明上述三种现象。这个等级可图示如下：

```
—M(最轻)
—x2
—x1
—m(最重)
```

张三如果能举起 x1，在不需要其他信息的情况下，按照这个等级（x1 重于 x2）能推导出，张三也能举起 x2。注意，这种推理不是纯逻辑推理，而是语用推理，因为完全有可能，x2 虽然比 x1 轻，但体积形状反而不如 x1 容易举起。按照这个等级可以做出如下的周遍义推理：

张三能举起最重的（m）→张三能举起一切重物

句子由肯定变为否定（或由否定变为肯定），语用等级的方向要颠倒过来，最低点 m 要变为最高点 M，才能保持周遍义的推理：

张三举不动最轻的（M）→张三举不动任何重物

上述语法、语义、语用三个层面上的肯定、否定、颠倒的结果都跟这个语用等级有关，例如"一"代表数量上的最小极点，"最"也总是表示极点，"（连）他的敌人"在佩服他的可能性等级上处于极点（最低点）。

特定的上下文和语境也能把语用等级的两极颠倒过来，如英语"ever"有时也能出现在肯定小句，就是这个道理：

* Max ever works.

You can't convince me that Max ever works.

If Max ever works he will be rewarded.

A lex works more than Max ever worked.

下面是汉语的同类例子：

* 见一个不爱一个

我就不信你会见一个不爱一个

* 保质期内坏一个不换一个

假如保质期内坏一个不换一个，可以投诉消费者协会。

* 有一件不交代一件

我坦白得晚了些，但总比有一件不交代一件的人强。

一个统一的语用等级解释了语法、语义、语用三个层面上肯定、否定、颠倒后产生的偏差。区别只在于，这个语用等级的运用在“连……也/都……”句式中还未语法化，在“最/再……也……”句式中也未完全语法化，而在“一……不……”和“一……一……”句式中已经完全语法化。语法化有程度上的差别，所谓语法上的“极性词”就是这个语用等级的运用已经完全语法化的产物。

6. 结束语

语法研究的最终目的是要解释语法现象，即说明为什么这么说是合乎语法的，而那么说是不合语法的。判断一个句子是否合乎语法，本质上讲不需要什么语言学的修养，任何一个讲本族语的人都能凭直觉做出正确的判断。语言学家的任务是要对语法现象做出科学的解释。

生成语法学派用语言能力的天赋性来解释语法现象，人生来就具有抽象的语法知识，由一些原则或规则组成。但在功能语言学派看来，这样的解释是空洞的，因为关于天赋性的假设是无从验证的。功能语言学家从语言的功能、人的认知方式、人使用语言的方式方法、社会因素、语言的演变等方面去寻找语法的解释。研究语用法的语法化正是这种解释工作的一个重要方面。

从语用法的语法化来解释语法，实际是在研究共时语言现象的时候引入语言演变的历时因素。把语言的共时研究和历时研究严格区分开来，确实大大加深了我们对语言作为一个系统的了解。但是语言总是处在不停的变化之中，区分共时和历时完全是人为的，是为了研究的方便。如果我们的目的是要解释共时的语言现象，就不能不考虑历时的因素。当今的语言研究又出现了把共时和历时结合起来的趋势，对“语法化”现象的重视就是这一趋势的体现。

注释：

① 其他术语如 phonology，morphology，semantics 等也都有类似的两种意思、两种用法。

② Horn (1984)将“适量准则”内容一“足量”纳入他的“Q 原则”，将内容二“不过量”纳入他的“R 原则”。Atlas & Levinson (1981)另外提出一条语用原则叫“Principle of Informativeness”，即可从有限的语句形式中获取更多的信息。这条原则是否可看做是对“适量准则”内容二的发展，不好说。不过有一点是明确的，要从有限的形式中获取更多的信息必须凭借“常规关系”。

③ 现在有些年轻的北京人受南方话的影响也有说“好安分”等表示正面意义的话，但地道的北京话是不这么说的。

④ 这 7 例是：好不厉害，好不疼，好不滑，好不凶恶，好不凶丑，好不重(皆为贬义)，好不溜撒(褒义)。其中“滑”和“重”在上下文里表示不如意的情形，“好不重”的“重”是指打人的棍子重(说话人是被打对象)，“好不滑”的“滑”是井壁滑，无法爬上去(说话人在井底)。

参考文献：

[1] Atlas, J. & Levinson, S. 1981, It-clefts, informativeness, and logical form. In P. Cole ed. *Radical Pragmatics*. New York: Academic Press. 1-61.

[2] Austin, J. L. 1962, *How to Do Things with Words*. Oxford: Clarendon Press.

[3] Brown, P. & Levinson, S. 1978, Universals in language usage: Politeness phenomena. In E. Goody ed. *Questions and Politeness: Strategies in Social Interaction*. Cambridge: Cambridge University Press. 56-311.

[4] Fauconnier, G. 1979, Implication reversal in natural language. In F. Guenthner et al ed. *Formal Semantics and Pragmatics for Natural Language*. Dordrecht: D. Reidel.

[5] Grice, H. P. 1975, Logic and conversation. In P. Cole & J. L.

Morgan eds. *Syntax and Semantics* 3：Speech Acts. New York：Academic Press.

[6] Hopper，P. J. 1991，On some principles of grammaticalization. In E. C. Traugott & B. Heine eds. *Approaches to Grammaticalization*. 2 vols. Amsterdam：John Benjamins. 17 – 36.

[7] Horn，L. R. 1972，*On the Semantic Properties of the Logical Operators in English*. Mimeo. Indiana University Linguistics Club.

[8] Horn，L. R. 1984，Toward a new taxonomy for pragmatic inference：Q-based and R-based implicature. In Schiffrin，D. ed. *Meaning*，*Form and Use in Context: Linguistic Applications* (GURT'84). Washington：Georgetown University Press.

[9] Hyman，L. M. 1984，Form and substance in language universals. In B. Butterworth et al. eds. *Explanations for Language Universals*. Berlin：Mouton. 67 – 85.

[10] Leech，G. 1983，*Principles of Pragmatics*. London：Longman.

[11] Levinson，S. 1983，*Pragmatics*. Cambridge：Cambridge University Press.

[12] Morgan，J. 1978，Two types of convention in indirect speech acts. In P. Cole ed. *Syntax and Semantics*. vol. 9：Pragmatics. New York：Academic Press.

[13] Searle，J. R. 1969，*Speech Acts*. Cambridge：Cambridge University Press.

[14] Sperber & Wilson，1981，Irony and the use-mention distinction. In P. Cole ed. *Radical Pragmatics*. New York：Academic Press. 295 – 318.

[15] 袁宾，1984，近代汉语"好不"考，《中国语文》第3期。

[16] 袁毓林，1994，一价名词的认知研究，《中国语文》第4期。

[17] 沈家煊，1994a，"语法化"研究综观，《外语教学与研究》第4期。

[18] ——，1994b，"好不"不对称用法的语义和语用解释，《中国语文》第4期。

[19] ——，1995，正负颠倒和语用等级，《语法研究和探索》七，商务印书馆。

（原载《福建外语》1998年第2期）

评 析

本文所说的“语法”包括构词法和句法，“语法化”是指构词造句规则的形成过程。“语法化”的过程是“有理可据的”，其中的理据包括语用理据。这就是说，语用法可推动并最终导致语法化。作者指出，语用学可定义为“研究已经语法化了的、即在语言结构中表示出来的那部分语言和语境间的关系”，“语用学研究的就是语用法的语法化”。作者列举了英语和汉语中语用法导致语法化的5个例子。

“语法化”研究结合了对语言共时的描述和历时的追溯，目的是推导出语言形式的演变和形成过程，近来已成为语言研究的热点。这确实是一个“令人鼓舞、最有成效”(作者语)的研究路径。文章列举的例子是对什么是“语法化”最好的解释，其中第4和第5个例子是作者自己的研究成果。然而本文用配价理论或依存关系来解释有些“N_1 的 N_2”无法用“N_1 的”来指称的原因似可商榷。因为“依存”和“从属”的概念十分模糊，本文所说的“小王”和“爸爸”、“塑料”和“弹性”、“兔子”和“尾巴”之间的关系性质显然不可同日而语。我们认为，“N_1 的 N_2”能否用“N_1 的”来指称与配价无关(此外，能否将描述动词论元的配价理论用于描述名词本身就存疑)。我们的看法是，所有“N_1 的 N_2”可用“N_1 的”来指称的情况，都因为“N_1 的”具有指别(identifying)功能，它的作用是从由中心词所指的事物中挑出特定的个体。如“小王的书”有别于“小李、小张……的书”。凡不具备这一功能的“N_1 的”都不能用于指称整个短语。“小王的爸爸”和“兔子的尾巴”并不是在任何情况下都不能用“小王的”和“兔子的”来指称，只要语境合适就可以。如某公司邀请所有员工的父亲参加一项活动(如旅游)，组织者在向大家做介绍时，可用“小王的”、“小张的”等。再如在陈列动物尾巴标本的地方，解说员可以说这是“兔子的”，那是“猪的”。

什么是语际语用学

何自然

一、语际语用学属于跨文化语用学

语际语用学(interlanguage pragmatics,简称 ILP),顾名思义,涉及两种语言。两种语言之间的中介语(又叫过渡语或语际语言)又与第二语言(包括外语,下同)习得有关。而在第二语言习得方面的语际研究以前曾有语际音位学、语际形态学、语际句法学和语际语义学。现在,语际语用学的论题也出现了。语际语用学作为第二语言习得研究的一个领域,涉及社会语言学、心理语言学和语言应用的种种问题。语际语用学着重探讨人们在特定的语境下如何实施第二语言的语言行为和如何理解这些行为。语际语用学常常被定义为"研究非母语的第二语言操作者在使用和习得第二语言行为时的模式"(Kasper, 1989a)。根据这个定义,语际语用学属于跨文化语用学,它的研究包括跨文化交际中是否一定会形成中介语;这种中介语是否来自语言接触;它是不是一种独立存在的语体。当然,语际语用学的研究仅仅着眼于跨文化交际中操用第二语言时产生的中介语未免太过于局限了。有学者(Blum-Kulka, 1991)曾经对以色列的美国移民使用源发语(source language,即母语)和目的语(target language,指第二语言——英语)的状况进行调查,发现他们用母语或英语交际时,他们实际上都在操用一种与源发语和目的语都有关、但风格上却与这两种语言迥异的语际语言(或理解为一种中介语语体)。接着又有学者在探讨言谈应对社会语言学(interactional sociolinguistics)时,通过跨文化交际的语用研究和老幼数代移民的语用行为差异研究,最终证实了中介语语体的存在(Gumperz, 1982)。他们指出,移民中年轻一代的源发语(母语)有的已带有明显的中介语特征,这些年轻移民自己也承认,他们在操母语时已不再遵守操母语时公认的文化标准(如生活在外国的中国年轻移民在接受别人的邀请时,他们已不再按传统的谦虚方式做表面的婉拒;再如日本人用母语交谈时,现在也比以前直接,更接近西方的谈话方式了)。以上情况说明,语际语用学不但研究跨文化交际中使用第二语言时产生的语际语言,而且研究操用第一语言(母语)时为何导致使用中介语语体。总之,语际语用学可以研究跨文化中介语语体如何形成,也可以研究中介语形成和变化的条件,研究中介语和源发语的关系、中介语的交际效果。目前从事语际语用学研究的大都是操用第二语言的非本族人。这反映了这个学科主要特征是第二语言的语用研究。

语际语用学同普通语用学研究一样,探讨语言的理解和产生过程,考察话语的使用规律;但普通语用学经常接触到的言语交际策略问题与语际语用学研究的言语交际策略,重点有所不同:普通语用学研究的言语交际策略是以认知过程中的心理语言学模式作为研究基础的,而语际语用学研究的言语策略,其理论与实践均纯粹来自描写语用学,特别是跨文化语用学。普通语用学研究的言语交际策略,其主要内容是考察语言学习者如何确定所指称的事物;而语际语用学研究的言语交际策略,其重点却放在以言行事的行为和礼貌策略等理解和运用方面。

二、语际语用学的研究内容

A. 语际语用学研究如何理解语际语言中的话语

语际语用学研究语用理解(pragmatic comprehension),早期着重研究语言学习者对以言行事意图(illocutionary force)的理解和对礼貌手段的识别。前者要学会如何对待间接言语行为，懂得语言形式和语境在理解以言行事意图时的作用，谙熟导致理解困难的各种因素。Carrell (1979)曾表明，第二语言水平高的学生往往会依靠他们的推理能力来理解会话含意。他们惟一的理解障碍是他们的“自以为是”。这种理解障碍是文化差异造成的，或者是违反了关联准则导致的。Bouton (1988)对文化背景足以影响理解间接言语行为这一点很感兴趣，他把来自不同文化背景、英语不是母语的学生分成 6 组进行试验，结果找到十分显著的差异：来自德国、西班牙、葡萄牙以及中国台湾的学生，他们对间接言语行为的识别能力相似；而韩国、日本和中国大陆的学生又是另一个类型。Bouton 认为，除了文化背景会影响语用含义的理解之外，如果间接言语行为是违反关联准则的，学生们较易理解；如该言语行为违反的是量的准则，那么无论英语是母语或不是母语的学生都会出现理解上的困难。至于语言形式和语境在理解间接言语行为时的作用，有学者发现，不论学生的语言、文化背景以及英语能力如何，他们主要依靠的是英语的语言形式；但也有一些学者认为，小孩对母语和第二语言的语用理解，依靠的都是语境信息，而不是语言形式。其他一些研究发展语用学(developmental pragmatics)的学者则支持后一种意见。也有对上述两种对立意见持平的。例如，Gibbs (1983)提出一种“规约意义模式”(conventional meaning model)。通过一系列的试验，Gibbs 表明：如果语言形式和语境是规约性的，听话人就会按字面意义来直接理解话语；如果没有提供合适的(或熟悉的)语境，而且话语又是新的、非规约性的，那就会出现一个从字面意义到非字面意义的理解加工过程。

至于礼貌手段的识别，学者们也做过缜密的观察：英语不是母语的学生在规约的手段和形式的范围内完全具有分辨礼貌程度的能力，尽管他们在礼貌概念上与英语为母语的学生有所不同。例如，日本的英语学生在判断礼貌句型(祈使句、陈述句、疑问句)、礼貌标记词(“please”)，以及各种礼貌表达法方面，同操英语的本族人没有太大的不同；只是在运用时态和情态词(modals)来表达有礼貌的请求时，存在词语价值判断方面的差异：受试的美国人认为，用肯定词语来表达的请求(positively worded requests)比用否定词语表达的请求(negatively worded requests)显得更有礼貌；但受试的日本学生在这方面的判断就不同。

学生对礼貌的表达方式在认识上不一致，其原因是多方面的。学者们发现，要用第二语言表达礼貌，人们往往以自己的母语习惯作为依据，只是依据的程度各有不同罢了。如日本学生用英语表达有礼貌的请求时喜欢用否定词语，因他们用母语请求别人做某事时，为了礼貌，用的多是否定结构；西班牙的英语学生因认为自己的母语在表达请求时过于礼貌，故在正式场合表示请求时就没有把它的礼貌表达方式套用到第二语言(英语)上来。可是，母语是希伯来语的学生要用英语表达有礼貌的请求和道歉时，就感到英语过于直率而习惯套用母语的表达方式。不过，随着在英语国家生活时间的增加，他们对英语过于直率的容忍度也就相应增加了。

非本族人使用第二语言时的礼貌方式是否准确，并不取决于他的第二语言的能力，而取决于他在第二语言的国家生活时间的长短和他与当地人接触的频繁程度。例如，长期生活在美国的日本人所采用的礼貌方式更接近美国人，而大大不同于在日本的日本人。因此可以说，礼貌手段不是语言的语用问题，而是社交语用的问题。在这方面，有学者做过大量的考察。他们指出，礼貌手段往往受社会、文化因素的影响：学英语的中国学生摆脱不了以自贬的方式来表示礼貌(Gu, 1990)；日本学生认为美国社会比日本社会更能忍受“遭到拒绝”，因此，他们认为操英语时直截了当地表示拒绝也不会不合适(Robinson, 1992)。从社交语用的社会因素的角度研究礼貌，还包括人们如何认识礼貌，研究礼貌是否会随时间的变化而变化。如有变化，则这种变化又如何反映在表达礼貌的语句之中。

B. 语际语用学研究语际语言中的语言行为

现有的材料证实，不管学生使用第一语言（母语）还是第二语言，他们为实施自己的语言行为而采取的策略是与操母语的人相同的。这时，说话人选择什么样的语言策略，主要受着语境的限制。不过，在使用第二语言时，他们的选择还受制于他们掌握的第二语言的知识，或受制于他们操用第二语言的熟巧。当然这里还夹杂有其他限制选择的因素。例如，对第二语言在语用语言方面的特征观察得不够细致；或在运用第二语言时夹杂有来自第一语言的、社交语用方面的负向迁移（negative transfer，本文下一节将有详述）；或夹杂有运用第二语言过程中出现的语用失误；或有意无意地按照第一语言的文化模式来操用第二语言，从而出现不地道的语言离格现象（linguistic deviations）等等。语际语用学注意的大都是受母语影响而产生的中介语；至于因第二语言影响而产生的中介语的研究，目前所见尚少。

学生因使用第二语言而出现的中介语，其语用策略模式和语言形式都与该语言的本族人所采用的不同。有一些研究表明，第二语言的学生比该语言的本族人更喜欢使用直接方式表达语用意图。当学生实施言语行为（如：请求、接受/不接受建议、拒绝以及各种引起争论的行为）时，为了便于直接表达用意，他们宁愿用中介语而不用母语或第二语言。

还有一些研究注意到，本族人和非本族人之间在表达礼貌的方式方面存在差异。例如，委内瑞拉操西班牙语的英语学生因没有参加聚会而向女主人道歉时，往往使用取悦对方的礼貌策略；但操美语的本族人在这种场合却倾向于使用抱歉的言辞，直接向对方道歉。又如，美国大学举行的学术评议会上，为弥补出现了的尴尬场面，学生中操英语的本族人绝大多数用了迎合、取悦的方式表示礼貌，而中国台湾的学生却会使用一些贬己尊人的词语。总之，母语不是英语的人一般都不会过多地使用迎合、取悦对方的策略来表示礼貌。[①]

在礼貌策略的选择上，本族人与非本族人有差异：本族人大都以语境作为依据；而非本族人，例如日本的英语学生，就不大考虑语境。他们与地位不平等的陌生人用英语交谈时，同他们与地位平等而且熟悉的人交谈时一样，会采取相同的策略：用直接的、毫不婉转的方式去表达请求。但母语是英语的美国人在这种场合，必然按不同的语境采取不同的礼貌策略。日本的英语学生用英语实施“提供”、“请求”等言语行为时，也往往不按社交亲疏条件而使用相同的礼貌策略。在表示感谢时，操英语的美国人会根据对对方的感激的程度变动其表达方式，但母语不是英语的民族在这种场合说英语时就不会有这样的变动。

当然，非本族人的语际语言，与本族人说的母语相比较，质量上有很大的差异。有一些研究结果表明，学生的第二语言的词汇与句法知识的不足，使他们在语用语言方面出问题：他们似乎知道某些词语和句型，但无法用来传达语用意图，或者让对方识别出自己的礼貌手段。

中介语里表现出来的语用语音知识的不足，最明显的莫过于日常语用知识(pragmatic routines)的不足。日常语用知识贫乏成了某语言的非本族语人在操用该语言时的绊脚石。这种观点几乎得到所有研究语际语用学的学者的证实(Kasper, 1989b)，只是至今还未做过系统的调查罢了。学生的中介语里的日常语用失误表现在以下几个方面：1）几乎是一字一句地套用第一语言的日常语用习惯。例如，德国学生错误地套用母语的“entschuldigen Sie bitte”(意为：Excuse me, please)来表达英语的 I'm sorry。2）将第一语言的词语直译为第二语言里根本不存在或根本不合适的词语。例如，日本学生用英语表达强烈的请求时，竟然将日语里的“すみません”或“御免なさい”直译为英语的 I'm sorry。显然，在这种场合下说这句英语是根本不合适的。3)不善于根据要求准确运用第二语言的日常语用手段。例如，不会使用第二语言来实施诸如“感谢”一类的言语行为(Kasper, 1989a)。

C. 语际语用学研究语际语言中的语用迁移

语际语言是学生操用第二语言时因受母语和母语文化的影响而产生的。关于这一点的论述很多，但研究的焦点大都集中在影响成功交际的负向迁移上面，而没有注意语用正向迁移(positive transfer)的问题。这就是说，学者们只注意学生操用第一语言(母语)的语用知识如何影响操用第二语言(实际上是操用语际语言)的语用能力，也就是说只注意负向迁移，而没有注意将学生自己展示出来的那些能同时适用于第一语言、语际语言及第二语言的语用行为和其他的语言表现，也就是不注意正向迁移。正向迁移通常都能保证交际取得成功，所以人们对这方面的研究兴趣往往不大。

社交语用层次是否存在语用负向迁移要看在社会交往中的身份、地位关系摆得是否恰当；在表示拒绝时是否做得合适；是否需要道歉或感谢；是否按第二语言的语用要求表示恭维、答谢恭维和协商邀请(Wolfson, 1989)；选择的礼貌方式是否妥当，采取了什么样的礼貌策略。

因选择句式而产生的语用语言负向迁移来自第一语言。第一语言中表示请求所用的词汇和句法材料被错误地搬用，成了语际语言中的请求句式(Faerch & Kasper, 1989)。例如，日语表示不同意可以使用疑问句式，于是，日本的英语学生用英语表达不同意时也就搬用了这种句式。

尽管有许多文献指出存在语用迁移，但很少人为此事认真做过调查，证实一下语用迁移现象是否确实存在。我们只注意到，学生希望有一些可供遵循的标准：从第一语言到第二语言需要遵守什么样的语言和文化准则；两种语言之间在语用语言和社交语用方面的语用模式有何不同。为获得这些问题的答案，惟一的办法就是系统地观察一下语用迁移的可能性问题。操第二语言的学生是否能用该语言(英语)正确地表达一般的间接请求，取决于学生的英语熟巧和他对周围环境的熟悉程度。

这里要指出的是，语用的负向迁移不一定意味着学生的第二语言的语用能力差。当学生用一种同他的母语完全不同的第二语言交际时，如果出现生硬地照搬母语的句式或者使用一种与该语言完全不同的句式，那可能真的是学生的语用能力问题；但当这种语用差异一旦被操用该语言的本族人所接受，那只是给该语言留下一些异族文化的识别标记，并不能以此来断言学生的语用能力不佳。例如，尽管外国人说话的口音表明他不是本族人，但作为本族人大体上会容忍对方的某些不地道的发音和表达方式。因此，在跨文化交际中我们不能完全按照本族人的言语表达方式去要求操第二语言的非本族人。总之，语用迁移中还有许多问题值得我们进一步研究，这个领域是大有可为的。

D. 语际语用学研究跨文化交际中的语用效果

第二语言中的语法、语音方面的离格现象，对操用该语言的本族人说来是很容易辨别出来的。出现这些不符合该语言习惯的离格现象有一个“好处”，那就是使本族人知道说话人是非本族人，从而也使讲不好这种语言的非本族人减轻了心理上的压力。当然，第二语言能力强的人容易使跨文化交际获得成功，但仍然避免不了会出现语用语言和社交语用方面的失误(Thomas，1983)。语用失误同语法错误不同。如果第二语言能力强的人在交际中出现语用失误，这些失误往往不易被听话人觉察出来；而一旦觉察出来，听话人又不会因说话人是非本族人而轻易给予原谅。Blum-Kulka 和 Olshtain (1986)将语用失误的原因解释为：非本族人因跨文化差异，在应用 Grice (1975)的会话含意理论各准则(例如量的准则和关联准则等)时出错了。导致语用失误的交际行为的范围应同时包括语言和非语言的交际行为。言谈应对社会语言学证实在不同语境下会因对话习惯或会话风格不同而招致交际失败(Gumperz，1982)。

研究语用失误的方法有三种：

1）交际失败分析。可以用微观社会语言学分析法，将上面提到的交际失败在诗学、语用学、句法学、词汇学、话语组织、会话结构和非语言行为等层次上面进行分析，仔细地将语用失误辨别出来。也可以将语言材料的质量同数量相结合，同以前参加过面试的人员的情况相结合来对语用失误进行分析。微观社会语言学的分析可以弄清会话风格的差异，分出有问题的会话语句，但通常不追究不同的会话风格的由来。

2）语用对比分析。针对实施言语行为的模式进行跨文化、跨语言的比较研究，区分两种语言之间或一组语言之中的语用差异。这样的研究纯粹是描写性的，没法预见在跨文化交际中会出现什么样的语际语言；但它可以作为考察学生语言知识和语用表现的依据。

3）语际语用调查。为研究学生的语言知识和语用行为之间的关系，必须进行语际语用方面的调查。语际语用的研究方法，同其他的语际语言研究一样，主要是将学生使用第二语言时出现的语际语言，同第一语言（母语）和第二语言做比较，研究他们使用和理解方面有哪些与第二语言不同，以及他们在第一语言影响下使用一些什么样的语际语言行为模式。

正如语用对比的研究无法预见学生会有什么样的语用迁移一样，语际语用的研究也无法估计学生使用第二语言进行交际会产生什么样的效果，除非同时有操这种语言的本族人对学生的语言运用能力做出评价。语用的负向迁移不一定会导致语用失误。交际双方成功的配合可以淡化交际中出现的语用差异（如“欣赏”对方的外国口音），从而证明负向迁移会产生正面效果，此外，非本族人的语际语言尽管与本族人的语言不同，但两者常常是互补，而不是对抗的，其结果可使交际得到意外的成功。交际对抗不在乎说话双方的语言模式和语言习惯各不相同，而在乎文化的冲撞，即交际双方对权势、信赖、亲疏等概念的不同理解而导致的冲撞。

总之，交际失败的原因是什么，非本族人的语际语言是好是坏，他们的语用迁移是否一定招致语用失误等一系列的问题还有待深入一步研究。但有一点是肯定的：过去似乎公认正确的“差异＝负向迁移＝错误”这种公式是不全面的，它对语用学几乎不适用，就算是对于非本族人学习和应用第二语言这一整个领域来说，这条公式也许给人以启发，但都是不大适用的。

三、结束语

语际语用学可以从多方面加以探讨；通过语际语言的表现研究第二语言中的语用习得；从言语行为的角度分析语际语言中的言语行为；以及从话语综观的角度观察语际语言的可接受性和可容忍度等等。

当前国外开展的语用学研究，在语用与认知这个整体理论框架下，大体上有以下几个应用性的探索方向：A. 言谈应对社会语言学，研究语用失误；B. 对比语用学，研究跨文化、跨语言中语用的异同；C. 语际语用学，研究学生第二语言习得时出现的中介语的语用表现，研究这种语际语言同第一语言和第二语言的关系（Kasper & Blum-Kulka，1993）。在这三个方向中，语际语用学的研究内容最能吸引学者们的注意和兴趣。但实际上三者必须有机地结合起来，才可以更有效地开展跨文化语用差异的研究，探讨语际语言中的语用特征、语用迁移，以及语际语言在交际中的语用效果。

注释：

① 这里所说的使用迎合词语表示礼貌的策略，Brown & Levinson (1978)称之为正面礼貌策略(positive-politeness strategies)，而使用抱歉、无奈的词语来表示礼貌的策略则称为负面礼貌策略（negative-politeness strategies)，正面礼貌策略指说话人让听话人的面子得到尊重，通过迎合听话人心意和取悦听话人的话语，使自己的行为获得承认和赞许。例如，Mrs. B喜欢园艺，精心种植玫瑰，并为自己一手培植的花儿而自豪，也很想得到别人的赞赏。这时，参观者可以使用正面礼貌策略：What lovely roses! I wish ours looked like that! How do you do it? (p. 68)至于负面礼貌策略，它指说话人通过道歉、贬己、勉强而为、含糊其辞、消极无奈等

途径来维护听话人的面子，使其行为不致受到阻碍干扰。下面是一个兼用上述几种负面礼貌策略的例子：I'm terribly sorry to bother you with a thing like this and in normal circumstances I wouldn't dream of it，since I know you're very busy，but I'm simply unable to do it myself，so ...（p. 98－99）。按照 Brown & Levinson 的说法，上述两种礼貌策略都是在会话过程中，人们在面子可能受到侵袭的情况下为顾全面子而相互使用的策略。

参考文献：

［1］Blum-Kulka，S. （1991）. Interlanguage pragmatics：The case of requests. In R. Phillipson，E. Kellerman，L. Selinker，M. Sharwood Smith，& M. Swain（eds.），*Foreign/Second Language Pedagogy Research*（255 － 272）. Clevedon and Philadelphia：Multilingual Matters.

［2］Blum-Kulka，S.，& Olshtain，E.（1986）. Too many words：Length of utterance and pragmatic failure. *Studies in Second Language Acquisition*，8，47－61.

［3］Bouton，L. （1989）. A cross-cultural study of ability to interpret implicatures in English. *World Englishes*，17，183－196.

［4］Brown，P.，& Levinson，S. C.（1978）. Universals in language usage：Politeness phenomena，in Goody，N.，ed.，*Questions and Politeness: Strategies in Social Interaction*，Cambridge：Cambridge University Press.

［5］Faerch，C.，& Kasper，G.（1989）. Internal and external modification in interlanguage request realization. In S. Blum Kulka，J. House，& G. Kasper（eds.）.

［6］Gibbs，R. W.（1983）. Do people always process the literal meaning of indirect requests? *Journal of Experimental Psychology: Learning，Memory，and Cognition*，9，524－533.

［7］Grice，H. P. （1975）. Logic and conversation. In P. Cole & J. L. Morgan（eds.），*Syntax and Semantics.*（*Vol. 3*）*: Speech Acts*（41－58）. New York：Academic Press.

[8] Gu, Yueguo. (1990). Politeness phenomena in modern Chinese, *Journal of Pragmatics*, 14, 237-257.

[9] Gumperz, J. J. (1982). *Discourse Strategies*. Cambridge: Cambridge University Press.

[10] Kasper, G. (1989a). Variation in interlanguage speech act realization. In S. Gass, C. Madden, D. Preston, & L. Selinker (eds.), *Variation in Second Language Acquisition: Discourse and Pragmatics* (37-58). Clevcdon and Philadelphia: Multilingual Matters.

[11] Kasper, G. (1989b). Interactive procedures in interlanguage discourse. In W. Oleksy (ed.), *Contrastive Pragmatics* (189-229). Amsterdam: Benjamins.

[12] Kasper, G. & Blum-Kulka, S. (1993). (eds.), *Interlanguage Pragmatics*. Oxford: Oxford University Press.

[13] Robinson, M. A. (1992). Introspective methodology in interlanguage pragmatics research. In G. Kasper (ed.), *Pragmatics of Japanese as a Native and Foreign Language*. Technical Report No. 3 (27-82). Second Language Teaching & Curriculum Center, University of Hawaii at Manoa.

[14] Thomas, J. (1983). Cross-cultural pragmatic failure. *Applied Linguistics*, 4, 91-112.

[15] Wolfson, N. (1989). *Perspectives: Sociolinguistics and TESOL*. New York: Newbury House.

(原载《国外语言学》1996 年第 1 期)

评 析

第二语言学习者在一定阶段会产生一种在许多方面既不同于母语,也不同于目的语的语言,也就是语际语言(或叫中介语、过渡语)。20 世纪 80 年代以前,语际语言的研究主要集中于语音、音位、形态、句法和语义方面。20 世纪 80 年代以后,由于语用学理论的迅猛发展,跨文化交际中的语用失误现象引起了众多学者的关注,语际语用学的研究渐成热点。1993 年第一部语际语用学论文集出版,语际语用学作为一门学科开始得到广泛承认。国内学者对于语际语用学的名称虽然不太熟悉,但早在 80 年代就已经开始研究中国学生在使用英语中出现的语用失误问题,并提出在外语教学中应当注意培养学生的语用能力。

本文是一篇关于语际语用学的述评。作者认为,语际语用学属于跨文化语用学,研究的是语际语言的语用特征,研究内容包括 4 个方面:(1) 语言学习者对于目的语话语以言行事意图和会话含义的理解和对礼貌手段的识别;(2) 语言学习者使用目的语实施言语行为的语用策略,尤其是礼貌策略;(3) 语际语言中的语用迁移;(4) 跨文化交际中的语用失误。作者提出,语际语用学研究应该和对比语用学及言谈应对社会语言学结合起来进行,把第二语言学习过程中出现的中介语的语用表现和跨文化语用原则的异同及语用失误联系起来,才能更好地揭示语际语言语用特征的形成和发展规律。

本文作为国内第一篇介绍国外语际语用学研究现状的述评,全面讨论了语际语用学的定义、研究内容和研究方法,对国内语际语用学的研究起到了积极的推动作用。

英汉拒绝言语行为表达模式调查

王爱华

1. 引言

近十多年来，礼貌理论是语用学最关注的话题之一。Brown & Levinson (1987)的面子观最易于实验操作，许多东西方学者对它进行了实验与论证。目前学者对 Brown & Levinson 理论中的以下三个方面争论较大：面子概念、礼貌和直接性程度的关系，以及言语的社会决定因素。在所有相关实验研究中，对请求言语行为的调查研究很多，而拒绝言语行为的研究甚少。笔者认为，这与 Brown & Levinson 在阐述其理论时以请求言语行为为范例有关。事实上，拒绝言语行为最能威胁人的面子，我们在拒绝别人时，首先考虑的就是礼貌问题。Brown & Levinson 理论能否适用于拒绝言语行为，其争论较大的三个问题在拒绝言语行为中是否也存在？这是本研究要回答的问题。

2. 调查的理论框架

Brown & Levinson (1987)宣称他们的理论，即面子观，具有普遍性。他们借用 Goffman (1967)的面子概念来解释礼貌这一现象。面子分为两类，一类是积极面子(positive face)，即希望得到对方的同意、认可或赞许，一类是消极面子(negative face)，不愿被对方反驳或阻止的希望。礼貌就是用以满足交际双方积极与消极面子或消除威胁与消极面子的行为手段。Brown & Levinson (1987)指出，有些言语行为，如请求与拒绝，在本质上和交际者的面子相悖，被称为“威胁面子行为”(face threatening acts，简称FTA)，因此需要有策略地拯救。在具体语境中某行为面子威胁程度的大小取决于诸多因素，Brown & Levinson 认为这些因素包括社会距离、社会权力和行为的难易程度，它们对决定策略拯救的选择起重要作用。

Brown & Levinson (1987)提供了一个可实验操作的大框架。一方面，社会距离、社会权力和行为的难易程度三个因素可分别用一个连续体上的数值表示，数值越大，社会距离、权力、行为难易程度就越大。另一方面，礼貌策略也可用直接性程度来刻度。其操作原则是，社会距离、社会权力、行为难易程度的数值越大，礼貌策略就越间接，礼貌策略越间接，礼貌值也就越大。

我们用 Brown & Levinson 的实验框架，以问卷方式调查了汉语和英语的拒绝言语行为表达模式，希望通过对比研究来检验 Brown & Levinson 理论的普遍性。

3. 研究方法与受试

3.1 研究方法

我们采用了“语篇补全测试”(Discourse-completion Test)问卷法。问卷的设计[①]参照了 Blum-Kulka et al (1984, 1989)对比研究请求言语行为时所用的“语篇补全测试”模式，并做了少许修改。本研究共设计了 9 个情景，每一情景都对行为发生的背景做了描述，并提供一个对话。对话中，第一个说话者提出请求，第二个说话者的内容留以空白，要求受试填写，以拒绝第一个说话者的请求。为使受试不受设计内容影响，能完全按个人经验自由回答问题，此要求在指示语中给出，而不像 Blum-Kulka et al (1984, 1989)那样将其语境化在对话中。在内容上，9 个情景涉及中国人和美国人(特别是被测试的中美大学生)所熟悉的日常生活的各个方面。问卷中,把社会距离、社会权力和行为难易程度作为控制因素。第一个说话者的请求言语行为包括借东西、请求做某事、请求许诺等。详见下表:

情　景	社 会 距 离	社会权力（被拒绝者相对于拒绝者）
S1 借东西	近	平等
S2 扫除	非常近	平等
S3 请假	远	低
S4 借东西	远	平等
S5 请面试	非常远	高
S6 请翻译	远	平等
S7 借书	远	低
S8 问路	非常远	平等
S9 请升职	远	低

3.2　数据收集

为保证调查结果的可靠性和有效性,我们在收集数据时采取了以下步骤:第一,先将汉语问卷在西南师范大学的 26 个大学生中进行预测,以确定每个情景的合适度。根据预测情况,我们对问卷设计的情景和某些内容进行了修改。第二,将修改的问卷翻译成英语,送交在西南师范大学访问的美国教授 Richard Durkey、Jeanne Cook 和英国教授 Ged Neary 评阅,以确保每个情景和语言表达适合英美人的习惯。三位教授提出了许多意见。在此基础上,我们对问卷做了再次修改。我们认为修改后的问卷仍然适合中国语境。第三,问卷发往中美受试,一位美国朋友负责找选美国受试并收集问卷。

3.3　受试

中美受试各 100 人,男女各半,都是大学二、三年级非语言学专业学生。有效问卷中美各92份。

4. 数据分析

对数据的分析，我们参照了Blum-Kulka（1984，1989）及Wood & Kroger（1994）所提供的分析言语行为的三个层面，即中心言语行为（Central Speech Act，简称CSA）、辅助言语行为（Auxiliary Speech Act，简称ASA）和修饰语（Microunit）。分析受试所给出的每一个拒绝言语行为序列（sequence），首要问题是如何将其划分成这三个层面。

4.1 拒绝言语行为的划分

从所收集数据看，拒绝言语行为一般由多个语义成分（semantic formula）构成，从而形成一个序列。在这个序列中，每个语义成分在实现拒绝言语行为时并非同等重要（Beebe et al 1990：57；Blum-Kulka et al 1984，1989）。其中中心言语行为是实现拒绝言语行为的中心，辅助言语行为用以辅助拒绝言语行为的实现，修饰语则用以修饰中心言语行为和辅助言语行为。例如：

(1) No，Nancy，I'm very busy right now.（AE，S4）[②]

例(1)序列可分为以下三个层面：

(a)“No”——中心言语行为

(b)“I'm very busy right now”——辅助言语行为

(c)“Nancy”，“very”，“right now”——修饰语

修饰语与另外两个层面的区分很明显，不用详述，但要区分中心言语行为与辅助言语行为就有困难。请看例(2)和例(3)：

(2) No，because they are not functioning right.（AE，S4）

(3) The computers aren't working right.（AE，S4）

同样一个理由（即计算机出了问题）在两个例句中起着不同的作用。在例(2)中，这个理由是辅助言语行为，帮助拒绝言语行为的实现，而在(3)中，它却成为中心言语行为，直接完成拒绝言语行为。Blum-Kulka et al（1984：200）指出，确定中心言语行为和辅

助言语行为应遵循顺序、语境和功能三个准则。在分析数据时，若一个拒绝言语行为序列中没有很明显的言语行为作为中心言语行为，我们就将第一个含有拒绝意义的言语行为定为中心言语行为，将其余的定为辅助言语行为。我们的数据显示中心言语行为(+辅助言语行为)有三种可能：

1) 只有中心言语行为，例如：

(4) No.(AE, S4)

(5) 不行。(C, S3)

2) 中心言语行为+辅助言语行为，或辅助言语行为+中心言语行为，例如：

(6) *I can't*. You know I'm really understaffed.(AE, S3)

(7) 对不起，我要用这本书。恐怕不能借给你。(C, S7)

3) 多个中心言语行为，例如：

(8) *No*, Tom. *I won't clean it up*.(AE, S2)

(9) 这几天我写论文，很忙。没有时间。(C, S6)

4.2 中心言语行为

中心言语行为有直接与间接之分。我们将其视为一个连续体，并称之为直接性连续体。所谓直接性，是指说话者的意图与话语字面意义的透明程度。参照以往学者(Beebe et al 1990)，我们将中心言语行为分为直接拒绝言语行为、否定的意愿和能力、间接拒绝言语行为。

1) 直接拒绝言语行为(direct refusals)：毫无保留地拒绝。例如：

(10) I must *decline* ...(AE, S6)

(11) ……，但为了公司的利益，我又不得不拒绝你的请求。(C, S3)

(12) No way.(AE, S4)

(13) 不行。(C, S3)

2) 否定的意愿和能力(negated ability and willingness)：表

明不愿意或没能力答应请求。

（14）I'm afraid I *can't* lend this book out.（AE，S7）

（15）对不起，我不能借给你。（C，S7）

3）间接拒绝言语行为（indirect refusals）：拒绝的言外之力通过对另一言语行为的实施来传达。根据话语表达的语用功能，我们将间接拒绝言语行为分为以下几类：

A）给出理由（grounders）：给出拒绝的原因。从所收集的数据来看，受试所提供的原因大多是非个人的、无法控制的或不稳定的。Cody 等（1990）将其称为好理由。比起差理由，好理由更能减轻愤怒和厌恶。例如：

（16）*We have a really busy reschedule this week*.（AE，S3）

（17）我很乐意帮忙，但我现在抽不开身。（C，S6）

B）道歉（regret）：用于表达歉意和遗憾。汉语中的"对不起"和英语中的"I am sorry"不但表达了对无法驾驭局面的歉意，而且还表明"此事不容再商议或协商"。因此带有较强的拒绝力（Chen et al 1995：135）。

（18）*Sorry*，we need you here.（AE，S3）

（19）对不起，我也有急事，我叫李月帮你忙吧。（C，S6）

C）提供别的办法（alternative）：为了回避直接对抗，说话人向听话人建议别的办法。这一方面达到了拒绝目的，另一方面表达了说话人对听话人需要的关注，给听话人留面子。例如：

（20）I think they have another copy in the library，*use that one*.（AE，S7）

（21）我想其他同学更能胜任这件事。（C，S6）

但下面例子中的 alternative 损害听话人的面子：

（22）Tell you what：*You clean while I supervise*.（AE，S2）

（23）你自己收拾吧！我忙着呢。（C，S2）

D）让对方放弃请求（dissuade interlocutor）：说话人试图用以下各种方法让听话人放弃自己的请求。

a) 要求回报。例如：

(24) ＄5.00 a page.（AE，S4）

b) 威胁或声明请求之事对听话人没好处。例如：

(25) Without you，we will have to close down.（AE，S3）

(26) 其他的位置不一定适合你。（C，S9）

c) 究既往之过(guilt trip)：指出对方过去不妥的言行。例如：

(27) Last time I asked to borrow your computer，you refused.（AE，S6）

(28) 请你先将以前的书还给我，好吗？（C，S7）

d) 批评请求行为或请求人(criticize the request or requester)。例如：

(29) You are not responsible ...（AE，S7）

(30) 你不知道收拾吗？（C，S2）

e) 侮辱或攻击对方(insult or attack)。例如：

(31) *Go away*. I'm busy.（AE，S6）

(32) 走开！（C，S9）

E) 接受的言语表达拒绝的含义(acceptance as a refusal)：话语的字面意义是接受，但其言外之力却是拒绝。通过这种策略，拒绝者表示自己对所求的事感兴趣，或愿意去做，但情况不允许。

(33) If no one else is going to use it，*sure you can*.（AE，S4）

(34) 不是我不准你假，是公司没有这样的规矩。（C，S3）

F) 回避(avoidance)：对所请求之事不做直接回答。虽然回避是一种间接策略，但仍被视为不礼貌。一个请求言语之后任何言语都被视为有意义的反应，避免直接肯定的回答意味着拒绝，而对话题采取回避的方式则被视为不礼貌。例如：

(35) I'm going to lunch now anyway.（AE，S4）

(36) 你的成绩是得到了肯定的，但职位问题还有待考虑。

(C, S9)

G) 原则(principle):原则不允许答应请求。例如:

(37) The computers are off limits to people not in the computer department. (AE, S4)

(38) 本公司有规定,假期不能超过两天。(C, S3)

H) 哲理(folk wisdom):用民间智慧来表达一定的哲理。例如:

(39) Everyone will get what they deserve in due time. (AE, S9)

(40) ……任何事如果急于求成是不好的。(C, S9)

4.3 辅助言语行为

辅助言语行为出现在中心言语行为之前或之后,用以减轻或加重拒绝之力,但不影响中心言语行为的直接性程度。

以上8种间接拒绝言语行为与一个直接拒绝言语行为或否定的意愿和能力同时出现时,便成为辅助言语行为。出现的其他辅助言语行为如下:

1) 感谢:表示感谢的话语通常出现在请求行为对说话人有利的情况。例如:

(41) *Thank you* for considering me for this position, ... (AE, S5)

(42) 谢谢您,邓经理,……(C, S5)

2) 肯定的评价(positive opinions):拒绝者赞扬被拒绝者,或与被拒绝者的意见一致。例如:

(43) A good idea ... (AE, S2)

(44) 哥,你的主意太好了……(C, S2)

3) 移情(empathy):拒绝者对被拒绝者的情况表示理解或关注。例如:

(45) I understand you're needed at home ... (AE, S3)

(46) ……对你的事我也很着急,……(C, S3)

4）重复（pick-up）：拒绝者重复请求者的部分话语。Davidson（1987：109）认为重复有几个功能：第一，当某人没有准备时，用以争取时间；第二，用来表示对对方的尊敬，以保留其面子：其请求不能被忽略，即使我没有现成的答案。例如：

(47) *3pm*? That's not good for me ...（AE，S5）

(48) 来面试？三点？糟糕，我三点有事。（C，S5）

以上辅助言语行为通常是混用的。

4.4 修饰语

我们从以下几个层面分析数据中出现的修饰中心言语行为和辅助言语行为的修饰语：称呼语、指示词语、句法结构和词汇。

1）称呼语

Blum-Kulka 等（1989）在研究请求言语行为时，认为称呼语的功能是引起听话人的注意。从我们收集的数据来看，在拒绝言语行为中，称呼语大多用来做面子（do facework），即修补或损害面子。拒绝者没有必要引起被拒绝者的注意，因为后者在发出一个请求之后正期待着前者的反应。我们的英语数据中，称呼语很少出现在句首就说明了这一点。

A）称号/角色（title/role）

(49) Nope. Sorry, *brother*. I have too much school-work to do.（AE，S2）

(50) 哥，你只有自个儿动手了。（C，S2）

B）名字（first name）

(51) I would be glad to let you use my bike, *Rose*, but it has a flat.（AE，S1）

(52) 真不巧，文文，我的自行车坏了。（C，S2）

C）昵称（endearment term）

(53) Sorry, *babe*. Your responsibilities are with this company first.（AE，S3）

(54) 小孙，先打个电话安排好家里事。（C，S3）

D）冒犯语（offensive term）

（55）No. You lost the last one，remember，*you stupid* ...（AE，S7）

E）称号/角色＋姓（title/role＋surname）

（56）I'm really sorry，*Mr. Branner*.（AE，S5）

（57）邓经理，很高兴能去面试，……（C，S5）

F）姓＋名字（surname＋first name）

（58）孙小梅，你是知道的，……（C，S3）

2）指示词语

根据 Brown & Levinson（1987）及 Levinson（1983），在言语行为的施为中，指示词语的运用是一种面子功夫（facework）。许多拒绝言语行为包括对拒绝者、被拒绝者和行为的指称。说话人可以用不同的方式指称这三者，从而实现他想要做的面子功夫。例如，"I can't lend this book to you"和"I can't lend this book to anyone"的面子功夫是不同的。"to you"强调被拒绝的人就是听话人，而"to anyone"却说明听话人不是惟一被拒绝的人，听起来比前者礼貌些。由于在拒绝言语行为中听话人和说话人的面子都受到威胁，对这两者指称的回避是一种留面子的行为。数据中出现的指示词语的运用有以下几种类型：

A）指出谁是拒绝者

a）说话者指向

（59）... *I* can't.（AE，S6）

（60）……那我可帮不了你啰……（C，S6）

b）非个人的（Impersonal）

（61）*Company policy* prohibits the use of computers for anything but business.（AE，S4）

（62）……公司规定机子不能外借。（C，S4）

B）指出谁是被拒绝者

a）听话人指向（Hearer oriented）

(63) I can't allow *you* to, ... (AE, S4)

(64) ……我不能借给你。(C, S4)

b) 非个人的(Impersonal)

(65) I can't allow *people* to use them right now. (AE, S4)

(66) ……这本书我不想借给学生……(C, S7)

C) 指向请求行为

(67) *This* is impossible at this time ... (AE, S3)

(68) ……不过这事过几天考虑。(C, S9)

3) 句法结构

受试还通过句法结构来缓解或加强拒绝言语行为。总结起来大概有以下几类:

A) 被动形式:用被动形式说话人可以避免指称拒绝者和被拒绝者,从而保全了双方的面子。例如:

(69) .. but this book is not to be borrowed. (AE, S7)

(70) ……这本书不能被借走。……(C, S7)

B) 转移否定(Transferred negation):转移否定是英语特有的语法现象。在特定条件下,否定词"not"从从句中转移到主句中,在形式上是否定其谓语动词,而在意义上还是否定从句的谓语动词。否定转移加强和扩大了否定的范围,从而降低了否定的力度。显然,这是一种礼貌策略。例如:

(71) ... I don't feel as if I can grant you a promotion. (AE, S9)

(72) I feel as if I cannot grant you a promotion.

C) 双重否定:字面上,双重否定表达的是肯定意义。说话人不直接用"是"作答,暗示某种客观条件阻止他答应这个请求,拒绝并非个人意愿,从而减轻了拒绝的言外之力。例如:

(73) 不是不可以……(C, S7)

(74) 不是我不愿意……(C, S7)

D) 疑问句:提供别的办法的策略以疑问句而不是肯定句的

形式出现，显然具有缓解作用，因为这给被拒绝者提供了选择余地。例如：

(75) Can you make it within 1 or 2? (AE, S3)

(76) 能换个时间吗？……(C, S4)

E) 强调结构：强调结构有加强言外之力作用。例如：

(77) I *do have* a prior obligation ... (AE, S5)

(78) ……只有你才能胜任，……(C, S9)

F) 反问句：反问句不是用来求得对方的回答，而是为增强句子的言外之力。例如：

(79) Who are you to tell me what to do? (AE, S2)

(80) 关我什么事？……(C, S2)

G) 时态：过去时态也可以减缓言外之力，请看例子(81)和(82)：

(81) Could we reschedule? (AE, S5)

比较：Can we reschedule?

4) 词汇

受试还用一些词语来修饰中心言语行为或辅助言语行为，以加强或缓解拒绝言语行为的言外之力。归结起来有两类，即起加强作用和起缓解作用的词语。

(1) 起缓解作用的词语(Downgraders)

A) 面子标记(Face marker)：面子标记附在中心言语行为或辅助言语行为中，以求得对方的合作(如(82)中的"please")或缩短对话双方的距离(如(83)中的"您好")：

(82) ... Could you *please* reschedule it? (AE, S5)

(83) 邓经理，您好！(C, S5)

B) 降低程度的词语(Understater)：一些程度副词，用以降低事态的程度。例如：

(84) I'm *a little* busy right now, ... (AE, S6)

(85) 我有点忙，……(C, S8)

C) 模糊语(Hedge)：说话人为避免自己的话激怒对方而采用一些模糊不清的词语。例如：

(86) ……其他职位<u>不一定</u>适合你。……(C, S9)

D) 主观词语(Subjectivizer)：说话人用一些词语表明自己的主观看法或表达自己没有拒绝的愿望，从而减轻了拒绝的言外之力。例如：

(87) *I'm afraid* I can't. (AE, S3)

(88) ……<u>我想</u>公司这几天的事更急需解决。(C, S3)

E) 降低语气的词(Downtoner)：修饰整个句子或命题的词语。说话人用以减轻其拒绝行为对听话人可能造成的负面影响。例如：

(89) ... You *probably* could lose it ... (AE, S7)

(90) ……我<u>可能</u>帮不上你的忙……(C, S6)

F) 诱骗词语(Cajoler)：一些常规的表达法，它们独立于话语之外，其语意与话语的意义无明显联系，但可以用来建立或恢复交际双方的和谐关系。例如：

(91) *You know*, I really need you to work. (AE, S3)

(92) ……<u>可你瞧</u>，出了些事儿。(C, S5)

G) 吸引注意的词语(Appealer)：说话人用这类词语来恳求听话人善意的理解。它们一般出现在句子最后，反意疑问句就属这一类。例如：

(93) 公司不会欣赏不守信用的人，<u>是吧</u>？

H) 踌躇标记(Hesitation marker)：像汉语中的"噢"和英语的"well"和"oh"通常是拒绝的前奏(Davidson 1987：109)。这类词没有语义内容，只有语用功能(Levinson 1983：50)，即表示说话人不愿意拒绝或犹豫不决。Beebe 等(1990)称它们为"pause fillers"。例如：

(94) *Well*, that's a bad time ... (AE, S5)

(95) <u>噢</u>，很不巧，我正在用这本书。(C, S7)

I）限制语（Limiter）：说话人用限制语表明自己拒绝的是这一特定的请求，或拒绝是由于时间不合适，这暗示若是其他请求或在其他时间，他会答应的，这显然是想给听话人留面子。例如：

（96）... But I will be in class *at that time* and I will have my bike.（AE，S1）

（97）这个月不行。（C，S3）

J）拼写上的减缓作用（Orthographic downgrading）：用省略号来省去不愉快的话语。如：

（98）公司已在考虑这件事。不过我私下里认为，你应该……（C，S9）

K）以上各种词语的合用。

（2）起加强作用的词语（Upgraders）

A）程度副词：程度副词用来修饰话语中的部分成分，以增加其强度。

（99）... but right now I'm *very* busy.（AE，S6）

（100）非常抱歉。……（C，S5）

B）信任的暗示（Commitment indicator）：整个句子的修饰语，说话人用以表达他对事态的坚信。

（101）... *I'm sure* you will get one soon enough.（AE，S9）

（102）好好干，你肯定会如愿的。（C，S9）

C）咒语：说话人用咒语表达自己的消极情绪，如生气等。

（103）What do I look like to you? A *damn* dictionary?（AE，S6）

D）敬语：说话人用以表达对听话人或其所属物的尊敬。

（104）对不起，我家离贵公司较远，……（C，35）

E）贬义词：说话人用贬义词来表达自己对听话人的反感。

（105）No，you are an irresponsible *bitch*（比较：person）.（AE，S4）

F）拼写上的强调：用感叹号来加强语气。

（106）No. You fucked up already! Get out!!!（AE，S7）

(107) 现在我烦死啦! 你自己一个人扫吧! (C, S2)

G) 以上策略的合用。

5. 结论

上面的数据分析似乎与 Brown & Levinson (1987)的普遍性假设相吻合:英汉两种语言的拒绝言语行为都使用了中心言语行为、辅助言语行为以及中心言语行为的三个直接性程度。但是,两种语言对每一层面的具体运用是有区别的。

我们已对以上数据做了统计分析,并得出以下结论:1) Brown & Levinson的直接性程度的确与礼貌策略有线性关系,即语言越间接越礼貌。但并不是所有的间接拒绝言语行为都礼貌。2) 我们的数据显示,Brown&Levinson 的三个社会因素对言语行为起着重要作用,但作用的方式在两种语言中却不完全一样。我们还发现,心理距离即情感(affect)也影响言语的变化。3)我们的结论还显示,两种语言在直接性程度上有差异。虽然中美两国人都偏爱间接拒绝言语行为,但中国人要间接得多。详细结果分析将另文叙述。

注释:

① 限于篇幅,省略了英汉两个"语篇补全测试"问卷。如读者需要,请与作者联系。

② 例句后括号里的字母和数字是例句的出处:AE—American English,C—Chinese,S—语篇补全测试问卷中的情景序号。例如,(AE, S6)表示此例句由一位美国学生在完成问卷中情景 6 时所提供的句子。

参考文献:

[1] Beebe, L., T. Takahashi & R. Uliss-Weltz. 1990. Pragmatic transfer in ESL refusals [A]. In R. Scarcella, E. Anderson & S. D. Krashen (eds.). *On the Development of Communicative Competence in a Second Language* [C]. Cambridge, MA: Newbury House.

[2] Blum-Kulka, S. & E. Olshtain. 1984. Requests and apologies: A cross-cultural study of speech act realisation patterns [J]. *Applied Linguistic* 5/3: 196-213.

[3] Blum-Kulka, S., J. House & G. Kasper. 1989. *Cross-cultural Pragmatics: Requests and Apologies* [M]. Norwood, NJ: Ablex.

[4] Brown, P. & S. Levinson. 1987. *Politeness: Some Universals in Language Usage* [M]. Cambridge: Cambridge University Press.

[5] Chen, Xing, Lei Ye & Yanyin Zhang. 1995. Refusing in Chinese. In G. Kasper (ed.). *Pragmatics of Chinese as a Native and Target Language*. Honolu-lui University of Hawaii Press.

[6] Cody, M. J. & M. L. Mclaughline. 1990. Interpersonal accounting [A]. In H. Giles & W. P. Robinson (eds.). *Handbook of Language and Social Psychology* [C]. Chichester: Wiley.

[7] Davidson, J. 1987. Subsequent versions of invitations, offers, requests and proposals dealing with potential or actual rejection [A]. In M. Atkinson & J. Heritage (eds.). *Structures of Social Action: Studies in Conversation Analysis* [C]. Cambridge: Cambridge University Press.

[8] Goffman, E. 1967. *Interactional Ritual: Essays on Face-to-Face Behavior* [M]. NY: Doubleday Anchor Books.

[9] Levinson, S. C. 1983. *Pragmatics* [M]. Cambridge: Cambridge University Press.

[10] Turnbull, W. & K. L. Saxton. 1997. Modal expressions as facework in refusals to comply with requests: I think I should say "No" right now [J]. *Journal of Pragmatics* 27: 145-181.

[11] Wood, L. A. & R. O. Kroger. 1994. The analysis of facework in discourse: Review and proposal [J]. *Journal of Language and Social Psychology* 13: 248-277.

(原载《外语教学与研究》2001 年第 3 期)

评 析

本文以Brown & Levinson的礼貌理论为依据,采用语篇补全测试手段调查了英汉拒绝言语行为的表达模式。文章认为,对于拒绝言语行为的分析可以验证Brown & Levinson的直接性程度与礼貌策略存在线性关系的观点,即语言越间接就越礼貌,但并非所有间接拒绝言语行为都有礼貌。Brown & Levinson所说的3个社会因素(社会权力、社会距离和行为的难易程度)对言语行为起着重要作用,但作用的方式在英汉两种语言中并不完全一样。此外,中国人比美国人在表达拒绝行为方面更加间接。

本文以问卷方式收集语料对比分析英汉拒绝言语行为,有一些新的发现。比如,两种语言的拒绝言语行为具有相同的语用结构,但在每一层面的具体运用上有所区别。国外学者认为称呼语在言语行为中的功能是引起听话人注意,但作者通过语料分析指出,拒绝言语行为的称呼语大多用来修补或损害面子。

本文的目的之一是调查拒绝言语行为模式与社会因素之间的关系,但并没有对有关的社会因素予以详细讨论。另外,如果对英汉相同表达模式的出现频率进行统计分析,也许能更好地说明两种语言在实施拒绝言语行为时采用礼貌策略的异同。

主要文献索引

[1] 常敬宇.语用对句法句式的制约.语文研究,2000,(1).
[2] 常玉钟.试析反问句的语用含义.汉语学习,1992,(5).
[3] 陈 辉,陈国华.人称指示视点的选择及其语用原则.当代语言学,2001,(3).
[4] 陈 融.面子、留面子、丢面子——介绍 Brown 和 Levinson 的礼貌原则.外国语,1986,(4).
[5] 陈新仁.试论语用解释的全释条件.现代外语,2001,(4).
[6] 程 工.从汉语"自己"一词的历时性演变看新格赖斯主义语用照应理论.解放军外国语学院学报,1994,(6).
[7] 程雨民.格赖斯的"会话含义"与有关的讨论.国外语言学,1983,(1).
[8] 程雨民.语用分析如何介入语言理解——评 Levinson 的照应理论、兼评黄衍的纯语用解释.现代外语,1993,(4).
[9] 崔希亮.汉语"连字句"的语用分析.1993,(2).
[10] 段开诚.舍尔的言语行为理论.外语教学与研究,1988,(4).
[11] 范开泰.语用分析说略.中国语文,1985,(6).
[12] 范 晓,李熙宗,戴耀晶主编.语言研究的新思路.上海:上海外语教育出版社,1998.
[13] 方 霁.现代汉语祈使句的语用研究(上).语文研究,1999,(4).
[14] 方 霁.现代汉语祈使句的语用研究(下).语文研究,2000,(1).
[15] 方 梅.汉英对比焦点的句法表现手段.中国语文,1995,(4).
[16] 高 航.礼貌现象研究评介.解放军外国语学院学报,1996,(2).
[17] 高卫东.论常规含意、标准含意和一般含意.解放军外国语学院学报,1998,(4).
[18] 高一虹.语言能力与语用能力的联系——中国、拉美学生在英语字谜游戏中的交际策略对比.现代外语,1992,(2).
[19] 顾曰国.奥斯汀的言语行为理论:诠释与批判.外语教学与研究,1989,(1).

[20] 顾曰国.什么是会话修辞学.外语教学与研究,1989,(2).
[21] 顾曰国.礼貌、语用与文化.外语教学与研究,1992,(4).
[22] 顾曰国.John Searle 的言语行为理论与心智哲学.国外语言学,1994,(2).
[23] 顾曰国.John Searle 的言语行为理论:评判与借鉴.国外语言学,1994,(3).
[24] 郭继懋.反问句的语义语用特点.1997,(2).
[25] 何安平.英语会话中的简短反馈语.现代外语,1998a,(1).
[26] 何安平.英语会话中的成功与非成功插话.外国语,1998b,(2).
[27] 何 刚.语用方式——语用的语法化.外国语,1997,(3).
[28] 何 刚.使动信息的语境化操作.外语学刊,1999,(1).
[29] 何兆熊.英语语言的间接性.外国语,1984,(3).
[30] 何兆熊.英语中的间接请求及其分类.外国语,1988,(4).
[31] 何兆熊.语用学概要.上海:上海外语教育出版社,1989.
[32] 何兆熊.漫话功能主义和语用研究.外国语,1991,(4).
[33] 何自然.语用学概论.长沙:湖南教育出版社,1988.
[34] 何自然.什么是语用学.外语教学与研究,1987,(4).
[35] 何自然.我国近年来的语用学研究.现代外语,1994,(4).
[36] 何自然.Grice 语用学说与关联理论.外语教学与研究,1995,(4).
[37] 何自然.什么是语际语用学.国外语言学,1996,(1).
[38] 何自然.语用学与英语学习.上海:上海外语教育出版社,1997.
[39] 何自然.推理和关联——认知语用学原理撮要.外语教学,1997,(4).
[40] 何自然.语用含意推理和照应.福建外语,2001,(4).
[41] 何自然.语用推理与照应.福建外语,2000,(1).
[42] 何自然,冉永平.关联理论——认知语用学基础.现代外语,1998,(3).
[43] 何自然,冉永平.话语联系语的语用制约性.外语教学与研究,1999,(3).
[44] 何自然,阎庄.中国学生在英语交际中的语用失误——汉英语用差异调查.外语教学与研究,1986,(3).
[45] 洪 岗.英语语用能力调查及其对外语教学的启示.外语教学与研究,1991,(4).
[46] 胡裕树,范晓.试论语法研究的三个平面.新疆师大学报,1985,(2).

[47] 胡壮麟.语用学.国外语言学,1980,(3).
[48] 华　劭.说话人与受话人：从语用角度分析言语行为.外语教学与研究,1989,(3).
[49] 黄次栋.语用学与语用错误.外国语,1984,(1).
[50] 黄次栋.前提关系及其教学意义.外国语,1986,(2).
[51] 黄国文.方式原则与粤-英语码转换.现代外语,1995,(3).
[52] 黄国文.广告语篇的会话含意解析.外国语,1997,(2).
[53] 黄　衍.话轮替换系统.外语教学与研究,1987a,(1).
[54] 黄　衍.英语日常会话毗邻双部结构的"可取"组织.现代外语,1987b,(3).
[55] 姜望琪.也谈新格赖斯照应理论.外语教学与研究,2001,(1).
[56] 姜望琪.语言学的前沿领域——语用学.福建外语,2001,(4).
[57] 蒋　严.语用推理与"都"的句法/语义特征.现代外语,1998,(1).
[58] 金立鑫."把OV放在L"的语义、句法、语用分析.中国语文,1993,(5).
[59] 金立鑫."把字句"的句法、语义、语境特征.中国语文,1997,(6).
[60] 蓝　纯.现代汉语预设引发项初探.外语研究,1999,(3).
[61] 李经伟.英汉书评中的礼貌策略比较.解放军外国语学院学报,1996,(3).
[62] 李　军.使役方式选择与社会情景制约的关系分析.现代外语,2001,(4).
[63] 李瑞华.语用的最高原则——得体.外国语,1994,(3).
[64] 李锡胤.对于预设与推涵的思考.外语学刊,1990,(3).
[65] 李燕玉.两个语用原则与英、法、汉反身代词长距离照应特性.现代外语,1998,(1).
[66] 李悦娥.会话中的阻碍修正结构分析.外国语,1996,(5).
[67] 李悦娥.话语中的问与答结构探析.外国语,1998,(3).
[68] 林书武.反意正说——中西方"反话"研究的主要取向.外语教学与研究,1995,(3).
[69] 刘丹青.语义优先还是语用优先.语文研究,1995,(2).
[70] 刘丹青,徐烈炯.焦点与背景、话题及汉语"连字句".中国语文,1998,(4).
[71] 刘福长.从"合作原则"看英语幽默的产生.现代外语,1987,(2).

[72] 刘 虹. 话轮、非话轮和半话轮的区分. 外语教学与研究,1992,(3).

[73] 刘 虹. 会话中非理想情况产生的原因及矫正. 外语研究,1993,(3).

[74] 刘家荣. 话语相关与认知语境. 外国语,1997,(3).

[75] 刘润清. 关于 Leech 的礼貌原则. 外语教学与研究,1987,(2).

[76] 刘绍忠. 关联理论的交际观. 现代外语,1997,(2).

[77] 刘绍忠. 国外语际语用学研究现状与我国语际语用学研究的思考. 现代外语,1997,(3).

[78] 刘绍忠. 论语用学的非模块性. 外语研究,1997,(3).

[79] 刘绍忠. 认知语境、相互明白与语际语言交际. 解放军外国语学院学报,1998,(1).

[80] 陆丙甫. 关于三个平面的互动关系. 范晓,李熙宗,戴耀晶主编. 语言研究的新思路. 上海:上海外语教育出版社,1998.

[81] 陆镜光. 句子成分的后置与话轮交替机制中的话轮后续手段. 中国语文,2000,(4).

[82] 吕公礼. 元语用学的功能主义方法论. 外语学刊,1997,(3).

[83] 吕公礼. 真实准则的哲学认识论背景及理论逻辑模式. 外语学刊,1999,(3).

[84] 吕光旦. 英语幽默的语用分析. 外国语,1988,(1).

[85] 倪 波. 国外关于语用学的探索. 外国语,1982,(2).

[86] 牛保义,徐盛桓. 关于英汉语语法化比较研究——英汉语比较研究的一个新视角. 外语与外语教学,2000,(9).

[87] 钱冠连. 言语假信息. 外国语,1987,(5).

[88] 钱冠连. 语用学在中国:起步与展望. 现代外语,1990,(2).

[89] 钱冠连.《语用学:语言适应理论》——Verschueren 语用学新论述评. 外语教学与研究,1991,(1).

[90] 钱冠连. 论构建语用推理模式的出发点——新格赖斯理论述评. 现代外语,1994,(3).

[91] 钱冠连. 新格赖斯语用机制新在哪里. 外国语,1995,(1).

[92] 钱冠连. 汉语文化语用学. 北京:清华大学出版社,1997.

[93] 钱冠连. 语用学的哲学渊源. 外语与外语教学,1999,(6).

[94] 钱冠连. 语用学:统一连贯的理论框架——J. Verschueren《如何理解语用学》述评. 外语教学与研究,2000,(3).

[95] 秦洪武.第三人称代词在深层回指中的应用分析.当代语言学,2001,(1).
[96] 曲卫国.也评“关联理论”.外语教学与研究,1993,(2).
[97] 沈家煊.“差不多”和“差点儿”.中国语文,1987,(6).
[98] 沈家煊.讯递和认知的相关性.外语教学与研究,1988,(3).
[99] 沈家煊.不加说明的话题.中国语文,1989,(5).
[100] 沈家煊.语用学与语义学的分界.外语教学与研究,1990,(2).
[101] 沈家煊.“语用否定”考察.中国语文,1993,(5).
[102] 沈家煊.“好不”不对称用法的语义和语用解释.中国语文,1994,(4).
[103] 沈家煊.“语法化”研究综观.外语教学与研究,1994,(4).
[104] 沈家煊.我国的语用学研究.外语教学与研究,1996,(1).
[105] 沈家煊.语用法的语法化.福建外语,1998,(2).
[106] 施关淦.再论语法研究的三个平面.汉语学习,1993,(2).
[107] 施关淦.关于“省略”和“隐含”.中国语文,1994,(2).
[108] 束定芳.中国语用学研究论文精选.上海:上海外语教育出版社,2001.
[109] 束定芳,王虹.言语交际中的扬升抑降与礼貌原则.外国语,1993,(3).
[110] 孙国军.会话中的话轮及其交替.外语研究,1990,(2).
[111] 孙 玉.相关理论中的语用推理.外国语,1993,(4).
[112] 孙 玉.间接语言现象的两种基本类型.外国语,1994,(3).
[113] 索振羽.语用学教程.北京:北京大学出版社,2000.
[114] 谭 智.英语会话蕴涵理解能力测试与分析.外语教学与研究,1998,(1).
[115] 王爱华.英汉拒绝言语行为表达模式.外语教学与研究,2001,(3).
[116] 王传经.H. P. Grice 的意向意义理论述评(上).外语教学与研究,1995,(1).
[117] 王传经.H. P. Grice 的意向意义理论述评(下).外语教学与研究,1995,(2).
[118] 王得杏.会话研究的进展.外语教学与研究,1988,(4).
[119] 王建华.语境歧义分析.中国语文,1987,(1).
[120] 王建华.话语礼貌与语用距离.外国语,2001,(5).
[121] 王庆新.复合施为性言语行为述评.现代外语,1993,(2).

[122] 王宗炎.中国首届语用学研讨会侧记.1990,(1).
[123] 吴 平.汉语会话中的反馈信号.当代语言学,2001,(2).
[124] 吴宗杰.外语课堂话轮类型析.外语教学与研究,1994,(2).
[125] 武瑗华.俄语语用学的基本问题.当代语言学,2001,(3).
[126] 向明友.试论话语前提分析.外国语,1993,(4).
[127] 熊学亮.单向语境推导初探(上).现代外语,1996a,(2).
[128] 熊学亮.单向语境推导初探(下).现代外语,1996b,(3).
[129] 熊学亮.含义分类标准评析.外语教学与研究,1997,(2).
[130] 熊学亮.从指代研究看新格赖斯语用学的实用性.外国语,1997,(3).
[131] 熊学亮.认知语境的语用可及程度分析.外国语,1999,(6).
[132] 熊学亮.认知语用学概论.上海:上海外语教育出版社,1999.
[133] 熊学亮.认知相关、交际相关和逻辑相关.现代外语,2001,(1).
[134] 徐 杰,李英哲.焦点和两个非线形语法范畴:"否定","疑问".中国语文,1993,(2).
[135] 徐盛桓.礼貌原则新拟.外语学刊,1992,(2).
[136] 徐盛桓."预设"新论.外语学刊,1993a,(1).
[137] 徐盛桓.新格赖斯会话含意理论和语用推理.外国语,1993b,(1).
[138] 徐盛桓.会话含意理论的新发展.现代外语,1993c,(2).
[139] 徐盛桓.上指预测的语用因素——评列文森的上指推导模式.现代外语,1994,(1).
[140] 徐盛桓.含意本体论研究.外语教学与研究,1996,(3).
[141] 徐盛桓.疑问句的语用性嬗变.外语教学与研究,1998,(4).
[142] 杨百乔.英汉语用预设与信息中心对比.外语学刊,1999,(4).
[143] 杨 平.关联——顺应模式.外国语,2001,(6).
[144] 杨性义.语义前提和语用前提.外国语,1988,(3).
[145] 余 维.亲疏尊轻的理论框架与人称指示的语用对比分析——汉外对比语用学的尝试.外国语,1998,(4).
[146] 袁毓林.论否定句的焦点、预设和辖域歧义.中国语文,2000,(2).
[147] 曾衍桃.短路会话隐涵,(SCI).现代外语,1997,(2).
[148] 张 权.试论指示词语的先用现象.现代外语,1994,(2).
[149] 张绍杰.会话隐涵理论的新发展——新 Grice 会话隐涵说述评.外语教学与研究,1995,(1).

[150] 张绍杰,王晓彤.“请求”言语行为的对比研究.现代外语,1997,(3).
[151] 张绍杰,杨忠主编.语用、认知、交际.长春:东北师范大学出版社,1998.
[152] 张新红.汉语法律语篇的言语行为分析.现代外语,2000,(3).
[153] 张亚非.关联理论述评.外语教学与研究,1992,(3).
[154] 张谊生.论与汉语副词相关的虚化机制.中国语文,2001,(1).
[155] 中国社会科学院语言研究所“汉语运用的语用原则”课题组.语用研究论集.北京:北京语言学院出版社,1994.
[156] 朱维芳.书信语篇礼貌现象调查.外语教学与研究,1998,(1).
[157] 左　岩.英语会话中沉默现象的研究.国外语言学,1996,(2).